营销管理实务

(第二版)

李先国　曹素云　主　编

谢桂袖　史振厚　副主编

清华大学出版社

北　京

内 容 简 介

本书以当代世界经济和国内经济的发展为背景，以市场分析为基础，以企业经营战略和营销战略为指导，以营销策略为主线，对市场营销管理的理论与方法进行了较系统和深入的阐释与分析。本书共分为 8 章，在内容安排上既借鉴了国外成熟的市场营销理论体系，又充分考虑了当代市场营销人才培养模式和教学内容体系建设与改革的需要，重点分析了 8 个方面的管理：终端管理、客户服务管理、营销团队管理、汽车市场营销管理、房地产市场营销管理、服务市场营销管理、网络营销管理、金融服务营销管理。

本书可作为高等院校管理、营销等相关专业学生、教师和研究人员的参考用书，还可以作为营销认证考试指定用书、各类社会培训机构和企业市场营销人员的培训用书，以及有志于从事营销工作人员的自学用书。

本书提供完整的教学课件，可从 http://www.tupwk.com.cn/downpage 网站免费下载。

图书在版编目(CIP)数据

营销管理实务 / 李先国，曹素云 主编. —2 版. —北京：清华大学出版社，2018
ISBN 978-7-302-51413-8

Ⅰ. ①营…　Ⅱ. ①李…　②曹…　Ⅲ. ①营销管理　Ⅳ. ①F713.56

中国版本图书馆 CIP 数据核字(2018)第 239126 号

责任编辑： 崔　伟　马遥遥
封面设计： 马筱琨
版式设计： 思创景点
责任校对： 牛艳敏
责任印制： 董　瑾

出版发行： 清华大学出版社
网　　址：http://www.tup.com.cn，http://www.wqbook.com
地　　址：北京清华大学学研大厦 A 座　　邮　　编：100084
社 总 机：010-62770175　　邮　　购：010-62786544
投稿与读者服务：010-62776969，c-service@tup.tsinghua.edu.cn
质 量 反 馈：010-62772015，zhiliang@tup.tsinghua.edu.cn
印 装 者：三河市铭诚印务有限公司
经　　销：全国新华书店
开　　本：185mm×260mm　　印　　张：17.25　　字　　数：380 千字
版　　次：2010 年 1 月第 1 版　　2018 年 12 月第 2 版　　印　　次：2018 年 12 月第 1 次印刷
定　　价：45.00 元

产品编号：075536-01

前　言

自20世纪80年代以来，市场营销这门学科就因其强大而旺盛的生命力受到人们的广泛关注，尤其是进入20世纪90年代以后，市场营销学知识迅速传播开来，被广泛地运用于企业的国内外经营活动之中，成为企业成功的强大武器。

当代市场经营环境不断变化，竞争日益加剧，企业营销面临更为严峻的挑战，表现为营销环境越来越复杂，竞争的领域越来越广阔，竞争的手段越来越多变，这就要求企业家既要有高瞻远瞩的战略视野、明察秋毫的市场洞察力，还要有娴熟的营销管理与高超的经营决策能力。

在产品、技术、服务和营销手段越来越同质化的经营背景下，企业对营销人才提出了更高的要求。营销人才的职业素质与能力直接影响着企业经营目标的实现，营销人才职业素质与能力的提升也成为企业人力资源培训的重点。学历仅是一纸文凭，最多只能代表个人所掌握的理论知识，而专业认证则体现出个人所具备的专业能力、知识结构和职业素养。为满足社会对营销类专业人才的需要，中国商业服务业职业技术工作委员会负责全国营销专业资格认证考试(PEMT)。通过认证考试，造就更多的既具有战略视野，又具有经营管理技能的经营企业家和高级营销管理人才。

在中国商业联合会和中国城市商业网点建设管理联合会的大力支持下，全国营销专业资格考试办公室和全国营销专业委员会组织编写了《营销管理基础》(第二版)、《营销管理实务》(第二版)。两本书以当代世界经济和国内经济的发展为背景，以市场分析为基础，以企业经营战略和营销战略为指导，以营销策略为主线，对市场营销管理的理论与方法进行了较系统和深入的阐释与分析。在编写过程中，注重运用理论与实际相结合的方法，汲取和借鉴了当代市场营销学研究的优秀成果及其经验。

本书特色鲜明，具体表现在以下几个方面。

(1) 综合性。在内容安排上既借鉴国外成熟的市场营销理论体系，又充分考虑当代市场营销人才培养模式和教学内容体系建设与改革的需要，既注重全面系统地介绍市场营销原理、原则和方法，又结合我国的市场营销管理实践，对市场营销管理的理论与方法进行了归纳、整理、讨论和延伸，尽可能将近年来市场营销管理领域的最新研究成果融入相关问题的论述之中，使教材具有体系完整、内容全面、信息充足的特点。

(2) 系统性。教材在系统介绍营销管理知识的基础上，将企业市场营销管理分为理论部分和实务部分。其中，理论部分按内在逻辑分析了终端管理、客户服务管理、营销团队管理；在实务部分聚焦当代三大市场营销领域——汽车市场营销、房地产市场营销、服务市场营销，并在最后部分分析了当代市场营销发展的新领域——网络营销与金融服务营销。

(3) 实用性。市场营销是一门应用性很强的学科，本书在编写过程中注重理论与实践的有机结合，尽可能做到概念描述生动化、原理阐述具体化，适当插入源于现实的典型案例，把概念、原理融于案例之中。

本书可作为高等院校管理、营销等相关专业学生、教师和研究人员的参考用书，还可以作为营销认证考试指定用书，各类社会培训机构和企业市场营销人员的培训用书，以及有志于从事营销工作人员的自学用书。

本书共8章，由中国人民大学李先国、黑河学院曹素云担任主编，广东理工学院谢桂袖、郑州航空工业管理学院史振厚担任副主编，其他参编人员还有刘伟、洪志韧、姜兴国、黄春华、张亚、邱靖涵、付颖、张苏洁、张园园、齐念念、穆丽娟、张涛英、郭晗。

本书的编写得到了中国商业服务业职业技术工作委员会和郑州市职业教育营销行业指导委员会的大力支持，同时也广泛参阅吸收了中外专家学者的研究成果，在此一并表示诚挚的感谢！

书中错漏与不妥之处在所难免，恳请国内外同行和读者批评指正，意见或建议可发邮件至 theoffice010@163.com。

编　者

2018 年 10 月

目　录

第一章　终端管理 ……………………………1
第一节　铺市 ……………………………1
第二节　终端管理实务 ……………………………9
第三节　通路精耕 ……………………………16
第四节　终端拦截 ……………………………18
复习思考题 ……………………………25

第二章　客户服务管理 ……………………………26
第一节　理解客户服务 ……………………………26
第二节　客户投诉管理 ……………………………32
第三节　客户满意度管理 ……………………………49
第四节　客户忠诚度管理 ……………………………63
复习思考题 ……………………………73

第三章　营销团队管理 ……………………………74
第一节　营销团队构建 ……………………………74
第二节　营销团队管理方法 ……………………………78
复习思考题 ……………………………88

第四章　汽车市场营销管理 ……………………………89
第一节　汽车市场营销基础知识 ……89
第二节　汽车市场营销环境 ……………………………93
第三节　汽车用户购买行为概述 ……………………………104
第四节　汽车市场营销策略 ……………………………111
复习思考题 ……………………………141

第五章　房地产市场营销管理 ……………………………142
第一节　房地产与房地产市场 ……142
第二节　房地产市场营销的概念及特点 ……………………………152
第三节　房地产市场营销策略 ……156
第四节　房地产销售技巧 ……………………………164
第五节　滞销楼盘的破局与突围 ……………………………168
复习思考题 ……………………………178

第六章　服务市场营销管理 ……………………………179
第一节　服务市场营销概述 ……………………………179
第二节　服务质量管理 ……………………………183
第三节　服务的有形展示 ……………………………187
第四节　服务定价、分销与促销 ……………………………190
复习思考题 ……………………………195

第七章　网络营销管理 ……………………………196
第一节　网络营销概述 ……………………………196
第二节　网络营销的市场定位 ……200
第三节　网络营销平台建设 ……………………………202
第三节　网络产品在线推广 ……………………………212
第四节　网络营销推广方案策划与实施 ……………………………214
复习思考题 ……………………………218

第八章　金融服务营销管理 ……………………………219
第一节　金融服务营销概述 ……………………………219
第二节　金融产品策略 ……………………………220
第三节　金融产品定价策略 ……………………………228
第四节　金融营销渠道策略 ……………………………247
第四节　金融产品促销策略 ……………………………250
第五节　互联网金融概述 ……………………………254
复习思考题 ……………………………264

参考文献 ……………………………265

第一章 终端管理

终端即零售环节，包括大卖场、超级市场、百货商场、专卖店和网络平台等，就是产品销售渠道的末端，是企业销售的最终目的地。终端担负着承上启下的重任。承上，就是上联厂家和批发商；启下，就是下联消费者，企业产品的最终顾客。当今企业营销的基本法则是“谁掌握了终端，谁就赢得了市场”，甚至有人提出“决胜在终端”。在进行产品分销的过程中，真正能够产生销售的是终端，对手间激烈竞争的最后环节是终端，消费者对产品的选择与消费也在终端。如何有效地突破终端，是营销管理的一个重要课题。

第一节 铺 市

一、铺市概述

铺市是厂家与商家(或上线经销商与下线经销商)之间在新产品上市初期为快速提高市场占有率，相互协作，在短期内开拓目标区域的一种经营服务推广活动，主要是将产品实物直接介绍给零售终端客户，并促使他们进货。

1. 铺市的原则

(1) 自负费用，毛利归他。铺市中的各项费用(包括汽车过路费、过桥费、油费、停车费、午餐费、茶水费等)由企业承担，销售中所产生的毛利差额(铺市市场价和供应经销商价的差额)全部归经销商。

(2) 钱账归他，风险归他。销售货款应由经销商所派人员收取，客户欠款也须经经销商所派人员同意，欠单归经销商所派人员保管，铺市后所产生的货款风险一概由经销商承担。

(3) 配比一致，价位统一。企业营销人员铺市时统一产品价格，保持二级批发商供应价、三级批发商供应价、大中型零售商店供应价、中小型零售商店供应价的价差，以保证促销配比率的一致。

此外，铺市前的电视媒体宣传广告、报纸广告，铺市时铺市人员的气势，铺市后营销人员的跟踪调查等直接关系铺市的成功与否。

2. 铺市的特点

(1) 快速性。铺市工作不宜拖得太久，“一鼓作气，再而衰，三而竭”，每个区域的铺市工作都应该在一个月内完成，而且最好同步进行。

(2) 联动性。新产品铺市应该组织所有经销商、分销商同步进行，一方面可以造成巨大的声势，带动一些观望的零售终端跟进销售，使产品动销；另一方面，由于流动人口连年增加，高铺货率可以增加品牌渗透率，从而满足消费者随机产生的即时冲动性消费。

(3) 集约性。新产品铺市需要集中经销商、分销商的人力、运力、物力(促销资源)等要素，用高效、快捷的方式，在目标区域内营造销售迅速提升的氛围，从而开拓更多的批发商、零售点和消费者。

(4) 多维性。铺市需要采用推销产品、招贴广告、赠送促销品的方式，把销售、宣传、促销有机结合在一起，让市场渠道形成、产品到位、消费者促销拉动等环节一气呵成。

3. 铺市的目标

通过铺市，厂家和策划公司要把产品营销最朴实的3A要素充分体现出来。

(1) 买得起(affordable)。铺市是为产品进行市场定价的过程，要让消费者和渠道了解新产品的价格情况。批发商、零售商需要知道进货和出货的价格，消费者需要知道这件商品的购买价格。对很多包装升级的产品，厂家还要让消费者体验到价格变动的幅度。一般来说，大众式的快速消费品、耐用消费品都是大家买得起的，关键是怎么突出性价比，让消费者知道买该产品是物有所值。

(2) 买得到(available)。每个销售人员都应该对产品“无处不在”负有直接责任，新产品在上市的导入期、增长期内，铺货率与销量是同比增长的；进入成熟期后，再提高铺货率对销量的影响就不是太大了，铺市出现边际效应递减，这时销售人员就不应该再将工作重点放在该产品的铺市上；到了衰退期，随着铺货率的提高，销量反而会下降。也就是说，当家家都有这个产品时，低价将成为主要的竞争手段，毛利降低容易造成终端店销售热情减弱，不主动推或者“藏着卖”，从而出现边际效应下降的现象。因此，在新产品上市初期，抓好铺市工作十分关键。据尚略广告策划公司分析，新产品上市铺货率达到80%时，广告及地面促销拉动效果是最佳的；铺货率低于70%，广告和促销拉动的效果都会大打折扣。

(3) 乐得买(acceptable)。主要解决为消费者提供某种性能的问题，给消费者购买的理由，让消费者喜欢或者钟爱这个产品。好的卖点可以给产品“插上翅膀”，销售人员要学会营造卖点。虽然卖点通常并不是由销售人员决定的，但卖点的营造一定是基层营销的范畴。铺货以后，通过营造卖点拉动消费，并让终端店动销十分关键。终端动了，批发商和经销商的渠道才能连通，销售人员和渠道的信心也会随之高涨，该新产品将很快进入下一轮补货的良性循环。

4. 铺市的具体表现形式

铺市分为前期准备阶段、中期实施阶段和后期服务阶段。具体表现形式多种多样，最基本的有扫街式，又叫地毯轰炸式大行动，还有踩点式、混合式等。

通常是企业营销人员与经销商所派人员协同，一起驾乘装载一定数量的企业产品、促销赠品的汽车，按照计划的铺市销售路线，拜访目标区域内经营同类产品或相关联产品的代理商、批发商、零售商，并主动、积极地向他们介绍企业的有关情况和产品特色，以及经销商的有关情况等。此外，还有张贴广告、销售企业产品、赠送促销品，通过口头调查和实际勘测了解企业和竞争企业的情况等。以上这些方式均为铺市的具体表现形式。

5. 铺市的准备阶段

(1) 掌握目标区域批发市场和零售市场的特征。包括产品批零差价、货款支付方式、消费趋势及其共性等，从而制定相应的策略和运营机制。

(2) 了解目标区域的地方特色和风土人情。例如，湖南、四川、重庆和贵州人喜欢吃辣椒，广州人喜欢吃夜宵，珠海人喜欢网鱼，潮汕人喜欢喝工夫茶、闲聊，梅县人极其喜欢红色等。

(3) 针对主要条款进行深度会谈。营销人员与经销商进行若干次恳谈，按照企业对目标区域总的指导方针，协商好铺市的产品品种、规格、数量、价格以及渠道选择等。

(4) 确定促销品及相关条款。根据目标区域的市场特定情况和企业需要，决定进入市场联系枢纽的桥梁——促销品。主要包括确定哪几种产品为促销品，促销品的品种、规格、数量以及促销配比率(指促销品与产品的数量比例)等。

(5) 制订铺市计划、目标区域整体市场和局部市场计划以及货源的调度计划。其中，货源可考虑从经销商仓库调度或从企业仓库装货，抑或是两者相结合，甚至可以考虑寻求物流公司的帮助。

(6) 做好铺市人员的选拔、培训、激励和考核工作。

6. 铺市的实施阶段

(1) 铺市人员应抓住有利时机讲好开场白，抓紧时间销售产品、鼓励顾客和终端商试用产品、赠送促销产品、张贴广告等。

(2) 根据实际销售情况，铺市人员应调整好心理状态，恰当改变口头表达的内容和方式，调整说话声音、速度、节奏，协调动作，注意形象等，并总结出一套高速、高效的推销通用语，加以推广和调整。

(3) 现场推销中铺市人员应注意以下几种方式的灵活运用：

① 观念灌输的推销法，即营销人员善于把纯粹的推销产品观念上升到企业理念的推销。

② 主讲和次推人员应根据铺市实施情况及时轮换位置，并默契配合。

③ 迂回推销和人情推销。例如，通过帮客户搬运商品引起客户好感而成交，通过逗客户的小孩引起客户注意，通过情感上的沟通而成功铺市。

④ 在仔细观察客户反应和认真倾听客户意见后，铺市人员可以巧妙运用“木已成舟法”造成既成事实，即在客户犹豫不决时，主动给客户订货，并立即卸货，让其处于被动

的局面而不加推诿，顺意地接收，达到成交的目的。

(4) 营销人员应及时、准确填写好“铺货一览表”。

7. 铺市的服务阶段

(1) 营销人员应针对铺市实施情况，每天坚持写书面性总结报告。同时，注意跟踪和联络客户。

(2) 营销人员应根据“铺货一览表”安排好电话访问的内容，安排好人员的第二次拜访、第二次供货以及第三次拜访和第三次供货，认真填好“市场跟踪服务表”。

(3) 营销人员应进行反复研讨，针对铺市较差区域，重新审定铺市思路和方法等，确定该区域是补铺、重铺还是自由发展。

(4) 切实、及时地履行商业承诺，妥善处理商业纠纷。

8. 有效铺市的优点

(1) 有利于产品的快速上市及其市场价的初步形成。

(2) 有利于建立产品的销售点及产品品牌的潜意识渗透。

(3) 有利于在销售通路上，加强企业与批发商、零售商、消费者的情感沟通。

(4) 有利于形成点、线、面的联动局面。

(5) 有利于培训员工的沟通、谈判、协调等能力。

(6) 有利于对市场进行更深入的了解。

9. 铺市失败的影响

(1) 铺市失败会打击营销人员的积极性。

(2) 铺市失败会打击经销商和分销商的积极性。

(3) 铺市失败也会打乱企业的销售计划，增加企业后续工作的难度。

(4) 铺市失败会加大企业与经销商之间的合作难度。

(5) 铺市失败还会浪费企业和经销商的人力、财力、物力等。

二、铺市成功的关键

要使铺市成功，企业必须以终端商为主，充分发挥企业自身优势和营销人员的主观能动性，仔细规划，灵活运用各项政策。铺市的步骤具体如下。

1. 确立营销机构

一般来说，铺货的机构人员主要由经销商的经理，业务经理，片区主管、业务员，仓库保管员，财务人员，司机，厂家驻地市场代表以及厂家或商家的协销员组成，各主要职责如下。

(1) 经理。主要确定机构组成、铺市方案的制定并决策，召集重要会议，处理铺货中的一些特殊问题等。

(2) 业务经理。参与机构设立、方案制定，召开铺货例会，处理铺货过程中的一些日常问题。

(3) 片区主管、业务员。主要职能是铺货、记录、宣传、装卸货、收款等。

(4) 仓库保管员。及时统计库存，及时供货，及时提醒补充库存等。

(5) 财务人员。及时开出发票，及时做出铺货的已收账款和应收账款的日报表、周报表和月报表及财务分析表等。

(6) 司机。随叫随到，保证不延误送货。

(7) 厂家驻地市场代表。参与机构设立、方案制定并决策，发起召集重要会议，共同处理铺货中的一些特殊问题。与经销商的业务经理召开铺货例会，处理铺货中的一些日常问题，决定企业有关支持品的合理调度。

(8) 厂家、商家协销员。与经销商的片区主管、业务员共同参与铺货、记录，参加铺货例会，做好宣传，但不参与钱账的管理，只做必要的记录和分析。

建立制度是确保铺货高效的保证，主要有以下制度。

(1) 报表制度。报表必须如实、按时填写并及时上报，一般一式三份，厂家、经销商、铺货员各一份，这样有利于及时总结经验教训，达到日清日结、日清日高的目的，同时有利于掌握铺货进度和规模，并及时调整。

(2) 例会制度。早上的铺货动员会应仔细强调铺货的注意事项，强调目标和进度，以确保铺货的顺利进行；晚上的总结会则应总结铺货中的得失，目标完成情况，遇到什么困难，需要如何支持。

(3) 沟通办法。要确保铺货过程中的及时沟通，如预告线路和具体时间，保持通讯畅通，以便及时处理相关问题。

(4) 请示规定。在铺货过程中遇到自己职权范围内无法解决的问题，不允许私自做主，必须请示上级。否则，因此造成的损失必须赔偿。

(5) 纪律规章。必须严格按时上班，按时开会，按要求进行操作，否则要给予处罚。

(6) 奖励政策。中途要及时表扬，铺货完毕要实施奖励，可开设多个子项目进行奖励，如铺货冠军(个人)、优秀团队、最佳建议奖、最优报表奖、最佳配合奖等。

(7) 培训机制。开展铺货工作要想成功、顺利，减少摩擦，必须实施培训，详细规定培训的内容及要求。

2. 划分市场区域

根据市场调查分析所得的数据可以将铺货市场分为三类：批发终端、量贩店和便利店。其中，批发终端主要指城市的中心批发市场和周边批发市场；量贩店主要指城市及近郊的商场、百货店、超级市场、专业店等；便利店主要指在城市市区和小街道旁的小商店。

一般来说，量贩店可以造势，便利店实惠，批发市场相对集中，铺货不存在较严格的区域划分，故这里的划分市场区域主要是指对店铺市场和便利店市场的划分。在区域的划分上有以下几种方法：

(1) 按城市中心、近郊、周边县城及重点城镇划分。

(2) 按城市行政区域划分市场。

(3) 按主要街道进行街区市场划分。

不管哪种划分方法，都要根据产品的性质、经销商的资源、企业的资源来划分，但一般来说，任何产品的铺市都存在以下几种铺货形式：先城市后农村，先农村后城市，城市、农村同时进行。

通行的做法以先城市后农村为主，在城市主要按街道区域进行划分。但目前国内许多医药保健品企业有以“农村包围城市”的趋势，成功的案例相当多。

在城市按主要街道进行铺货是根据线路原则来进行的，在任何一个区域，县城和乡镇都必须遵循这个原则，否则，铺货没有原则性、系统性，就会出现凌乱的现象，铺货的效率必然不高。

3. 制定铺市方案

详细的铺货方案是铺货顺利与否的关键，铺货方案中必须具备以下因素。

(1) 铺货目标要数量化，这样便于考核，尤其 A、B 类店的铺货要严格考核。第一次铺货数量不宜过大，待摸清月销售量情况后，再制定详细的铺货量，对于现金拿货，可以适当加大铺货量，但也不宜过大。

(2) 确定目标区域的铺市推进计划，即目标区域的突破，是先铺城区，还是先铺县郊市场；是先铺批发市场，还是先铺终端零售市场。但不管怎样一定要主次分明，循序渐进，否则，眉毛胡子一把抓，铺市必然难以成功。同时，应制定目标区域整体市场和局部市场的铺市计划与货源的调度。其中，货源可考虑从经销商仓库调度或企业仓库装货，或者两者结合，甚至可以全权委托专业性物流公司来代理。

(3) 确定铺市的产品种类、规格和数量等。一定要突出主铺品种、次铺品种以便启动市场。第一次铺市品种最好为同一类型。前期铺市时，终端的库存量不宜过大，按照安全库存的 1.5 倍原则保证终端有货可卖即可，这样可以有效防止在后期出现大量退货。实际上，新品铺市的重点是抢占终端货架，只有让消费者看到产品，才有实现销售的可能，这也是铺市最大的作用。

(4) 确定铺货的价格。对于冲量产品，即在某渠道内具有销量优势的产品，建议走平价策略，有助于更好地构建渠道；对于利润产品，即与竞品差异化比较明显的产品，建议走高价策略，着力塑造品牌形象，为经销商提供利润保障；对于竞争产品，即与当地竞争对手处于同档次、同类型的产品，建议走低价策略，起到打击竞品的作用。可以根据一次进货量的多少，分两三个等级的价差来刺激终端进货，尤其是批发市场的分销商、大卖场和连锁店的进货。但如果是赊销则要尽量控制赊销量。

(5) 确立货款回收的形式及控制，应收账款的控制、管理及回收等。同时，现款进货与赊销必须有区别，但必须是同一进货量对比上的区别。否则，不仅无意义，而且容易造成混乱。对便利店和小型个体店应严格遵守现款现货原则，也可以对这些小店在铺货时给予一定的铺货奖励，如“卖几送一”等。对于在启动期实在难以铺进的便利店，也不用着急，待市场启动后，只要有利可图，不愁货铺不进去。

(6) 铺货人员的培训和激励是铺市成功与否的一个重要因素，必须制定相应的机制。铺市人员应有丰富的经验、强烈的冲劲和持续的原动力，具备熟练的推销技能、良好的口头表达能力、敏锐的洞察力以及市场反应的良好感应能力，有较强的应变力等。铺市并不是件容易的事，厂家要及时对相关人员进行培训，提高他们的工作技能。培训内容主要包括产品知识及卖点、铺货线路的规划、铺市技巧及话术、拜访客户的步骤、成交技巧、陈列知识及品牌形象维护、铺市的执行要点、补货的时机等。

(7) 统计客户信息，及时完善数据库。铺市针对的对象不仅仅只有老客户，还包括新客户。在完成铺市工作后，要及时统计客户信息，并录入相关数据库。为避免出现差错，每天铺市结束后，就对客户信息进行整理，包括姓名、地址、电话、传真、进货数量、主营品类等。经销商还可设置专门的业务内勤，负责客户信息的收集工作，并在一轮铺货完成之后进行电话拜访，询问客户的库存情况，及时通知对应的业务人跟进。登记客户信息虽然烦琐，但这些数据能够为经销商实行深度分销战提供有力支持，从而为下一次铺市奠定基础，因此成为经销商铺市过程中需要反复强调的环节。

(8) 系列图表的设计与使用。营销人员应设计好“铺货记录表”“铺货失败记录表”“市场跟踪服务表”“市场结构分析表”，分别如表 1-1～表 1-4 所示。

表 1-1　铺货记录表

客户名称					电　话		
详细地址					邮　编		
负责人姓名		柜组长姓名			商业性质		
商店类型	A		B		C	D	
支付形式	现金		现金支票		汇票	其他	
赊销的最后付款日							
品　种	价　格		数　量		金　额		
总计金额(大写)							
销货代表			客户代表				
客户编号			年　月　日　时				

表 1-2 铺货失败记录表

客户名称				电　话			
详细地址				邮　编			
负责人姓名		性别		年龄		联系方法		爱好	
柜组长姓名		性别		年龄		联系方法		爱好	
铺货不成功的原因							
1. 怕卖不出去					是		否
2. 怕无广告支持					是		否
3. 产品价格高					是		否
4. 产品的包装差					是		否
5. 已经营同类产品					是		否
6. 其他原因					是		否
商业性质	国营	集体	民营	个体	连锁		
商店类型	A	B	C	D			
铺货代表		客户代表					
客户编号		年　月　日　时					

表 1-3 市场跟踪服务表

客户名称				电　话			
详细地址				邮　编			
负责人姓名		性别		年龄		联系方法		爱好	
柜组长姓名		性别		年龄		联系方法		爱好	
商业性质		商店类型					
现款		赊销及期限					
第一次进货	品　种	价　格	数　量	金　额			
第二次拜访时间：　　年　月　日							
详细情况：							
第二次进货时间：　　年　月　日							
详细事项	品　种	价　格	数　量	金　额			
客户编号		企业营销代表					

表 1-4　市场结构分析表

项　目		产　品				价　格				数　量				金　额			
		a	b	c	d	a	b	c	d	a	b	c	d	a	b	c	d
A 类店调查数	A 类店铺进数																
B 类店调查数	B 类店铺进数																
C 类店调查数	C 类店铺进数																
D 类店调查数	D 类店铺进数																
铺货起始日						铺货终结日											
铺货城市名						企业销售主管											

分　销　商	产　　品	价　　格	数　　量	金　　额

分析结果及建议：

第二节　终端管理实务

铺市可称为终端管理的先行环节，本节具体讲述终端管理的操作。

一、理货

理货主要是指终端货物的清洁整理、企业及产品形象的维护和市场信息的反馈。理货是最接近终端的，可以从顾客的购买情况、企业的宣传效果和促销反应中获得最真实的市场信息。理货有助于企业了解市场，并做出快速的反应，做好市场和服务客户。渠道人员需要重视渠道建设，更需要在终端理货过程中做好理货工作。借助理货工作，了解顾客对公司产品及其营销组合的反应，来帮助企业调整营销策略。

为做好渠道管理工作，理货员需要管理好理货工作内容，从理货工作内容入手管理理货，做到在理货过程中了解顾客需求，满足客户需求，并维护好与终端中间商的关系。

1. 陈列商品

理货的第一件工作就是让商品尽量展现在消费者的面前，理货要做到使商品看得见、摸得到、吸引力强。商品在终端的陈列要达到以下要求。

(1) 显眼。商品的摆放要明显、醒目。商品摆放在消费者经过时一眼就可以看得到的地方，摆放的位置是与消费者的视线等高的货架上，最好选择货架拐角处或两端。

(2) 美观。陈列商品务必做到格调一致。色彩搭配和谐，配合商场的环境、灯光等。这一原则是让顾客在视觉冲击中对商品产生好的印象。

(3) 整齐。将商品分门别类，如按照商品的类别、性能等来陈列摆放，让整个现场看起来整整齐齐，多而不乱，保持商品井井有条。

(4) 调整。对于有季节性或时间需要差异的商品，根据产品特点做出适当的位置调整，旺季的商品调整在显眼的地方，吸引顾客。

(5) 丰满。商品看起来要多，但不杂；不留空位，商品看起来才能有规模，给顾客以信心的保证。一系列的商品摆放在一起，造成巨大的视觉冲击效果，这就是终端造势。

2. 及时补货

在一些节假日、旺季或畅销的时候，要及时与仓库、终端店和物流部门做好沟通，及时补货，确保不断货。

3. 调换不合格的商品

发现不合格的商品，要及时更换，必须对顾客绝对负责。国家在商品的召回制度方面也在加大立法力度。表面不整洁、破损和有质量问题的商品，应主动从货架上撤下来，及时调换。

4. 布置现场广告 POP

不仅要靠商品的陈列及商品质量、价格、包装等方面拉动顾客，还要靠终端的店面广告来吸引和说服消费者。海报应当争取到适当的位置，如商品摆放附近、收银区、店面、入口和出口。

5. 建立良好的客情关系

上面所讲的理货内容，工作地点都在零售店内，需要终端人员的积极配合。理货员在理货工作中需要与终端人员建立好关系，争取得到他们的支持，做起事来才能事半功倍。

6. 收集同类产品的竞争状况信息

同类产品在终端同台竞技，孰优孰劣，格外分明。关注自己商品的同时也要主动了解竞争产品的销售和顾客反应，将获得的信息及时向公司汇报，以便采取相应的对策。

二、终端拜访

终端拜访是终端管理的重要内容，通过拜访可了解市场销售、客户需求及其变化，解决客户的实际问题，更好地服务客户，建立良好的客情关系，促进产品的销售。做好终端拜访需处处留意，以下步骤可供参考。

1. 拜访前的计划

(1) 明确拜访目的。首先要计划好拜访的第一目的，是收货款、理货、终端广告维护、宣传销售政策、联络感情中的哪一项。

(2) 设计拜访路线。根据当地零售店分布和交通路线设计本次拜访的路线图，预计拜访每家店需花费的时间。

(3) 注重个人仪表。在客户的眼中，访问员代表公司的形象、产品的形象。销售代表的外表和服装要整洁、胡子要刮干净、不留长发、皮鞋要擦亮、夏天不准穿凉鞋和拖鞋、指甲要干净、不留长指甲等。

(4) 携带必需的资料。销售员要携带客户和当地市场的资料，主要包括零售店资料表、竞争对手情况表、当天线路的客户卡、线路拜访表、订单、业绩报告、市场动态记录、POP、礼品、品牌贴纸等。

(5) 了解客户信息。了解客户的一些基本情况，如个人喜好、工作时间规律等。

2. 掌握销售政策

掌握公司的销售政策和促销政策，如每项政策目前的时间安排、工作进展、活动操作流程、对客户的支持情况等。

3. 检查户外广告

离开公司后，就正式进入终端拜访工作。进入店面首先要检查店外的广告：检查公司的宣传海报是否张贴或摆放在规定的地方；是否有外观破损、肮脏的海报招贴；广告的张贴是否显眼，是否被其他物品遮盖等。

4. 向客户打招呼

进入店内时，要面带微笑，适当地称呼客户的名字。和客户寒暄时，不要直接谈及订货的事情，而是通过友好的交谈了解其业务的状况。对店内的其他人员要以礼相待。

5. 检查店内情况

和客户寒暄后不要直接谈业务，而应先观察店内的情况，了解一些信息，以便和客户交谈时能抓住实际问题，解决问题。对终端店内的观察应包括以下几个方面：店内海报的张贴情况；店内商品的陈列是否符合规则，是否够醒目；商品的堆头是否体现了商品的规模；售点促销情况；公司商品和同类商品的销售情况；商品的价格是否符合公司的价格政策。

6. 检查存货情况

存货包括前线存货和库房存货。前线存货主要是指店内的货架、柜台上所摆放的没有卖完的产品；库房存货则是指存放在店内仓库中用于补货的产品。两个地点的存货数量加在一起，就是实际库存总量。

7. 沟通销售情况

了解店内外的情况后，就要与商家沟通销售情况，反馈发现的问题。要弄清楚的问题包括促销活动中遇到的问题，销售压力如何，售后服务怎样，需要什么样的支持。将了解到的问题，能解决的现场解决，提出你的建议；不能解决的登记下来向公司汇报。

8. 现场培训

及时对店员进行培训，解决他们的产品知识、经营理念、促销方法、销售技巧等方面的问题。

9. 催促订货

了解所有的情况后，心中有数，正式进入正题。结合访问目标，调整并制订新的计划并请客户签名认可。

10. 做好记录

销售人员要再次确认客户卡和订单的信息。客户卡按星期设置，每天一册。

11. 售后跟踪

跟踪是处理客户拒绝的最重要方法之一，可以帮助我们收集意见，解决问题。对于在工作中对终端业主的承诺，一定要切实、及时地履行。

三、终端维护工具

终端维护既需要有科学的拜访步骤，也需要结合维护工具。其目的是实现“三化”：制度化、表格化、标准化。只有利用好终端维护工具，才能达到“三化”要求。终端维护工具包括销售手册、销售包、拜访卡和联系卡。

1. 销售手册

销售手册是在书面上展示和介绍公司的情况、产品，公司的营销渠道、营销策略等，主要内容如下。

(1) 公司介绍。简洁、清楚地介绍公司的目标、战略、实力、发展等情况。

(2) 产品介绍。有条理、有重点地列举企业的产品特点、性能、质量、售后服务等客户关注的要点，突出产品的竞争力。

(3) 市场介绍。帮助客户了解市场状况，坚定客户的信心。

(4) 陈列规范。让客户了解陈列优势，让他们明白陈列公司产品将会带来营业额的提升。

(5) 媒体计划。宣传产品、品牌的方案。零售商都很期待销售的产品有广告支持，拉动终端。

(6) 促销计划。清楚写出最近这段时间内促销活动的细节，吸引终端参与。

(7) 渠道政策。列明渠道推广时间、范围、激励手段、激励幅度和惩罚制度等。

2. 销售包

销售包的主要作用是向客户展示产品，同时记录终端发生的问题和维护终端的宣传品，主要包括样品、宣传品、手机、笔、记事本、清洁用具、工具刀、双面胶、计算器、订书机。在拜访客户和谈判时，适当地选择这些工具，往往在行动和产品展示中能起到良好的效果。

3. 拜访卡

拜访卡是终端人员记录和监控店内产品销售、库存、价格、陈列、促销、竞品活动等方面状况的基本工具。

4. 联系卡

联系卡上印有公司标志性的图案，写明若需订货或售后服务，请拨指定电话，并落款联系人，而且联系卡要尽量放在终端网点的电话机旁。

四、终端促销

终端促销不仅能刺激消费，构建与消费者相互沟通交流的平台，实现购买力的具体承诺，还可以调动零售终端的销售积极性，赢得终端更多的销售合作。

五、卖场生动化

将产品铺到零售终端仅仅是市场推广工作的一部分，接下来的重心就是进行卖场生动化建设，将产品从零售终端卖到顾客手里，实现由商品到货币的惊险而美丽的一跳。

1. 卖场生动化的概念

所谓卖场生动化，就是对各种大卖场、零售摊点、专卖店、专架专柜等独立卖点范围内的产品陈列展示、宣传品布置、环境气氛等进行生动化处理，使其对进入卖场的顾客形成一种视觉刺激，进而促成顾客的购买决定。在实际运作中，可将生动化分为两部分，一是硬件生动化，即通过展架展柜、橱窗、店招、POP、吊旗、立牌、条幅等来营造生动化气氛；二是通过卖场人员训练有素地介绍、推荐产品，与顾客产生互动、沟通，为顾客提供生动化的服务。

2. 实施卖场生动化的意义

(1) 卖场是消费者决定购买的最后一个环节，在最后一分钟内争夺每一个顾客，是各种品牌的目标。

(2) 卖场是展示品牌形象的窗口，是品牌价值最直观的体现。企业必须保证窗口的明净亮丽，否则难以令人相信物有所值。

(3) 企业已展开强大的广告优势，也就必须做到产品看得到、看得清、看着好的卖场配合。否则，做广告便是浪费金钱。

(4) 直接争夺60%的顾客。营销专家指出，60%的消费者是在售卖现场受到感官刺激或营业员的提示、推荐后才决定购买的。

(5) 产品陈列在最佳位置上能促进销售量增长20%；产品占据最大陈列能促进销量增长30%；上佳的宣传品配合能促进销量增长20%；营业员的直接推荐能促进销量增长60%。

(6) 由于口碑的传播效应，卖场生动化对业绩的促进力数倍于直接产生的效应。

3. 卖场生动化的实施

(1) 产品陈列规范。具体包括以下几点。

① 抢占第一位置。所谓第一位置具有以下特点：

- 产品能最大限度地进入消费者视野。

- 消费者第一眼就能看到产品。
- 消费者最方便拿到的地方。
- 高度以中等身材(170 厘米左右)消费者双眼平视为宜，保证在视平线至腰部之间位置。

② 占据最大陈列空间。

- 每个品项的产品连续 4 盒以上并排摆放将取得较理想的视觉效果。
- 必须遵守“竞争优势”原则，不管在任何情况下，陈列数量都应大于一切竞品。
- 紧靠陈列。各品项的产品必须上下左右紧靠一处陈列，不能被其他品牌隔开。
- 主导产品占公司所有产品陈列空间 50%以上的陈列面积。

③ 包装平行。

- 同一类型包装水平陈列。
- 产品垂直。同一品名不同包装垂直陈列。
- 上轻下重。轻的包装放在上面，重的在下面。
- 借光。摆在同类畅销产品旁边。

④ 先进先出。必须将距保质期近的产品陈列在表层或表面。

⑤ 落地陈列、堆头等完成陈列后，故意取走几个(罐)产品以留下空隙方便顾客拿取，同时借此显示商品好卖。

(2) 产品清洁度规定。具体包括以下几方面。

① 产品视觉清洁。包括码放整齐划一，陈列产品外包装齐整完好。

② 保证产品的触觉清洁。随时除去包装上的灰尘、污点、污垢等。

③ 产品周转期(依不同产品而定，以下举例为 18 个月保质期)。例如，距保质期只剩 8 个月为产品清洁度危险警示期，必须将此类产品调往畅销地区销售；距保质期只剩 4 个月为产品清洁度高度危险期，此类产品必须撤架，以作促销品等手段在非销售渠道上消化；过期产品必须在最短时间内予以回收。

(3) 宣传品的使用。具体包括以下几点。

① 位置显眼，如卖场进门处，视线水平不被其他物品遮掩。

② 外观洁净，褪色的、破旧的宣传品及时更换、拆除。

③ 以主销什么产品配什么宣传品为主。

④ POP 必须张贴在售点内。

⑤ 不应同时出现两个新旧广告攻势的宣传品。

⑥ 促销活动结束，必须尽快将促销宣传品拆除。

(4) 客情关系的建立，以经理/店长及营业员为主。

① 经理/店长。与他们关系的良好协调是所有售点工作的基础，必须做到他们对产品的完全认可和各种工作的有力支持，可以用各种小礼品或赠品加强关系。

② 营业员。与营业员保持良好的关系，保证营业员对本产品的高度关注。这样有助于保证在自己监管不到的时候，营业员帮助及时补货和要货；方便查询各种销售数据和库存数量，保证安全库存；保证营业员推荐本产品，需教会他们产品的相关知识。

可口可乐的“生动化世界”

可口可乐公司创始于1886年，是世界上最成功的消费品公司之一。1981年可口可乐进入中国，在中国市场的运营中，可口可乐凭借其一流的产品质量、先进的营销管理模式、成功的品牌管理使其市场占有率牢牢保持着业界领先地位。

随着市场竞争的加剧，“制胜终端”已经成为争夺市场的重要手段，而终端“生动化”恰恰是终端运作中最核心的部分。同时，商品生动化作为一种提升销量、制胜终端的营销利器更是功不可没。尤其是诸多跨国公司在拓展市场的过程中，对生动化理论与实践不断地丰富充实，使它更具可操作性，更具市场竞争力。

可口可乐的生动化模式，在快速消费品行业中堪称业界典范。以下针对可口可乐的生动化系统做全面的展示，以期能够更加详实、形象地完善商品生动化的理论与实践，从而为更多的企业提供有益的借鉴。

1. 可口可乐生动化的十项基本原则

可口可乐生动化的十项基本原则，将以更简洁、更通俗易懂的方式全面演绎生动化的精髓。

(1) 同类产品集中摆放。可口可乐公司的产品分为四大类：碳酸饮料、水饮料、果汁饮料、茶饮料。这就要求每一类产品均与同类陈列在一起，不能跨类别陈列。

(2) 同一品牌垂直陈列，包装由轻到重。可口可乐与可口可乐垂直对齐陈列，雪碧与雪碧对齐。按包装容量的大小，由轻到重摆放。

(3) 同一包装平行陈列。可口可乐的包装主要由PET、CAN、RB构成，同种材质的包装平行陈列，不可混合排放。

(4) 中文商标面向消费者。有促销图案的包装，中文商标和促销图案间隔摆放面向消费者。

(5) 占据最明显的，消费者最易看到的地方。

(6) 卖场中，在饮料区以外至少有一个多点陈列，即跨区陈列，以提高被购买的概率和消费者购物的方便性。

(7) 明显的价格标识。

(8) 做到产品循环，先进先出。过期产品须立即收回。

(9) 正确使用广告用品和冷饮设备，使用现调机要保持卫生。

(10) 确保最小库存量，保证存货周转。

2. 在产品陈列中品牌与包装的优先顺序

由于可口可乐公司是采取多品牌(可口可乐、雪碧、芬达等)运作策略的企业，因此其生动化模式详细规定了在任何一处售点统一的品牌/包装的陈列标准，即对于各个品牌在货架上应该摆放在什么位置、不同的包装应该排在什么位置都有明确的规定，如表1-5所示。

表 1-5 品牌与包装的优先顺序

品牌顺序	可口可乐	雪碧	芬达	醒目	酷儿	水森活	健怡可乐
必备包装	CAN 355 毫升	CAN 355 毫升	CAN 355 毫升	CAN 355 毫升	CAN 350 毫升	CAN 380 毫升	
	PET 600 毫升	PET 600 毫升	PET 600 毫升	PET 600 毫升	PET 500 毫升	PET 600 毫升	
	PET 1.25 升/1.5 升	PET 1.25 升/1.5 升	PET 1.25 升/1.5 升	PET 1.25 升/1.5 升	PET 1.5 升		
	PET2 升/ 2.25 升	PET2 升/ 2.25 升	PET 2 升/2.25 升	PET 2 升/2.25 升			
应备包装	CAN 多支包装	CAN 多支包装			PET1.5 升 多支包装		CAN 355 毫升
	PET1.25 升 多支包装	PET1.25 升 多支包装					
	PET2 升 多支包装	PET2 升 多支包装					
辅助包装	现周杯	现周杯	现周杯	现周杯			

3. 关于生动化的实际操作

生动化最典型的应用渠道是以超市、大卖场为主体的零售终端。因为这些渠道拥有巨大的空间，而且地段优越，占据天时、地利、人和等优势，同时由于商品众多可以吸引更多的顾客，所以可口可乐的“生动化陈列”在超市渠道向消费者展现了自己的无限魅力。

在超市，可口可乐的生动化陈列主要分为三类：日常陈列、特殊陈列与促销陈列。其中，日常陈列又包括正常货架陈列、公司专有货架陈列、展示柜陈列；特殊陈列包括地堆陈列、端头陈列、乱堆陈列等。

第三节 通路精耕

一、通路精耕的概念

通路精耕是指对经销商的下游客户(零售商、批发商、分销商)的过程管理。通过经销商和办事处密切合作，对目标市场区域划分，对通路中的主要销售网点做到细致化和专业化服务与管理，达到对产品销售、竞争的全面把控，提高产品在通路的覆盖，加强与分销客户的合作，实现分销网络化管理，从而在通路中创造竞争优势。

二、通路精耕的意义

通路精耕在产品的销售过程中具有重要的意义，具体包括以下几个方面。

(1) 通路精耕是通过过程管理来达到提高通路覆盖的目标。

(2) 通路精耕是量化管理过程。实施通路精耕，使以往传统销售业务模式下的定性、模糊化管理进入到定量化管理，使市场运作过程中的人力、财力、物力、资源分配以通路精耕中得出的“量”来进行合理分配，使资源配置最优化。

(3) 通路精耕是信息化管理的过程。信息管理是经销商经营管理过程的宝贵资源之一，是科学决策的最重要依据，通路精耕构筑了一条信息快速沟通渠道。通路精耕的实施使市场信息来自于销售市场的第一线，通路精耕的组织保证了信息来源的及时性、信息分析的准确性，为发现问题、解决问题、进行正确决策提供了科学依据。

(4) 通路精耕有利于市场价格的控制，保证通路各层级的合理利润。

(5) 通路精耕的实施有助于促进公司和经销商的合作伙伴关系，全面提高公司与经销商的销售作业和管理能力，并最终形成良好的工作规范和习惯。随着通路精耕的实施，必将完善经销商财务、配送、仓储、库存等方面的管理，从而提高经销商的竞争力和盈利能力。

三、通路精耕的内容与表现形式

1. 通路精耕的内容

通路精耕的核心内容是对零售终端及相关通路的量化管理，强化服务，压缩通路层级，提高产品覆盖率和产品流通效率，具体包括以下内容。

(1) 人员定量。根据零售终端或批发商的数量及开发计划，按比例配备业务人员。

(2) 区域的划分和定量。根据人员的实力和区域的成熟度，划分不同的区域，并分配到固定的人员。

(3) 工作内容定量。业务人员每天拜访的零售终端或批发商的数量必须达到公司标准；必须按照公司规定的拜访频率完成任务；必须完成公司规定的业务工作内容。

(4) 拜访路线量化。根据对市场的了解按划定的工作路线和程序进行拜访。

(5) 拜访频率量化。根据客户的级别确定拜访频率，做到重点客户重点服务，以便人员使用、时间利用更有效。

(6) 成本收益量化。利润来源于投入和产出的差额。规定一定的考核标准来量化员工的工作成效，主要的量化指标有每次访问所用时间、访问的成功率、每天销售访问的平均收入(衡量销售人员的工作效率)、销售费用与费用率(衡量每次访问的成本及直接销售费用与销售额的比率)。

2. 通路精耕的表现形式

(1) 销售网点分布图。根据掌握的销售网点资料，包括批发商、零售商，在地图上明确标示出来，并进行编号。

(2) 拜访线路。根据分布图，设定人员工作区域、工作线路、拜访频率。

(3) 用好“四类”表。包括客户资料表、销售历史记录、业务计划日志、拜访报表。客户资料表记载客户详细资料、客户等级、经营状况等，该表是所有工作的基础；销售历史记录则记录客户的销售明细；业务计划日志以周或月为基本单位，制订工作计划；拜访报表包括客户编号、客户等级、进销存状况、店面陈列、存在问题等，该表明确规定了业务代表的工作内容，包含公司希望了解的所有信息。根据了解到的资料及客户的经营情况，及时接受客户订货。

(4) 做到“六定”，即定人、定域、定点、定线、定期、定时。通路精耕的实施是一个动态的过程，是一个循环的过程，随着实施过程的进行，层层渐进，对市场及销售过程的管理将进一步深化。

经销商对其下游客户(零售点或批发商)的服务主要表现在配送及时上，即经销商一定要具有及时将售点所需产品的品种和数量送货上门的能力。配送是决定通路的一个重要因素，是未来通路中竞争力最大的促进手段。通过配送能力的增强，对通路层次进行压缩，提高流通效率。

第四节　终端拦截

顾客选购的过程就是一个不断思考、反复比较分析的过程。终端拦截就是整合终端所有的广告、促销、产品、渠道等资源，用这些资源来影响顾客选购意向的手段和方式。通俗地说，就是“引、抢、围、逼”，即引导顾客的思路，从竞争对手那里抢顾客，以更多的产品信息来对顾客心理进行包围式的诱导，以强化顾客的选购意向，用各种手段“诱逼”促成顾客迅速成交。

一、终端拦截概述

终端拦截风险小、监控性高、机动性强，适合于小成本投入启动市场。其目的是提高产品在终端市场的铺市率及占有率；提高产品在终端的销量；压制竞品的终端市场；创造消费者的最佳接触性消费环境等。

1. 终端拦截的原理

(1) 环节制胜。在“产品出厂→代理商→批发商→零售商”这个链条上，终端拦截是在最末梢环节进行销售推广工作，其核心意义是“一通百通”的销售原理。

(2) 互动制胜。终端拦截模式是典型的互动式营销，包括“促销员导购”“销售活动”等形式，采用人与人的“一对一”营销和“多对一”营销。其核心意义是：应对说服、递进说服的销售原理，体现“死宣传打不过活促销”的道理。

(3) 深度制胜。终端拦截最大的优势是能够与消费者进行深度宣传及沟通。深度宣传的优势表现在可为顾客提供个性化促销、服务型促销、解疑式促销。

(4) 自主制胜。终端拦截不同于媒体广告促销，在宣传和沟通过程中没有诸多约束，可以进行多种形式的自主宣传，如举例法、原理法、比喻法、对比法等。

(5) 无险制胜。一般情况下，营销有两个必需的元素，即“宣传+渠道”，但宣传成本要远远高于渠道成本，而终端拦截营销模式的元素与渠道元素是复合性的，不需要投入另外的宣传元素。

(6) 基础制胜。终端拦截模式是一种基础性模式，可与目前任何传统营销模式相互嫁接，有利于企业做任何模式的转型或对接。

(7) 平台制胜。终端拦截同时也是一个营销平台，不同于传统创建型营销模式，对增加的产品品类不但没有巨大的新增费用，而且可以进一步摊派营销平台的建设成本，达到节省费用、减少风险、提高效率的目的。

2. 终端拦截的表现形式

终端拦截的表现形式主要有以下几种。

(1) 派员驻店促销——促销员导购。在各大卖场常常可以看到许多厂家促销，从大件商品到小件商品几乎都在使用。

(2) 开展各种促销活动。如低价、赠品、奖品、抵值、抽奖、服务等。

(3) 挂金。主要是给零售企业或营业员各种提成或奖金，以鼓励其多卖某企业产品。

(4) 买断。支付终端若干费用，使终端商只销售本企业产品而拒销竞品。

(5) 店招。为终端店做招牌或免费提供展示用的物品，如冰柜、太阳伞等。

二、终端拦截策略

1. 高空拦截

人们经常会在媒体上看到很多产品的促销广告，质量如何好、价格如何优惠等，这就是高空拦截，即利用电视、报纸等媒体在相应区域发布终端促销广告，使促销信息迅速地传输给更多的消费者。一方面，高空拦截能充分地起到先入为主的效应，在消费者未到终端之前进行消费诱导和品牌灌输，同时也能避开终端竞争激烈、信息庞杂、消费者容易迷失选购方向的缺点，使消费者更容易、更清晰地记住该品牌的相关信息；另一方面，高空拦截还能借媒体的辐射力在更广的范围内吸引更多的目标消费群，即“结大网捉大鱼”。

做好高空拦截，必须要考虑销售费用、高空广告策划的有效性以及充分与终端配合的问题。例如，在终端柜台放一些广告报样，这样可以把终端与柜台连接起来，对消费者起到双重强化的效果；或者在报纸广告上注明“凭此样报可到××柜台领取礼品或参加某项活动”等内容，这样就巧妙地使高空拦截与终端结合。

2. 源头拦截

源头拦截是在目标消费群的生活区或工作区所进行的产品宣传和促销拦截。有营销专家称该方式为终端的进一步延伸，也有人称之为“后终端”，因其更直接、更明了、更快捷、更有针对性。目前医药保健品和家电、家居类产品使用该方式较多，效果也比较明显。目前较常见的源头拦截促销方式如下。

(1) 社区服务活动。例如，在居民点进行自身品牌系列家电产品的上门维修与养护指导，通过优质的服务提高美誉度，带来回头客。

(2) 社区促销演示或文化娱乐活动。如医药品的周日义诊活动等，比较突出的例子是九阳豆浆机经常在大的居民点做促销演示，制作五谷豆浆、消暑豆浆及益智豆浆等，吸引很多中老年消费者观看，有时还能在现场达成数目可观的直接销售。

(3) 居民点的产品广告牌。例如，小区大门边会挂有家居装修的条幅，最多的是楼梯间里贴的各种各样的广告。

(4) 促销宣传单和广告。有的直接夹在门缝里，有的是通过夹报送到工作单位，有时是专人在公共场合派发宣传品。

3. 阵前拦截

阵前拦截是指顾客从商场门口到柜台前的促销指引和宣传说服活动，这个过程是消费者进入卖场的过程，也是影响消费者购买意向的重要阶段，因而阵前拦截也不可缺少。阵前拦截主要体现在商场门口的形象广告牌、商场门口的促销活动、商场内的导购牌和广告牌上等。人们经常会看到，在许多商场门口会有很多相关产品的广告牌，有时还会挂巨幅广告，有时连门前梯形台阶上也贴上了厂家的广告。这些广告牌以醒目的形象给潜在消费者带来强烈的视觉冲击，不过费用也比较高；在双休日及重大节日，许多商场门口总是锣鼓喧天、车水马龙，这是各品牌在争先恐后地搞促销活动，包括文艺演出、产品介绍或者有奖竞猜等。商场内部的促销导购牌也比较多，如小推车、吊旗、收银台、导购牌、公共广告位等，很多只要不影响形象的地方都会有相应厂家的广告牌出现，以有效地引导并影响消费者进行商品选择。从商场门口到商场内每一空间都可以说是“寸土寸金”，重要且昂贵，需要从品牌自身的费用情况和产品特点来推出有效的广告活动，从而加强阵前拦截。

4. 联合拦截

在竞争激烈的终端，如被孤立或围攻，无疑是极其危险的，联合具有相关利益的品牌同步联合促销，达成统一战线，以提高终端竞争力的拦截方式就是联合拦截。这种方式因其进攻性较强，有些是光明正大进行的，有些则是偷偷进行的。常见的联合拦截有三种形式，一是与非同类且有相关利益的品牌进行的联合促销。二是与同类但不同档次的品牌进行的联合。例如，高价位的 A 品牌与中价位的 B 品牌联合，当顾客对 A 品牌多次讲解仍因价格高而购买意向不高时可顺带介绍一下 B 品牌，同样有类似情况时 B 品牌也可顺带介绍一下 A 品牌，两者联合，各取所需，共同提高。三是与同类同档次的竞争品牌联合，有时需要收买竞争品牌的促销员来达到“损人利己”的目的，有时则表现为扎堆效应的联合活动。

5. 人员拦截

人员拦截是一项最基本的拦截方式，即通过促销员的认真观察、细心劝说来强化消费者的购买意向。作为厂家或商家都要重视对促销员的培训，包括产品知识、促销技能和沟通技巧等，同时要制定合理的激励制度，经常加强与促销员的沟通，确保促销员有良好的心理状态。作为促销员本身，要学会“眼观六路、耳听八方”的技巧。例如，从顾客进入商场同类产品柜台的时候，要远远观察其反应，揣摩其消费心理以及对同类产品的反应，做到有的放矢。在顾客走近产品柜台时，要想办法留住顾客，不让顾客轻易走开，时间越长胜算就越大。例如，如果顾客带有小孩，可以备个小气球等小礼品送给小孩，如果有老人，可以准备凳子让他坐等，争取其好感。在介绍产品时要注意察言观色，根据顾客反应选择合适的促销技术。现在很多厂家或商家都有系统的促销技巧，其关键就是如何培训促销员，指导其巧妙运用。

6. 产品拦截

如何在较短的时间内将产品的功能与特点充分展示给顾客，吸引顾客层层深入了解产品呢？这就要根据产品自身的特点研究一些适当的拦截技巧。对于家电业来说，主要指生动化陈列和多方位演示两个方面。生动化陈列指产品在展台、POP 的装饰下巧妙摆放，从而充分显示出产品的形象、功能与卖点等。生动化陈列要注意人气机型(富有竞争力且比较吸引人的机型)与主推机型的呼应，还可以根据促销主题的需要设计主题陈列，如五一假期临近可围绕婚庆对产品陈列进行包装，现在比较流行的还有生活提案式陈列，能充分展示出时尚化的生活需要。

美国有句广告格言——“卖牛排的关键是卖烤牛排的滋滋声”。这正说明了产品演示的重要性，多方位演示常用的原则有“能动则动起来，能体验就体验一下，能说话就放出声来”。例如，亚都加湿器在演示柜上不停地喷出湿气如仙境一样；九阳豆浆机常常在柜台上摆着制作好的喷香豆浆，顾客可以随意品尝；桑普电热水器为了显示其工艺的先进性，干脆在机身上挖了个洞，让消费者将其内部构造看得更清楚；阿里斯顿则在电热水器机身开个能放下电视机的小口，顾客可以在听促销员讲解的同时在电视上看到更全面的操作演示，而电视的播放还能吸引更多的消费者驻足并咨询产品。

7. POP 拦截

终端的 POP 布置对产品的销售能起到较好的促进作用。终端 POP 布置要做到：看得见，摸得着，听得到，带得走。平看：海报、台牌、灯箱、水牌、电视播放宣传片；仰看：横幅、吊旗；俯视：产品陈列。摸得着：资料架、展架、展台、样品等；听得到：促销员推荐、营业员介绍、电视播放宣传片等；带得走：手提袋、宣传页、自印小报、促销小礼物等。这些 POP 的制作和布置要新颖、引人注目，要注意与产品和展柜的搭配，还要注意与竞争对手的差异化。POP 平时的维护也很重要，损坏的要及时更换，也要根据不同的销售需要制作不同的内容。除了做好平时 POP 的制作与布置，还要根据促销需要策划一些 POP 的主题布展，如节日堆卖活动、反季商品处理活动、新品推广节等，这些活动需要大量的主题 POP 来装饰和渲染，做到形象好、气势大，与竞争对手形成鲜明对比，从而更好地体现 POP 的拦截作用。

8. 借势拦截

经销商场对品牌的重视度是体现品牌销售推力的重要方面，对产品的销售有直接且重要的影响，因此还要注意加强与商场客情的培养，取得所在商场有形或无形的支持，使产品在终端得到真正的主推。业务员或促销员等都要做好与商场人员的沟通与公关，不仅包括商场经理、主管、促销组长，甚至保安、杂工、清洁工、司机等都不能忽视，有时他们的一句话会使企业在销售中省很多劲。通过客情培养，还能获得更多的上货优惠政策、更便宜的广告位等，为终端促销提供良好的人际环境。为了加强借势拦截的力度，要注意厂家的各项促销活动，确保在终端实施到位，还要经常参加经销商场的节日促销活动，如赞助 DM 广告、特价活动、馈赠活动或抽奖活动等，或者联合厂商进行双赢促销活动。例如，国美某分店曾举行过“国美海尔家电节”活动，海尔借国美之势开展促销。这些活动都是较好的形象展示和产品促销机会，是压制和打击竞争对手的机会，更是实现有效拦截的机会。

9. 人气拦截

如果柜台边经常人头攒动，人气较旺，就会有更多的顾客受到吸引与感染，使人气更旺，成交率更高。如何营造良好的气氛实现人气拦截呢？除了产品生动化陈列与演示、POP 的充分应用外，一方面要从促销员着手，想办法吸引顾客在柜台逗留尽可能长的时间，而不是一闪而过；另一方面是策划一些调节气氛的小活动，现在经常在终端看到的掷飞镖中大奖、摇转盘活动等，彩电音响类产品可以播放一些精彩影片来吸引顾客观看，或进行有奖知识问答等。有些企业为提高重点卖场人气，在重大节日干脆采取“人海”战术，一个卖场内某产品促销员就有好几个。当然，企业还可以策划一些新颖的产品演示活动，如用微波炉爆玉米花、游戏攻擂赛、电磁炉厨艺争霸赛等；提供额外服务也是提高人气的好方法，如有些产品会在夏天提供免费的饮水服务，有些产品还在展柜边放一个自动擦鞋机，为顾客提供免费擦鞋服务。

以上是根据终端销售实际总结出的终端拦截战术，其中前三条是在终端之前采用的辅助终端销售的策略，第四条至第九条则是直接运用于终端的促销战术。在这些终端拦截战术中，有的侧重于广告策划，有的侧重于促销活动，有的则侧重于客情培养或终端演示。如何运用终端拦截策略呢？首先不能孤立地运用某种策略，要综合起来，充分利用广告、促销、人员、经销商等各种资源，“集天时、地利、人和于一体”；终端拦截是深度化分销的体现，其实质也就是终端细节化的较量，因此这些工作要做深、做精、做细，包括前期深入的调查、全面的分析、完善的执行反馈系统；还要切忌生搬硬套，要根据市场竞争情况和企业自身情况，量体定做灵活的、创造性的终端促销战术，从而使拦截效果最大化。

三、终端反拦截

“终端拦截”犹如足球比赛中的后卫，进攻一方无论有多好的脚下功夫、多快的进攻速度，但是如果遇到了防守一方强劲而又灵活的后卫，进攻都会被一次次地瓦解。如果进攻一方临门一脚的功夫较差，造成功亏一篑的心痛结局自然就是难免的。当企业产品遭到竞争对手的强势“终端拦截”时，销售经理该如何变“终端拦截”为“中断拦截”，继而成就我方产品对竞品的“终极拦截”，从而夺回失去的“滩头阵地”呢？

1. 正确评估自己的资源与优劣势，忌盲目拼杀

在终端反拦截中最常见的问题就是盲目性。许多品牌的厂家在终端的拼杀过程中都红了眼，把终端营销的目的与市场计划完全抛弃，随即迷失了目标。这样的做法最终只能导致无序竞争愈演愈烈，让终端之争陷入无谓的资源消耗战之中。与竞争对手在终端发生拦

截之争时，企业需要正确评估自己的资源与优劣势，考虑人员能力、资金实力、品牌定位和临时目标等因素，并据此采取相应的对策。

2. 保证投入的有效性

真正的落败，并不是市场份额的减少，而是资源的无谓浪费。因此，保证投入的有效性，应是终端反拦截之中的核心指导思想。

以下面这个现实的情况为例：又到了制订下月终端费用投入计划的时候了，下属向领导申请了 2 万元的堆头费用。领导也因费用紧缺而忧心，一看终端费用预算，立刻拨通了下属的电话："怎么又申请这么多？月月都这么高的费用，怎么不见销量有多大增长呢？"下属却感觉有点委屈："领导，我市场的费用投入与竞品相比还差一些。还有许多终端、竞品都在做地堆，而我却没钱投。"领导用质疑的语气问："那你 2 万元的投入为何没有效果呢？是不是你的监控有问题？"下属解释道："我做堆头的地方别的厂家也做堆头，现在是投了双倍的钱换来的却是 5 成的效果。"

3. 加强促销活动的差异性

摆脱终端拦截边际递减的方法就是改变操作打法。这既可以是撤出正面竞争，另辟蹊径，进行渠道创新，也可以在原有竞争的基础上略作改动。例如，当娃哈哈 1.5 升果汁在锦州上市时，汇源是 1.5 升果汁销量最大的品牌。汇源当时的 1.5 升果汁促销是 6.2 元买一赠一(赠一瓶 500 毫升果汁)的捆绑形式，而如果娃哈哈也采取买大赠小的策略，按果汁品牌的分量来讲，其销量都不能分得汇源的一半。于是娃哈哈提高了 1.5 升果汁的售价，高出汇源 1.3 元，这样买一瓶 1.5 升果汁就可以赠送一瓶 1.25 升的非常可乐了，因赠的是碳酸饮料，最终核算的费用比汇源略低，但是销售的直观效果比汇源好多了，这样销量就超过了汇源。

4. 积极创新，开拓新的宣传途径

(1) 强化品牌地位。作为被拦截的厂家不断强化品牌形象是至关重要的，只有让消费者具备较高的品牌忠诚度，才能从根本上防止拦截现象的发生。

(2) 加强差异诉求。强化品牌忠诚度的同时，在宣传过程中针对拦截者一定要提出强有力的差异化诉求，要让消费者知道名牌自有名牌的道理。

5. 时刻关注终端内部人员对本品和竞品的评价，发觉"异己"分子要迅速采取措施

本品与竞品在终端"对对碰"时，切不可一味去对付竞争对手，同时要关注终端人员，如酒店老板、吧台、服务员等对企业的看法，也要关注我方促销员与业务员的心态，有很多竞品瓦解对手就是从对手的内部人员开始瓦解的。特别是关键时期，更要了解"异己"分子的心理和行为。

6. 运用法律自卫

市场现实告诉我们，无秩序竞争的顽疾依旧存在，在忍无可忍的情况下，需要拿起法律的武器来维护企业用心血和金钱营造出来的优势品牌和既得利益。

案 例

牛栏山祭出“削藩令”：厂家到终端，到底距离该多远？

牛栏山酒厂的一纸“削藩令”在酒业炸开了锅：从6月下旬开始北京总分销渠道旗下一些大单品按区配货，同时取缔批发业务。由此，其在北京地区原本100余家一批商、二批商已删减至23家。这只是开始，牛栏山此举可谓是“司马昭之心路人皆知”，其最终目的是要彻底取消批发商，最终实现厂家对零售渠道的直接控制，即直控终端。

传统渠道弊病已是无药可救

渠道，曾经是企业攻城略地、开疆拓土的主要倚仗，企业只需要借助现成的渠道通路，产品即可快速到达终端，被消费者购买、使用，尤其是快消品，可谓得渠道者得天下。但随着电商互联网渠道的快速崛起、移动端微商的大发展，传统渠道的弊端被无限放大。

首先，费用居高不下，成为企业难以承受之重。促销费、进场费、人工费、广告费，各种费用一样不能少，且一路水涨船高，销售数据看似漂亮，实则对于企业而言是亏钱的。其次，层级太多，从省市级代理到县级分销，还有中间的批发环节，雁过拔毛，到终端消费者手里时，产品在价格上已没有任何竞争力，但平价、低价一直是中国企业的主要竞争手段，没了价格优势，很难被消费者购买。最后，管理费用过高，每一个区域市场都要有专人去管理，防窜货、控质量，每个区域管理费用没有几十万上百万是扛不住的。传统渠道走到今天已是弊病丛生，对企业而言已是不能承受之重，更不是凭企业之力所能改变的。对企业来说，目前所要做得最好的选择是能够直控终端，事实也确实如此，如伊利、优衣库、牛栏山、周黑鸭等市场增长强劲的企业，都是直控终端做得相当好的。

从减少代理层级开始

对于成熟企业而言，像牛栏山那样从部分市场逐渐减少代理层级，企业逐渐直控终端是最为稳妥的选择。从通常的五级减少到三级，离自己大本营近的尽量选择自己的队伍直接管理终端，代理商职能由终端销售转为“仓储、物流、配送”职能。对于企业而言，既增加了看得见的利润收入，同时在防窜货、统一价格体系等渠道管理上也简易了很多。

能直营的尽量不要加盟

企业从诞生那天起，就应尽量建立自己的直营团队，开发自己的市场直营能力。以“周黑鸭”与“绝味鸭脖”为例，二者产品趋同，都起源于武汉草根。“绝味”在全国有门店7172家，营收29亿元；“周黑鸭”有门店715家，营收24亿元。但是问题来了，令人惊讶的是“周黑鸭”的毛利却高出“绝味”近10亿元。奥妙就在于“周黑鸭”是直营，“绝味”是加盟模式，现在“绝味”正在向直营艰难转型。

直营，对于企业而言，前期是麻烦了些，又要研发、制造产品，还要营销、开拓并自己建立市场，所以很多企业选择了加盟或招商的模式，省事，但结果却不省心。而选择直营的企业，刚开始看似麻烦了些，风险更高了，但是由于自己具备终端运营能力，既提升了利润，又能很好地掌控一线消费信息，有了直接服务终端消费者的能力，更能适应市场变化，进而提升了抗风险能力，发展则会更迅猛。

所以，从长期来看，直营是企业必须具备的能力。

直控终端的基础是向一线放权

直控终端除了外部减少代理层级外，内部也要减少管理层级，增强一线业务人员的权力、权限，企业资源向一线集中，真正实现“让听得见炮声的人指挥战斗，为炮声密集的地方输送炮弹，给他们放权，让他们能够直接指挥战斗”。尤其不建议一线再设置市场人员，明明业务员一个人就可以干得了的事，非要再设置一个市场专员，除了增加成本和添乱，实在看不出有什么设置的必要。

向一线授权，才能建立高效、执行力强、能打胜仗的团队，才能真正推动渠道变革，实现企业瘦身。

线上线下融合是必须打通的价值链条

电商、微商都是企业实现直接售卖、了解消费需求最好的形式，一个不了解用户感受的企业是危险的。电商、微商都可以在售卖的同时第一时间了解到用户信息，了解自己产品真正的口碑和评价，口碑管理才是消费者购买最有效的依据，管理口碑是企业必须掌握的职能。在条件允许的情况下，企业应尽量将销售重心向线上、向移动端倾斜，将来，移动端肯定是消费者购物和消费体验的主要入口和形式，线上有动销、线上策略到位，线下实体店自然也不会差到哪里去，线下如果有好的消费体验，亦会更好地反哺线上消费与赢得好的口碑效应。线上线下融合是企业必须打通的价值链条。

综上所述，渠道变革是企业必须做的，不然沉重的渠道包袱和高昂的费用会将企业拖入深渊。反过来讲，企业渠道变革成功，将是一个新的飞跃，可以进入一个新的境界，何乐而不为呢？

资料来源：牛栏山祭出“削藩令”：厂家到终端，到底距离该多远？[J]. 销售与市场，2016(10).

复习思考题

1. 什么是铺市？铺市的基本原则有哪些？
2. 如何确保铺市成功？
3. 简述卖场生动化的意义。
4. 什么是通路精耕？
5. 简述终端拦截的主要形式。

第二章 客户服务管理

在市场经济制度下，开发市场最有效、成本最低的一种方法就是提供优质的客户服务。企业无论大小，产品或服务无论简单或者复杂，客户服务都已经成为企业参与竞争并获得比较优势的重要法宝。

第一节 理解客户服务

一、客户的内涵

服务的价值完全取决于客户的需要，为了清楚地了解客户的需求，必须先了解客户，认识客户。客户是企业的利润之源，是企业的发展动力。很多企业将“客户是我们的衣食父母”作为企业客户管理的理念。那到底什么是客户呢？

关于客户的定义有很多，主要有以下几种表述。

(1) 客户是本办公室最重要的人——不论他是否亲临。

(2) 客户不是依靠我们，而是我们依靠客户。

(3) 客户不是我们工作的障碍，而是我们工作的目标。我们不是通过为客户服务而给其恩惠，而是客户给我们为其服务的机会而给予我们恩惠。

(4) 客户不是我们要争辩和斗智的人。从来没有人能取得与客户争辩的胜利。

(5) 客户是把他的欲望带给我们的人。我们的工作是为客户服务，使客户和我们都得益。

(6) 客户是上帝。

(7) 客户是我们的衣食父母。

(8) 客户是企业的救世主。

(9) 客户是企业存在的理由。

(10) 客户是企业的根本资源。

这些定义从不同的层面讲述了客户是什么。其实，谈论更多的是企业与客户的本质关系。在营销时代，使服务成为一种品牌，企业还得从更深层次上了解客户，并服务好客户，以服务为中心，构筑企业的营销体系。

我们往往比较容易理解购买企业产品的客户，实际上客户不仅仅是购买企业产品的人，客户也是企业生产的首道工序，是企业方方面面需要理顺的服务关系。于是，每一道工序的每一个人，都是上帝，都有做上帝的权利，也都有维护自身权利的责任和义务。

上道工序具有为下道工序服务的义务。必须对客户负责，提供良好的服务，特别是在产品质量层面的服务，必须做到最好，使下道工序——客户(上帝)满意。这个过程中的PR(公共关系)对于每一个从业人员的素质、教养、文化等极为重要。企业的员工必须有良好的沟通——分享成果，并达成共识，相互促进。

下道工序是客户，具有否决权，对于一切自己不满意的产品，具有否定的权利和帮助修正的义务。生产过程中的这种服务与否决，是一种责任心的表现，是一种敬业爱岗、追求品质完美的行为。

理解客户内涵要把握以下几个要点。

(1) 客户不一定是产品或服务的最终接受者。对于处于供应链下游的企业来说，他们是上游企业的客户，他们可能是一级批发商、二级批发商、零售商或物流商，而最终的接受者是消费产品或服务的个人或机构。

(2) 客户不一定是用户。处于供应链下游的批发商、零售商是制造商的客户，只有当他们直接消费这些产品或服务时，他们才是上游生产商的用户。

(3) 客户不一定在公司之外。内部客户日益引起企业的重视，使得企业的服务无缝连接起来。因为人们习惯于为企业之外的客户服务，而把企业内的上、下流程工作人员和供应链中的上、下游企业看作同事或合作伙伴，从而淡化了服务意识，造成服务的内外脱节和不能落实。

在现代客户管理营销观念的指导下，个体客户和组织客户都统称为客户，因为无论个体或组织都是接受企业产品或服务的对象，而且从最终的结果来看，“客户”的下游还是客户。因此，客户是相对于产品或服务提供者而言的，他们是所有接受产品或服务的组织和个人的统称。

二、客户服务的内涵

随着市场经济的发展和竞争的日趋激烈，企业力图在产品上寻求某种竞争优势变得越来越困难，为客户尽可能地提供周到、满意的服务逐渐成为企业竞争的焦点。许多企业均已设立了客服部门。客服部门不只是处理客户的抱怨与申诉，还需更积极地扮演为客户服务的角色。其角色也由以往仅对客户购买不良品的处理，转换到主动去了解客户的需求，为客户服务，妥善地处理客户的问题与抱怨，并积极地进行客户满意度调查，追求客户更大的满意度。所以，不论制造业还是服务业，为了满足客户的需求、让客户满意，一定要做好客户服务。

客户服务就是所有与客户接触或相互作用的活动，其接触方式可能是面对面，或电话、通信、传真等方式，而其活动包括对客户介绍及说明商品或服务、提供相关的资信、接受客户的询问、接受订单或预订、运送商品给客户、介绍商品的安装及使用说明、接受并处理客户抱怨及改进意见、负责商品的退货或修理、服务的补救、客户资料的建档及追踪服务、客户的满意度调查及分析等。

做好客户服务可以达到作业生产力的提升及客户的满意，这样可以增加商品或服务的价值。

三、客户服务的分类

客户服务的方式多种多样，依照不同的划分标准可以对其进行不同的分类。

1. 按服务的时序分类，可分为售前服务、售中服务和售后服务

在传统的制造业中，客户服务的范围相当狭窄，它是指商品的运送，准时的交货，货品的安装及使用说明，客户问题处理，如维修、退货、更换等。随着市场竞争的加剧，追求客户的满意显得尤为重要，企业纷纷扩大客户服务的范围与功能。依时序把客户服务分成以下三个阶段。

(1) 售前服务。售前服务包括客户需求调查、商品或服务设计与提供、配销系统或服务流程的规划与设置等。

(2) 售中服务。售中服务包括订单的处理、商品的生产、商品的运送、服务的提供等。

(3) 售后服务。售后服务包括商品的安装、使用说明、提供教育培训、客户的追踪服务、客户管理等。

2. 按服务的性质分类，可分为技术性服务和非技术性服务

(1) 技术性服务。技术性服务是指提供与产品的技术和效用有关的服务，一般由专门的技术人员提供。主要包括产品的安装、调试、维修以及技术咨询、技术指导、技术培训等。

(2) 非技术性服务。非技术性服务是指提供与产品的技术和效用无直接关系的服务。它包含的内容比较广泛，如广告宣传、送货上门、提供信息、分期付款等。

3. 按服务的地点分类，可分为定点服务和巡回服务

(1) 定点服务。定点服务是指在固定地点建立或委托其他部门设立服务点而提供服务。如生产企业在全国各地设立维修服务网点就属此例。零售所设的销售商品的门市部也属于为客户提供定点服务。

(2) 巡回服务。巡回服务是指没有固定地点，由销售人员或专门派出的维修人员定期或不定期地按客户分布线巡回提供服务，如流动货车、上门销售、巡回检修等。这种服务多适合在企业的销售市场和客户分布比较分散的情况下采用。因巡回服务深入居民区，为客户提供了更大的便利而深受欢迎。

4. 按服务的费用分类，可分为免费服务和收费服务

(1) 免费服务。免费服务是指提供不收取费用的服务，一般是附加的、义务性的服务。售前服务、售中服务、售后服务的大部分工作都是免费的。

(2) 收费服务。收费服务是除产品价值之外的加价，只有少数大宗服务项目才收取费用。这类服务一般也不以盈利为目的，只为方便客户，因此收取的费用也比较合理。

5. 按服务的次数分类，可分为一次性服务和经常性服务

(1) 一次性服务。一次性服务是指一次提供完毕的服务，如送货上门、产品安装等。

(2) 经常性服务。经常性服务即需多次提供的服务，如产品的检修服务等。

6. 按服务的时间长短分类，可分为长期服务、中期服务和短期服务

一般而言，长期服务指超过一年的服务；短期服务指不超过一个月的服务；处于二者之间的称为中期服务。

四、客户服务的主要内容

客户服务的内容非常丰富，企业不同、产品不同，服务的方式和具体内容也存在很大的差别。这里主要从售前服务、售中服务和售后服务三方面来分析。

1. 售前服务

售前服务一般通过进行广泛的市场调查来研究、分析客户的需求和购买心理特点，在向客户销售之前，采用多种方法来引起客户的注意和兴趣，激发客户的购买欲望而提供的一系列服务。企业的产品研发必须建立在充分了解市场需求、把握需求发展的动态和趋势的基础上，而要掌握这一系列情况，必须依赖于有效的市场调查。只有掌握了详实的资料和充分的信息，才能保证研究、分析的准确性。新产品刚投放市场时，客户对新产品很陌生，这时更要依赖售前服务，通过广告宣传等使客户了解新产品并对之产生兴趣。新产品要迅速地开拓并占领市场，更加离不开售前服务的有力支持。售前服务活动的目的十分明确，即以提供服务、方便客户为手段，刺激客户对商品产生购买欲望。基于这样的目的，各企业依据具体情况选择和创新服务的内容和方式。最常见的售前服务主要有以下几种。

(1) 广告宣传。广告已成为人们生活中一个重要的组成部分。打开电视，会看到广告；阅读报纸，会发现几乎整版的广告；走在路上，一辆行驶而过的公交车上也有广告……广告几乎无处不在，已成为人们生活中不可缺少的一部分。好的广告制作精良、设计巧妙，给人以艺术上的享受，从而丰富了人们的文化生活。不仅如此，广告宣传实际上是一种售前服务的方式。它通过向客户传送有关产品的功能、用途、特点等方面的信息，使客户了解产品并能诱发客户的购买欲望，还有利于扩大企业的知名度，树立企业良好的形象。因此，企业必须高度重视广告宣传。但需要注意的是，企业在选择广告媒体时，应依据目标客户的特点来进行，实现最佳的广告媒体组合。企业要注意广告的制作，精美的广告会被人们当作艺术品来欣赏，并留下深刻的印象；而粗陋的广告则只会让人厌烦，即使留下深刻的印象，也必然是负面的。广告若平淡无奇，更难以引起人们的注意。此外，广告的投放时间和频率也是关系广告成败的关键因素。

(2) 销售环境布置。客户购买商品时，不但重视产品本身和销售人员的服务，对销售

环境的要求也在不断提高，希望能在舒适、整洁的环境中购买商品。销售场所的环境卫生、通道设计、铺面风格、内部装饰、标识设计、灯光色彩、商品摆放、营业设备等因素综合构成的整体的购物环境会给客户留下不同的印象，由此引发客户不同的情绪感受，这种情绪将在很大程度上左右客户的购买决策。例如，一件商品放在一个舒适并令人赏心悦目的环境中会让人感到身价倍增，而且客户因良好的购物环境而心情舒畅，因此有可能做出购买决策。如果同样一件商品零乱地与其他商品摆放在一起，且周围的环境只能用“脏、乱、差”来形容，产品在客户眼中必然会贬值。销售环境布置还对树立企业形象有着重要的作用，它最直接地体现出企业的经营管理状况。因而，销售环境布置作为售前服务的一种方式，应该获得企业的充分重视。

(3) 提供多种方便。客户购买商品不只是看重产品实体本身，还非常重视由享受销售服务而获得的便利条件。你越为客户考虑得周到，客户便越有可能购买你的商品。而且，由于竞争的压力，现代人的生活节奏不断加快，人们的闲暇时间越来越少。如何在越来越少的闲暇时间里获得最大限度的休息和放松成为人们首要思考的问题之一。相应地，人们对销售主体所能提供的方便条件也就越发重视，从而成为人们做出购买决策时要权衡的一个重要因素。因此，销售主体应尽可能地为客户提供方便，如工厂为客户提供技术培训、免费咨询指导，商店设立问询处、服务台、试衣间、休息室，银行为客户免费供应水等。这样一方面让客户感到舒适、方便，另一方面也节约了客户的采购时间，提高了采购效率。

(4) 开设培训班。随着新技术的出现并在产品中的广泛运用，出现了许多技术含量较高的新产品。这些产品结构复杂，操作方法相对较难掌握，对使用者的知识水平等方面要求较高。如果让客户拿着产品说明书和操作手册按图索骥般地查找学习，一是未必能够学会；二是即便能够学会，也未必有足够的时间和耐性去学习，从而很可能丧失购买信心。因而，企业应为客户开设各种培训班，提供技术咨询和技术指导。通过参加培训班，客户掌握了有关技术，自然会对产品产生浓厚的兴趣，从而激发客户的购买欲望，促进产品的销售。开设培训班能吸引较多数量的客户，还能够扩大企业的知名度，树立企业良好的形象。因此，企业进行此类投资，如果得当，可取得一举多得的效果。

(5) 开通业务电话。企业能直接触及的市场领域毕竟是非常有限的，企业只能在有限的地区设立分销处或派遣销售人员，对有些地区则鞭长莫及，由此丧失了许多销售机会。开通业务电话、提供电话订货等服务，可以使企业的触角深入原本未进入或难以进入的市场，挖掘潜在客户，扩大企业占据的市场范围，并提高产品的销量，抓住更多的销售机会。

(6) 提供咨询。客户在购买商品之前一般都要收集尽可能多的有关商品的信息和资料，在此基础上权衡得失，从而做出购买决策。为了向客户介绍商品的性能、质量、用途，向潜在客户宣传和介绍商品，回答客户提出的疑难问题就显得尤为重要。企业应派遣有专业知识的人员在销售现场开设咨询服务台，或在外出销售时为客户提供各种咨询服务，以加深客户对商品的了解，并增强客户对商品和销售人员的信任。

(7) 社会公关服务。企业协助举办大型歌舞晚会或体育比赛、赞助希望小学、为灾区捐款捐物、创办社会福利事业等都属于社会公关服务。这类服务所资助的领域往往都是人们关注的焦点，其社会影响很大，能大大提高企业的知名度和美誉度。企业也可通过举办记者招待会、产品展销会等活动来销售、介绍产品，扩大影响。

企业应开拓创造性思维，不断创新，以适应整个市场的变化和消费者的需求。当然，企业在求新求奇的同时也要注意“度”的问题，不要让人觉得荒诞，或只求轰动一时的效应，而忽视了企业的长期发展。总之，有效地运用售前服务这一手段，有利于消除客户的心理顾虑，增强客户的购买信心，从而达到促进商品销售的目的。

2. 售中服务

售中服务是指在销售过程中所提供的服务。主要包括以下几项内容。

(1) 向客户传授知识。销售人员在向客户销售产品的同时，必须向客户介绍有关产品的性能、质量、用途、造型、品种、规格等方面的知识。一方面，这是客户做出购买决策的客观要求，即客户在决定购买时，必须了解产品的有关知识，以此作为权衡和考虑的依据；另一方面，销售人员详细地向客户介绍产品，有利于营造良好的销售氛围，形成和谐的人际关系，因此有促进销售的作用。

(2) 帮助客户挑选商品，当好参谋。客户在购买产品时的心态不仅受自身因素，如客户的需求、社会地位、文化程度、购买习惯、消费知识和经验等的影响，而且更重要的是受外部因素的影响，外部因素包括商品的价格、质量、用途、广告、购物环境等。其中，客户对商品知识的了解，绝大部分是从销售人员的现场服务介绍中获得的。

当客户向销售人员询问商品的价格、质量、性能、用途及商品的优点和缺点时，销售人员如能根据客户的需求心理进行介绍，正确地引导客户，当好参谋，就能使客户按理想的方式来权衡利弊，从而有利于促成交易的最终实现。

销售人员在帮助客户选购商品时，一定要设身处地为客户着想，放弃自身的习惯和爱好，依据客户的特点和想法因势利导。

(3) 满足客户的合理要求。在销售过程中，客户必然会提出许多要求，其中有一些是比较合理的。销售人员应尽最大努力满足客户的合理要求，提高客户的满意度，增强客户对销售人员的信任，从而促成交易。同时，还会增加客户的重复购买率，扩大企业的声誉。

(4) 提供代办业务。售中服务不仅对普通消费者非常重要，而且也受到批发商、零售商、生产企业这类客户的重视。向这类客户提供的售中服务主要包括代办托运、代购零配件、代办包装、代办邮寄等业务。这些服务为客户带来了更大的便利，不仅可以吸引更多的客户，促成交易，密切产需关系，还能增强客户的信任感，提高企业的竞争力，甚至与客户达成长期的合作关系。

(5) 操作示范表演。操作示范表演能让商品现身说法，真实地体现出商品在质量、性能、用途等方面的特色，引发客户的兴趣，并激起客户的购买欲望。这种方式还会使销售人员的说法得到证实，更具有说服力，能增加客户的信任。

3. 售后服务

售后服务是指在商品出售以后所提供的服务。售后服务既是一种促销手段，又是扩大企业影响、树立企业形象的良好方法，必须予以足够的重视。随着商品经济的发展，多种经济形式的出现，企业之间的竞争日益激烈，售后服务已成为关系企业生死存亡的大事。

它不仅是一种强有力的促销手段，而且承担着“无声”的宣传员的工作。这种无声的宣传比那些夸夸其谈的有声宣传要高明得多，它是客户最可信赖的广告。售后服务的内容主要包括以下几个方面。

(1) 送货上门。对购买较笨重、体积庞大、不易搬运的商品，或一次性购买量过多、携带不便或有特殊困难的客户，有必要提供送货上门服务。其形式可以是自营送货，即用企业自己的设备送货，也可以采取代管送货的形式，即由企业代客户委托有固定联系的运输单位统一送货。送货上门服务对企业来说并不是很困难的事，却能为客户提供极大的便利，从而提高客户的重复购买率。

(2) 安装服务。随着科学技术的发展，商品中的技术含量越来越高，一些商品的使用和安装也极其复杂，客户依靠自己的力量很难完成，因此就要求企业提供上门安装、调试的服务，保证出售的商品的质量，使客户一旦购买就可以安心使用。这种方式解除了客户的后顾之忧，大大方便了客户。

(3) 包装服务。商品包装也是客户服务中不可缺少的项目。商品包装不但使商品看起来美观，而且便于客户携带。许多大中型和有声望的企业在包装物上印刷本企业的名称、地址、标识，起到了广告宣传的作用。

(4) 维修和检修服务。企业若能为客户提供良好的售后维修和检修服务，就可以使客户安心地购买、使用商品，从而减轻客户的购买压力。有能力的企业应通过在各地设立维修网点或采取随叫随到的上门维修方式为客户提供维修服务。企业也可抽样巡回检修，及时发现隐患，并予以排除，让客户感到放心、满意。

(5) 电话回访和人员回访。客户购买商品以后，企业应按一定频率以打电话或派专人上门服务的形式进行回访服务，及时了解客户使用产品的情况，解答客户可能提出的问题。

(6) 提供咨询和指导服务。客户在购买产品后，还不熟悉产品的操作方法，不了解产品，一旦出现简单故障不知该如何排除。因此，企业应为客户提供指导和咨询，帮助客户掌握使用方法和简单的维修方法。

(7) 建立客户档案。建立客户档案的目的是与客户保持长期的联系。通过这种方式，一方面可以跟踪客户所购买商品的使用和维修状况，及时主动地给予相应的指导，以确保商品的使用寿命；另一方面还可以了解到客户的喜好，在推出新产品后，及时向可能感兴趣的客户推荐。此外，销售人员还可以利用客户档案，以上门拜访、打电话、寄贺片等形式，与客户保持长期的联络，提高客户的重复购买率。

(8) 妥善处理客户的投诉。无论售后服务做得如何尽善尽美，总难免会招致一些客户投诉。企业和销售人员应尽可能减少客户投诉，但在遇到投诉时，要运用技巧，妥善处理，使客户由不满意转变为满意。

第二节　客户投诉管理

客户投诉或抱怨是客户对商品或服务品质不满的具体表现。客户投诉或抱怨将有损企业的形象。对客户投诉的处理是客户服务管理的重要内容之一。通过管理要变“不利”为“有利”，对外化解客户投诉，使客户满意；对内利用客户投诉，充分检讨与改善，将其化为促进企业发展的一个契机。

一、客户投诉的原因

客户为什么要投诉呢？简单地说，客户是基于不满而投诉。不满的直接原因在于客户的期望值和服务的实际感知之间的差异，也就是预期的服务和实际感知的服务之间的差距。我们暂且不对差异本身进行价值判断，它可能是合理的、为社会所接受的，也可能是不应该出现的、企业要对此承担责任或消费者要调整期望值的。

之所以在企业服务与客户期望两者之间出现了差异，绝大多数是企业方面的原因，但也有消费者自身的原因、政府监管方面的原因以及法律制度、社会意识等方面原因。

1. 企业方面的原因

(1) 产品质量存在缺陷。根据《中华人民共和国产品质量法》(以下简称《产品质量法》)的定义，产品缺陷是指产品存在危及人身、他人财产安全的不合理的危险；产品有保障人体健康和人身、财产安全的国家标准、行业标准，产品缺陷是指不符合该标准。产品质量缺陷具体可分为假冒伪劣产品、标识不当的产品、质量瑕疵产品。产品有缺陷，不仅消费者要向企业投诉、索赔，国家有关的质量监督部门要处罚企业，企业还可能承担刑事责任。

(2) 服务质量。国内一些优秀的产品品牌，如海尔、华为等都意识到服务的重要性，在做好产品的同时，确立了“服务制胜”的战略，以优质的服务作为竞争的优势。

服务既包括有形产品又包括无形产品，如电信、金融、保险、旅游等与人们的生活息息相关的服务。常见的服务问题如下。

① 应对不得体。客户接触点的业务人员应对客户的方式，是客户对企业服务质量产生评价的主要方面。常见的应对不得体的表现有以下三种。

第一，态度方面。一味地推销，不顾客户反应；妆容浓艳，令人反感；只顾自己聊天，不理客户；紧跟客户，像在监视客户；客户不买时，立即板起脸。

第二，言语方面。不打招呼，也不答话，说话过于随便，没有客套话。

第三，销售方式方面。不耐烦地把展示中的商品拿出给要求看的客户；强制客户购买；对有关商品的知识一无所知，无法回答客户质询。

② 给客户付款造成不便。算错了钱，让客户多付了；没有零钱找给客户；不收客户的大额钞票；金额较大时拒收小额钞票。

③ 运输服务没有到位。送大件商品时送错了地方；送货时污损了商品；送货周期太长，让客户等得过久。

④ 售后服务、维修质量不到位。

⑤ 客户服务人员工作的失误。

(3) 宣传误导。在现代社会，营销非常重要，“酒香也怕巷子深”。商家有了好产品，还需要运用各种手段，广泛宣传产品，赢得客户的关注和认同。企业的宣传都千方百计地凸显产品的优势。“卖瓜的说瓜甜，卖枣的夸枣香”，无可厚非。但是广告宣传过了头，包装过度，或者不兑现广告承诺，就变成了误导消费者，甚至是欺诈。具体有以下表现：

① 广告承诺不予兑现。

② 效果无限夸大、广告内容虚假。

③ 只讲有哪些好处、优势、优惠，不讲限制条件。

广告内容不全面，侵犯消费者知情权，对消费者构成误导甚至欺诈，这种情况在服务企业尤其多见。

(4) 企业管理不善。有关研究表明：8%的客户投诉是由于产品本身的质量或价格问题，40%的客户投诉是由于服务和沟通。但引起客户投诉可归因于企业方面的原因，无疑首先体现在客户对企业的接触点上，或者体现在所购买的产品或服务本身，或者体现在与购买行为有关的资讯上。不过，这些都仅仅是表面的原因，探究原因的背后，根源是企业管理不善。具体表现如下。

① 企业机制问题。对上负责，对任期考核负责，不对市场和客户负责。

② 职能部门各行其是，业务流程混乱。

③ 人力资源危机。

④ 投诉管理缺失。缺乏投诉管理机制、办法和流程，一线人员没有及时的后台支撑，部门沟通、协作不畅；已有投诉不能通过反馈意见、针对性改善闭环管理予以消除或减少，造成大量重复投诉，耗费资源；出现公关、传媒危机不能有效应对，造成投诉面扩大和升级。

2. 消费者方面的原因

客户投诉的最直接原因是对商品或服务不满。投诉行为与客户的经济承受能力、闲暇时间充裕程度、个性特征、诉求等有直接的关系。

(1) 客户的经济承受能力与投诉的关系。一般来说，客户是根据自身的经济能力选择相适应的商品或服务，但有的时候也不尽然，如低端客户可能选用高端产品，高端客户也可能选用低端产品。如果低端客户选用高端产品，客户对产品的期望值会超出其他客户的期望值，潜在的投诉率就高。期望值与投诉率的相应关系如表 2-1 所示。

表 2-1　期望值与投诉率的相应关系

客 户 分 类	对低端产品的期望值和投诉率	对中端产品的期望值和投诉率	对高端产品的期望值和投诉率
低端客户	中	高	高
中端客户	低	中	高
高端客户	低	低	中

当一种商品或服务开始由高端市场走向中低端时，往往投诉量会增大，而且与销售量相比，投诉比率也大增。这不仅仅是商品或服务本身质量下滑造成的(当然不能排除由于企业销售量增大，质量控制和服务没有及时跟上，造成商品或服务质量确实下滑)，还有

中低端客户预期较高的原因。例如，手机产品、移动通信服务、汽车等商品或服务在近些年的投诉率居高不下。

作为企业要特别注意这个问题，原来定位于高端市场的商品，一旦由于经济的发展、人民生活水平的提高，出现“飞入寻常百姓家”的趋势时，不能沾沾自喜于销售量的大增，更要看到其中的隐忧，要在满足市场需求的同时，加倍做好服务和投诉管理。

(2) 客户的闲暇时间充裕程度与投诉的关系。投诉是一件辛苦的事情，需要花费客户大量的时间。相当多的客户放弃投诉，是权衡了自己的时间价值后做出的选择。有相当一部分坚持连续投诉的客户有大量的闲暇时间，或者工作比较清闲，或者处于无业状态，这部分客户对企业的潜在价值和贡献其实是相对较低的；但这部分客户对企业的伤害可能是很大的，因为他们有足够的时间到处投诉、上告。此外，在企业投诉处理的最基层，被随随便便“打发”的客户，却很可能是企业的高价值客户。企业在处理好一些“不屈不挠”不断投诉的客户投诉的同时，要注意防止出现如图 2-1 所示的客户服务资源分配的倒金字塔效应。

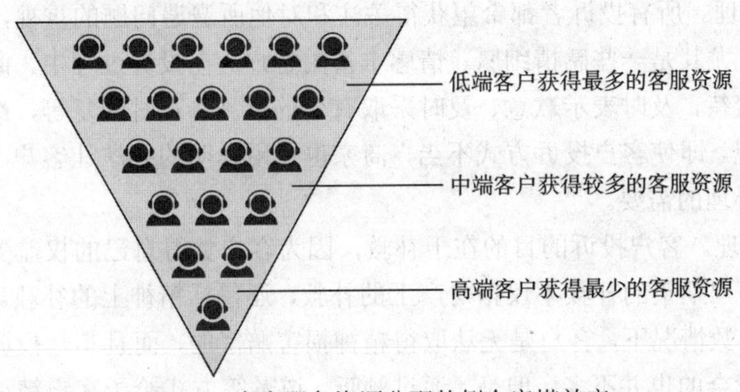

图 2-1　客户服务资源分配的倒金字塔效应

(3) 客户的个性特征与投诉的关系。客户由于自身素质修养或个性原因，会因为提出过高要求无法得到满足而投诉。

(4) 消费者自我保护意识增强与投诉的关系。客户自我保护意识的增强，是客户进行投诉的一条重要原因。特别是《中华人民共和国消费者权益保护法》的出台，对于消费者的自我保护意识的增强，起到有效的促进作用。

此外，还包括客户对企业经营方式及策略的不认同；客户对企业的要求超出企业对自身的要求；客户对企业服务的衡量尺度与企业自身不同等。

3. 政府监管和社会原因

(1) 政府监管。为帮助消费者维权，工商部门加大了对违法违规企业的查处力度，但仍会出现监管不到位的情况，为此，工商部门开通了 12315 热线，鼓励消费者自觉维权。

(2) 法制不健全。法律不健全包括法律法规滞后于经济发展、法律存在空白点等。例如，精神损害赔偿的问题，法无明文造成消费者动辄要求精神损害赔偿，商家与消费者协商的难度增加；商家与消费者的小额争议缺乏快捷的解决途径，诉讼成本过高；社会公众的基本法律常识不足，某些民间团体、媒体记者对法律误读而造成对公众舆论的误导。

(3) 社会信用缺失。某些不良企业和经营者欺诈消费者，得逞后人去楼空，换个地方继续行骗，造成消费者对商家有戒备心理，增加沟通难度；某些消费者恶意投诉，以投诉之名，行敲诈勒索之实，因为没有社会信用的记录，有恃无恐，成为让企业头疼的“钉子户”。

二、客户投诉的心理状态分析

客户投诉时的心理状态主要有以下几种。

(1) 发泄心理。客户遭遇不满而投诉，一个最基本的需求是将不满传递给商家，把自己的怨气、抱怨发泄出来。这样，客户不快的心情会得到释放和缓解，恢复心理上的平衡。耐心倾听是帮助客户发泄的最好方式；切忌打断客户，使其情绪宣泄中断，郁积怨气。作为投诉处理人员，即便有着过硬的业务能力和极强的责任心，如果整天苦着脸或神经质地紧张，给客户的感受必定会大打折扣。但是，制造愉悦氛围也要把握尺度和注意客户的个性特征，如果让客户感到轻佻、不受重视，则将使问题陷入更糟的局面。

(2) 尊重心理。所有投诉者都希望获得关注和对他所遭遇问题的重视，以达到心理上被尊重的感受，尤其是一些感情细腻、情感丰富的客户。在投诉过程中，商家能否对客户本人给予认真接待，及时表示歉意、及时采取有效的措施、及时回复等，都被客户看作是否受尊重的表现。即使客户投诉方式不当，商家也要用聪明的办法让客户下台阶，这也是满足客户尊重心理的需要。

(3) 补救心理。客户投诉的目的在于补救，因为客户觉得自己的权益受到了损害。值得注意的是，客户期望的补救不仅指财产上的补救，还包括精神上的补救。根据我国的法律规定，绝大多数情况下，客户是无法取得精神损害赔偿的，而且实际投诉中客户提出要求精神损害赔偿金的也并不多，但是，通过倾听、道歉等方式给予客户精神上的抚慰是必要的。

(4) 认同心理。客户在投诉过程中，一般都努力向商家证实他的投诉是对的和有道理的，希望获得商家的认同。投诉处理人员在了解客户投诉问题时，对客户的感受、情绪要表示充分的理解和同情，但是要注意不要随便认同客户的处理方案。例如，客户很生气时，投诉处理人员回应说：“您别气坏了身体，坐下来慢慢说，我们商量一下怎么解决这个问题。”这个回应就是对客户情绪的认同、对客户期望解决问题的认同，但是并没有轻易地抛出处理方案，而是给出一个协商解决的信号。

客户期望认同的心理得到回应，有助于拉近彼此的距离，为协商处理创造良好的沟通氛围。

(5) 表现心理。客户前来投诉，往往潜存表现的心理。“你们怎么可以这样做，应该如何如何”“你们在管理上有问题，这个问题……”客户既是在投诉和批评，也是在建议和教导。好为人师的客户随处可见，他们通过这种方式获得一种成就感。客户表现心理的另一方面，是客户在投诉的过程中，一般不愿意被人做负面的评价，他们时时注意维护自己的尊严和形象。

因此在进行投诉处理时，要注意夸奖客户，引导客户做一个有身份的人、理智的人。另外，可以考虑性别差异的接待，如男性客户由女性来接待，因为在异性面前，人们更倾向于表现自己积极的一面。

(6) 报复心理。客户投诉时，一般对于投诉的得失有一个虽然粗略却理性的经济预期。如果不涉及经济利益，仅仅为了发泄不满情绪，恢复心理平衡，客户一般会选择抱怨、批评等对企业杀伤力并不大的方式。当客户对投诉的得失预期与企业的相差过大，或者客户在宣泄情绪过程中受阻或受到新的“伤害”，某些客户会演变成报复心理。存有报复心理的客户不计个人得失，不考虑行为后果，只想让企业付出代价，出自己的一口恶气。

自我意识过强、情绪易波动的客户更容易产生报复心理，对于这类客户要特别注意做好工作。客户处于报复心理状态，要通过各种方式及时让双方的沟通恢复理性。对于少数过分执拗的客户，要注意收集和保留相关的证据，以便在客户做出有损企业声誉的事情时，作为合理反击的依据。

三、有效处理客户投诉的意义

经营之神松下幸之助认为：“人人都喜欢听赞美的话，可是顾客光说好听的话，一味地纵容，会使我们懈怠。没有挑剔的顾客，哪有更精良的商品？所以，面对挑剔的顾客，要虚心求教，这样才不会丧失进步的机会。”哈佛大学教授李维特认为：“与顾客之间关系走下坡路的一个信号，就是顾客不抱怨了。”

要正确处理客户投诉，首先应对客户投诉有明确的认识。客户投诉是企业改进的机会，其中隐含着商机。投诉时客户内心对商家的评价是一种重要的信息。对于投诉，要承认它本身所具有的“财富”价值，这些价值可以使商家更清楚地认识到自己的不足。当企业意识到自己需要改善时，就应当感谢客户的投诉。

客户投诉至少可以对企业产生如下几个方面的积极意义。

(1) 客户投诉有利于企业进步。“那些购买我产品的人是我的支持者；那些夸奖我的人使我高兴；那些向我埋怨的人是我的老师，他们纠正我的错误，让我天天进步。”抱怨的客户是企业最好的老师，客户投诉是企业收到的最有价值的礼物。从投诉客户那里，可以获得最有价值的第一手资料，这是企业极其宝贵的商业信息。客户投诉可以帮助企业暴露不足之处，找到企业的症结。企业自身问题暴露出来，通过针对性的改进措施，可以完善企业产品，提升企业的管理，促进企业的成长和进步。

(2) 客户投诉是企业维护老客户的契机。老客户是最有价值的客户。据有关调查统计表明，公司一般每年平均流失 10%的老客户，获得 1 个新客户的成本是保留 1 个老客户成本的 5 倍。维护老客户、降低客户流失率对企业来说无疑是极其重要的。客户来投诉了，是老客户给企业留住他的机会。而客户不满但不投诉，对客户关系伤害可能更大。管理大师约翰·肖的判断是，在任何一家商家有不愉快经历的顾客会将此经历告诉 9～10 个人，有 13%的人会告诉 20 多个人。在这种口口相传之下，企业的口碑变差，不知不觉间失去了市场。企业每年正常的顾客流失率是 15%～20%；只要将顾客流失率减少一半，就能将公司的经济增长率成倍提高。

所以，“让客户买单后不满意却无法投诉”的所谓“零投诉”，将使企业失去维护老客户的机会，最终将葬送企业。企业要尽可能让客户有机会表达他的不满，通过妥善处理客户投诉赢得客户更高的忠诚度。

(3) 客户投诉是企业建立忠诚的契机。研究发现，提出抱怨的客户，若问题得到圆满解决，客户重购商品或服务的机会将大大增加，其忠诚度会比从来没有抱怨的客户更高。

美国 TARPI(technical assistance research program institute)机构通过研究得出的结论如表 2-2 所示。

表 2-2 客户投诉和处理情况

客户投诉和处理情况	重 购 率	离 开 率
不满意，但没有投诉	9%～37%	63%～91%
提出投诉，但没有得到处理	19%～46%	54%～81%
提出投诉，问题获得解决	54%～70%	30%～46%
提出投诉，问题得到迅速解决	82%～95%	5%～18%

通过上述统计数据，可得出如下结论：有效处理客户的投诉，能够为企业赢得客户的高度忠诚。

(4) 客户投诉隐藏着商机。从投诉问题中，企业还能发现商机，发现市场的空白点，使企业有机会创造比其他企业更有竞争优势的产品。在 IBM 公司，40%的技术发明与创造，都是来自客户的意见和建议。当前绝大多数企业都已经认识到企业的一切活动要“以客户为导向”，并且努力从客户的角度出发重组业务和管理流程。但是所有的努力毕竟都是按照企业的内在运作逻辑和体系实施的，与客户真正的需求不可避免地会存在差异。客户投诉是一个让企业认清客户的真正需求，尽可能消除差异、贴近市场的机会。

四、客户投诉的内容

因为销售的各个环节均有可能出现问题，所以客户投诉也可能包括产品及服务等各个方面，主要可以归纳为以下几个方面。

1. 购销合同投诉

购销合同投诉主要包括产品数量、等级、规格、交货时间、交货地点、结算方式、交易条件等与原购销合同规定不符。

2. 产品质量投诉

产品质量投诉主要包括产品在质量上有缺陷、产品规格不符、产品技术规格超出允许误差、产品故障等。

3. 货物运输投诉

货物运输投诉主要包括货物在运输途中发生损坏、丢失和变质，因包装或装卸不当造成的损失等。

4. 服务投诉

服务投诉主要包括对企业各类人员的服务质量、服务态度、服务方式、服务技巧等提出的批评与抱怨。

五、处理客户投诉的原则

‘先处理情感，再处理事件”是处理客户投诉的总原则。再进一步细化，处理客户投诉的原则可以归结如下。

1. 客户始终正确

这是一项很重要的原则。只有有了“客户永远都正确”的观念，才会有平和的心态处理客户的抱怨。这包括三个方面的含义：第一，应该认识到，有抱怨和不满的客户是对企业仍有期望的客户；第二，对于客户抱怨行为应该给予肯定、鼓励和感谢；第三，尽可能地满足客户的要求。

2. 不与客户争辩

这是第一条原则的延伸，就算是客户失误，也不要与之争辩，心中要始终存有这种观念：客户是上帝，他们的一切都是正确的。即使客户在与企业的沟通中，因为存在沟通障碍而产生误解，也绝不能与客户进行争辩。当客户抱怨时往往有情绪，与客户争辩只会使事情变得更加复杂，使客户更加情绪化，导致事情恶化，结果是赢得了争辩，失去了客户与生意。

3. 耐心倾听客户的抱怨

只有耐心倾听客户的抱怨，才能发现其实质原因，进而想方设法平息抱怨。

4. 要站在客户的立场上将心比心

漠视客户的痛苦是处理客户投诉的大忌。服务工作非常忌讳客户服务人员不能站在客户的立场上去思考问题。服务代表应该站在顾客的立场上将心比心，诚心诚意地表示理解和同情，承认过失。因此，对于所有的客户投诉，无论其合理性是否已经被证实，都不要急于分清责任，而是先表示道歉，这也是很重要的。尽管客户有时会对你发火，但一定要记住，你仅仅是他们发泄的对象。

5. 迅速采取行动

体谅客户的痛苦而不采取行动是一个空礼盒。既然客户已经对公司产生抱怨，那就要及时处理他们所提的意见，必须快速反应，最好将问题迅速解决或至少表示有解决的诚意。

拖延时间只会使客户的抱怨变得越来越强烈，使客户感到自己没有受到足够的重视，使不满意程度急剧上升。例如，客户抱怨产品质量不好，企业通过调查研究，发现主要原因在于客户使用不当，这时应及时通知客户维修产品，告诉客户正确的使用方法，而不能简单地认为与企业无关，不加理睬，虽然企业没有责任，但这么做同样也会失去客户。如果经过调查，发现产品确实存在问题，应该给予客户赔偿，并尽快告诉客户处理的结果。

6. 留档分析

对每一起客户投诉及其处理都要做详细的记录，包括投诉内容、处理过程、处理结果、客户满意程度等。通过记录吸取教训，总结经验，为以后更好地处理客户投诉提供参考。

六、处理客户投诉的步骤

客户投诉的处理流程如图 2-2 所示，通常包括以下步骤。

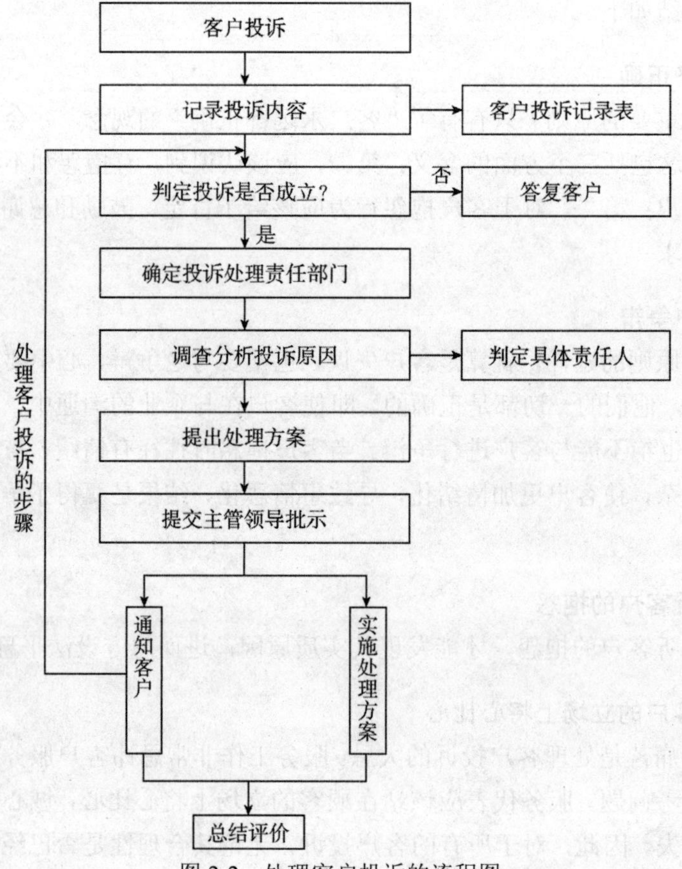

图 2-2　处理客户投诉的流程图

(1) 记录投诉内容。利用客户投诉记录表详细地记录客户投诉的全部内容，如投诉人、投诉时间、投诉对象、投诉要求等。

(2) 判定投诉是否成立。了解客户投诉的内容后，先确定客户投诉的类别，再判定客户投诉的理由是否充分，投诉要求是否合理。如果投诉不成立，可以婉转的方式答复客户，以取得客户的谅解，消除误会。

(3) 确定投诉处理责任部门。根据客户投诉的内容，确定相关的具体受理部门和受理负责人。如属运输问题，交储运部门处理；属质量问题，则交质检部门处理。

(4) 调查分析投诉原因。要查明客户投诉的具体原因及造成客户投诉的具体责任部门及个人。

(5) 提出处理方案。根据实际情况，参照客户的投诉要求，提出解决投诉的具体方案，如退货、换货、维修、折价、赔偿等。

(6) 提交主管领导批示。对于客户投诉问题，领导应予以高度重视，主管领导应对投诉的处理方案一一过目，及时做出批示。根据实际情况，采取一切可能的措施，挽回已经出现的损失。

(7) 通知客户，实施处理方案。投诉解决办法经批复后，迅速通知客户并付诸实施。尽快收集客户的反馈意见。对工作失误者和部门主管按照有关规定进行处罚，依照投诉所造成损失的大小，扣罚责任人一定比例的绩效工资或奖金。同时对不及时处理问题造成延误的责任人也要追究。

(8) 总结评价。对投诉处理过程进行总结与综合评价，吸取经验教训，提出改进对策，不断完善企业的经营管理和业务运作，以提高客户服务质量和服务水平，降低投诉率。

案　例

家乐福客户抱怨分析

成立于 1959 年的家乐福集团是大卖场业态的首创者，是欧洲第一大零售商，世界第二大国际化零售连锁集团。拥有 11 000 多家营运零售单位，业务范围遍及世界 30 个国家和地区。集团以三种主要经营业态引领市场：大型超市，超市以及折扣店。此外，家乐福还在一些国家发展了便利店和会员制量贩店。2018 年 7 月 19 日，《财富》世界 500 强排行榜发布，家乐福位列 68 位。

在这样的规模下，家乐福尤其重视客户的抱怨分析，因为他们明白，只有分析好客户产生抱怨的原因和具体类别，才能为客户提供更好的服务，才能赢得源源不断的顾客。

家乐福提出，客户抱怨分析由两个阶段构成，分别是客户抱怨类型分析和客户抱怨形成的原因分析。

1. 客户抱怨类型分析

家乐福指出客户不满意(客户满意度小于 1)时的心理感受以及做出的反应可能有以下几种。

(1) 虽然内心不满，但不采取任何行动。不满意客户采取容忍与否，取决于购买经历对客户的重要程度、购买商品的价值高低、采取行动的难易程度及其需要额外付出的代价等条件。

(2) 不再重复购买，即不再购买该品牌的产品(或不再光顾该企业)。

(3) 向亲友传递不满信息。

(4) 向企业、消费者权益保护机构表示不满或提出相应要求，如以相关的法律为基础，或以企业内部标准、合同等为基准向企业提出索赔要求。

(5) 如果客户不满意的程度强烈，就会采取法律行动，向仲裁机构申请仲裁或向法院起诉。

根据以上客户抱怨的反应，从有利于企业管理的角度，可将客户抱怨划分为两大类。

(1) 投诉型抱怨。客户因不满而采取投诉行为，对客户来说，可以使不满的因素得到化解进而感到满意；对企业来说，可以在得到客户抱怨反映后立即采取补救性措施，变不利为有利。表面上看，客户的投诉型抱怨给企业增添了麻烦，带来了困扰，但实际上投诉型抱怨对企业的发展极为有利。投诉型抱怨是客户因不满意而采取的积极行为，使企业明白自己哪些方面做得不够需要改进，哪些策略需要改善。投诉型抱怨是客户把不满和抱怨摆到了桌面上，明明白白地向企业提了出来，所以它产生的负面影响最小。

(2) 非投诉型抱怨。不满意的客户虽然未向企业投诉，但可能停止购买或向他人传递不满信息。表面上企业好像没有困扰，但实际上非投诉型抱怨给企业带来的危害远远大于投诉型抱怨。因为客户虽然有不满和抱怨，但由于没有表达出来，使企业不知道客户存在不满和抱怨，这样企业就无法了解到客户不满意的原因，从而失去了进一步改进和提高产品、服务质量的机会，更为重要的是，企业形象也就有可能在不知不觉中受到极大损害。它就像一个隐藏的炸弹，虽然表面风平浪静，但其实比投诉型抱怨更具杀伤力。因此，企业更应给予非投诉型抱怨足够的重视，并采取积极主动的措施与这些客户沟通，对这些抱怨进行了解，争取让非投诉型抱怨转化为投诉型抱怨，引导客户将不满和抱怨表达出来，以便企业了解客户不满的原因所在。

2. 客户抱怨形成的原因分析

在一般情况下，家乐福将客户抱怨形成的原因归纳为产品问题和服务问题两大因素。

(1) 源于产品问题的客户抱怨。使用新产品出现问题从而引发客户抱怨是一种十分常见的现象，例如，新买的电视机回去后不显示图像；说这个牌子的冰箱是绿色环保、低耗能的冰箱，但用了一段时间电费却一直攀升；刚买的新衣服，洗一次就掉色、变形了。这些都是由于产品问题而产生的，可归因于三个方面的责任：一是生产者的责任；二是销售者的责任；三是客户的责任(使用不当)。产品的生产者对产品问题有不可推卸的责任，产品无论在保质期、保修(包修)期之内还是之外，生产者均有责任为客户解决产品问题。即使产品问题是因客户使用不当而引起的，生产者和销售者也应仔细了解、分析客户使用不当的原因。如果是产品设计的欠缺，则要做相应改进；如果完全是因为客户错误理解和使用产品所致，则须努力与客户沟通，帮助其正确使用产品，以避免类似问题的再次发生。

(2) 源于服务问题的客户抱怨。家乐福统计，由于服务问题而引发客户抱怨乃至投诉的现象并不少见。例如，买的电器在保修期内出现问题后，厂家不对其负责；购买的商品迟迟不见送货上门。

通常，服务提供者是产生服务问题的主要责任方。较为普遍的服务问题是服务提供者未履行对客户的承诺，未按法律法规和行业规范的有关规定和要求提供服务。服务问题产生于服务过程，客户在服务过程中就能立刻感受到存在的问题，不满和抱怨也就随之发生。

七、投诉处理的技巧

1. 一般投诉的处理技巧

随着消费商品和服务的日趋丰富，消费者权利意识的增强，消费时代已悄然来临。与之相伴的，对消费商品和服务的投诉也日趋增多。再规范、优秀的企业，也不能100%保证自己的商品或服务没有任何问题；再幸运、豁达的个人，也不能100%保证不会遭遇投诉。绝大多数的投诉都是比较好处理的，我们称之为一般投诉。但一般投诉也不可以随便对待，否则就可能上升为重大投诉。处理一般投诉也有窍门所在。

(1) 态度诚恳，耐心倾听。先听清楚消费者说什么。态度认真，尊重消费者，这是第一要义。切忌打断投诉人，如果有不明白的地方，应该等消费者说完了再询问。倾听的过程对投诉人来说，是一个发泄不满和宣泄情绪的过程，因而倾听过程中要有必要的回应，如点头等，表明你在用心听。很多的投诉在倾听完之后，投诉人的情绪也基本平稳了，问题已经解决了一半。甚至很多投诉，消费者仅仅是想找一个人耐心地听取他的抱怨。客户在发泄的过程中心理渐渐恢复平衡，容易回到理性正常的状态；相反，如果客户宣泄的途径不通畅，只会让他心里更憋火，他迟早还会再发泄一通，可能还会更加激烈，甚至表现得极其古怪。

倾听能够传递出的理解和尊重，也将营造一种理性的气氛，感染客户以理性来解决问题。倾听要注意了解客户的真正意图，了解他所认为的真正问题是什么，他这次投诉真正要达到的目的是什么。千万不要主观地认为他是遇到了什么问题，也不要从其语言表面进行判断。

(2) 把握客户的真实意图。化解客户投诉需要了解客户投诉的真实意图，才可能使解决的方法对症下药，最终化解客户的投诉。但是，客户在反映问题的时候，常常不愿意明白地表达自己心中的真实想法。这种表现有时是因为客户的面子问题，有时是因为过于激动的情绪而导致的。

因此，在处理客户投诉时，处理人员要善于抓住客户表达中的“弦外之音、言外之意”，掌握客户的真实意图。以下三种技巧有助于处理人员做到这一点。

① 注意客户反复重复的话。客户或许出于某种原因试图掩饰自己的真实想法，但又常常在谈话中不自觉地表露出来。这种表露常常表现为反复重复某些话语。值得注意的是，客户的真实想法有时并非其反复重复话语的表面含义，而是其相关乃至相反的含义。

② 注意客户的建议和反问。留意客户投诉时的一些细节，有助于把握客户的真实想法。客户的希望常会在其建议和反问的语句中不自觉地表现出来。

③ 注意客户的反应。所谓客户的反应，就是交谈中，客户的表情变化或者态度、说话方式的变化。

就表情而言，如果客户的眼神凌厉，眉头紧锁，额头出汗，嘴唇颤抖，脸部肌肉僵硬，这些表现都说明客户在提出投诉时情绪已很激动。在语言上，他们通常会不由自主地提高音量、语意不清、说话速度加快，而且有时会反复重复他们的不满，这说明客户处在精神极度兴奋之中。就客户身体语言而言，如果身体不自觉地晃动，两手紧紧抓住衣角或其他物品，则表明客户心中不安及精神紧张。有时客户的两手会做出挥舞等激烈的动作，这是客户急于发泄情绪，希望引起对方高度重视的不自觉的身体表现。

(3) 做好记录，归纳客户投诉的基本信息。记录客户投诉的基本信息包括记录投诉事实、投诉要求、投诉人的姓名和联络方式。记录投诉人的姓名和联络方式是非常必要的，不然，在投诉人愤怒地离开、消失在人群中以后，就像在客户群中产生了一枚定时炸弹，而企业无法把握其何时爆炸和破坏力有多大。

记录具有双重功效，既让客户感受到对他的重视，起到安抚情绪的作用，又能通过记录、询问，将客户的注意力引向客观地描述和解决问题本身，起到移情作用。

处理客户投诉，其要点是弄清客户不满的来龙去脉，并仔细地记录客户投诉的基本情况，以便找出责任人或总结经验教训。记录、归纳客户投诉基本信息是一项基本的工作，因为企业通常是借助这些信息来进行思考、确定处理的方法。如果这些报告不够真实和详细，可能会给企业的判断带来困难，甚至起到误导作用。

记录投诉信息可依据企业的“投诉处理卡”逐项进行填写。在记录中不可忽略以下要点：

① 发生了什么事情？

② 事情是何时发生的？

③ 有关的商品是什么？价格是多少？设计如何？

④ 当时的业务人员是谁？

⑤ 客户真正不满的原因何在？

⑥ 客户希望以何种方式解决？

⑦ 客户是否通情达理？

⑧ 客户是否为企业的老客户？

(4) 回应客户，对投诉内容表示理解。首先向消费者表明自己的身份，当然视情况也可以在倾听消费者投诉前就表明。回应消费者投诉的一个重要内容是，向投诉人确认投诉事实和要求，目的在于确保正确理解投诉人的意思。

回应时，要注意让客户感觉到他的想法引起了你的共鸣。如果是健谈的客户，也可以见缝插针地与客户聊聊投诉以外客户平时可能比较关心的内容。例如，客户说到“企业应该如何提供优质服务”，那么可以引导客户谈服务的话题，不知不觉地让客户转移注意力。如果能够成功转移到客户感兴趣的其他话题上，双方将从一种敌对关系转为一种交换资讯、交流情感的平等关系上。拉近与客户的心理距离，处理投诉就容易得多。客户的情绪比较稳定后，要及时抓住机会重新回到当前的纠纷话题。

但是要注意，对于不善言辞，或者没有兴趣谈其他问题而一心就想解决投诉的客户来说，不要轻易转移话题，否则客户可能会觉得你在回避问题。

(5) 及时答复或协商处理。首先向投诉者适当地表示歉意。即使错不在企业，也要致歉，因为道歉是平息客户不满情绪的有力武器。同时感谢客户的投诉，因为投诉者是企业的朋友，他们在提醒解决企业忽略的问题。

对于投诉问题，能够立即答复的，即时给予答复，并征求投诉者的意见。如果需要进一步了解情况，应向投诉者说明，并与投诉者协商答复的时间。要注意适当留出富余的时间。随后，一定要在承诺的答复时间内联络投诉者，给出答复。如果答复期限到了，还不能给出答复，也一定要联络投诉者，以免失信于人。

(6) 处理结果上报。给消费者圆满答复以后，投诉处理并未完成，这是许多企业容易忽视的地方。投诉处理情况一定要上报。根据企业情况，以适当的方式和频率，对一定周期内的投诉要及时上报，上报时可以进行必要的分类、分析。接到的客户反馈，是一个企业的宝贵资源。“千里之堤，溃于蚁穴”，重视每一个细小的瑕疵，企业才能及时避免重大的危机；同时，日常的投诉也是企业寻求改进的契机，甚至企业的商机所在。

2. 重大投诉的处理技巧

(1) 重大投诉的识别。与一般投诉相比，重大投诉比较难处理，需要更多的耐心和技巧。对于重大投诉，首先要进行识别。正确的识别主要依赖投诉处理人的经验，但也有规律可循。是否属于重大投诉可以从投诉人的身份、投诉激烈程度和投诉要求几个方面来加以确定。

① VIP 投诉者的投诉。凡具有 VIP 身份的投诉者提出的投诉，均应视为重大投诉。这一点是显而易见的。但关键在于对 VIP 身份的认定，消费量大的客户属于 VIP，消费量小但影响力大的客户也属于 VIP。后一种 VIP 主要包括三种类型的客户。

- 社会名流。他们时间宝贵，很看重社会声誉，一般不会轻易投诉。如果他们投诉，很可能是比较严重的问题。
- 政府官员，尤其是工商、税务、质量监督、技术监督等监管部门的公务员。他们的重要性是不言而喻的。
- 传媒记者。记者获取投诉的途径可能是通过投诉电话。有媒体曾做过调查，该媒体收到的投诉量与实际存在的投诉平均有 1∶1 000 的关系。这个比例在不同媒体是不同的，与媒体的读者(观众/听众)定位、发行量(收视率/收听率)有关，但从整体上看，媒体收到的投诉有一定的代表性。从这个意义上来讲，记者的投诉也需要认真对待。

② 激烈的投诉和要价高的投诉。有的时候，投诉来势汹汹，其实客户本意只是想提个建议；漫天要价的投诉，其实客户只是为了解决当下的问题。之所以表现出来势汹汹或者漫天要价，其实仅仅是客户为了让企业重视他所提出的问题。正确识别投诉的窍门在于回应客户的环节：直截了当地提出客户需要解决的问题，不涉及客户漫无边际提到的其他问题，请客户确认是否正确理解了他的意思，试探他的真意，真假重大投诉立即可见分晓。

③ 一般投诉转为重大投诉。相当一部分的重大投诉是由一般投诉转变成的。投诉为什么会升级？在讨论如何处理各类重大投诉之前，先来研究这个问题，目的在于尽可能避免一般投诉转为重大投诉；同时，了解重大投诉的升级过程，也有利于针对性地进行处理。一般投诉升级的原因主要如下。

- 投诉无门，遭遇“踢皮球”。
- 每次投诉都要重复一遍投诉问题，不胜其烦。

- 跑好几趟，仍然于事无补。
- 一人一个说法，矛盾百出，令人疑窦丛生。
- 不受尊重，不当回事，丧失信心。
- 效率太低，丧失耐心。

(2) 处理重大投诉的原则。下面讲到的原则对于一般投诉也是适用的。只是在处理重大投诉的过程中，很容易忽视这些原则，所以在这里特别强调。

① 善待投诉者。一般来说，投诉是一件大家都不希望发生的事情。且不说投诉涉及的商品或服务因不近人意而令人烦恼，投诉本身也是一桩不愉快的事情，需要费时费力地打电话，甚至要到店面去，增加了消费成本。因而善待投诉者、尊重投诉者是妥善处理投诉的第一原则。重大投诉给予企业很大的压力，在处理投诉时，心理上容易产生对投诉客户的对立情绪。要提醒自己，重大投诉的客户一定要善待。

② 以法律为基础，合理为标准，满意为目标。投诉处理，既是一个倾听和安抚的交流过程，又是一个此消彼长、牵涉利益的谈判过程。因而投诉处理方案，一定要寻求客观的依据，否则难以达成共识。最好的依据就是法律。面对一个投诉，企业是否有过错，是否应当承担责任以及承担责任的范围，都应当以法律的规定为依据。主要涉及的法律有《中华人民共和国消费者权益保护法》《产品质量法》，商品或服务所属行业的法律规定，民事基本法律如《中华人民共和国民法通则》《中华人民共和国合同法》等。企业依法提出投诉处理方案，即便消费者不接受，执意要对簿公堂，最后仍然会获得同样的结果。法律的判决有利于企业以此方案处理同类型的其他消费者投诉，而且，如果消费者明白这是在法律上所能获得的利益，无须花费诉讼成本就能直接从企业获得，消费者一般能够接受。

但也要注意，法律应当是企业遵循的底线。企业的生存是依赖于客户的，企业从考虑客户关系的角度，可以在法律的基础上，以双方认为合理为标准，以客户满意为目标，与客户达成适当的投诉处理方案。

(3) 重大投诉处理的技巧。

① 面对情绪激动的客户。客户在情绪激动的情况下很难与其进行理性的面谈，同时还可能会做出一些不理智的行为。化解情绪激动客户的技巧如下。

- 音量控制。客服人员要避免因客户投诉而引起冲突，应从细节做起。以讲话音量为例：声音小，客户会投诉听不到；声音大，又会被认为态度不好。讲话音量应确保能清晰传递到客户耳中，同时要语气亲切、平和。
- 性别差异化。研究表明，差异化的性别服务效果最好。对男性客户，以女员工接待为佳；女性客户，则尽可能由男性接待。在异性面前，人们更倾向于展示个性中积极的一面，更容易消除心理戒备，还之以礼，融洽配合。这一点，在男性消费者身上表现得更为明显。
- 及时换人。如果客户与某一员工发生口角，应当及时换人。对商家，及时更换当事员工，并不意味着承认当事员工做得不对；而对客户，当争端发生时，客户已经无意识地将争端问题从投诉本身扩大到了和他打交道的特定员工身上。因此，企业及时更换人员以后，客户会有一种心理上的获胜感，情绪得以舒缓，有利于投诉及时解决。

- 及时转换情境。有时，客户会在投诉现场大吵大闹，引来众人围观，商家生意没法做下去，还影响企业的声誉，非常令人头疼。这类客户一般比较自我、对他人的控制欲强，表演欲强，有着不达目的不罢休的执着个性。他与商家大吵大闹，是知道商家不希望发生这种情况，而故意制造这种状况，以胁迫商家息事宁人地接受他的要求，吵闹喧哗就是他的筹码，这时，除了及时换人，更重要的是要巧妙地及时转换情境，变被动为主动。

② 面对醉翁之意不在酒的客户。消费投诉绝大多数是为了解决商品或服务的具体问题，如退货、修理、更换、重做或赔偿。但有些投诉者却另有诉求：拉广告、拉赞助、推销商品、推荐供应商，甚至是为了解决亲属的就业等问题。借投诉之名要挟企业签订"城下之盟"，是一种不道德的行为，企业对此非常反感，即便有的企业迫于压力稍做一时的妥协，适当时候也会"反击"，客户的意图最终也不能得逞。奉劝投诉者自重自爱，不要"剑走偏锋"。

在这类投诉的处理过程中，尤其在投诉者的意图未明朗之前，投诉人往往给投诉处理造成很大困扰和压力。因此，企业有必要尽早地识别出这一类型的投诉，以便针对性地予以回应。

客户醉翁之意不在酒投诉的特点主要有以下几个。

- 夸大其辞。借投诉另有所图的投诉者往往夸大投诉问题和该问题对企业的影响。一般来说，相当一部分的投诉者都会夸大所投诉的问题，以期获得重视和及时处理。而另有所图的投诉者与一般投诉者的区别在于，不仅夸大问题，而且特别强调该问题对企业的影响。投诉者夸大问题影响的目的在于为其随后的要求做铺垫。
- 要求企业负责人出面商谈投诉处理。一般投诉人有时也会要求投诉处理人：我不和你谈，请你的领导来！但一般投诉人所说的领导是泛指的，指比投诉处理人层面高、有决策权的领导。而另有所图的投诉者往往直指企业负责人。另一个区别是，一般投诉人要求领导出面时，往往比较急躁，因为他不满意当前的投诉处理情况，请领导出面是他在无奈之中想到的也许能尽快处理投诉问题的一个手段。而另有所图的投诉者在要求企业负责人出面时，往往气定神闲，因为其心中早有盘算。
- 迟迟不提投诉要求。醉翁之意不在酒的投诉者往往在摆出投诉事实以后，夸夸其谈投诉问题对企业的影响，而不提投诉要求。

面对醉翁之意不在酒的客户投诉的处理技巧如下。

- 最初接到投诉时不要被吓倒。企业经营过程中出现问题是正常的，只要不是原则问题，只要企业能针对性地及时解决，对企业并不会构成致命的威胁，没有必要害怕。问题既然已经出现了，企业就必须依法承担责任，那么这个责任由法律说了算。如果一接到投诉就乱了方寸，那正好让投诉者觉得有可乘之机。

- 先由秘书(或总经理办公室)出面，为企业负责人留下回旋的余地。秘书与投诉者谈判时态度要积极，但在实质问题上能拖就拖。例如，可以与投诉者约定见面时间，而在约定时间上尽可能推后一些，如3天以后或5天以后，视投诉者的接受限度而定。这个时间是让投诉者冷静下来的时间，也是消磨投诉者意志的时间。
- 一定要让投诉者先提解决方案。企业方只表态，提宏观原则，如公司重视您的投诉，会合法合理妥善解决等。投诉者提出解决方案以后，视情况可以请投诉者提出书面的要求，理由当然冠冕堂皇，拿给领导批示。投诉者也不好拒绝。如果投诉者不同意提出书面要求的，也要把投诉者的要求记录下来，让他签字认可。很多时候，投诉者如果不愿意提出书面要求，也就不会签字的。其实，投诉者是否签字并不重要，用这招的目的是要让投诉者知道自己的做法十分错误，进一步打击他的意志。
- 从程序上争取主动。套出投诉者的真实意图以后，下一步就要争取程序上的主动。提出投诉问题与其他问题分开处理，先处理投诉问题；接着可以按企业正常的规定处理投诉赔偿等其他问题，处理结果(不要忘了有对处理结果满意的表态)一定要让投诉者签字认可。
- 设置程序障碍，处理投诉者提出的非分要求。如招工，那就按企业录用要求考试、面试；例如广告，那就按企业宣传计划进行甄选。
- 视情况与投诉者的上级沟通。如汇报投诉者对企业的监督和支持表示感谢；汇报企业对投诉者推荐的广告、商品的甄选情况，对本次不能合作表示遗憾，希望今后有机会合作等。

③ 面对天价索赔的客户。消费者开出天价索赔，在投诉处理中并不少见，相关报道也不时出现在媒体上。这涉及一个赔偿标准的问题。消费者开出天价的很多时候是等着企业还价的，那么企业对于赔偿标准必须做到心中有数，赔偿标准应依据法律规定。

(4) 群体性投诉的处理。群体性投诉对企业的影响就像一场强台风登陆，事发突然，破坏力强，即使最后成功平息，企业也往往被搞得焦头烂额、灰头土脸。遭遇群体性投诉，企业应对时要注意以下几方面的问题。

① 危机预警。一线接受投诉处理的人员，在接到比较频密的同一类型投诉时，就要拉响群体性投诉的警报，为应对群体性投诉赢得宝贵的时间。然后，企业要紧急制定应对方案，包括调查商品或服务涉及的客户数量、预测可能出现的投诉量、客户可能提出的投诉要求、企业回应客户的投诉处理方案、企业回应客户的方式(一对一、传媒公开或兼而有之)。

② 取得政府、传媒和消费者协会的支持。企业应对方案确定后，要立即取得政府和传媒的支持。政府方面主要是企业的主管部门和监管部门，要准备好报告书和相关资料，派出专人进行沟通。传媒方面要视情况召开新闻发布会，视情况确定是否请记者发稿。如果企业的掌控能力有限，不能确保所有媒体都不报道，最好准备统一的新闻通稿。在消费者协会方面，要准备方便消费者协会工作的资料，视情况需要可以在消费者协会临时派驻企业代表。主动与政府、传媒、消协沟通，讲清情况，可以使他们的工作更主动，取得他们的理解和同情，同时获得一些有益的建议。

③ 监控事态发展。企业要安排专人对事态发展进行监控、报告，包括每日的投诉情况、各投诉个案的发展情况、媒体和公众的舆论动态。通过监控获得的信息，适当调整企业的应对方案。

④ 各个击破。对已出现的投诉，要实行各个击破。如果投诉数量众多，可以按照投诉的类型、地域等因素分成组群，分别处理。对投诉进行各个击破时，要特别注意的是，企业要有整体的、统一的处理方案，以免投诉人互相攀比。如果确实需要有差别，例如，因为投诉人的装修标准不同，对投诉人的补偿金不同，那么应与投诉人严格签订保密协议，协议中特别约定如果投诉人违反协议应当支付违约金。

⑤ 攻心为上，奖励配合。在企业统一的投诉处理方案基础上，可以根据情况制定奖励条款。例如，对于在某段时间内接受投诉处理方案的人，给予最高额的奖励；随后一段时间内，奖励略低；再后面接受投诉处理方案的人，没有奖励。在企业给出投诉处理方案时，投诉者一般倾向于观望，会觉得越到后面越能博得更大的补偿。企业提出奖励条款，有利于推动投诉者尽早接受投诉处理。操作中需要注意的是，企业的奖励条款应尽早提出，否则投诉者会认为这是企业在其处理方案无人响应的情况下被迫加码，会期望企业给出更高的条件。另外，企业的奖励至少应分两档，最高奖励的时间段宜短、略低奖励的时间段宜长。因为在企业给出最高奖励的阶段，观望的客户还在多数；而在随后的略低奖励阶段，客户看到企业确实不会加码、反而降低了奖励幅度，才会对企业的处理方案产生认同，绝大多数客户会在这个阶段配合解决投诉。

⑥ 避免群体性事件。遇到群体性投诉，企业要注意避免投诉者闹事。如果投诉者现场聚集、集会、游行，那么群体性投诉已经演化成“群体性事件”，企业要在第一时间通知警方，由公安机关负责治安维护，企业应协助疏散。

第三节　客户满意度管理

一、客户满意度的含义

客户满意就是客户接受产品或服务时感受到需求满足的状态。这种感觉决定他们是否继续购买企业的产品或服务。一个客户将会经历三种主要的满意状态中的一种：如果绩效不及期望，客户会不满意；如果绩效与期望相称，客户会满意；如果绩效超过期望，客户会非常满意。企业不断追求客户的高度满意，原因就在于一般满意的客户一旦发现更好或者更便宜的产品后，会很快地更换产品供应商，只有那些高度满意的客户一般不会更换供应商。

客户满意度其实是一个相对的概念，是指客户满意的程度，是客户期望值与最终获得值之间的匹配程度。用公式表示如下：

$$客户满意度 = 理想产品 - 实际产品$$

“理想产品”是客户心中预期的产品，客户认为自己支付了一定数量的货币，应该购买到具有一定功能、特性和达到一定质量标准的产品；而“实际产品”是客户得到产品后，在实际使用过程中对其功能、特性及其质量的体验和判断。如果“实际产品”劣于“理想产品”，那么客户就会产生不满意，甚至抱怨；如果“实际产品”与“理想产品”比较吻合，客户的期望得到验证，那么客户就会感到满意；如果“实际产品”优于“理想产品”，那么，客户不仅会感到满意，而且会产生惊喜、兴奋的感受。有些国外厂家就宣称其目标不是让“客户满意”而是让“客户惊喜”。

二、影响客户满意度的因素

客户满意度通常与产品和价格关系不大，甚至完全没有关系，但它与以下因素的关系却相当密切。

1. 核心产品或者服务

公司所提供的基本的产品和服务，包括航空公司的航班、书店或者出版商出售的图书、餐馆供应的肉食、银行的账户、理发服务、电话、传真，或者互联网上传递的信号等。这是供给客户的最为基本的东西，而它留给服务提供商进行区分和增强价值的机会最少。在竞争性的市场上，公司必须把核心产品做好，如果做不到这一点，客户满意就永远不会出现。

基于很多理由，客户对核心产品通常不大关心或者完全不关心。或者因为核心产品与竞争对手的产品和服务太相似，以至于它提供不了任何价值，或者因为核心产品的质量出色不太可能会出问题。在一些行业，技术和其他方面的发展已经创造出这样的一种情况，相互竞争的公司所供给的产品和服务实际上是相同的。在公用事业中这种情况很明显，金融服务业也越来越向这个方向发展。特别是对加工企业来说，质量标准已经被提高到了很高的地步，卓越的质量已经变得稀松平常了。

在这些类似情况中，核心产品上的差别很小而质量却得到了巨大提高，客户需求得到了核心产品和服务的满足，以至于客户寻找供给中的其他成分来增加价值，或者寻找他们与某个特定公司交易的理由。大量事实证明，优秀的核心产品或者服务绝对是成功的基础，它代表的是进入市场的基本条件。

2. 服务和系统支持

服务和系统支持包括外围和支持性的服务，这些服务有助于产品的提供：运输和记账系统、实用性和便利性、服务时间、员工的水平、信息沟通、储存系统、维修和技术支持、求助热线，以及其他支持性的计划。这里表达的主要信息是即使客户接受了非常出色的核心产品，也可能对服务提供商表示不满。客户可能会明确地放弃购买他理想中的轿车，如果供应这件产品需要花上 8 周，或者一位客户可能会更换一家互联网服务提供商，因为取得它的帮助很不方便。

在一些公司的运营行业中，以较好的核心产品或者服务为基础取得竞争上的优势是很困难甚至不可能的。这样的公司可以提供与分销和信息有关的支持性和辅助活动，并通过这些服务逐步将它们与竞争对手区别开来，并为客户增加价值。

3. 技术表现

这主要与服务提供商能否将核心产品和支持服务做好有关，重点在于公司向客户承诺的服务上。

客户期望事情能进展顺利并且遵守承诺，但这种愿望却未能得到满足，客户就会产生不满和失落。很多公司都是在这个层次上失败的，因为他们未能信守承诺，满足客户对服务外在或内在的期望。公司确保高标准的满足甚至超过了客户对服务供应的期望，就会取得令人羡慕的竞争优势，客户知道可以信赖这些公司。这是客户关系中一个非常重要的因素。

4. 客户互动的要素

这是公司与客户进行个人交往的情况。这里强调的是服务提供商与客户之间面对面的服务过程或者以技术为基础的接触方式进行的互动。

对这个层次上的客户满意度的理解，说明公司满足客户的时候考虑的不能仅仅是核心产品和服务的供应，或者仅仅是把注意力放在服务的提供上。企业应把注意力放在客户与员工之间的人际互动上，这种互动通过面对面的方式或者电话来完成。但是越来越多的企业开始通过技术手段与客户和其他人互动，如通过自助提款机、语音应答(IVR)系统、电子邮件和互联网等。

然而许多客户对必须通过以技术为基础的系统与公司交易感到失望。确保公司能提供一些平行的或者可选择的方法，允许客户在一个更加人性化的环境下进行交易，可能是一种解决问题的方法。

5. 情感因素

从客户的调查中获得的很多证据说明，相当一部分客户的满意度与核心产品或者服务的质量并没有关系。实际上，客户可能对与服务提供商及其员工互动中的大多数方面感到满意。但因为一位员工的某些话或者因为其他的一些小事情没有做好而使公司失去了这个客户的业务，而那些事情员工们可能并没有注意到。

在与目标群体的访谈和调查服务质量的过程中，客户经常会描述服务提供商带给他们的感受如何。然而我们发现，很少有公司对自己的员工给客户的感受给予特别的关注。

6. 环境因素

一个客户满意的事情，另一个客户不一定会满意；在一种环境下令客户满意的事情在另一种环境下可能会不满意。客户的期望和容忍范围会随着环境的变化而变化。

对于企业员工来说，认识到环境中存在的区别和这些区别在提供高质量的服务和创造客户满意度中的重要性是很重要的。客户面对每一种服务环境的时候，都带着对结果的期望。通常这些期望都是建立在他们从前的经历上或者他们所信任的人的经历上，公司应通过在交流上的努力，掌握分辨出面对的情况并且做出反应的能力，或者训练员工做到这一点。对员工来说，要花费时间和积累许多经验才能善于读懂客户，在许多情况下，员工可以提前做准备。老员工也会凭借他们的经验帮助新来的员工应付这些情况。

三、客户满意度的衡量指标

客户满意度是衡量客户满意程度的量化指标，由该指标可以直接了解企业或产品在客户心目中的满意度。客户满意度的衡量指标通常包括以下几种。

1. 美誉度

美誉度是客户对企业的褒扬程度。对企业持褒扬态度者，肯定对企业提供的产品或服务满意，即使他本人不曾直接消费该企业提供的产品或服务，也一定直接或间接地接触过该产品或服务，因此他的意见具有代表性。借助对美誉度的了解，可以知道企业提供的产品或服务在客户中的满意状况。

2. 指名度

指名度是指指名消费企业产品或服务的程度。如果客户对某种产品或服务非常满意，他们就会在消费过程中放弃其他选择而指名购买。

3. 回头率

回头率是指客户消费了该企业产品或服务之后再次消费，或可能愿意再次消费，或介绍他人消费的比例。当一个客户消费了某种产品或服务后，如果十分满意，那么他将会再次重复消费，如果这种产品或服务短期内不能重复消费(如汽车、电视、住宅等耐用消费品)，他会向别人推荐，引导他们加入消费队伍。

4. 抱怨率

抱怨率是指客户消费企业产品或服务之后产生抱怨的比率。客户的抱怨是不满意的具体表现，通过了解客户抱怨率就可以知道客户的不满意状况。

5. 销售力

销售力是产品或服务的销售能力。一般来说，客户满意的产品或服务都有良好的销售力，而客户不满意的产品或服务就没有良好的销售力，所以销售力是衡量客户满意度的指标。

客户满意度指标适用于衡量客户满意度的项目因子或属性，找出这些项目因子或属性，不仅可以用来测量客户的满意状况，还可以由此入手改进产品或服务质量，提升客户的满意度，使企业永远立于不败之地。

四、客户满意度测试

1. 客户满意度测试的对象

不同的客户在事前对企业的期待是不同的。有的客户容易满意，有的客户却不容易满意。因此，在测试客户满意度时，仅调查少数人的意见是不够的，必须以多数人为对象，然后将结果平均化。

(1) 现实客户。现实客户是指已经体验过本企业商品和服务的现有(既有)客户。

由于大多数企业不是因为吸引客户过少而失败，而是由于未能提供客户满意的商品和服务所造成的客户流失和业绩减退，因此，测试并提高现实客户的满意度非常重要。

(2) 使用者和购买者。客户满意度测试的对象是以商品或服务的最终使用者，还是以实际购买者为测试对象，这需要预先明确。由于商品或服务性质的不同，这两者经常存在差异。通常的理解是合二为一，以购买者为测试对象，这是惯常的做法，但也有相反的情况。例如，以企业使用为主的生产资料，其使用者多是制造部门，而购买者则是供应部门。还有小孩，虽然他们是最终使用者，但购买者大多数情况下却是他们的父母。在这种购买者和使用者发生分离的情况下，谁的需要应该优先考虑呢(以谁为测试对象呢)？当然企业的理想是使两者都满意，可以将两者都列为测试对象。在发生困难的情况下也要注意使两者能达到一定的均衡。

(3) 中间商。有些企业并不直接与消费者见面，而需要经过一定的中间环节，如零售商，这时，客户对产品或服务的满意度，与批发商、零售商这样的中间商有很大关系，则测试中就不可忽略对中间商的测试。

(4) 内部客户。客户满意度的测试不仅要包括对传统的外部客户的调查，还包括对企业内部客户的调查。

许多企业没有“内部客户”的观念，各部门之间隔阂很严重。各部门员工对外部客户的需求很重视，却忽视了上下线其他部门这样的内部客户，互不合作，甚至互相拆台的事情时有发生。

实际上，企业作为对外提供商品和服务的整体，内部各部门之间也应该以对待外部客户那样的方式相待，只有整个流程的各部门都能为其他部门提供满意的制品或服务，才有可能最终提供给客户(消费者)满意的商品或服务。

因而，企业的内部客户满意度是客户满意度测试中不能忽视的一个方面，内部客户也是重要的测评对象。

2. 客户满意度测试的内容

客户满意度测试的内容随客户满意度的决定要素而定。图 2-3 列出了消费者和中间商这两类客户满意度测试的内容。

就企业最重要的客户——最终消费者的满意度测试的内容分解来看，商品和服务的品质是最基本的内容。

从客户满意度调查的要求来看，可以按商品在购买并且使用之后带给客户的充实感、效用及使用的方便性等方面，对商品品质要素进一步分解，以此作为对客户进行测试并掌握客户对产品的满意程度的基本要点，如图 2-4 所示。

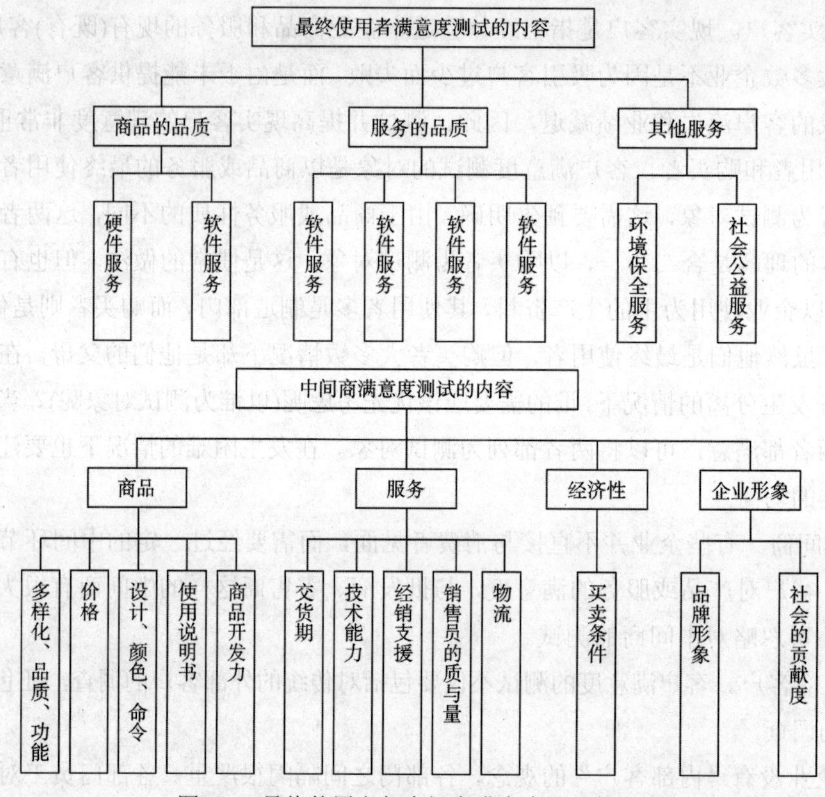

图 2-3 最终使用者与中间商满意度测试的内容

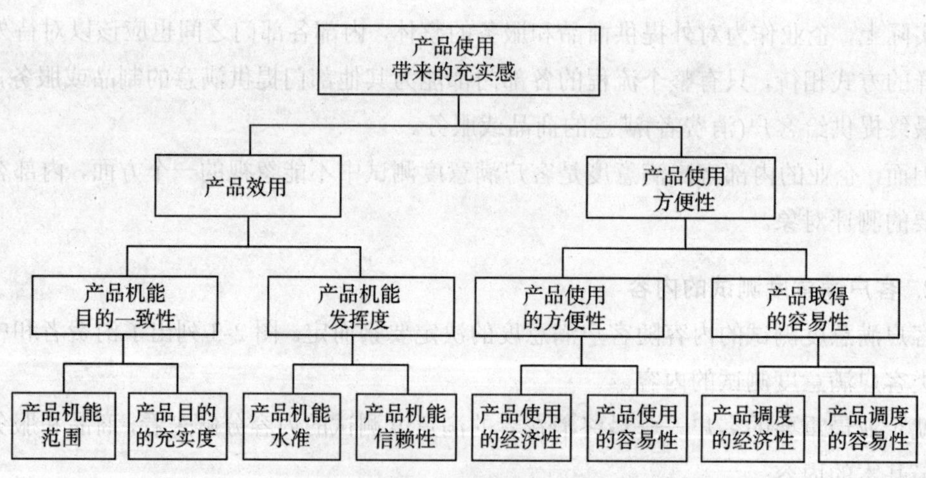

图 2-4 产品满意度测试的内容

同样，可以按正确性、迅速性等机能性的满意，以及舒适性或个人感动等情绪性的满意来测试客户对服务的满意度(见图 2-5)。

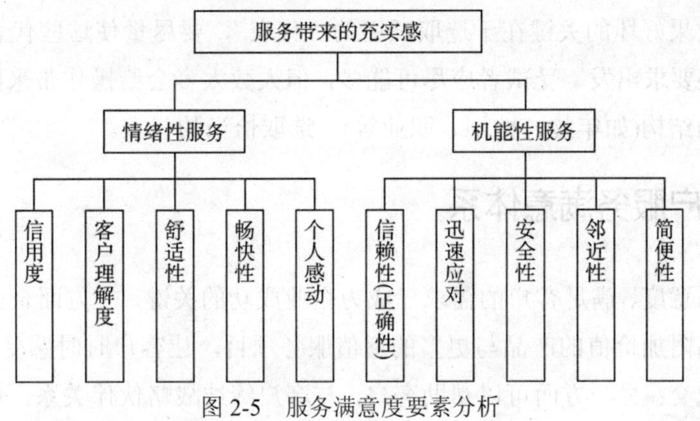

图 2-5　服务满意度要素分析

3. 客户满意度测试的方法

客户满意度的测试方法有多种，其具体运用视测试对象与测试目的而定。包括问卷调查测试、样本测试、专职调查测试与试用测试等方法。

(1) 问卷调查测试。通常用于比较明确的客户，即能够具体掌握客户资料的情况下，测试方法比较简单，只要使用印刷好的问题和备选答案的问卷进行问卷调查就可以了。

(2) 样本测试。对于不确定的客户，即没有客户资料时，利用大量样本来调查，是测试客户满意度常用的方法之一。

没有客户资料的情况多是消费品，特别是几乎所有人都会用到的日用消费品。由于调查对象都有使用该种商品或服务的体验，因此随机选择大量样本，请调查对象回答对使用过其商品或服务的公司的满意程度，这样不但可获得客户对自己公司满意度的资料，同时还可获得客户对其他公司满意度的资料，从而能够满足某些企业试图与其他公司进行比较的调查需要。

但是，这种方法需要选取大量样本，如果由单一企业独自进行，则效率就不是很高，最好是由相关的几家企业联合进行，实行资料共享，这样能够避免重复调查的浪费。

(3) 专职调查测试。在大量取样的调查方式难以进行的情况下，例如，出租车行业的价格调整，可以聘请外部人员作为本企业的特别调查员，由这些调查员从客观、公正的立场来进行调查。

在运用专职调查方式调查客户满意度之前，必须预先设定好客观的评价基准，由专职调查员依据这些基准来评定企业商品和服务的品质。这种方法类似于目前流行的聘请企业外部监督员的做法。但必须特别注意的是，不要把它只作为对外宣传的摆设，而要实实在在地去进行，对专职调查员的培训和对其工作过程的控制及成果评价很重要。

(4) 试用测试。公司从目标客户群中按一定标准选出有典型代表性的潜在客户，让他们试用本企业的商品和服务，并从客户(消费者)角度对其进行评价。通过这种方式，公司也能掌握客户对企业商品和服务的可能感受。

这种方法效果好坏的关键在于选取试用的“代表”，要尽量使这些代表具有普遍的代表性。从精确的要求出发，受试者应尽可能多，但人数太多会给操作带来困难。因此，应根据公司客户的结构(如年龄、性别、职业等)，选取恰当的代表。

五、建立客户服务满意体系

提高客户满意度、满足客户的需求已成为企业成功的关键，一方面企业为客户提供更多的、具有更高附加价值的产品与更多的增值服务项目，让客户时时感受到企业的诚意，从而不断重复成交；另一方面可以帮助客户，与客户缔结战略伙伴关系，基于这种战略伙伴关系，企业帮助客户发掘市场潜在机会，然后与客户共同策划、把握这些潜在机会，以此来提高客户的竞争实力。

因此，获得更高的客户满意度意味着企业能够用更低的成本、高效率的方式为客户提供更多的价值，直至与客户建立起长期合作、互惠双赢的战略合作伙伴关系。对于企业而言，为保证每个与客户关键的接触真正达到互感互动的目的，应该建立起一套完整的客户服务满意体系，以确保自己的竞争优势。

客户服务满意体系所涉及的内容主要有以下几点。

1. 建立全过程客户服务满意体系

制定、实施和改进科学化的客户服务满意体系，变推动策略为推拉结合策略(见图 2-6)，变以售后服务为主为售前、售中、售后的全程服务，全力提升客户满意，进而创造忠诚的客户，拉动产品或服务的销售(见图 2-7)。

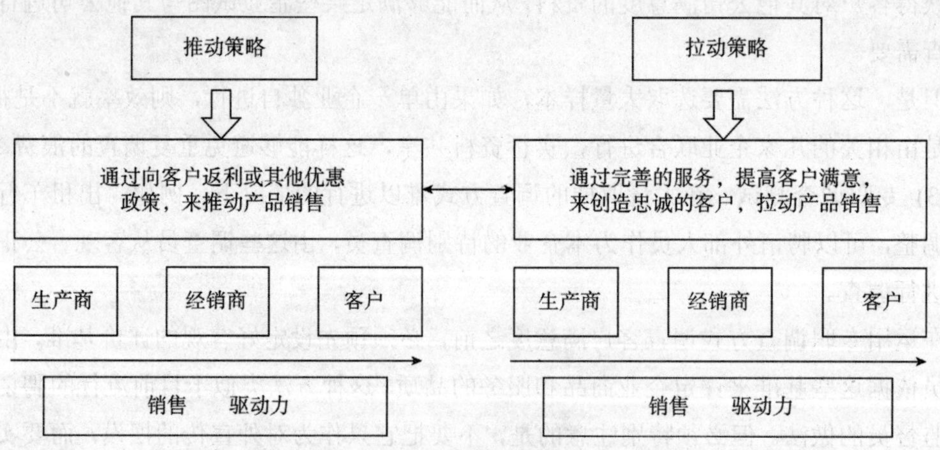

图 2-6　客户服务策略，变推动策略为推拉结合策略

售前服务	售中服务	售后服务
• 广告宣传 • 销售环境布置 • 提供多种方便 • 开设培训班 • 提供咨询 • 开通业务电话 • 社会公关服务 ……	• 向客户传授知识 • 帮助客户挑选商品，当好参谋 • 按照客户要求提供个性化服务，提高客户产品使用率和经营效率 • 满足客户的合理要求 • 操作示范表演 ……	• 及时处理客户问题、投诉、异议和建议 • 主动收集客户意见，加强技术开发，及时改进产品质量、品种结构和发货服务 • 为客户提供维护、维修、产品培训等专业售后服务 • 建立客户档案 ……

图 2-7　建立全过程客户服务满意体系

2. 建立高效客户服务标准

只有确定清晰、简洁、可观测和现实可行的服务标准，客户服务的质量才是可靠的。高效服务包括互为一体的两个方面：一是涵盖了客户服务工作该如何进行的所有程序，提供了满足客户需求的各种机制和途径；二是涉及人与人之间的接触和交往，涵盖了服务时每一次人员接触中所表现出来的态度、行为和语言技巧。在客户服务的管理过程中，如果要对通向成功的各种因素加以陈述，就是服务到最小细节。

3. 组建高效的客户服务团队

组建高效的客户服务团队，使高效客户服务标准得以贯彻。组建高效的客户服务团队的步骤是：设计高效客户服务岗位，将质量融入客户服务岗位设计中去；高效客户服务团队的岗位描述；根据高效客户服务选拔应聘者；高效客户服务技能培训；实施高效客户服务领导技能，高效客户服务的领导应该是优秀的沟通者、成功的决策者，并能为服务团队提供恰当的回报。对客户服务的管理者而言，重要的不是管理者在场时发生了什么，而是管理者不在场时发生了什么。

4. 检查、监督、反馈与改善

评定客户服务团队的服务质量主要有三个评价系统。

(1) 服务审核。服务审核其实就是根据前面列出来的服务标准，对其执行状况进行审核。

(2) 客户反馈系统。大多数客户不愿花费时间和精力来提供积极的反馈，因为大多数客户不相信反馈有作用。同时，客户不容易接近到企业，所以打通客户与企业之间的信息通路至关重要。

(3) 员工反馈系统。对客户服务质量有利的员工反馈系统，强调客户服务行为、信息共享、思想交流的反馈。

5. 增值服务

提供积极的解决问题之道，为客户服务问题的解决创造一种支持性的气氛，利用客户服务团队来确定客户到底遇到了什么问题、需要什么样的帮助，并使客户服务团队成为改善服务、提高满意度的核心，将客户服务中遇到的问题和客户的问题当成与客户改善关系的契机，才能真正为客户提供增值服务。

六、提高客户满意度的方法

提高客户满意度、赢得客户的忠诚是一个复杂的系统工程。常用的使客户满意的方法如下。

1. 贴近客户

企业应先确立以客户为中心的理念，然后通过实施一系列的项目来获得客户体验资料，对企业员工培训客户关系课程，并将客户的需求写入所有的工作日程，从而实现这一价值。其次就是建立“内部客户”制度，使企业的整个工作都围绕客户服务来展开。最后还应与客户建立有效的沟通系统，及时了解客户需求，并对客户需求进行快速反应。贴近客户，就是要把“客户是衣食父母”写进企业文化，明确收益来自为客户服务的回报，并把“贴近客户”作为精诚服务的一个原则，以真正实现了解客户需求、满足客户要求的目的。这种强烈的服务意识，将对提高服务质量和业务的迅速扩展起很重要的作用。那么如何贴近客户呢？

(1) 根据客户需求的变化设立新的机构。客户的需求是在不断变化的，因此必须迅速适应客户需求的变化。一直以来，服务的内容主要是技术支持、维修、处理投诉等，故企业一般会设立售后服务部。但随着市场的发展，客户的需求也发生了很大变化，如融资需求、保险需求等，有些企业就有了相应的融资机构或保险代理。

(2) 缩短与客户的距离。企业的市场部门(如销售部、市场部)经常与客户打交道，其对市场的发展趋势往往有较准确的预测与分析，但在产品的开发设计上就需要研发部门与客户充分沟通。要求研发部门把50%的时间和精力用于与客户的接触上，了解客户的需求，制定出满足客户需求的方案，这样就使研发部门紧紧贴近客户，更好地为客户服务。

(3) 建立“内部客户”制度。“客户是衣食父母”的理念，处在市场一线人员的感触最深，但在离客户较远的部门，如生产部门，感受就不如一线人员那么深。如果按照“内部客户”的概念，即“下道工序是上道工序的客户”，在整个工作流程中，上个环节的部门把下个环节的部门当作客户，最后提供给客户最好的服务。如果使用“内部客户”定期给服务提供部门打分，用以考核和衡量各个环节和部门的工作。例如，市场部门为相关的几个部门服务，其客户(如产品部、销售部)就对它打分，作为市场部工作业绩的重要考核指标。

2. 关注细节

关注细节是对客户的真正关怀。客户服务做得好，企业应该注意到在哪些方面做得还不够，哪些地方可能出错。

“细节决定成败”，关注细节会给企业带来回报，所以关注细节一定要追求完美。如果一个员工99%的时间是可靠的，那么他的服务99%是可靠的；如果3人一组，则可靠性只有97%；如果是一个几千人、几万人的企业呢？服务的可靠性是递减的，这一规律称为“客户满意度递减原理”。递减的比率到了一定的界限，客户满意度下降，则企业利润也会下降。

3. 让客户感动

客户要求的是完美服务，即在他们提出要求之前服务到位。当然这是一种服务理念，在实际中并不易做到。但从客户的角度来看，这是一种需求，任何企业都有必要尽量做到让客户满意。完美服务无疑在一定时间内会增加企业成本，但这是一种极有远见的投入，它所带来的收益是巨大的。

在客户提出要求之前服务到位实质上是从客户的角度增加客户价值的过程，它不仅仅是对客户的承诺，而是对客户的真正关心，只要企业做到了，客户就会感动。

让客户感动的理念是驱动企业服务创新的动力。

当然，为了给客户提供完美的服务，投入是必要的，但回报令人高兴。例如，美国最大的货车企业SNI被许多托运人看作参与定制化合作伙伴的主要候选企业之一。它为了给客户提供完美服务，投入巨资建造了最先进的卫星跟踪系统。它还在该系统上投资数百万美元，使其与客户的联系更加紧密，并使其员工有更多的时间投入到持续的改进中去，从而使SNI、托运人和驾驶员能够保持实时的双向通信。

该项服务为客户带来了巨大的利益。由于收到的信息更加精确、快速，托运人现在更有能力控制运输中的存货以及服务需求中发生的变化，便于托运人迅速改变运输过程中的装运地和目的地。实时的资料快速存取和递送交付不仅提高了预测水平，还能快速地识别潜在的问题，使故障的完美恢复成为可能。

该项服务也为SNI公司带来了巨大的利益。它节约了大量通信费用，提高了调度效率，解放了经理层，使之有时间和精力改善服务质量和加强与客户的沟通联系，而不是调度驾驶员。更重要的是，它凭借完美服务承诺使自己成为承运人的领袖，使SNI创造了其他公司无法与之匹敌的核心竞争力。

4. 聘用客户喜欢的服务人员

服务人员是客户服务非常重要的因素。企业在招聘服务人员时常见的误区是只招聘自己喜欢的人。其实，企业应该招聘客户所喜欢的人，因为服务人员与客户打交道时所代表的是企业的形象和承诺。如果他们恶待客户就会造成企业形象下降，导致客户变心。因此，企业应该采用各种办法来找出客户喜欢的人，并且让他们来为客户服务。如何聘用与培训客户喜欢的服务人员？

聘用客户喜欢的服务人员关键是要从招聘程序的上游进行控制，即性向测试，但这个测试不针对普通的服务人员，而是针对服务部门经理。该测试从性情、品格和经验等方面把握服务部门经理的特质，从而使他们能按照公司部署为客户服务。服务人员及经理必须具有很好的主动性。

在招聘的程序上，有两条平行的路：一条是根据内部部门的需求反馈进行招聘，每个职位的申请都要填写非常正式的申请单，对职位的要求进行严格和详尽的描述；另一条是每半年在几个大城市定期进行招聘，以补充新鲜血液。

招聘到合适的员工后，也并不意味着立即就能上岗。企业应站在长远的角度来对员工进行培训，着重进行以下四个方面的培训。

(1) 培养他们有关客户服务的全局观念，这方面的内容主要是企业文化和价值观培训，前提是企业应当有良好的企业文化氛围和正确的价值导向。

(2) 让他们熟悉组织其他部门的运作，使他们能够回答关于其他部门位置之类的问题，或响应客户需求正确地指引有管辖权的职能部门，一旦他们需要与企业内部进行协同作业时，有利于准确到位。这方面的内容主要是企业组织结构和管理制度的培训。

(3) 培训适当的决策技能，使他们明确掌握企业的授权，而不是当客户需要时推诿，或者滥用承诺。

(4) 产品知识和企业背景知识培训。产品知识和企业背景知识的培训是必不可少的，前者是客户服务的一部分，特别是一线员工在面对客户咨询、答疑和进行口碑宣传时至关重要；后者是培养员工对企业认同感的必修课，因为没有认同感的员工不可能为客户提供优质服务。

5. 与客户有意接触并发现他们的需求

企业应当制订详细的计划有意和客户多接触，应当把与客户的接触看作一种心与心的交流，通过相互的交流建立起一种合作伙伴式的“双赢”关系。而且，通过这种接触也可以了解客户当前的需求，以便制定更有针对性的措施，更好地为客户服务。也许仅仅是客户在不经意间说出的一些建议和需求，就会刺激企业发现新的商机。与客户的主动接触方式很多，常用措施如下：

(1) 主动发函给客户，询问客户的需求和意见。

(2) 定期派专人访问客户。

(3) 经常召开客户见面会或联谊会等。

(4) 将企业新开发的产品和发展目标及时告知客户。

(5) 把握每一次与客户接触的机会，在一点一滴上赢得客户的欢心。

6. 满足客户需要

不折不扣地满足客户需要是关键的客户服务策略，是企业经营的基础。只有拥有这一坚实的基础，才能做到品种齐全、价格低廉、微笑服务、包退包换。除此之外，高效的物流是实现其经营理念的重要措施。

7. 补救并创造声誉

大多数客户的抱怨并非指向产品和服务的质量，而是企业往往忽视的小问题。客户能够用双眼观察的质量比产品和服务的基本质量还重要。其实，任何一个企业都不可能没有客户的抱怨，客户抱怨事实上只是一种反馈信息的方式，这并不一定是坏事。一个奇怪的现象是，客户投诉问题一旦得到妥善解决后，客户反而更容易和公司建立起一种牢固的关系，这种关系比客户投诉不发生时还要牢固得多。补救并创造声誉机理如图 2-8 所示。

当然客户投诉也有负面效果。如果企业不及时而有效地解决这些客户投诉，将永远失去这些客户，那就意味着损失一大笔财富。

对客户价值的认识越清晰，管理者和一线员工才越有可能严肃地对待客户服务和抱怨处理。公司需要从两个角度来考虑客户价值：一是对公司总体利益的影响，二是单个客户的终身价值。一旦出现客户问题必须迅速补救。遇到的情况不同，补救策略也各不相同，基本方法如下。

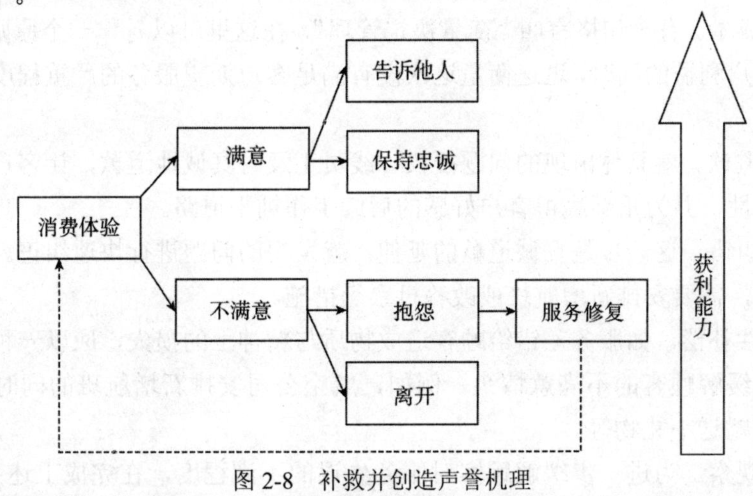

图 2-8 补救并创造声誉机理

(1) 真诚的道歉。真诚的道歉可以赢得顾客的理解或谅解，但仅有道歉还不够，须采取进一步的补救措施。

(2) 迅速纠正错误。一旦发现服务失误，客服人员必须在失误发生的同时迅速解决失误。否则，没有得到妥善处理的服务失误会很快扩大升级。在某些情形下，还需要客服人员对可能会出现的问题有预见性，并及时采取预防措施。

(3) 授予一线客服人员解决问题的权力。一线客服人员需要掌握服务补救的技巧并具备随机应变的能力，包括认真倾听客户抱怨，确定解决办法，灵活变通等。客服人员必须被授予使用补救技巧的有限权力，以便在允许范围内，用于解决各种意外情况。一线客服人员不应因采取补救行动而受到处罚。相反，企业应鼓励客服人员大胆使用进行服务补救的权力。

(4) 确保客户服务人员都知道如何处理这类事件。通过培训，使每一位客服人员都能掌握服务补救的方法。

(5) 防止将来再出错。服务补救不只是弥补服务裂缝、增强与客户联系的良机，它还是一种极有价值、能够帮助企业提高服务质量的信息资源。通过对服务补救整个过程的跟踪，管理者可以发现服务系统中一系列亟待解决的问题，并及时修正服务系统中的某个环节，进而使“服务补救”现象不再发生。

总之，服务补救是对服务失败进行的一种弥补措施，它通过对客户真诚道歉，并给予客户相应的补偿等措施，最终赢得即将失去和正在失去的客户，为企业挽回重大的损失。

服务补救一般要遵循如图 2-9 所示的步骤。

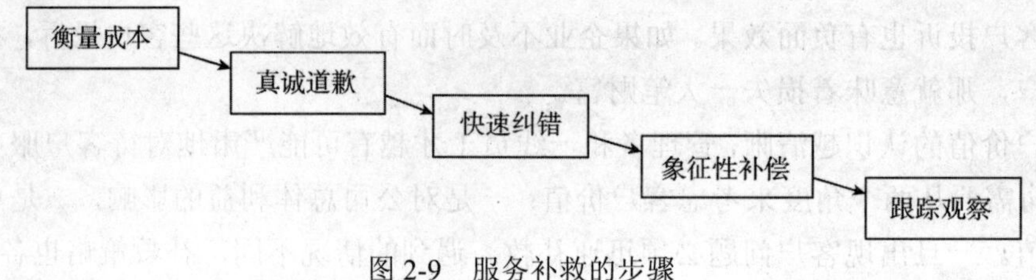

图 2-9　服务补救的步骤

(1) 衡量成本。有一句格言叫“衡量决定管理”，在这里可以看作一个原则，在有效地平衡公司和客户利益的同时，迅速衡量这次没有满足客户期望服务的严重程度及所造成的影响。

(2) 真诚道歉。就具体出现的问题授权一线员工及时真诚地道歉，让客户感受到他们对企业的重要性，并为重新赢得客户好感的后续工作铺平道路。

(3) 快速纠错。这一步是真诚道歉的延伸，就发生的问题进行快速纠正。例如，航空公司航班延误，需要安排新增航班或改签机票等措施。

(4) 象征性补偿。如服务差错给顾客造成物质与精神上的损失，应以一种即兴的形式进行补偿，以缓解顾客的不满意情绪。例如，航空公司安排新增航班的同时提供免费的餐饮服务，或赠送小礼物等。

(5) 跟踪观察。为进一步缓解顾客对服务失误的不满程度，在完成上述几个步骤后，再进行跟踪观察。跟踪有多种形式，如电话回访，也可以是一封带有再次道歉性质的信函等。

案　例

中国国际航空公司不正常航班的服务

1. 航班动态信息及餐食、住宿服务

由于机务维护、航班调配、机组等我们的原因，造成航班在始发地出港延误或者取消，我们将向您提供航班动态信息以及餐食、住宿服务。由于天气、突发事件、空中交通管制、安检以及旅客等不属于我们的原因，造成航班在始发地出港延误或取消，我们将向您提供航班动态信息，协助您安排餐食、住宿，费用由您自理。航班在经停地点延误或取消，或者国内航班发生备降，无论何种原因，我们将向您提供餐食或住宿服务。

2. 航班延误补偿

由于机务维护、航班调配、机组等我们的原因，造成航班延误，我们将根据延误的实际情况，向您提供经济补偿。延误 4 小时(含)以上不超过 8 小时，每位旅客补偿人民币 200 元；延误 8 小时(含)以上，每位旅客补偿人民币 400 元。

经济补偿有多种方式，我们将根据并尊重您本人的意愿和选择，通过现金、购票折扣或里程等任意一种方式予以兑现。

我们将使用现场提供现金或者通过国航app电子赔付的形式向您提供，请您关注我们在服务现场的广播和书面通知。

3. 航班延误或取消证明

如您需要，我们将为您提供航班延误或取消的书面证明。您可登录国航官方网站自助获取。

资料来源：http://www.airchina.com.cn/cn/service/flight-delay/index.shtml

第四节　客户忠诚度管理

一、客户满意不等于客户忠诚

传统观念认为，发现正当需求—满足需求并保证客户满意—营造客户忠诚，如此过程构成了营销三部曲。因此，客户满意必然造就客户忠诚。但是，客户满意不等于客户忠诚。

美国贝恩管理咨询公司的研究表明，40%对产品和服务完全满意的客户也会因种种原因投向竞争对手的怀抱。根据清华大学中国企业研究中心对全国40多个不同行业390多家企业的调查，许多客户满意度比较高的企业其客户忠诚度并不高。

那么，客户满意度和客户忠诚度有什么区别呢？

满意度衡量的是客户的期望和感受，而忠诚度反映客户未来的购买行动和购买承诺。客户满意度调查反映了客户对过去购买经历的意见和想法，只能反映过去的行为，不能作为未来行为的可靠预测。忠诚度调查却可以预测客户最想买什么产品，什么时候买，这些购买可以产生多少销售收入。

客户满意度和他们的实际购买行为之间不一定有直接的联系，满意的客户不一定能保证他们始终会对企业忠诚，产生重复购买的行为。在一本《客户满意一钱不值，客户忠诚至尊无价》(*Customer Satisfaction Is Worthless，Customer Loyalty Is Priceless*)的有关“客户忠诚”的畅销书中，作者谈道：“客户满意一钱不值，因为满意的客户仍然购买其他企业的产品。对交易过程的每个环节都十分满意的客户也会因为一个更好的价格更换供应商，而有时尽管客户对你的产品和服务不是绝对的满意，你却能一直锁定这个客户。”

由此来看，企业必须“两手抓，两手都要硬”，既要抓客户满意，又要抓客户忠诚。

二、客户忠诚的类型

客户忠诚可以划分为以下不同的类型，其中某些类型的客户忠诚要比其他类型的更为重要。

1. 垄断忠诚

垄断忠诚是指客户别无选择。例如，因为政府规定只能有一个供应商，客户就只能有一种选择。这种客户通常是低依恋、高重复的购买者，因为他们没有其他的选择。

2. 惰性忠诚

惰性忠诚是指客户由于惰性而不愿意去寻找其他的供应商。这些客户是低依恋、高重复的购买者，他们对公司并不满意。如果其他的公司能够让他们得到更多的实惠，这些客户便很容易被人挖走。拥有惰性忠诚客户的公司应该通过产品和服务的差异化来改变客户对公司的印象。

3. 潜在忠诚

潜在忠诚的客户是低依恋、低重复购买的客户。客户希望不断地购买产品和服务，但是公司的一些内部规定或其他的环境因素限制了他们。

4. 方便忠诚

方便忠诚的客户是低依恋、高重复购买的客户。这种忠诚类似于惰性忠诚。同样，方便忠诚的客户很容易被竞争对手挖走。

5. 价格忠诚

对于价格敏感的客户会忠诚于提供最低价格的零售商。这些低留恋、低重复购买的客户是不能发展成为忠诚客户的。

6. 激励忠诚

公司通常会为经常光顾的客户提供一些忠诚奖励。激励忠诚与惰性忠诚相似，客户也是低留恋、高重复购买的那种类型。

当公司有奖励活动的时候，客户们都会来此购买；当活动结束时，客户们就会转向其他有奖励的或有更多奖励的公司。

7. 超值忠诚

这是一种典型的感情或品牌忠诚。超值忠诚的客户是高依恋、高重复购买的客户。这种忠诚对很多行业来说都是最有价值的。客户对于那些使其从中受益的产品和服务情有独钟，不仅会乐此不疲地宣传它们的好处，还会热心地向他人推荐。

以上分类也可划分为行为忠诚、意识忠诚和情感忠诚。行为忠诚是客户实际表现出来的重复购买行为，包括垄断忠诚、方便忠诚、激励忠诚、价格忠诚、惰性忠诚；意识忠诚是客户在未来可能的购买意向，主要是潜在忠诚；情感忠诚则是客户对企业及其产品或服务的态度，包括客户积极地向周围人士推荐企业的产品和服务，主要指超值忠诚。

三、客户忠诚的价值

客户忠诚为企业所带来的收益是长期且具有累积效果的，也就是说，一个客户能保持忠诚越久，企业从他那里得到的利益就越多。

(1) 保持一个消费者的营销费用仅仅是吸引一个新消费者的营销费用的 1/5。

(2) 向现有客户销售的概率是 50%，而向一个新客户销售产品的概率仅有 15%。

(3) 客户忠诚度下降 5%，企业利润则下降 25%。

(4) 如果将每年的客户关系保持率增加 5 个百分点，可能使企业利润增长 85%。

(5) 企业 60%的新客户来自现有客户的推荐。

(6) 客户忠诚度是企业利润的主要来源。

经济学家在调查了世界 500 强企业后发现，忠诚顾客不但主动重复购买企业产品和服务，为企业节约了大量的广告宣传费用，还将企业推荐给亲友，成为企业的兼职营销人员，是企业利润的主要来源。美国运通公司负责信息管理的副总裁詹姆斯·范德·普顿曾指出，最好的顾客与其余顾客消费额的比例，在零售业来说约为 16:1，在餐饮业是 13:1，在航空业是 12:1，在旅店业是 5:1。

增进客户忠诚还可以在以下几个方面为公司节省花费：

(1) 可以减少营销费用，因为争取新的客户需要花费更多的钱。

(2) 需要的经营管理费用减少，如合约的谈判及命令的传达等。

(3) 增进交叉销售的成功，导向一个较大的客户占有率。

(4) 赢得更多正面的口碑。

(5) 减少失败的花费，如减少重复的工作，提供担保等。

当一个公司节省了花在吸引客户身上的花费，也就意味着，它可以在改进产品和服务方面投入较多的资金，而这更可以在忠诚客户身上获得良好的回报。

案 例

比萨市场

比萨市场非常有趣。想象三个住在一起的大学生，他们每周日晚上都要买比萨。这个时候，他们没有理由要对任何一个比萨品牌忠实，所以他们这周买这个品牌，下周再换一个。事实上，他们从哪里买比萨主要取决于是谁拿起电话订的外卖。

如果某个比萨供应商能够抓住这样的顾客，那么对他的获利能力无疑将产生非常巨大的影响。如果能 100%地获得这三个学生的订单，那么他每年的净收入就会增加 1 040 英镑。不仅如此，服务的成本也下降了，因为处理订单的时间节省了，所有的客户信息都已经保存在电脑数据库里面，送外卖的人员也非常熟悉客户的住址了。

如果这个比萨供应商能够赢得附近所有这样的顾客，那么他从每个顾客身上的获利还会增加。

这里，忠诚顾客为公司带来了利润。从客户忠诚角度看待盈利机会是一个简单的办法。如果能吸引住比原来多 10 名的订单——这些订单本来是属于竞争对手的，那么业务将发生多大的改变？为了计算这些因客户忠诚而带来的潜在收益，可以进行如下步骤。

(1) 找出平均每次每个顾客消费多少钱。为了计算简便，这里设为 100 英镑。再找出每年平均每个顾客去你那里多少次——假设是10次。将两个数字相乘，可以得到平均每个顾客每年去你那里消费的金额。在本例中，这个平均数是1 000英镑。

(2) 估计这个数字在消费者该类消费总支出中所占的比例——假设是25%，这就意味着消费者每年平均要买40次比萨(每次平均100英镑)。

(3) 选择一个客户忠诚度。假设你想将它提高10%——也就是说，你希望消费者平均有35%的次数是从你这里买比萨，而不是原来的25%。假使你的消费者不在比萨上再多花钱，每次也不多花钱，那么就能计算出现在消费者到你这里来的次数是35% × 40=14次，在你这里消费的金额就变成了14 × 100=1 400英镑。

(4) 计算每年新收入与原来收入的差(1 400−1 000=400英镑)。这看起来并不多，不过现在你可以把客户总数与它相乘，就可以得到客户忠诚度提升10%以后年度收入的增长量。例如，你有200个顾客，那么你的收入增长就是80 000英镑。

(5) 集合你的管理人员和一线员工，告诉他们为了提高客户忠诚度他们需要做些什么，以及增加的80 000英镑中只花费多少就可以取得这一额外的收入。

四、制订客户忠诚计划

客户忠诚计划关乎企业营销战略和品牌管理。从20世纪80年代起，以提高客户忠诚度为目标的各种积分计划、俱乐部营销等，从航空公司、酒店等行业，迅速普及电信、金融、零售等各行各业，现在已经发展为跨行业、跨国家、线上线下联合的趋势。

自从有了会员制度、积分奖励、网络建设、客户通信、增值服务等这些并不复杂的构件，无数个忠诚计划被克隆出来了，但往往是仓促地建立，由于成本和执行等方面的原因，又被仓促地搁置。当客户无论去哪里消费都会得到一张名为“VIP”的折扣卡时，当企业花大价钱“赢得了”一大批不活跃的“僵尸会员”时，单纯以消费折扣为手段的积分计划已经不能为企业带来真正有价值的忠诚客户。忠诚营销的发展趋势必须是将忠诚计划与企业的营销战略和品牌管理结合起来。

一些企业将忠诚计划与营销战略、物流管理等很好地结合起来，企业据此可以了解细分市场，减少不良库存，改进产品和服务；而将忠诚计划与经营理念、品牌美誉度结合，则会增加企业的核心竞争力。

1. 客户忠诚计划行动方案

客户忠诚计划在参与和运行上应该简单、便捷，因为要使一份计划发挥效果，就不能只吸引现有的忠诚客户。真正有效的忠诚计划必须拓展到那些无所谓或没有兴趣的客户中去，吸引并保持他们的兴趣和参与。

通常客户忠诚计划行动方案有以下几点。

(1) 了解客户与公司的产品和服务之间的相互影响。

① 客户为什么使用这一产品或服务？

② 客户怎样使用这一产品或服务？

③ 这一产品或服务为客户解决了什么问题？

④ 这一产品或服务带来了什么额外的或新的问题？

⑤ 这一产品或服务怎样才能更易于使用？

⑥ 这一产品或服务如何改进才能使客户更加满意？

(2) 了解客户的价值。

① 客户是怎样看待成功的？

② 客户认为自己在哪方面与众不同？

③ 客户的问题是什么？

④ 公司怎样使客户更加成功？

⑤ 客户最看重什么？

⑥ 客户注意到自己周围在发生怎样的变化吗？

(3) 了解客户忠诚的纽带。

① 客户如何做出选择决策？

② 客户打算购买你公司产品的总预算是多少？

③ 公司怎样做才能使客户将更多的钱花在你公司的产品上？

④ 与竞争对手相比本公司的实力如何？

⑤ 客户认为公司的独到之处是什么？

⑥ 什么情况下公司将失去客户？

2. 提高转换成本是忠诚计划的关键

“转换成本”(switching cost)的概念最早是由迈克尔·波特在 1980 年提出来的，指的是当消费者从一个产品或服务的提供者转向另一个提供者时所产生的一次性成本。这种成本不仅有经济上的，还有时间、精力和情感上的，它是构成企业竞争壁垒的重要因素。如果顾客从一个企业转向另一个企业，可能会损失大量的时间、精力、金钱和关系，那么即使他们对企业的服务不是完全满意，也会三思而行。

营销专家将转换成本分为以下 8 种。

(1) 经济危机成本(economist risk cost)，即顾客如果转投其他企业的产品和服务，有可能为自己带来潜在的负面结果，如产品的性能并不尽如人意、使用不方便等。

(2) 评估成本(evaluation cost)，即顾客如果转投其他企业的产品和服务，必须花费时间和精力进行信息搜寻和评估。

(3) 学习成本(learning cost)，即顾客如果转投其他企业的产品和服务，需要耗费时间和精力学习产品和服务的使用方法及技巧，如学习使用一种新的电脑、数码相机等。

(4) 组织调整成本(setup cost)，即顾客转投其他企业必须耗费时间、精力与新的产品和服务提供商建立关系。

(5) 利益损失成本(benefit loss cost)，即企业会给忠诚顾客提供很多经济等方面的实惠，如果顾客转投其他企业，将会失去这些实惠。

(6) 金钱损失成本(monetary loss cost)，如果顾客转投其他企业，可能又要缴纳一次性的注册费用等。

(7) 个人关系损失成本(personal relationship loss cost)，顾客转投其他企业可能会造成人际关系上的损失。

(8) 品牌关系损失成本(brand relationship loss cost)，顾客转投其他企业可能会失去和原有企业的品牌关联度，造成在社会认同等方面的损失。

以上 8 种转换成本又可以归为三类。

(1) 程序转换成本(procedural switching cost，主要是在时间和精力上)，包括以上的经济危机成本、评估成本、组织调整成本和学习成本。

(2) 财政转换成本(financial switching cost，主要是在经济上)，包括以上的利益损失成本和金钱损失成本。

(3) 情感转换成本(relational switching cost，主要是在情感上)，包括以上的个人关系损失成本和品牌关系损失成本。

3. 怎样应用转换成本

企业要提高客户的转换成本，首先应该考虑如果自己的客户转投竞争对手，将会在程序、财政和情感三方面有哪些损失进行仔细的评估。然后通过提高顾客 8 种转换成本中的一种或几种，来增加客户转换的难度和代价。有的企业通过宣传产品、服务的特殊性，让客户意识到他们的转换成本将很高。例如，信用卡公司可以向客户宣传金融服务的复杂性和学习过程很长，让他们感知到程序转换成本很高，因此不愿意轻易更改服务提供商。同样，通过宣传企业自身的特殊性和不可替代性，为客户提供一整套适合他们的不同功能的产品和服务，来增加客户对企业的依赖性，从而让客户意识到企业的产品和服务是不可替代的，也有效地抵挡了其他企业忠诚计划的诱惑。

为客户提供更加人性化、定制化的产品，与客户建立情感层面的一对一的关系，也将大大增加客户的程序和情感成本。如花旗银行将顾客的照片印在信用卡上，MCI 世界通讯公司为消费者提供一个专供家庭成员使用的直拨家庭电话系统，使用这个通话系统，家庭成员之间可以花费很少。

五、客户忠诚度的测量

客户忠诚度可以用下列标准进行测量。

1. 客户重复购买次数

在一定时期内，客户对某一品牌服务和产品的重复购买次数越多，说明对这一品牌的忠诚度越高，反之则越低。对于经营多种产品的企业来讲，重复购买本企业品牌的不同产品，也是对企业高忠诚度的一种表现。由于服务产品的用途、性能、结构等因素也会影响客户的再购买次数，因此，在确定这一指标的合理界限时，要根据不同服务和产品的性质区别对待，不能一概而论。

2. 客户购买时的挑选时间

客户购买商品都要经过挑选这一过程。但是由于信赖程度的差异，对不同的服务和产品，客户的挑选时间是不同的。根据购买时挑选时间的长短，可以确定客户对品牌忠诚度的高低。通常，客户在挑选产品时，时间越短，忠诚度越高。反之则忠诚度越低。在利用客户购买时的挑选时间测定品牌忠诚度时，也要考虑服务产品的属性。不同属性的服务和产品在客户心目中的地位是不同的。例如，盐、味精、手套、袜子等产品，客户几乎对品牌不太介意，而化妆品、酒、烟、计算机、汽车等产品的品牌，在客户做出购买决策时则起着举足轻重的作用。

3. 客户对价格的敏感程度

客户对价格都是非常重视的，但这并不意味着客户对服务或产品价格变动的敏感程度相同。事实表明，对于喜爱和信赖的服务或产品，客户对其价格变动的承受能力强，即敏感度低，而对于不喜爱和不信赖的服务或产品，客户对其价格变动的承受能力弱，即敏感度高。因此，据此可以测量客户对某品牌的忠诚度。服务或产品的必需程度越高，人们对价格的敏感度就越低，而必需程度越低，对价格的敏感度就越高。当某种服务或产品供不应求时，价格上涨不会引起需求的下降；当某种服务或产品供过于求时，价格的波动会影响市场的需求状况。服务或产品的市场竞争也会影响客户对价格的敏感程度。当市场竞争激烈、替代品较多时，客户对价格的敏感程度就高；如果市场处于垄断状况，客户对价格波动的反应就不太明显。

4. 客户对竞争产品的态度

人们对某一品牌态度的变化，大多是通过与竞争产品的比较而产生的。如果客户对竞争品牌表现出越来越多的偏好，表明忠诚度下降；如果客户对竞争品牌不感兴趣，或没有好感，就可以推断出客户对本品牌的忠诚度较高。

5. 客户对产品质量的承受能力

任何服务或产品都有可能出现由各种原因造成的质量问题。如果客户对该品牌服务或产品的忠诚度较高，当服务或产品出现质量问题时，他们会采取宽容、谅解和协商解决的态度，不会由此而失去对它的偏好；如果客户的品牌忠诚度较低，服务或产品出现质量问题时，他们会深深感到自己的正当权益被侵犯了，极有可能产生反感，甚至通过法律方式进行索赔。客户忠诚度越高，对出现的质量事故也就越宽容，反之亦然。

6. 客户对产品的认同度

如果客户经常向身边的人士推荐产品，或者在间接的评价中表示认同，则表明忠诚度较高。

六、提高客户忠诚度的途径

在同质化竞争的压力下，企业迫切需要通过培育客户忠诚度来吸引、维系、提升客户关系并从中获取价值，建设企业核心竞争力。也正因为客户的高度忠诚会给企业带来稳定的收益，企业需要从战略上重视这个问题，同时需要明确的是，忠诚度是建立在对特定企业的服务或产品长期使用的满意基础上的一种习惯性消费，这说明忠诚度的建立和维系是一种长期的行为。因此，企业需要站在战略角度上，进行系统的客户忠诚度规划，以期提高客户忠诚度。获取和提高客户忠诚度的一般途径如下。

1. 从思想上认识到客户的重要性

必须从思想上认识到客户的重要性，要让企业的每一位员工不仅仅是知道、懂得，而且更要从思想上意识到能够满足客户的需求是企业的荣耀，并由此真正能够将“以客户为中心”贯彻到自己的行动中去。

2. 建立在互惠互利基础之上

在企业获得稳定收入来源的同时，客户能够获得高度的需求满足，这是建立客户忠诚的基础。一个客户在企业的生命周期长短，决定于企业为其提供的生存环境，企业要以客户需求为导向，运用客户生命周期管理其需求，解决不同客户不同阶段的消费需求，这是维系客户关系、使客户忠诚保持持久的核心。

3. 赢得企业员工的忠诚

为了赢得客户，必须先赢得员工。这包括两个方面，首先是要赢得员工在工作中的忠诚，其次是不断地培养与提高员工素质，制定严格的监督政策和对员工进行定期的培训，让每个员工都拥有良好的职业道德和“客户第一”的意识。

4. 赢得客户的忠诚与信赖

赢得客户的忠诚是一个复杂的系统工程，包括以下步骤。

(1) 细分客户需求，提供差异化忠诚度规划。基于客户需求利益取向和客户贡献价值来细分客户忠诚度，挑选真正有价值的客户细分市场，量身定做适合该客户群的忠诚计划。一般来讲，低价值客户的客户忠诚来源于价格忠诚、激励忠诚等，企业可以给予低价值客户以额外经济利益，如价格刺激、促销政策激励等来维系该客户群的客户忠诚；而对于高价值客户的客户忠诚则来源于更高层次的忠诚，主要表现在服务忠诚、品牌忠诚和公司忠诚等。

(2) 赢得高级管理人员的支持。建立客户忠诚计划是一个从上而下的过程，如果没有企业高层领导的支持和表率，恐怕很难进行下去。企业的高层管理人员在建立客户忠诚计划的过程中所起到的作用不仅仅是发号施令和协调统一，他们应当成为这一过程中非常重要的一个组成部分和决定因素。

(3) 建立反馈机制，倾听客户的意见。建立客户反馈机制的方式很多，企业应当向客户公开自己的服务热线或客户专线，如 800 电话，并在企业内部设立独立的机构处理客户的反馈意见，另外还应形成制度，定期派人主动接触客户，获取他们的反馈信息。

(4) 妥善处理客户的抱怨。在倾听了客户的意见，并对他们的满意度进行了调查之后，就应当及时、妥善地处理客户的抱怨，这也是赢得客户信任和忠诚的有效方法。客户的抱怨是企业自身发展的机会，也是赢得客户的重要机遇。客户的抱怨反映了企业产品或解决方案的不足，这正是公司进一步完善自己、增强产品竞争力的好机会。如果能够妥善地解决客户的抱怨，将客户的不满转变为满意，企业就可能赢得这个客户，因为客户得到的不仅仅是问题的答案，更重要的是尊重和关怀。

5. 考虑实施成本

为了更好地在成本与收益间达成平衡，需要企业根据客户价值的不同，优化企业资源配置，使有限的资源服务于企业最大的客户价值组合。在实施忠诚度规划时要进行预算评估和成本控制，根据不同忠诚程度、客户的不同需求和潜力，制定有针对性的、不同的忠诚计划。例如，对于低价值客户其忠诚度较低，维护成本较大，投入产出风险大，而对高价值客户企业的既得利益高于维护成本，风险相对小，需要重点去建立、培育及维系其忠诚度。

七、提高客户忠诚度的技巧

1. 树立客户至上的观念

这种观念就是使企业的一切活动都围绕客户展开，自觉地为满足客户的需要服务，以赢得客户的好感和信赖，具体包括以下内容。

(1) 以创意超越客户的期待。让服务或产品超越客户的期待是争取众多客户、培养品牌忠诚度的有效手法。

(2) 建立健全客户咨询系统。

(3) 完善售后服务体系。品牌的忠诚度往往体现在客户对服务或产品的重复购买上。要保持较高的重复购买率，没有较高水平的售后服务是不行的。售后服务是一个系统工程，必须用完善的售后服务体系加以保证。要使客户从购买服务或产品起，直到服务或产品被消费使用完毕，包括送货上门、安装调试、人员培训、维修保养、事故处理、零配件供应以及服务或产品退换等每一个环节，都处于满意状态，真正使客户感到购买放心。

2. 不断提高产品质量

优质产品是客户对品牌忠诚的前提条件。提高产品品质一般包括以下几个方面的内容。

(1) 评估企业产品目前的品质。在本企业产品中，目前被客户认为品质低的是哪几种？是整个产品还是产品的某个方面？

(2) 设计客户需要的产品。要根据客户的需求设计产品，包括产品的式样、色泽、款式、技术含量、文化附加值等。

(3) 建立独特的品质形象。与众不同的品质形象会使客户易于接受，同时也非常适应现代社会追求个性的特色。

(4) 产品便于使用。产品使客户容易接受的因素之一，就是易于操作或者携带、使用方便舒适。

3. 合理制定产品价格

价格和质量是客户对产品追求的两大标准，因此，制定合理的产品价格就成为保持并提高品牌忠诚度的重要手段。首先，要坚持以获得正常利润为定价目标，坚持摒弃追求暴利的短期行为。定价在合理范围才能为人们接受，如果漫天要价，即使是品牌产品也会无人问津。其次，定价水平要尽可能符合客户的预期价格。如果企业定价超过客户的预期价格，客户就会认为价格过高，名不副实，购买欲望也会因此而降低。最后，还要保持价格的相对稳定。实践证明，客户非常反感频繁的价格波动，因为在他们眼里，只有质量不稳才会造成价格的上下波动。因此，价格的上下波动也会影响客户对品牌的忠诚。

4. 塑造良好的品牌形象

客户对品牌的忠诚度不仅仅是出于对产品使用价值的需要，也带有强烈的感情色彩。只有塑造出良好的品牌形象，使之在客户心中留下美好的印象，客户才会产生对该产品的忠诚。

案　例

花旗银行的客户忠诚度测评

花旗银行成立于1812年，经过一百多年的发展，现已成为一个全球性金融服务公司，在世界各地都深具影响力。花旗银行除了以技术、创新和大胆的决策作为提高银行竞争力的重要手段外，在客户忠诚度方面，也可以说是值得世界任何企业学习的榜样。早在20世纪50年代，花旗银行就提出了客户忠诚度分析，进而以此测评来提高客户的忠诚度。

花旗银行认为影响客户忠诚度的因素有两个。

(1) 对自己的业务有强烈的偏好。

(2) 重复选择。

花旗银行认为，客户对产品和服务存在偏好是由两个因素构成的，一是客户喜欢的程度；二是客户在获得对自己的银行业务之前的比较效应。如果将这两个因素进行交叉归类就会产生四种情况：最低偏好、低偏好、高偏好、最高偏好。例如，一位住在距离花旗银行比较远的客户，由于对花旗银行有最高偏好，即使他周围有很多别的银行，也会打车去花旗银行办理业务。

除了偏好，决定客户对产品或服务是否忠诚的第二个因素是重复支持银行的业务。这个因素同样可以分为四种情况：缺乏忠诚客户、迟钝忠诚客户、潜在忠诚客户、忠诚客户。花旗银行提出，一般而言，花旗银行不会将目标针对那些“缺乏忠诚客户”，因为他们永远不会成为花旗银行的忠诚客户，他们对银行的经济增长只有很少的贡献。对于“迟钝忠诚客户”，花旗银行认为，他们一般没有固定的立场，总是根据情形而定是否选择银行，但对花旗银行没有什么不满，然而，大多数客户都属于这种类型，如果能够积极争取这类客户，并且加强对这类客户的服务，他们很有可能转变成为高度忠诚的客户。对于“潜在忠诚客户”，影响他们重复选择的决定因素除了偏好因素外，还有诸如环境、家庭背景等因素，对这类客户，需要加强特色服务才能把他们转变为忠诚客户。对于“忠诚客户”，花旗银行认为，他们是银行最欢迎的客户，他们对花旗银行的业务具有最高偏好，而且会把与银行交往的心得与家人或朋友一起分享，是银行的铁杆支持者。这种客户会成为银行的免费宣传者，同时是银行最重要的客户。但这并不意味着可以忽视他们，相反，应该更重视他们。

花旗银行在影响客户忠诚度因素的基础上，提出忠诚测评主要有四个指标，即客户对产品和程序的满意度、价值驱动力、忠诚驱动力和客户的忠诚度指标。

(1) 客户对产品和程序的满意度。一个忠诚的客户首先是对企业的产品、消费程序感到满意的客户，这是客户忠诚的基本。

(2) 价值驱动力。忠诚的客户对于企业文化的认知度、内部绩效都能真正地了解，能够让企业的利润得到提高。

(3) 忠诚驱动力。一个忠诚客户觉得购买产品的感受是物有所值，满足甚至会超越他的期望值。

(4) 忠诚度指标。企业最终可以通过测量客户的购买量、重复购买频率和使用频率是否得到了实际提高、消费的额度是否增加来衡量客户是否忠诚。

复习思考题

1. 简述客户的内涵。
2. 客户投诉对企业有什么功能？
3. 企业应该如何对待客户投诉？
4. 如何利用客户投诉来提高企业服务质量？
5. 什么是客户满意度？如何衡量客户满意度？
6. 如何提高客户满意度？
7. 简述客户忠诚的含义？
8. 客户忠诚有哪些类型？
9. 企业应该如何培育和维持客户忠诚？

第三章 营销团队管理

现代企业之间的竞争已不再是单个人员、单个部门的竞争，而是整个团队的竞争，团队精神被列为多数企业考察员工基本素质的首要方面。在市场经济条件下，营销团队在企业中的地位非常重要，它关系企业业绩的好坏，甚至企业的命运，作为管理者必须能够构建和管理团队，以提高团队整体的战斗力。

第一节 营销团队构建

营销团队是为实现企业或组织的营销目标，以一定的方式组建而成的组织。在这个组织中，既有分工又有协作，既发挥个人的专长，又实现集体的协同效应，从而实现企业营销目标的圆满完成。所以，这里的营销团队不应该是个人之间的简单累加，而是一个分工协作的有机整合。吴承恩在《西游记》中所描述的唐僧师徒四人就是一个良好团队，虽然四人能力不一、性格迥异，但由于目标明确、分工合理、组织得当，而且成员之间优势互补，所以，虽历尽千辛万苦，但最终取得了真经。

营销团队的构建一般分为以下四个步骤：设定团队目标、设计团队结构、确定团队规模、明确团队报酬。

一、设定团队目标

凡事预则立，不预则废。一个团队必须有明确的目标，否则团队的构建就没有依据。

营销团队的目标一般根据企业产品生命周期的不同来制定。一般来说，可以将企业产品的生命周期分为四个阶段：导入期、成长期、成熟期和衰退期。

根据企业产品生命周期的不同阶段可以设定营销团队的目标，如表 3-1 所示。

表 3-1 营销团队在产品各个周期的目标

生 命 周 期	营销团队目标
导入期	开发网络，提高产品知名度，快速提升产品铺市率
成长期	拓展网络，提高产品美誉度，快速提升产品市场占有率
成熟期	稳定网络，提高产品销量，巩固市场份额
衰退期	维护网络，巩固客情关系，为新品入市打好基础

表 3-1 给出了营销团队在产品各个周期的目标，基础条件好的企业还可将目标细化为指标体系，即定量指标体系和定性指标体系。这些指标的建立都为企业营销团队的构建提供了可靠的依据。

二、设计团队结构

常见的销售队伍结构有以下四种。

1. 按产品组成营销团队

按照销售产品的品牌和类别不同，组建不同的销售团队进行销售。例如，康师傅产品分为三个大类：饮料、方便面和休闲食品，并分别由不同的营销团队进行经营，各团队的业务基本上是独立的。

2. 按地区组成营销团队

根据地理位置划分出若干区域，组建相应的营销团队。一般大型的公司都会实行大区管理，如将国内市场划分为华中、华北、东北、西北、华东、华南、西南几个大区，以大区为一级单位进行建制。也有公司为细化管理，不实行大区制，而是实行分公司制，如按省建立分公司。当然，低级别的业务单位也会划分不同的销售团队，如城市市场可以按照行政区域进行划分，每个行政区由一个小的营销团队负责。划分的标准视公司区域业务管控目标而定。

3. 按销售渠道组成营销团队

这是目前多数公司比较流行的组建营销团队的方法。因为随着市场竞争的激烈，要想在竞争中取胜，必须对市场进行精耕细作，即对市场进行细分。例如，快速消费品厂商会将渠道划分为传统渠道和现代渠道(KA)，并配备相应的团队；装饰材料厂商会将渠道划分为家庭装修渠道和工程装修渠道，并配以相应的营销团队。

4. 复合营销团队

对于超大型公司而言，根据业务拓展的实际需要，可以采用以上三种方法复合组建营销团队。

三、确定团队规模

1. 按照销售任务量确定营销团队规模

这是一种比较简单的确定营销团队规模的方法，这种方法适用于产品在不同销售区域或渠道差异不大的公司。例如，某公司计划 2019 年在上海的销售额为 600 万元，2018 年的人均销售额为 100 万元，则 2019 年上海销售区域的营销团队定编为 6 人。

2. 按照工作量确定营销团队规模

这是一种较复杂的方法，主要用于对市场进行精耕细作的公司。例如，某公司在 A 市设立办事处，希望对该市场进行开发。调查数据显示，该市 KA 客户 12 家，营销人员日均可拜访 4 家；终端客户 2 400 家，营销人员日均可拜访 40 家；批发市场两个，客户 60 家，业务人员日均可拜访 30 家。按每周 6 个工作日计算，可根据表 3-2 确定营销团队的规模。

表 3-2　按照工作量确定营销团队规模

客 户 类 型	数量/家	营销员日均拜访/家	拜访频次/(次/周)	设计人数/个
KA	12	4	2	1
终端	2 400	40	1	10
批发	60	30	3	1

从表 3-2 中可以得出，该团队的设计规模为 12 个人。

3. 按照销售任务量和工作量相结合的方法确定营销团队规模

有些公司既做城市市场又做农村市场，而城市市场需要精细化运作，农村市场则是做主要客户，在确定营销团队人数时就需要采用两者相结合的方法。例如，农村市场可制定一个目标量，根据目标量和人均生产力计算出所需要的营销人员数量；而城市市场则根据工作量确定相应人数。这是比较流行的确定团队规模的方法。

四、明确团队报酬

营销团队的报酬是指营销人员个人获得的以工资、奖金及以其他金钱或实物形式支付的劳动回报。从广义角度讲，还包括销售人员的福利待遇、带薪假期及其他的精神奖励。对于大多数企业来说，营销人员的报酬在整个销售成本中占较大比重。所以，报酬过高虽然可以刺激营销人员的工作积极性，但会降低企业的利润；而报酬过低又会挫伤营销人员的工作积极性，甚至造成人员流失，影响团队的稳定性，进而影响企业的销售，也会影响企业的发展。因此，制定合理的报酬对于企业来讲至关重要。

1. 基本报酬方式

对于营销团队，一般有三种常见的基本报酬方式。

(1) 薪金制。对营销人员实行固定工资制，不管其当期销售任务完成与否，都保持一个工资标准。一般用于最基层员工或临时员工。主要是由于起薪比较低，如果分拆各组成部分很少，不具有吸引力。这种方法的优点在于：简单易行，易于管理，可在一定程度上降低员工的流动性。其缺点在于不能对营销人员形成有效激励，容易形成“吃大锅饭”局面，影响团队效率和士气。

(2) 提成制。即按销售额、销售量或者销售利润的一定比例进行提成作为报酬。销售人员没有基本工资，收入完全依赖业绩的好坏，而且上不封顶。其主要适合有一定经济基础和行业工作经验，敢于挑战自我的营销人员。优点是调动销售人员的积极性，对团队有激励作用。缺点是对于新员工或没有经济基础的员工缺乏保障，若市场开发难度大，容易造成员工流失，影响团队的稳定。

(3) 薪金加提成。这是多数企业常用的方式，发挥了前两者的优点，既保障了团队稳定，又会起到激励作用，但如何确定两者的比例在具体操作时有一定的难度。

2. 奖金福利津贴制度

企业的奖金福利津贴制度是对员工认同度的体现，是员工维系与企业之间情感的基础。作为工作在一线的营销团队，由于长期在外，工作强度大、压力大，所以更需要企业的认同和关怀。企业可以通过奖金福利津贴制度来传递公司对一线营销人员的肯定和激励。

(1) 奖金制度。顾名思义，奖金是对于那些表现突出的营销人员的奖励。若工资体现了公平，则奖励就体现效率。设置奖励有以下功能：奖励先进，激发士气，可以保持团队战斗力；调节分配，形成内部竞争，对后进者形成督促、鞭策作用。

奖金的运用一定要得当，否则不但无法起到激励作用，还会挫伤团队人员的积极性。设计奖金制度要特别注意以下几个方面：

① 公开奖金考评办法、考核标准。

② 考评公正、公示考评结果。

③ 奖金发放及时、足额。

(2) 津贴制度。津贴是对营销人员除了正常薪酬之外发放的补助，体现了企业以人为本的宗旨和对一线员工工作的认可。常见的津贴有以下几种：

① 差旅补助。公差期间发生的住宿、交通费用之外的补助。

② 误餐补助。工作期间个人不能正常在家用餐的补助。

津贴可以根据公司业务的需要量力而行，并保持较大弹性。

(3) 福利制度。福利制度是企业以人为本的最主要的体现，企业通过各种福利形式传达企业对员工的关怀。越是管理先进、制度完善的企业越重视员工福利。很多管理者认为福利能够给企业带来的效应远远大于支付的钱物。常见的福利形式有以下几种：

① 节日福利。节日发放的礼金或礼物。

② 生日福利。生日发放的礼金、礼物或其他祝贺方式。

③ 孕婴福利。妇女怀孕、哺乳上班期间发放的补助或礼品。

第二节　营销团队管理方法

营销团队管理包括两大方面，即业务管理和用人管理。要保持营销团队的高效运作，企业不仅要有成熟完善的管理制度，还要保证这些管理制度的贯彻到位，即保持团队的执行力。执行力就是创造性地实施既定战略目标以达成组织绩效的能力，这是一整套非常具体的行为和技术，能够帮助公司在任何情况下建立和维系自身的竞争优势。营销团队的管理就是从执行开始，从日常管理开始。人们不可能通过思考养成一种新的实践习惯，而只能通过实践学习一种新的思考方式，所以管理者需要在日常管理中注意保持管理的连续性和规范性。

一、营销团队的日常管理

中国的市场竞争经历了产品竞争、广告竞争、服务竞争等几个阶段，目前进入管理竞争阶段。管理竞争是竞争的高级阶段，是企业制胜的关键所在。目前各大企业都开始完善自身的日常管理，提高管理效率，尤其营销团队的日常管理更受到重视。

1. 营销团队的业务管理

业务管理是营销团队管理的根本。业务管理包括三个部分：客户拜访管理、报表管理和会议管理。

(1) 客户拜访管理。营销团队的重要任务之一就是对客户进行拜访，与客户谈判并达成交易。营销人员是公司产品与顾客之间的纽带，是企业形象的代言人。企业对营销人员的拜访一般规定了严格的流程和注意事项。

① 拜访路线管理。为节省时间，提高拜访效率，营销人员在拜访前需要提前规划拜访路线，制定出相应的拜访路线图和顺序表。以快速消费品为例，可按以下步骤进行：首先，对本区域内各零售点进行调查；其次，画线路图。营销员根据自己的工作量将所属的区域划分为几个小区，每个小区画出一张线路图，将调查后的各种类型的零售点用特定的符号标在图上；最后，确立线路，根据客户拜访的频次做出拜访顺序卡。具体如下。

- 给零售点排序编号。排序原则为：避免两次经过同一街道；避免重复走环线；不可跳过任何零售点；朝向销售中心；尽量缩短行驶时间——使用最短路线。
- 连接拜访路线。拜访路线的确定可分为三步：确定和标出已知路线部分，如单行道；按照顺序确定并标出需要服务的各类门店；将各个部分连接，形成完整的路线。
- 确立路线并做出路线代码编号，并填写每条线路的拜访顺序卡。客户拜访顺序应遵循以下原则：送货效率优于销售效率；由远到近；只建立一种类型的路线。

画出线路图，做出拜访顺序卡以后，营销人员要严格按照线路进行拜访，若需要调整，提前向主管说明。管理者需要定期对其线路进行抽查，以保证不遗漏客户及拜访的效率。

② 拜访流程管理。任何一个业务团队都要为自己的团队成员制定规范详细的拜访流程，以保证拜访成功率和其他营销目标的实现。下面是某快速消费品企业为其直营团队成员所制

定的拜访八步骤。

第一，进入售点前的准备工作。具体包括：检查个人仪容仪表，整理工作服；检查客户资料；准备生动化材料(宣传彩页等)；准备清洁工具(如毛巾)；回顾拜访目的、最近销量和以往承诺。

第二，售点外店情查看。具体包括：及时更换外观破损或陈旧的宣传品；拆除过时的宣传道具；检查宣传品张贴是否准确、美观。

第三，进入售点后向客户打招呼。具体包括：微笑，做自我介绍(包括厂家和姓名)；迅速确认出售点决策者；与店内非决策者保持良好的关系；主动提及上次拜访的承诺。

第四，做好售点内的生动化。具体包括：检查广告品是否完好；整理产品陈列，清洁货架、冰箱和产品外包装；检查产品情况，撤下残次品；补充陈列位上的产品。

第五，检查存货。具体包括：按照品牌/包装清点存货；注意前线存货和后备存货；记录存货量，计算上期实际销量。

第六，做销售访问。具体包括：回答客户异议；推销客户未进货的其他产品，推广新产品；介绍促销计划，提供增加销量的建议；收集市场信息。

第七，确认订货。具体如下：计算安全库存量与建议订单量，向客户提出订货量；安全库存量＝1.5×[(上次库存+上次订货)－本次库存]；建议订单量＝安全库存量－本次库存；确认客户同意的订单量，填写订单；填写客户卡——记录订货量和库存。

第八，结束拜访。具体如下：记录未解决问题和客户反馈的问题；与客户确认下次拜访的时间；向客户致谢道别。

不同企业根据其业务特点的不同为其营销团队制定不同的拜访流程，该流程应该考虑到业务拜访所涉及的各个细节。管理者应该定期进行检查，以保证执行到位。

③ 拜访量化管理。拜访流程只是对营销人员拜访行为进行规范，要提高团队的工作绩效，还必须对拜访进行量化管理。这里可用多个指标综合管理，例如，每个直营营销员每日须拜访 30～40 家客户，拜访客户成功率为 10%，日销售额为 2 000 元以上。这样营销员就会对自己的时间做合理安排，以保证工作量、销量及拜访成功率的共同完成。

④ 拜访注意事项。主要包括：做不到的事不承诺；不对竞品进行抨击；不对店主经营发表负面意见；不片面夸大自己公司的产品；不过多浪费客户时间、影响顾客生意；不谈论公司内部机密及不利于公司的事情。

(2) 报表管理。报表是管理的工具，完善的报表填写不仅可以了解营销人员的工作情况，而且可以了解其他市场信息。不同企业、不同业务团队所要填写的报表不同，一般情况下，营销团队需要填写的报表有周工作计划表、日工作报表、周工作报表、客户资料表和市场信息表。然而，在实践中，营销团队对于报表填写甚至有抵触情绪，要么填写不够完整，要么填写不能持续，这对团队管理都不利。团队主管必须坚持对报表的填写数量和质量进行控制，除非有特殊原因，否则不得迟填、少填和不填写。既然报表管理很重要，就需要管理者采取相应措施完善管理，具体措施如下。

① 定期检查报表填写情况，及时指出错误。

② 将报表填写情况列入考核，与绩效挂钩。

③ 定期进行报表管理的培训，使员工认识到报表的作用和重要性。

(3) 会议管理。营销团队日常管理的一个重要内容是会议，很多企业就有早会、夕会、周例会和月会等会议形式。最常见的是早会和夕会。

① 早会。一日之计在于晨。早会培训是针对营销团队在前一天所遇到的问题，由管理者进行总结进而找出应对的办法，若是流程问题就修改流程，若是技能问题就做出培训计划，在早会时将这些问题以培训的形式解决。营销团队的早会可以解决很多问题，其主要功能是：培训、鼓舞士气、工作计划安排。早会应注意的事项如下：

- 会议要准时，与会者要精神饱满。
- 会议要针对性强，重心明确。
- 会议要简明扼要，时间一般控制在半个小时以内。

② 夕会。夕会适宜于工作总结。一天工作结束之后，营销人员回到公司，会将一天的工作情况进行记录，将工作业绩和所遇到的问题进行上报。主管人员需要做详细的记录，并将工作业绩通报给有关人员，现场能够解决的问题立即解决，若不能解决的给营销人员提出建议或解决的时间。夕会应注意的事项如下：

- 会议准时，时间要适宜，一般要控制在一个小时之内。
- 解决问题方案明确，承诺必须兑现。

2. 营销团队的用人管理

营销团队的用人管理包括人员选聘、人员培训和员工激励三个方面。

(1) 团队成员的选聘。具体包括以下几方面。

① 选聘原则。为保证营销团队目标的实现，在构建营销团队时，必须选择合适人选，其基本原则有：招聘流程公开；面试机会公平；选聘过程公正；量材适用。

② 选聘流程。选聘就是根据企业发展和销售任务的需要，吸引企业所需的各种人才前来应聘，并按一定的标准加以选拔的过程。

- 制定标准。招聘人才先要制定一个招聘人才的标准，也就是对销售工作岗位职责进行描述和分析，主要包括：工作要求，指工作范围，如市场开拓、销售、服务等；具有应对各类客户的能力；销售必备的专业技术知识等。工作职责，指从事销售工作所需要的特殊知识、技能或要求等，以及确定相应的工作目标和衡量标准，还包括工作的权力、资源和职责范围等。自身位置，指明确其在整个企业的销售渠道中所处的位置，信息沟通时找准自己和上下游的关系。
- 明确职位要求。明确职位对员工的工作经验、工作技能、学历和个人素质等方面的要求。其实，对于工作经验的要求，重点在于对社会经验和人际交往经验的要求。首先，工作经验，是否要求应聘者此前有与该职位相关的工作经验或者从业经验等。其次，工作技能，对职位所需的工作技能提出要求。通常是选择具有销售经验的人进行专业技术方面的培训，或者选择技术人员进行专业销售技能的培训。到底选择哪一种人才，可视产品技术的复杂性而定。除了技术、销售技能外，应聘者还要具备基本的职业技能，如人际交往、团队协作、双赢沟通、演讲表达、商务礼仪、创新思维等能力。另外，软性的品质，如观念、态度、勤奋、好学和上进心等也很重要。再次，学历，销售人员的学历要求既不要太高也不能太低，以大专或中专学历为宜。台塑老板王永庆曾说过："用人要用70分的。"而日本松下公司用人也坚持"中度智慧"标准等，这样更有利于营销队伍的稳定。最后，个人素质，是否具有上进心、合作精神和团队忠诚等。由于人的素质高低在简历上是看不出来的，所以还需要进行面谈、观察、测试等。

- 选择招聘渠道。招聘渠道通常有以下几种。第一，媒体招聘。这种形式对文稿的专业性、规范性要求较高。特点是应聘人员来源广泛，但人员成分较复杂，信息资料不透明，增加了人才选拔的难度。优势是媒体广告影响力大，有可能会吸引到精英人才。第二，校园招聘。企业直接到相关高校去招聘应届毕业生，要着眼于长期培养。应届毕业生初做销售，大多数人会心浮气躁，第一年跳槽率较高。因此，企业选用这类人才时要反复甄选，沙里淘金。第三，内部招聘。通过企业内部挖掘，在对企业员工的潜质进行充分调查之后，经过适当的选拔程序，将适合做营销的人员补充到营销一线上。这是生产型企业可尝试的做法。其优点在于：员工对企业有充分的了解；已经在其他部门或者技术岗位上工作了一定时间，对产品有相当的认识和充分的信心；对企业的忠诚度较高；熟知企业的规章制度；与公司企业文化相融合。第四，人才市场招聘。这种形式是到人才市场去广种薄收，这种地方的人才资源比较集中，但信息纷杂，比较难以找到合适的销售人员，招聘效果不太理想。这是一种传统的招聘人才方式，选才难度较大。现在企业也可以充分利用网上信息资源，效果可能会更好。第五，中介机构招聘。通过社会中介组织(如猎头公司)寻找人才，通常适用于招聘中高级职位，特点是成本高、风险大。第六，网络招聘。网络招聘也被称为电子招聘，是指通过技术手段的运用，帮助企业人事经理完成招聘的过程。即企业通过公司自己的网站、第三方招聘网站等机构，使用简历数据库或搜索引擎等工具来完成招聘过程。网络招聘的方式已经深入人心，成为大学毕业生和职员求职的首选方式，当前，不管国内与国外，上网找工作已经成为家常便饭，反而很少还有人在翻报纸寻觅就业机会。第七，从同业竞争对手那里招聘。即到同业竞争对手公司中去挖掘人才。第八，推荐介绍招聘。通过企业员工或关系人的推荐介绍进行招聘，这是一种值得尝试的方法。优点是应聘者对企业比较了解，认同度高，不易跳槽，流动性小；了解应聘者的背景也较方便。缺点是易在企业内形成裙带关系、宗派关系，而过度的人情关系会影响到制度的执行力和公信力。
- 甄选人才。通过一定的面试评估程序对到企业应聘的人员进行甄选，这个程序不能过于简单，一般情况可经过：人事部门初选、部门主管复试、副总或总经理复试、评估、录用通知等几个步骤。

(2) 团队成员的培训。"培训是员工最大的福利。"建立学习型组织，保持团队知识的不断更新，不断提高团队成员素质已成为许多企业的战略。人力资源现在已经成为一种人才资本，提高全员素质的人才战略是企业保持可持续发展的核心竞争优势的关键所在。因此，制订全面的人员培训计划，建立全员内部培训系统，这是企业人员培训的发展方向。

培训的流程具体如下。

① 确定培训目标。培训要想达到理想的效果，必须事先设定明确、切实可行的目标。主要的目标包括：掌握专业知识，对行业的产品有一个全面的了解，能够对本企业的产品做娴熟的介绍。提升销售技巧，掌握与客户进行面谈、推销等一些基本的程序和技能。增强士气，增加员工对企业的了解，从而提升其对企业的认同感。加强自我管理，掌握一些管理知识，特别是时间管理，能够使员工提高自我管理技能。

② 制定培训内容。具体包括以下几方面的培训。

- 行业知识和产品知识培训。行业知识包括行业的特点、发展状况、前景，行业内主要厂商及品牌，行业竞争态势。产品知识主要包括产品品类、生产工艺流程、包装、价格、特点功能、优缺点等。
- 销售技能培训。销售技能培训一般包括拜访流程、沟通谈判技能、预测、处理客户异议、组织技能等。
- 企业文化培训。企业文化培训主要包括企业历史发展、经营理念、信仰、价值观、行为规范等。
- 管理知识培训。管理知识培训分为客户管理和自我管理两部分。自我管理中突出时间管理。

③ 确定培训时间和地点。根据培训的内容，合理确定培训的时间和地点，确保培训绩效。

④ 选择培训方式。具体有以下三种方式。

- 现场培训。对于新进员工，可以在工作现场进行培训。这种培训效果好，不仅可以拉近员工与公司的距离，而且能够很快使员工进入工作角色，但大部分企业培训师资有限，难以一一进行现场培训。
- 课堂培训。课堂培训针对的是一些共性的问题，将所有需要培训的员工集中起来，由培训师培训。一般来讲，课堂培训讲授的是产品信息或行业知识。这种方式可以使员工在短时间内接受大量的信息，效率比较高。但是，课堂培训也存在一些问题：其一，员工的基础和接受能力不一，培训内容太简单可能使部分员工接受，但又会使部分员工厌倦；其二，课堂培训受培训师影响较大，好的培训师能够很好地调动现场气氛，使员工乐于接受培训内容；差的培训师讲课晦涩单调，员工可能产生抵制或厌倦心理，达不到培训的目的。
- 上岗培训。部分公司采用见习培训制，新聘员工先要到相应岗位上见习培训，经考核合格后方能正式上岗。这种培训方式能够使员工很快熟悉业务，效果比较理想，但需要有经验的正式员工进行指导才能收效。

⑤ 确定培训师。企业培训师来源于两个方面，一是外部职业培训机构的培训师或相关行业的专家，二是内部管理者或培训部门培训师。

外聘培训师一般都是行业的专家，培训经验丰富，培训信息量大，效果好。涉及诸如领导技能、团队建设、压力管理等培训项目时应考虑外聘培训师，但这些培训一般费用较高，企业需要充分利用机会，扩大受众面。

大部分的培训企业内部就可以解决，营销经理、职能经理、业务熟练的营销人员都可以充当培训师，他们大都有丰富的营销经验。但在职人员本身工作繁重，不能保证培训的效果，有条件的企业会从业务精英中选出专门的培训师对员工进行职业培训。内部培训费用低、方式灵活，但很难有创新，所以必要时也需要外聘培训师。

⑥ 培训及反馈。培训师培训之前需告知学员培训所要达到的目的，并明确培训的考核标准。在培训的过程中定期或不定期地检查培训效果，培训结束后进行培训考核。另外，企业组织培训时也要向学员征求对培训内容及培训师的建议和意见，便于更好地组织下一次培训。

(3) 团队成员的激励。

① 激励的重要。性企业持续稳定发展需要对员工进行职业规划，不仅需要对员工进行培训，而且需要对员工进行适当的激励。企业的业绩是靠有效的激励来推动的，因此必须建立有效的激励系统。真正有效的激励包括职业生涯规划和成长方向两个方面，即发现员工的兴趣喜好和特质擅长，设定人生目标和职业生涯规划，制定具体的分阶段目标和具体的行动计划来加以落实，使员工逐步成长。

② 马斯洛需求层次理论(demand levels theory)。马斯洛需求层次理论认为，人的需求由低到高分为五个层次，在满足了低层次需求的前提下才能逐步向更高的需求层次过渡。

- 生理需求。生理需求指衣、食、住、行等方面的需求，表现为企业员工的收入等物质利益方面。
- 安全需求。安全需求指安全、保护、免受伤害的需要，在企业中对应的就是为员工提供一个稳定的工作职位。
- 社会需求。社会需求指爱与被爱、感性、归属等需求，在企业中对应的是有一个和谐的工作团队。
- 尊重的需求。尊重的需求指自尊、自我受到社会的认可，在企业中对应的是自己的能力和业绩获得充分的肯定。
- 自我实现的需求。自我实现的需求指成长、发展的需要，在企业中对应的是自己的价值在富有挑战性的工作中得以实现。

③ 双因素理论(two-factor theory)。美国管理学家赫兹伯格认为，员工的状态往往处在非常满意和非常不满意这两个极端的中间状态，既说不上很满意，也不是很不满意。

能使员工摆脱非常不满意的状态而继续留在企业工作的因素称为保健因素，通常表现为一些外在的物质性因素，如薪金、地位、安全、工作环境和政策等。

能使员工进入非常满意状态，从而在工作中激发潜力，更加努力地创造绩效的因素称为激励因素，通常表现为一些内在的精神性因素，如工作本身的吸引力、赏识、进步、成长的空间、事业成就感和工作责任等。因此，应当将保健因素和激励因素结合在一起，更多地依赖企业的管理制度和企业文化规范员工行为，推动员工走向成功。具体如图 3-1 所示。

④ 人性假设理论。管理学家们借助于对人性的假设，把人性分成两个相对立的理论，即 X 理论和 Y 理论，如图 3-2 所示。

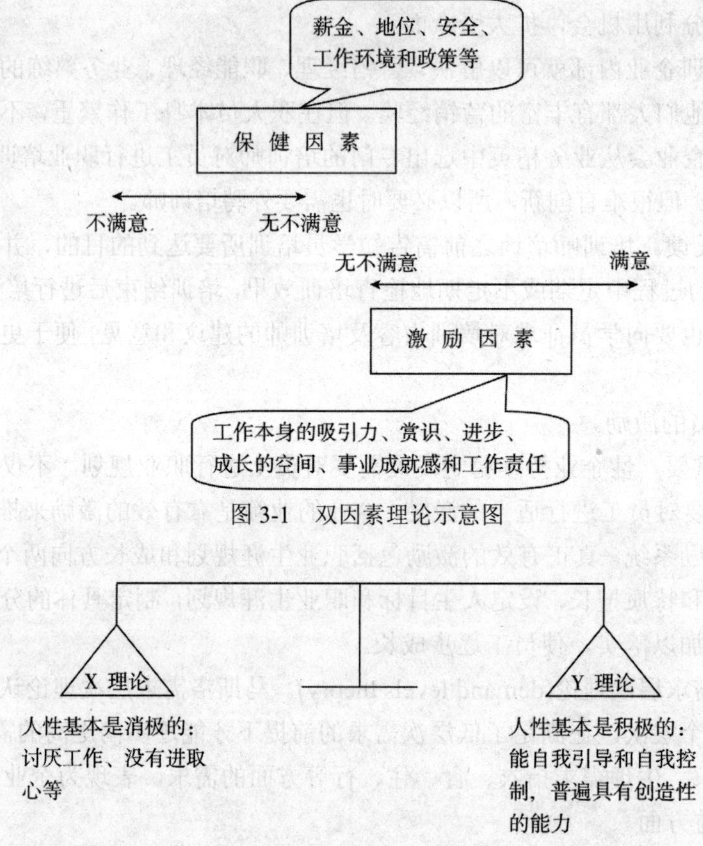

图 3-1 双因素理论示意图

图 3-2 人性假设理论

X 理论认为，人之初，性本恶，人性基本上是消极的，所以人类生来讨厌工作，消极被动，缺乏进取心和责任感，必须强迫和威胁才能很好地完成工作。

Y 理论则认为，人之初，性本善，人性基本上是积极的、向上的。人们视工作如娱乐，从中激发出内心的工作快感；能够主动完成工作，勇于挑起重担；通过有效的激励，就能积极向上、自我引导和自我控制，普遍具有创造性的能力；能够与企业同生死，共患难，求得双赢。

但在实际生活中，员工往往既不是简单的 X 型，也不是简单的 Y 型，而是既有 X 型又有 Y 型，积极和消极两种品格共存于一身。

⑤ 期望定律。根据罗森塔期望定律：当人得到渴望已久的深厚期望时，会因受到激励而自信心大大增强，依靠这种心灵的力量，人会加速成长，这说明员工的绩效实际上与管理者的期待成正比。根据期望定律，管理者希望员工创造出多少绩效，就要相应地给予员工同等的期望和鼓励，这样，员工才能不断地提高工作水平，管理者的满意度才会越来越高，员工的表现也会越来越好，从而创造出更大的绩效。

⑥ 激励方法。在实际营销实践中激励的方法有很多，主要包括以下几种。

- 物质激励。物质激励主要指薪金收入、福利待遇、额外奖励等。但要注意激励量的把握，做到有弹性，公平、公开和公正，并掌握适当的激励频度。

- 精神激励。精神激励包括荣誉、表彰、培训、晋升、信任、参与和管理等。这种激励需要注意形式、内容、刺激力度和弘扬团队精神等问题。精神激励是销售人员的“维生素”，多给员工一些关心、欣赏和鼓励是最易行、最有效、成本最低的激励方法，而大多数营销主管却不懂得这些道理，把员工看成是简单的经济动物，结果只能是陷入误区。
- 目标激励。将大的目标分解为小段的个人目标，使其更具有针对性、明确性、可测性和挑战性。另外可以设定完成线和生死线，当某人的表现低于生死线时，就要受到降职，甚至开除的处分，使员工时刻有一种危机意识，不敢对工作有丝毫的懈怠。
- 强化激励。即利用批评与表扬、奖励与惩罚的手段，进行正激励和负激励。奖励最好多于惩罚，没有受到奖励的本身便相当于一种处罚。把激励这柄双刃剑用得恰到好处，就会使激励的正面效应远大于其负面效应。

⑦ 激励因人而异，因时而异。实施激励前需要了解员工的个性、类型、所处环境和激励需求，做到因人而异。

- 勇敢者。要以名激励，因为激励对象有勇气，更关注名声和影响。
- 内敛者。要以利激励，因为激励对象足够含蓄，更关注实惠和利益。
- 柔弱者。以逼迫激励其自奋，激发其勇气，不给激励对象退步的理由，注意恩威并施。

激励还要因时而异，在员工成长的不同阶段采取不同的激励方法。

- 成长阶段。这一时期属于朝阳阶段，这时员工的意愿高、热情高、干劲足，适合使用期望激励法，运用目标激励和情感投入的方法。
- 失落阶段。这一时期由于员工遇到很多挫折，处于情绪低落期，需要真诚的赞美、物质的回报和明确的承诺。
- 成熟阶段。这一时期的员工趋于保守，性格定型，漠视挑战，需要适时肯定其成绩，指出他们的发展方向和前景，此时应多运用目标激励、晋升、培训进修等方法。
- 巅峰阶段。需要特殊的荣誉激励和强化激励等方法。
- 激励杠杆。激励杠杆的一种方式是业务竞赛，企业开展一些业务竞赛活动，目的是鼓励销售人员做出更好的业绩。它的作用犹如兴奋剂，偶尔为之，可以使企业的销售量出现一个高峰，但高峰过后常常就是低谷。经常开展这样的活动便会失去预期的效用，因此一定要慎用、少用。

在销售人员中开展业务竞赛要记住以下要点：有一个简单明了、有趣新颖的竞赛规则；获奖面宽，参与感强，奖励价值高；目标定位切实可行，与年度计划密切配合；营造竞争气氛，掌握时间节奏，大做宣传，烘托气氛；对整个过程要追踪、炒作，及时公布战绩，鼓舞士气；颁奖形式别具一格，做好总结、评估、分析。

二、营销团队的绩效考评

绩效考评是管理者与员工双向沟通的重要途径，能够使管理者更好地督促和激励员工。绩效考评对象还应包括服务人员、销售代理人和代理商等，它与一般的员工考评有区别。通过绩效考评，员工能够从中及时地获得绩效反馈，发扬成绩，改正错误，提高工作效率；管理者也可以此为依据，表扬和激励员工，以达到并超越目标。

1. 绩效管理的必要性

建立高效的营销团队，要从制定销售策略和团队目标开始，经过招聘、甄选人才，然后进行教育训练提升销售技能，并组建营销团队，通过团队管理，逐步形成一支营销团队。

但是形成一支优秀的营销团队并非易事。由于营销人员的工作时间并不固定，相对比较自由，富有弹性，销售人员容易养成许多不良的习惯；同时，由于他们的工作特点，管理者难以进行现场管理，实施行为过程监控；加上很多企业只是在月底按销售人员的业绩进行考核，一般只注重结果，不看过程，因而缺乏对销售人员拜访活动的过程监督，缺乏对重点客户、重点项目的背景需求和进度的透彻了解，更加缺乏对销售人员技能的辅导帮助和心理态度上的辅导激励。这种只重绩效考评、不重全过程控制的绩效管理，当然不会产生良好的团队绩效。

销售业绩固然重要，它取决于准客户的品质和营销人员努力的程度，但只看业绩的后果却是可怕的。实践过程中总会出现一些营销人员做政绩不做市场表现，短期内该营销人员被称为业务能手，调查发现，他们往往采用的是以乱价或乱承诺的方式向客户压货而短期提升销量。结果，几个月后，该区域就会出现销量急剧下滑，且遗留问题一堆的尴尬局面。

拜访量达到了要求，业绩还是提升不上去，这就有可能是销售人员的销售技能存在问题，所以销售主管的管理除了监控拜访量之外，还要加强对销售人员销售技能的训练和辅导，必要时还要进行陪同访问，观察其问题所在，帮助他们找出问题的根源。

销售工作如同逆水行舟，不进则退，如果不能够及时地发现低绩效的症结所在并加以解决，就会导致销售人员产生负面情绪，形成恶性循环。

2. 关键业绩指标

要建立完善的绩效考评体系，企业要制定出营销人员的关键业绩指标。只有这些指标综合达成，才能保证市场健康、稳定地发展。

(1) 销量达成率、销售额达成率。这是一个硬性指标，销量达成率或销售额达成率应该保持一个相对稳定的水平，销售指标不准确和市场异常因素过高和过低都是不正常的。达成率过低说明营销人员要么不努力，要么缺乏销售技能；销量过高，则可能出现营销人员压货的情况。

(2) 活跃客户比率。活跃客户是指在一定周期内连续成交的客户。这些客户才是公司的有效客户。在客户既定的情况下，活跃客户比率反映了一个营销人员的能力，只有有效的拜访才能取得客户的信任，才能够维持客户。所以，在对一个营销人员进行考核时，不应该只看其拜访的客户有多少，而要看长期成长客户的数量，要看活跃客户比率。

(3) 新增客户数。经营产品的老客户总会有各种原因不经营公司产品，所以要不断开发新客户才能保证公司业绩的不断增长，市场份额不断扩大。这个指标的达成能够保证公司的长期发展。

(4) 客户平均成交量。这个指标是用来反映营销人员所在地区客户经营本产品的能力，一般来讲这个指标越大越好。因为多数客户既经营本企业产品又经营竞品，本企业产品份额提高，代表其经营竞品的份额相应降低，这样本企业就在竞争中处于相对优势。

(5) 市场表现。市场表现就是本公司产品在终端市场上的陈列表现，广义的还指店主对产品的推介度。市场表现一方面取决于产品品牌知名度，另一方面取决于营销人员与店方的客情关系。

3. 绩效考评流程

(1) 设定考评指标体系和评估标准。通过销售人员岗位描述和工作分析，明确职责要求，将营销人员的工作进行量化，建立指标体系，对每个指标设立相应的评价标准。当这个绩效考评系统建立起来以后，下发给相应岗位的营销人员，使营销人员知道自己的工作标准，使其合理分配自己的时间，达到事前控制的目的。这里要注意的是，各项指标一定要制定得合理，使营销人员经过努力可以达到，否则会起到相反的作用。

(2) 记录绩效评估的过程。从进入绩效评估期开始，主管要进行观察，每月、每周评估销售人员的各项指标和工作完成状况，做好记录，并进行及时的辅导和纠正，着重于过程的管理。评估期结束后，做一个总的评估，填写绩效评估表。

(3) 讨论并沟通评估结果。将最终的评估结果公布给下属，做好沟通和对话，并提出下一阶段培训方向和培训内容的建议。

(4) 考评评分并与奖金、晋级挂钩。绩效考评要想取得良好的效果，必须与奖金和晋级挂钩。部分企业的奖金就严格参照绩效考评分数下发，晋级和晋升也规定一个最低的绩效考评分数。

4. 评估标准和评估内容

评估一般包括评估标准和评估内容，也就是业务指标评估和具体内容评估两个方面。业务指标评估是定量的描述，具体内容评估是定性的描述。

(1) 业务指标评估。业务指标评估包括销售业绩、平均客户订量、客户数量(活跃客户比率)、拜访指标、新客户数量、销售投入产出比等指标。

① 销售业绩，即营业额、销售额，包括销售量、回款额和毛利等指标。

② 平均客户订量是营销人员、业务员的能力的主要体现。

③ 客户数量(活跃客户比率)是营销人员工作努力程度和工作能力的体现。客户数量多说明营销人员工作努力，活跃客户比率高说明营销人员业务能力强，客情关系保持好。

④ 拜访次数可以反映销售人员的工作品质和勤奋努力程度。

⑤ 销售投入产出比是销售活动效率的重要指标。

(2) 具体内容评估。

① 销售业绩管理是指销售报表的记录完善程度，主要指日活动表和客户登记表。

② 销售技巧是指培训后销售技能的掌握状况，销售技能分成若干等级。

③ 产品知识是指销售人员对于专业技术、产品知识的了解及掌握能力。

④ 自我管理是指学习提升和心理态度、计划活动、时间管理、生活规划、情绪管理等方面的管理能力。

⑤ 专业形象是指礼仪、仪态、仪表等外在表现和待人接物等方面的表现。

⑥ 报表质量是指起草的文件、会议纪要、制订的计划和品质调研报告等的质量。具体涉及销售业绩管理水平、销售技能、对产品知识的熟悉度、自我管理能力等。

5. 绩效考评的注意事项

(1) 将业务指标和具体内容进行权重分配，再将每一项进行分值配比。

(2) 按照实际达成和观察结果进行评分。

(3) 定期公布绩效考评修正准则、评估内容和时间安排。

(4) 定期将考评结果与销售人员进行沟通交流，征询意见，提出建议，最终做出评分和决定。

(5) 绩效考评每月都要进行，考评人为主管上级，考评的结果将记录在案，作为员工晋级、晋升的依据。

复习思考题

1. 什么是团队？团队构成的基本要素是什么？
2. 简述营销团队构建的基本步骤。
3. 简述营销团队成员的基本素质和能力要求。
4. 如何合理确定营销人员的薪酬？
5. 如何更好地激励营销人员？
6. 怎样做好营销团队的绩效考评？

第四章 汽车市场营销管理

随着社会经济的发展，汽车已经开入寻常百姓家，成为时下中国人的消费热点。本章在介绍汽车基础知识、汽车营销环境的基础上，探讨汽车营销的基本理论和策略技巧。中国正在走向全面小康社会，汽车市场消费日益多元化、个性化。目前，无论研发还是销售，大多数中国车企都处于大众营销的水平。因此，普及汽车营销的基本理论和知识对促进汽车产业发展具有重要作用。

第一节　汽车市场营销基础知识

一、汽车的基本类型

一般而言，汽车可按用途、动力装置、行驶的道路条件及行驶机构的特征分类。

按国际惯例，汽车分为商务用车和乘用车两类。

目前，在我国汽车通常按其用途来分，可分为轿车、客车、货车、特种车等。特种车是指用于各类专用罐车、各种专用机动车、厢式机动车，或车内装有固定专用仪器设备，从事专业工作的监测、消防、运钞、医疗、电视转播、雷达、X光检查等机动车。特种车是从汽车自身结构特点出发，相对于普通载货汽车底盘的传统结构形式而言，其底盘及整车的结构都为专门设计，很少使用通用型总成部件的车型。特种车的安全相对于普通车辆更为重要，在欧洲，市政府会为清洁车、油罐车、液罐车配备雷达防撞系统、视频系统，矿业公司为降低人员事故伤亡、车辆事故损坏，会配置汽车驾驶辅助雷达系统；在中国，随着特种车安全事故牵涉的财力、人力，以及企业形象受损，越来越多的企业主意识到汽车安全雷达在特种车安全方面提供的保障重要性。

按汽车使用的燃料不同，可分为汽油汽车、柴油汽车、代用燃料(煤油、酒精、乙炔、石油气)汽车和蓄电池车等。

按汽车行驶道路条件，可分为公路行驶汽车和越野汽车。越野汽车，是指能够适应恶劣道路环境及野外行驶的车辆，适合爬坡、涉水等恶劣环境。越野车通常采用四轮驱动，底盘和悬挂的设计与普通轿车有明显区别。越野车是军用汽车大家族中的成员，大都具有一定的越野行驶能力。后来，为满足作战需要，又出现了一种越野能力更强的军用汽车，即通常所说的军用越野汽车。

根据国家标准汽车和半挂车的术语及定义车辆类型的规定，汽车可分为以下几种类型：货车，以运载货物为主要目的的汽车称为货车，有的货车也可牵引挂车。按汽车最大总质量，可将货车分为微型、轻型、中型和重型 4 种。货车的总布置已基本定型化，通常采用发动机前置、后轮驱动的形式。轿车，用来装载旅客和行李，其座位数应不超过 5 个，一般在较好的铺设路面行驶的汽车称为轿车。轿车可按发动机排量分为微型、普通级、中级、中高级和高级轿车。普通轿车常见的形式是闭式车身，有两门或四门，两排座位并备有行李舱。近年来，轿车车速相对提高，对行驶平顺性、操纵稳定性和安全性的要求日益提高。轿车的外形、外饰和内饰也不断更新，以满足广大用户观念不断更新的要求，并提高其在汽车市场中的竞争能力。

按照汽车动力来源分类，汽车又可分为传统能源汽车和新能源汽车。

传统能源汽车就是指燃油汽车，而新能源汽车包括纯电动汽车、混合动力汽车、燃料电池电动汽车、氢发动机汽车、其他新能源汽车等。

① 纯电动汽车(blade electric vehicles，BEV)是一种采用单一蓄电池作为储能动力源的汽车，它利用蓄电池作为储能动力源，通过电池向电动机提供电能，驱动电动机运转，从而推动汽车行驶。

② 混合动力汽车(hybrid electric vehicle，HEV)是指驱动系统由两个或多个能同时运转的单个驱动系联合组成的车辆，车辆的行驶功率依据实际的车辆行驶状态由单个驱动系单独或多个驱动系共同提供。因各个组成部件、布置方式和控制策略的不同，混合动力汽车有多种形式。

③ 燃料电池电动汽车(fuel cell electric vehicle，FCEV)是利用氢气和空气中的氧在催化剂的作用下，在燃料电池中经电化学反应产生的电能作为主要动力源驱动的汽车。

燃料电池电动汽车实质上是纯电动汽车的一种，主要区别在于动力电池的工作原理不同。一般来说，燃料电池是通过电化学反应将化学能转化为电能，电化学反应所需的还原剂一般采用氢气，氧化剂则采用氧气，因此最早开发的燃料电池电动汽车多是直接采用氢燃料，氢气的储存可采用液化氢、压缩氢气或金属氢化物储氢等形式。

④ 氢发动机汽车是以氢发动机为动力源的汽车。一般发动机使用的燃料是柴油或汽油，氢发动机使用的燃料是气体氢。氢发动机汽车是一种真正实现零排放的交通工具，排放出的是纯净水，具有无污染、零排放、储量丰富等优势。

⑤ 其他新能源汽车包括使用超级电容器、飞轮等高效储能器的汽车。

二、汽车的总体构造及主要性能指标

1. 汽车的总体构造

一辆汽车是由各种不同作用的零部件组成的，而这些零部件的结构形式是多种多样的，其安装位置也不相同。但一般汽车的总体构造及主要部件的结构都有其共性，其作用原理也相似。对汽车总体构造影响较大的是选用的动力装置的类型。目前，国内外汽车绝大多数采用往复活塞式内燃机作为动力装置。所以，汽车的总体构造，主要是指往复活塞式内燃机汽车的构造。汽车的总体构造一般由发动机、底盘、车身和电气设备等4个部分组成。

(1) 发动机。发动机是汽车的动力装置，其作用是使供入发动机的燃料燃烧而产生动力，再通过汽车底盘的传动系驱动汽车行驶。目前，汽车用发动机主要有汽油机和柴油机。发动机一般由机体、曲柄连杆机构、配气机构、供给系、冷却系、润滑系、点火系(柴油机无点火系)和启动系等部分组成。

(2) 底盘。底盘是汽车的基础，在其上装有发动机、车身及其各种附属设备。此外，还安装有电设备的各机件。底盘接受发动机的动力，使汽车产生运动，并保证汽车正常行驶。底盘由传动系、行驶系、转向系和制动系组成。

① 传动系。汽车传动系的基本功用是将发动机动力传递给驱动轮和其他需要发动机动力的部分。汽车传动系的形式有机械传动、液力传动、液压传动和电传动等。目前，汽车主要采用机械传动。传动系应能实现起步、降速增矩、变速变矩、差速、倒驶和实现动力不输出等功能。因此，传动系由能实现上述功能的基本部件组成，这些基本部件有离合器、变速器、万向传动装置(万向节、传动轴)、主减速器、差速器和半轴等。

② 行驶系。汽车作为一种地面交通运输工具，大多行驶在比较坚实的路面上，其行驶中直接与路面接触的部分是车轮，因而称为轮式行驶系，这样的汽车便是轮式汽车。轮式行驶系一般由车架、车桥、车轮和悬架4个部分组成。

③ 转向系。转向系用来控制汽车的行驶方向，保证汽车能按照驾驶员所选定的方向行驶。汽车转向一般是由驾驶员通过转向系机件改变转向轮(前轮)的偏转角来实现的。转向系一般由转向操纵机构、转向器和转向传动机构等组成。高速和重载汽车多采用动力转向系，所以还应有动力转向系统的一些机件。多轴汽车有用两前轴转向的，故其转向传动杆系比较复杂。

④ 制动系。为了确保行车安全，汽车必须有性能良好的制动系统，用来使行驶的汽车减速或停车，下坡时稳定车速，并保证汽车能在平地或坡道上可靠地驻车。所以，每辆汽车至少应有两套完全独立的制动系统，即行驶制动系和驻车制动系。行驶于山区的汽车，为下坡稳定车速，还需配备辅助制动系统。制动系通常由供能装置、控制装置、传动装置和制动器等部分组成。

(3) 车身。车身包括驾驶室和各种形式的车厢，用以容纳驾驶员、乘客和装载货物。汽车车身主要由车身壳体、车门、车窗、车前钣制件、车内外装饰件、车身附件、座椅和通风、冷暖风、空调装置等组成。在货车和专用车上还包括车厢和其他设备。车身应为全体乘车人员提供安全、舒适的乘坐环境，因此车身应具有隔音、减振、保温、安全的功能。车身还应具有合理的外部形状，应考虑空气动力学的要求，在汽车行驶时，能有效地引导周围的气流，以减少空气阻力和燃料消耗。另外，车身的造型和色彩应能起到美化生活和环境的作用。

(4) 电气设备。汽车的电气设备是用来保证汽油机点火、发动机启动、照明和发出灯光信号，监视发动机及其他机构的技术状态，保障空调和其他电子控制装置的正常工作。电气设备通常由电源设备和耗电设备组成。

① 电源设备。现代汽车使用的电源设备由蓄电池、交流发电机、整流器和半导体管调节器等组成。

② 耗电设备。随着电子技术的发展，汽车耗电设备也越来越多。一般来说，汽车耗电设备有汽油机点火设备(目前汽车汽油机已采用各种半导体晶体管点火设备)；发动机启动设备；照明与信号设备，包括前照灯、转向信号灯、制动信号灯、车内照明灯和电喇叭等；各类仪表，包括里程速度表、发动机转速表、润滑油(机油)压力表、冷却水温度指示表、电压和电流指示表、燃油量指示表，以及自动换挡机构的挡位指示灯、各种报警信号灯等。其他耗电设备还有电刮水器、电动车窗玻璃升降器、空调器、汽车音响、防盗报警器等所有电控装置。

2. 汽车的性能指标

汽车的主要性能包括动力性、燃油经济性、制动性、操纵稳定性、行驶平顺性、通过性、排放污染及噪声污染等。

(1) 汽车的动力性。汽车的动力性可用三个指标来评定，即汽车的最高车速、加速能力和爬坡能力。汽车的最高车速是在平坦良好的路面(沥青铺设路面)所能达到的最高行驶速度。汽车的加速能力是指汽车在行驶中迅速增加行驶速度的能力。汽车的加速能力常用汽车原地起步的加速性和超车加速性来评价。汽车的爬坡能力是指汽车满载时，在良好的路面上以最低前进挡所能爬行的最大坡度。

(2) 汽车的燃油经济性。汽车在一定的使用条件下，以最小的燃油消耗量完成单位运输工作的能力称为燃油经济性。我国和欧洲一样，均用百公里耗油多少升作为汽车燃油经济性指标。

(3) 汽车的制动性。汽车的制动性能主要从制动效能、制动抗热衰退性和制动时汽车方向稳定性三个方面来评价。

① 汽车的制动效能。即指汽车迅速降低行驶速度直至停车的能力。制动效能是制动性能最基本的评价指标，它是由一定初速度下的制动时间、制动距离和制动减速度来评定的。由于制动距离与行车安全有直接关系，因此，交通管理部门常按制动距离来制定安全法规。

② 汽车的制动抗热衰退性。即指汽车高速制动、短时间内多次重复制动或下长坡连续制动时制动效能的热稳定性。

③ 汽车制动时的方向稳定性。即指汽车在制动时，按指定轨迹行驶的能力，即不发生跑偏、侧滑或甩尾失去转向的能力。

(4) 汽车的操纵稳定性。汽车的操纵稳定性包含互相联系的两部分内容，一是操纵性，二是稳定性。操纵性是指汽车能及时、准确地按驾驶员的转向指令转向；稳定性则是指汽车受到外界干扰后，能自行恢复正常行驶的方向，而不发生倒滑、倾覆、失控等现象。

(5) 汽车行驶的平顺性。汽车行驶时，对路面不平度的隔振特性称为汽车的行驶平顺性。汽车行驶时，路面的不平会激起汽车的振动，振动达到一定程度时，会使乘客感到不舒适和疲劳或货物损坏，还会缩短汽车的使用寿命。

(6) 汽车的通过性。汽车的通过性是指汽车在一定的车载质量下能以足够的平均经济车速，顺利地通过坏路或无路区域，并能克服各种障碍物且具有一定的寿命。汽车的用途不同，对通过性的要求也不一样。行驶在城市铺设路面的汽车，对通过性要求并不高，但对于农用车或军用车辆，要求有良好的通过性，因为这类车辆所行驶的路面条件复杂且较恶劣。

(7) 汽车的排放污染和噪声污染。汽车主要有三个排放污染源，一是发动机排气管排出的燃烧废气(柴油车还会排放大量的颗粒物)；二是曲轴箱排放物；三是燃料蒸发排放物。这些排放物对环境的污染极大，会对人类身体产生严重的不良影响，故降低汽车排放污染是一项重要工作。汽车的噪声随着城市汽车保有量的增加，已成了城市环境中最主要的噪声源。

第二节　汽车市场营销环境

任何事物的发展变化都有其外因和内因。外因是变化的条件，内因是变化的根据，外因往往通过内因发挥作用。汽车营销也是这样。汽车生产厂家虽然是社会经济活动的基本单位，具有相对的独立性，但它同时又是整个社会生活的有机组成部分，在生产、销售、原料、能源、资金、劳力、信息、技术等许多方面与社会之间存在着千丝万缕的联系。就我国而言，随着经济和政治体制的改革，这种联系还会日益广泛和密切。可以说，现代企业已经是一个高度开放的社会技术系统，每时每刻都处在与环境的相互作用之中。

影响汽车营销的环境可以分为宏观环境和微观环境。宏观环境是指那些对于企业来说是外在的、不可控制的环境因素，主要包括政治法律环境、经济市场环境、社会文化环境和技术环境等；微观环境是指那些对于企业来说是内在的、可以控制的环境因素，如企业的经济实力和经营能力等。本章只讨论汽车营销的宏观环境。

一、政治法律环境

1. 政治环境

在国内市场上，政府通过改革经济体制和制定经济政策的方式制约着汽车的生产和经营，并给汽车市场营销的每个环节都打上意识形态的烙印；在国际市场上，不同意识形态以及政党、政局、政策的变化也会直接或者间接地影响汽车的市场营销。目前的中国汽车市场上，国内外知名汽车品牌相互竞争，相伴而生，这是中国改革开放的结果；而当前的美国汽车市场上，几乎见不到中国品牌的汽车，这固然与中国汽车产业发展相对滞后有关，但更有美国政府的政策使然——不是中国品牌的汽车质量问题，而是政治因素夹杂其中，才带来的复杂后果。

一定的政治体制必然有与之相适应的经济体制。一般来说，政治对汽车营销的影响大多是通过经济体制对企业经营的影响表现出来的。在计划经济条件下，政企不分，汽车生产厂家被国家所下达的指令性计划和上级主管部门的行政命令所困扰，而且实行统购统销、包购包销的汽车分配制度，谈不上汽车市场营销；在市场竞争条件下，汽车消费早已成为大众消费，汽车商家加大营销力度成为必然的选择。

2. 法律环境

法律环境能够影响汽车市场营销的相关政策、法规和法律的制定。因此，汽车市场营销必须高度重视研究营销的法律环境。东风汽车公司遵照国家产业政策的要求，率先成立了汽车法规职能机构——汽车法规工作委员会，隶属于汽车工程研究院，专门负责对汽车法规工作的研究和推进，以使公司的市场营销建立在法制化的基础之上。汽车法规工作委员会下设汽车法规工作室，负责了解和掌握国内外汽车法规及相关标准的现行状况和动态信息；参与国内汽车法规的制定和修改工作；在企业市场营销的所有环节，向所有市场营销人员提供法律咨询；同时承担与对口行业主管部门和汽车法规部门的联系等。汽车法规工作委员会着眼长远决策，汽车法规工作室针对现实找对策，从而有效地避免了在法规实施和产品认证等方面可能出现的被动局面。

国家的汽车政策主要包括汽车产业政策、汽车企业政策、汽车产品政策和汽车消费政策四个方面。

(1) 汽车产业政策。一般来说，国家的汽车产业政策可分为促进汽车产业发展的政策和抑制汽车产业发展的政策。日本就是一个对汽车产业实行扶持政策的国家。这种扶持主要表现为相辅相成的“两手政策”，即对内实行扶持政策、对外实行保护政策。我国汽车行业十三五规划的指导思想，就是以构建汽车强国为核心内涵，以做强、做优中国品牌汽车为主题，通过自主创新产业转型升级、完善合资合作、深化改革实现汽车产业发展方式的转变，由汽车制造向汽车创造转变，由国内市场为主向国际、国内两个市场为主转变，逐步奠定汽车强国的基础。

(2) 汽车企业政策。汽车产业是重要支柱产业，很多国家都对重点汽车企业实行政策保护。为促进汽车工业的发展，我国推出了面向重点汽车企业的政策。政策规定，凡国家重点汽车企业可享受以下优惠政策：固定资产投资方向调节税为零税率；优先安排其股票和债券的发行与上市；银行在贷款方面给予积极支持；在利用外资计划中优先安排；对经济型轿车、轿车关键零部件的模具、锻造工具，适当安排政策性贷款；经国家有关部门批准，企业集团的财务公司可以扩大业务范围。

(3) 汽车产品政策。现代市场营销学把企业的产品结构划分为宏观和微观两部分。其中，宏观结构是指一个企业所拥有的产品线的多少，就汽车而言，则是指货车、客车、轿车三种汽车所占的比例；微观是指某种产品的整体结构，就汽车而言，则是指汽车的车型，即某一种汽车在大、中、小等方面的深度细分。显然，国家的汽车产品政策也主要集中在对汽车的宏观结构和微观结构进行调整的政策两个方面。

汽车的微观结构首先表现在汽车的功能方面，而汽车排量则是表现汽车功能的主要指标。为降低污染，发展小排量汽车已经成为当今世界汽车技术发展的方向。西欧和北美都是以提高燃油税的方法来鼓励消费者积极使用小排量汽车。中国汽车行业也在制定相应法规。

(4) 汽车消费政策。汽车消费即销售，汽车销售即发展。政府对汽车消费的态度以及相关的消费政策，往往可以更为直接地促进国家汽车工业的发展。一般来说，汽车消费政策可以分为鼓励汽车消费的政策和鼓励汽车更新的政策两类。

① 鼓励汽车消费。例如，德国鼓励汽车消费的政策主要包括以下 4 个方面：一是尽量简化购车手续；二是尽量降低消费税率；三是支持顾客灵活付款；四是实施道路畅通工程。当然，在世界上某些国家，甚至在德国的吕贝克市是不鼓励汽车消费的。吕贝克市在世界上第一个宣布为“无汽车城”。荷兰首都阿姆斯特丹也成为欧洲第一个将汽车逐出市中心的大城市。

2017 年，我国制定了鼓励发展新能源汽车和租赁汽车的政策，提出要夯实安全管理基础、提升服务能力、鼓励分时租赁发展、营造良好发展环境。鼓励使用新能源车辆开展分时租赁，鼓励分时租赁经营者采用信用模式代替押金管理。

② 鼓励汽车更新。在市场经济条件下，鼓励汽车更新的政策主要有以下两种：一是新车更换政策，对愿意更换新车的消费者给予一定的经济补贴；二是旧车报废政策，即执行科学的汽车报废标准以促进汽车更新。旧车报废是促进汽车更新的重要途径。

二、经济市场环境

如果说消费者的购买欲望可以通过企业的诱导来唤起，那么购买能力则与一个国家或地区国民经济的发展和国民收入的水平有关。

1. 经济环境

经济环境为汽车市场营销提供了可能性。缺乏汽车消费和销售的经济基础，所谓汽车市场营销就只能是空中楼阁。经济环境对汽车市场营销影响较大的因素主要有国民经济的发展阶段和国民经济的发展水平两个方面。

(1) 国民经济的发展阶段。经济学家通过研究认为，国民经济的发展与国民经济的生产总值紧密相关，并有一个从量变到质变的过程。

(2) 国民经济的发展水平。国民收入不但是国民经济发展的必然结果，而且是国民经济发展的客观表现。收入影响消费，高收入引起高消费。在我国，汽车更是处在高消费的巅峰。在市场营销学领域，国民收入主要是指消费者的工资、奖金、补贴、福利等以及他们的存款利息、债券利息、股票利息、版权稿酬、专利拍卖、外来赠款、遗产继承等一切可以视之为收入的全部现金收入。但是，消费者往往并不能将其全部收入用于消费，而是要先扣除作为一个公民所必须承担的社会责任和义务。国民收入水平对汽车市场营销的影响主要表现在以下三个方面。

① 经济收入决定汽车拥有程度。汽车更新的速度与国民收入的水平紧密相关。但是，国家的汽车产业政策和汽车消费政策也是影响汽车更新的重要因素。为了促进汽车工业的发展，我国执行过强制淘汰的政策；但也有人认为，取消汽车特别是轿车的使用年限，或

许更能激发私人汽车消费的积极性。中国尚属于发展中国家，要想将人们的购买欲望转化为购买行为，必须改变他们的价值判断，即提高获益感，降低付出值。

② 经济收入决定车型选择。市场营销学家们在谈到大众轿车的车型定位时，曾经提出了一个为社会公认的“购买能力系数”分析理论，该理论认为，只有当轿车的销售价格与人均国民收入之比为1.4左右时，相应型号的轿车才能大规模地进入家庭。

③ 经济收入决定付款方式。德国是世界上使用汽车最为广泛、私人轿车最为普及的国家之一。但是，由于其西部地区(原西德居民)与东部地区(原东德居民)客观存在的收入差异，其付款方式也有很大的不同。其实，在购车付款方式方面，还有一个引人注目的规律，那就是，发达国家比较重视信用消费，发展中国家比较重视现款消费。对于富有者提倡信用消费，贷款或者分期付款的购车方式比较宽松，对于贫穷者提倡现款消费，贷款或者分期付款的购车方式则相对严格。另外，在一个国家，经济较发达地区和经济不发达地区其付款方式也是不同的。

2. 市场环境

市场环境为汽车市场营销提供了必要性。缺乏汽车消费和销售的市场环境，所谓汽车市场营销就成了无源之水。市场环境对汽车市场营销影响较大的因素主要有汽车市场的发育状况和汽车市场的竞争状况两个方面。以下仅从汽车市场的发育状况做详细分析。

所谓汽车市场的发育状况，对于汽车生产厂家来说，主要是指目标市场的成熟程度。成熟的汽车市场应该是那些既具有消费欲望，同时也具有消费能力的消费者个体和群体，显然，这是指那些现有的汽车消费者；在两者之中只具其一，特别是那些有消费欲望但没有消费能力的个体和群体，只能是潜在的汽车消费者。从潜在到现在再到潜在，这是汽车市场发育的一般轨迹。一般来说，汽车市场发育的程度是通过汽车生产和销售的数量指标来表现的。

同时，不同的国家和地区其汽车市场的发育程度也是不同的。世界汽车行业以轿车市场的发育为例，认为汽车市场的生产和消费大致要经过以下5个阶段：一是生产高薪阶层使用的中高档和中档普及型轿车阶段；二是生产个体工商业者、自由职业者和高薪阶层使用的普及型和小型轿车阶段；三是轿车开始走向家庭阶段，小型车起步的比例明显增大；四是轿车向大型化和豪华化发展阶段，小型车明显减少；五是轿车普及率更高阶段，家庭主妇、学生和老人用车增加，汽车再度趋向小型化。目前，中国正在向第三阶段过渡，小型或经济型轿车已经成为私车消费的主力军。一般来说，我国汽车市场的发展趋势主要表现为以下特点。

(1) 中国汽车的大众化趋势。回顾世界汽车发展史，可以发现汽车，尤其是轿车的大众化是一个渐进的历史过程。但是，由于国情、民情、民俗、民风的不同，这种大众化的速度和程度也千差万别。其中，与我国地理条件相当的美国，既是世界上最先实现轿车消费大众化的国家，也是最早实现轿车消费家庭化的国家。

(2) 中国汽车的乡村化趋势。经济体制改革不但激活了城市，而且富裕了农村。中国汽车的大众化趋势，正在由城市向农村汹涌澎湃地扩展。

(3) 中国汽车将向国外转移。国外著名的汽车公司已相继进入中国市场，随着国内市场竞争的激烈，中国汽车也会逐渐向国外转移。且不说世界上尚有相当多的国家仍然处于相当落后的状态，“与其国内争饭吃，不如国外发展”，而且世界上许多著名汽车公司也都有“卖雪给爱斯基摩人”的经历。

三、社会文化环境

社会文化环境是指一个国家、地区或民族的传统文化，包括一个国家或地区的社会性质、人们的价值观、人口状况、教育程度、风俗习惯、宗教信仰等。

汽车在改变我们的生活，它在带给我们极大便利的同时，的确也带来了一些烦恼。但是，生活就是这样，对任何生活方式的评价都是相对的，没有绝对的好与坏。这是一种观念、一种态度，更是一种文化。

目前人们对车的兴趣已经不仅仅是一种知识的谈资，更看重它能够给生活带来哪样的变化，而这种变化也正是人们对汽车需求的原动力，是汽车产业发展的原动力。随着社会的不断发展，我国汽车市场也发生了很大的变化。

1. 消费趋势

随着群众机动出行需求不断提高，汽车市场潜力持续释放，我国汽车保有量保持快速增长趋势。2016 年上半年汽车保有量净增 1135 万辆，新注册登记汽车达 1328 万辆，比 2015 年同期增加 199 万辆，同比增长 17.62%。从统计情况看，近 5 年以来，汽车新注册量呈高速增长趋势，汽车占机动车比率不断提高，已从 43.88%提高到 64.39%。小型载客汽车保有量达 1.47 亿辆，新注册登记量达 1169 万辆，比 2015 年同期提高 166 万辆，同比增长 16.57%。其中，以个人名义登记的小型载客汽车(私家车)超过 1.35 亿辆，上半年新注册登记量达 1085 万辆。与此同时，全国载货汽车保有量达到 2143 万辆，与 2015 年年底相比，增加 71.8 万辆，增长 3.47%。新注册登记量达 127 万辆，比 2015 年同期提高 26 万辆，同比增长 25.54%。从统计情况看，载货汽车新注册量自 2014 年下半年持续走低以来，2016 年上半年开始回升。

与机动车保有量快速增长相适应，机动车驾驶人数量也呈现持续高速增长趋势。截至 2016 年 6 月底，全国机动车驾驶人总量已超过 3.4 亿人，其中汽车驾驶人 2.96 亿人，占驾驶人总量的 86.55%，新领证机动车驾驶人 1611 万人，其中新领证汽车驾驶人 1500 万人。从统计情况看，2015 年以来，驾龄不满 1 年的驾驶人超 3500 万，新领证驾驶人数量激增。

2. 消费者购买倾向的变化

随着居民人均可支配收入的提高，决定乘用车产品购买的关键因素开始发生变化。价格虽然是决定产品购买的第一因素，但品牌的重要程度在紧凑型以上级别的轿车中都居于首位，而价格和油耗的重要程度随着车型级别升高呈现逐渐降低的趋势，目前新能源引起了大家的广泛关注。尤其是 2010 年以来，消费者对新能源汽车的关注度在不断攀升。电动汽车关注度超过混合动力车型，纯电动乘用车成为补贴的主要目标，未来充电式电动车将迅速成为国内新能源车的主角。

2018 年已经国内上市的新能源车型共有 18 款，分别是轿车 7 款，SUV10 款，MPV1 款。同时已经确定上市时间的车型共 27 款，其中除了 6 款 A0 级乘用车外，其余全为 A 级及以上乘用车，纯电动续航均在 250km 以上。由于补贴政策导向，低续航 A00 级车补贴骤降，故车企均采用加装电池提高续航或者干脆改款升级成 A0 级车型的策略来应对变化，同时均加强了 A 级车型的布局。由此可见，A 级车才是未来新能源汽车主战场，随着成本降低和技术提升，新能源汽车本身的“动力优势+智能驾驶体验感”已经具备与同价位燃油车竞争的能力，2018 下半年有望成为新能源汽车消费崛起的元年。和一般车主一样，新能源汽车潜在消费者同样关注是否买得起、是否经济适用等问题，因而价格问题也是网民关注的焦点之一。此外，人们对新能源汽车行业厂商、股票投资、政策法规和充电站投资等的关注也不少。在新能源汽车领域，我国自主品牌表现并不弱于国际大厂，比亚迪、奇瑞、众泰等六家自主品牌厂商进入关注度前十榜单。

另外，目前乘用车市场高端化趋势愈加明显，中型轿车以其良好的盈利性和高销量高增幅继续成为各汽车企业关注的核心。由于对购买价格和相关费用支出的不敏感，中高级轿车有继续上升的趋势，但同比增幅有所下降；小型轿车市场将保持和市场同步增长态势；微型轿车随着外部环境的不断恶化，市场增幅和份额进一步下滑。

近两年库存压力有所缓解，汽车销量增长率、产量增长率维持平稳状态，产销供需基本平衡。2017 年前三季度，中高价位车型销量比 2016 年有所提升。与前两年相比，2017 年 SUV、MPV、紧凑车型增幅远高于其他车型，其中，自主品牌凭借价格优势，SUV 销量稳居第一，占比 40%。

四、技术环境

技术环境是指一个国家或地区的技术水平、技术政策、新产品开发能力以及技术发展动向。

1. 我国汽车技术政策

早在 2011 年，我国就密集出台和完善了各项引导汽车产业发展的政策。其中，新版《汽车产业发展政策》更是引起了汽车企业及媒体的高度关注。这一汽车行业的“宪法”属于纲领性政策，事关未来汽车产业的发展方向。

新政策的取向是推动汽车行业结构调整和兼并重组；促进汽车生产企业实现自主创新战略，不断提升自主研发能力，加快培育自主品牌；大力培育和发展新能源汽车产业，积极推进传统能源汽车的节能减排，妥善解决因汽车产业快速发展产生的能源、交通和环境问题。

案　例

阿里协同车企造车：推动汽车“大脑”进化

“现在互联网汽车所谓的创新或者说PPT造车企业，我们以24个月为期，可以看还剩下多少，我希望斑马智行是先驱，而不是先烈，我相信很多车企会成为先烈，我们可以为它们的消亡鼓个掌。”12月8日，阿里巴巴资深副总裁、AliOS总裁胡晓明在接受《21世纪经济报道》记者采访时表示。

不同于腾讯善于以“战略投资者”身份进入汽车行业，阿里切入汽车行业的方式是深度合作，而且从自身擅长的汽车智能化开始，从高德到斑马，已经非常清晰，而上汽阿里合作的“互联网汽车概念”已经打响。

“福特集团对全球经济的影响是非常了不起的，但我们正处于一个全新时代，软件和硬件的结合成为必然趋势。对于汽车产业来讲，互联网化、智能化、电动化、共享车型将成为全球发展的趋势，如果未来的车不联网、没有更多的共享经济元素在汽车里面，也会出现更多问题，因为这些资源和资产将会被大量消耗。”在与比尔·福特深度交谈之后，阿里巴巴集团创始人马云12月6日表示。

第二天，阿里巴巴集团和福特汽车公司就多领域、多维度的战略合作意向达成一致，双方将探索重新定义消费者零售体验的商业机会并合作提供智能移动出行解决方案。今后，AliOS将搭载在中国销售的福特及林肯品牌整车(包括进口及本地生产)及在中国生产的自主品牌电动车。

阿里想做汽车大脑

互联网、云计算、人工智能与汽车的结合将是未来信息的突破口，它能够迅速地推动5G、车联网、大数据、人工智能向互联网汽车普及和推广。

“未来不能联网的汽车都将成为古董，而真正的汽车将会是一个智能终端，无非是比手机更大一点，它将承载很多的服务。如何让汽车更加智能，给车装上大脑才是我们的追求。”胡晓明表示。

他表示，未来汽车的发展将分为三阶段：第一阶段是车辆互联网化；第二阶段是清洁能源化；第三阶段是与城市基础设施数字化相结合的自动驾驶。

互联网公司普遍认为，汽车工业一百年所形成的专利、技术、服务、创新、生产链、供应链，足够让一家互联网的公司进入。

“对阿里来说，汽车产业链一定是软硬一体化的，用操作系统辅助自动驾驶，跟原有汽车形成完美匹配和整合。阿里选择尊敬原有的汽车厂商，放弃自己造车，我们选择跟汽车厂商在一起，优化消费者体验，优化服务流程、提升整车企业对互联网使用的认知、对数据的认知以及对人工智能的驾驭。”胡晓明说。

然而，数据的重要性对车企不言而喻，互联网公司BAT想要深入合作，数据是不能逾越的门槛。有业内人士认为，中国即将迎来“数据战争”，而企业的生存法则是，谁获得更多的数据，谁就有赢得未来的可能。

因此，互联网企业在与车企合作的过程中，最大的目标或许就是获取更多的数据，一旦互联网公司拥有一些数据，可以有能力造车的时候，它将成为汽车厂商的对手，比如百度是直接为汽车厂商提供服务的。

面对这样的疑虑，胡晓明告诉记者，让车企使用 AliOS 操作系统，不是为了获取数据，而是为了提升用户的体验。

“我们为什么要选择成立一个斑马公司？是希望让汽车厂商放心，阿里不会碰这些数据，这些数据留在了斑马公司，阿里不选择这些数据，我们不会再拿这些数据去造车。我们选择传统的汽车厂商共同参股成立的斑马，让它提供对车厂服务，我们只会给公司做加法，而不会成为汽车厂商的对手。”胡晓明说。

智能网联快速应用

在接下来的 3～5 年，阿里将集中解决目前汽车互联网化所面临的问题，为汽车装上操作系统，具备软件迭代的能力。此外，阿里巴巴将把城市大脑和自动驾驶技术作为长期发展的目标，改造红绿灯、停车场、高速路等城市交通基础设施，使汽车与环境互动。

不过，能够让阿里巴巴实现“让互联网跑到汽车上”目标的“幕后英雄”，正是它与上汽的合资公司斑马网络科技有限公司(以下简称“斑马网络”)。

2014 年 7 月，阿里巴巴集团与上汽集团宣布达成战略合作，第二年阿里巴巴与上汽集团共同投资设立 10 亿元的“互联网汽车基金”，组建了斑马网络，正式开始“跑在互联网上的汽车”的落地计划。

2016 年 7 月，上汽集团推出与阿里联手打造的首款互联网汽车——荣威 RX5，上市后迅速成为月销过万辆的畅销车型。

如今，“互联网汽车基金”属于开放状态，基于 AliOS 的斑马智行操作系统也会逐步开放。除了上汽部分车型外，还会搭载到东风雪铁龙神龙车型以及未来的福特车型上。

“AliOS 系统在汽车上落地，要找一个车厂来合作，一开始是不容易的。所以我们感谢上汽，它不仅拿了一辆车出来，而且把这辆车所有的总线、全流程 IT 系统进行开放和对接，所以 AliOS 在上汽的落地是全方位的。不仅仅包含了车本身，也包括了数字化制造后面一系列的改造，这个贡献非常大。现在我们这套系统逐步成熟了，从 1.0 版本升级到 2.0，在这个时候我们已经有条件把阿里 OS 作为一个真正的 OS 向外推广。未来 AliOS 会开放的，一旦开放了以后，车企会基于我们提供的系统和功能，他们自己会做定制化，以后的客户定制化都是车厂自己去完成。”12 月 8 日，斑马网络 CEO 施雪松告诉记者。

据介绍，过去的 15 个月中，已经有超过 40 万辆智能网联汽车跑在路上，搭载斑马操作系统的汽车整体活跃度超过 99%，而这一数据已经超过特斯拉。目前斑马网络已经进行了 5 次 OTA 空中升级，都是无感静默的方式，2018 年春节前，斑马将通过 OTA 空中升级之后进化到基于 AliOS 的斑马智行 2.0。

据施雪松介绍，升级后的基于 AliOS 的斑马智行 2.0 版本最大的特点是云端一体化，这个系统将会更智能、更社交、更开放。例如，在智能化方面，斑马智行 2.0 版本已实现多处“服务找你”服务，车内语音交互更加智能、定位更精准、常用通勤地点推荐等；在社交方面也可以实现Carchat功能，进行车友组队、自驾游平台登录等。

“我们希望三年到五年内，斑马系统承载的车可以超过300万到500万辆，未来想承载更多的系统，要有不断的迭代才能成为可能。当车联网之后，城市也会被在线，AliOS要打造一个智能出行平台，我们希望让车在线，城市大脑与智联网汽车，将产生更多的化学反应。”胡晓明表示。

资料来源：销售与市场，2017.

2. 我国汽车新产品开发能力

目前中国汽车制造业由于技术标准低、生产规模小，难以降低生产成本，汽车工业将比其他行业遇到更大挑战。并且，由于种种原因，我国汽车工业仍停滞在低水平引进阶段，尤其在新产品开发研制环节，更是吸收消化不了，没有自主开发设计能力，这要求我国汽车行业在最短时间内充分利用各种有效途径(中外合资为主要途径)，加快引进、吸收与消化国外先进技术的步伐，大胆进行技术创新，提高产品质量，改善产品性能，逐步形成自主开发能力并快速成长起来。

3. 我国汽车技术发展动向

在全球范围内，节能、环保、安全仍然是汽车界面临的共同课题。从调查的结果看，北美、欧洲多数国家及日本、中国等，都将能耗和排放排在关注度的前列。按照专家预测，随着时间的推移，废气排放等将成为汽车产业发展的难题，也将越来越受到重视。我国也鼓励小排量汽车的研发生产。国家对3.0L以上汽车征收25%～40%的消费税，而1.6L以下排量汽车购置税由10%降低至7.5% 国家也十分支持新能源汽车的研发生产，科技部提出了新能源汽车四项措施；出台了一系列文件投资和支持新能源科技开发。

节能降耗问题引起了社会各界广泛关注的原因之一是，不断走高的能源价格和不可再生性。近来，国际原油期货价格突高，这表明了汽车社会已经进入了高使用成本时代。另外，高油价也增加了企业的生产制造成本。未来的汽车企业将面临能源价格不断上涨的压力，但高能源价格也为在技术上处于领先的汽车企业提供了发展的契机。

尽管汽车产业的节能环保问题日益突出，但解决汽车产业的节能环保问题不能仅仅靠汽车企业，它涉及汽车产业的各个环节，如汽车企业的技术创新与进步工作，汽车使用者的消费习惯和驾驶习惯等，购买节能环保汽车并具有节能降耗的驾驶技巧，将会对节能降耗做出一定的贡献；城市基础设施建设工作，如提供出行便利、快捷的公共交通工具；相关的财税鼓励政策，如国家从财税上鼓励汽车用户购买节能环保的小排量汽车产品。

据调查，我国70%的汽车企业已经开始建立有害物质和回收利用率管理体系，铅、镉等有害物质含量的达标率约90%，可回收利用率达90%左右。但行业整体水平与发达国家和地区相比尚有一定差距，目前有害物质使用管理仅相当于欧洲2008年的管理水平，使得我国汽车产品难以进入发达国家市场。

当前，全国各地都在大力发展智能网联汽车，引导汽车企业与互联网企业合作。湖北省依托已落户武汉开发区的车联网企业，加大车载多媒体系统、智能交通系统、全球定位系统、车载短距离无线通信系统、车辆状态监测与故障诊断系统等车载信息系统的研发力度。引进或研究突破无线充电、车辆智能升级、无人驾驶等技术，鼓励提早布局发展智能网联汽车。江苏省提出，以大幅提高汽车燃料经济性水平为目标，积极推进汽车节能技术集成创新和引进消化吸收再创新，大力发展高效节能汽车。重点开展混合动力技术研究，开发混合动力专用发动机和机电耦合装置，支持开展柴油机高压共轨、汽油机缸内直喷、均质燃烧以及涡轮增压等高效内燃机技术和先进电子控制技术的研发；支持研制六挡及以上机械变速器、双离合器式自动变速器、商用车自动控制机械变速器；突破低阻零部件、轻量化材料与激光拼焊成型技术，大幅提高小排量发动机的技术水平；开展高效控制氮氧化物等污染物排放技术研究。要围绕智能网联汽车的核心关键技术环节，抓紧布局智能网联汽车关键技术攻关；建立跨产业协同创新机制，重点突破传感器、控制芯片、车载通讯、操作系统等产业链薄弱环节，推动车载环境感知系统、智能车载终端研发和产业化应用；推动宽带网络基础设施和智能网络汽车数据平台建设，实现智能网络汽车大数据交互，优化资源配置，提高服务水平；建立智能网联汽车与互联网、物联网、智能交通网络、智能电网及智慧城市等的协同机制，探索多领域联动的智能网联汽车创新发展模式。

案　例

沃尔沃：在发展中国自动驾驶的四条“教训”

随着无人驾驶技术的应用和普及，智能网联汽车被广泛关注。欧美国家已经抢先一步开放了市场，并制定了相关的规范。中国作为世界最大的汽车市场和第二大经济体，是否能在智能网联汽车创新技术领域占据优势并引领相关法规的制定？在 2018 智能汽车国际研讨会上，沃尔沃分享了四条经验。

1. 缺乏本土研发的安全性不靠谱

自动驾驶技术的初衷就是为了解决交通事故的问题，90%的交通事故都是人为因素导致的，每天交通事故导致700人伤亡。沃尔沃进军自动驾驶的初衷就是相信未来智能驾驶系统可以减少80%的交通事故。

这里就不得不提到目前中国路况的复杂性，因为有很多低速电动车和自行车会出现在主路上(有时是因为有些地方缺失辅路，有时是因为非机动车车辆的个人行为)，导致中国有很多不同于欧美国家的路况信息。这一部分是由中国本土的团队进行建模和数据采集，再把分析后的模型交给全球的团队，包括一些高精度的地图数据，需要跟本土的有资质的地图软件供应商合作开发。

2. 接口统一是迟早的事

未来会实现类似于安卓手机系统一样开源的共享的智能驾驶系统吗？沃尔沃回答，目前这一点还为时尚早，目前是各个不同的领域的公司，都在介入智能驾驶系统的研发，比如传统的主机厂、新兴的IT公司、零部件供应商等。无人驾驶的实现，依赖中央处理器、神经网络算法、激光毫米波雷达等一系列复杂的软硬件编程高度集合。如果我们简单拿数码领域的手机操作系统打个比方，曾经不可一世，市值和盈利最高的诺基亚在坚持塞班系统之下，被安卓系统疯狂赶超，市场份额也随之丢失。结合李书福在入股戴姆勒时的预言，未来可以存活下来的车企可能只有两三家，那么我们可以大胆预测，在未来无人驾驶和新能源的双重浪潮下，将会出现两大或三大阵营，很有可能出现标准化统一化的车载无人驾驶系统。

3. 法规必须先行

李书福表示“技术发展速度快于法律法规”。目前的法规政策远远不能满足高速发展的智能驾驶技术。2016年9月美国就颁布了《联邦自动驾驶汽车政策》，宣布自动驾驶在美国的合法性。目前美国在智能网联汽车的法规制定方面处于领先地位，而国内的厂商迫切需要的不单单是政府开放更多的路试牌照，而且还需要更多方面的开发。比如，沃尔沃专门提到一点，是开放允许使用高精度地图的资质。高精度地图的意义不亚于目前车载的雷达和摄像头识别，系统一方面能通过深度学习识别周围物体，预测潜在威胁、帮助汽车安全通过；另一方面它需要对照已知高清地图，感知汽车周围的环境，规划和调整安全驾驶路线。谷歌就是依靠海量的地图数据和实景采集数据在很早之前就进行无人驾驶路试。

针对“中国在智能驾驶领域是处于领先还是落后的地位”这一问题，李书福表示，目前来说，中国属于起步比较晚的阶段，但是未来有信心追赶甚至超越发达国家，而且中国是目前最大的汽车市场，同时拥有全球近 1/4 的人口，在中国这么多人口、这么大的车辆保有量、这么复杂的路况下可以实现智能驾驶，那么对于全世界来说都是有巨大价值的，同时也欢迎不同国家、不同公司机构参与到智能驾驶技术的研发中来。

另外李书福还提到之前热门的优步撞人致死事故，虽然目前没有公开事故的原因，但是导致了多家企业停止了智能驾驶研发的进度。他希望政策法规可以开放、公开，并且审核现有的资质，在保证安全的前提下进行路试，遇到问题不能实行一刀切的策略。

4. 要多路径采集数据

目前沃尔沃分为两条路走，一方面是给优步这样的第三方出行公司提供基础车辆，方便他们按照自己的智能驾驶系统进行改装，并且反过来从优步收集路况数据。另一方面就是自己研发智能驾驶系统，通过自己的团队采集数据，比如前面提到的负责中国路况采集和建模的中国团队，并在全球研发中心进行研发。

前者相当于 To B 端，为未来如果形成气候的互联网公司提供基础的车型，作为一个代工厂。后者则是依靠自身积累的经验和研发团队，开发 To C 端的无人驾驶汽车。沃尔沃在斯德哥尔摩成立的出行公司，2017年年初成立了专注于汽车分享的业务部门，目前在瑞典 50 多个城市中已拥有 5 万名用户，累积交易量超过 25 万次。为了适应未来发展的变化，沃尔沃用两条腿走路，可以说是相当稳妥了。

第三节　汽车用户购买行为概述

市场是企业营销活动的出发点，也是最终归宿。对于汽车生产企业而言，深刻认识用户市场的特点，准确把握用户的购买行为及其影响因素，才能科学确定产品的销售对象，有针对性地制定产品、价格、分销和促销策略，提高市场营销的效率，在充分满足用户需要的前提下实现企业的发展目标。

一、汽车用户的类型分析

用户是企业微观环境中最重要的行为者。整个价值递送的目的就在于为目标用户提供服务并与他们建立牢固的关系。企业可以选择任何一类或全部五类用户市场。消费者市场由为个人购买产品和服务的个人和家庭构成；企业市场购买商品和服务以便进一步加工或用于生产过程；转售商市场购买产品和服务旨在通过转售来谋取利润；政府市场购买产品和服务用于生产公共服务，或将产品和服务转移给需要的人；最后，国际市场由上述购买者构成，包括消费者、生产者、转售商和政府。每一种市场类型都有自己的独特之处，要求销售人员仔细研究。

我国汽车用户有着广泛性、分散性、区域性的特点，全国各地的用户在年龄、收入、教育水平和品味上有很大的不同。他们购买的产品和服务也千差万别。这些多样化的消费者与他人及周围环境相互联系，影响着他们在各种产品、服务和公司之间的选择。根据各种用户购买行为模式或购买行为上的共同点和差异性，可将汽车用户分为以下几种类型。

1. 个人消费者

个人消费者指将汽车作为个人或家庭消费使用，这些消费者构成了汽车的个人消费市场。将车用作日常的生活或工作代步，都属于此类的消费者。

2. 集团消费者

集团消费者指将汽车作为集团消费使用，以维持整个集团事业正常运转的集团用户，通常我们将其称为机关团体或企事业单位，汽车所有权归集团所有。

3. 运输营运者

运输营运者指将汽车作为生产资料使用，以满足生产经营需要的组织或者个人，这些消费者构成了汽车的生产营运者市场。

4. 其他直接或间接用户

其他直接或间接用户指除以上用户外的各种汽车用户，主要包括利用汽车进行进一步生产的再生产型购买者，或以进一步转卖为目的的各种汽车中间商。这些消费都是间接用户，二手车交易商就属于此类。

二、汽车用户购买行为分析

所谓用户购买行为(user buyer behavior)，是指用户为个人消费而购买产品和服务的行为。汽车用户消费时需要制定购买决策，而购买决策是市场营销者努力的核心。大多数汽车公司都会仔细研究汽车用户的购买决策，以回答用户要买什么车、在哪里买、如何买、买多少，何时买以及为什么买等问题。汽车企业可以研究用户的实际购买以发现他们买什么车、在哪里买。但是要了解用户为什么购买可不是一件容易的事——答案往往深深地藏在用户的心里。

通常，用户也不能清楚地说出什么影响他的消费。对营销企业来说，核心问题是：用户对营销活动会如何反应？根据购买者行为的刺激—反应模型，市场营销和其他刺激进入购买者的“黑箱”会产生某种反应。营销者必须探明购买者黑箱中有什么。

企业对用户的购买需求、购买动机等心理因素进行分析，分析这些心理因素是如何影响用户的购买行为，在此基础上指出用户购买行为的类型，并分析影响用户购买决策的过程。

用户购买行为是一种满足需求的行为，其过程是经由客观刺激引起的，在用户心理上产生复杂的思维活动，形成和产生购买行为，最后达到满足的需求。因此，一个完整的购买行为过程可以看成是一个刺激、决策、购后感受的过程，这也是用户的一般购买行为过程。

(1) 刺激。用户的购买行为过程都是用户对客观现实刺激的反应，用户接受了客观事物的刺激，才能产生各种需求，形成决策，最后导致购买行为的发生。客观事物的信息刺激，既可能由用户的内部刺激引起，也可能由外界因素的刺激产生。例如，某人由于上班代步的需要，就必须拥有一部汽车。内部的刺激比较简单，而外界的刺激则要复杂得多，这是因为用户作为一个社会组成单位，他的行为不仅要受到自身因素的影响，而且还受到社会环境的制约。同样，家庭及相关群体的消费时尚与风俗习惯等方面，都会从不同方面对用户的购买行为产生影响。另外，用户购买的对象——商品，也会从它的质量、款式、包装、商标及服务水平等方面对用户的购买行为产生影响。

(2) 决策。消费者购买决策过程是消费者购买动机转化为购买活动的过程。不同消费者的购买决策过程有特殊性，也有一般性，对此加以研究，就可以更有针对性地开展营销活动，满足需求，扩大销售。

不论是内部刺激还是外部刺激，它们的作用仅仅是引起用户的购买欲望。用户是否实施购买行为、具体的购买对象是什么、在什么地方购买等，就需要用户进行决策。由于决策过程极其复杂，并且对于营销者来说又难以掌握，因此又称作黑箱。对消费用户来说，实质上就是一种心理活动过程，具体可概括为产生需求、形成动机、收集信息、评价方案和形成决策等过程。

不同消费者购买决策过程的复杂程度不同，究其原因，是受诸多因素影响，其中最主要的是参与程度与品牌差异大小。同类产品不同品牌之间的差异越大，产品价格越昂贵，消费者越是缺乏产品知识和购买经验，感受到的风险越大，购买过程就越复杂。而汽车产品的消费者购买行为就属于复杂的购买行为。对于复杂的购买行为，营销者应制定策略帮助购买者掌握产品知识，运用印刷媒体、电波媒体和销售人员宣传本品牌的优点，发动购买者的亲友影响最终购买决定，简化购买过程。

(3) 购后感受。用户购买行为的目标是选购一定的商品或服务，使自己的需要得到满足。用户实施购买行为之后，购买行为过程并没有结束，还要在具体使用中去检验、评价，以判断需要满足的程度，形成购后感受。它对用户的重复购买行为或停止购买行为会产生重要影响。企业应该重视售后服务，继续保持消费者的满意度，进而维持消费者的忠诚度，可以促进用户进行重复购买或影响周围人来购买。

汽车市场营销刺激由 4P——产品、价格、销售渠道和广告宣传组成。其他刺激包括购买者所处环境的重要力量和事件，包括自身经济实力、家庭情况、非商业的渠道、所处社会阶层等方面。所有这些因素都会进入购买者黑箱，在那里转化为可观察的反应：购买的品牌和公司关系行为，买什么以及何时何地购买。

营销者需要理解刺激在购买者的黑箱中是如何转化为反应的，这主要由两部分组成。首先，购买者的特征影响他对刺激的感知和反应。其次，购买者决策过程的本身影响购买者行为。我们首先讨论购买者特征对购买者行为的影响，然后讨论购买者的决策过程。

三、我国汽车消费者的行为特征

汽车用户的购买行为会受到购买者的年龄与生命周期阶段、职业、经济环境、生活方式以及性格和价值观念等的影响。比如年轻人比较奔放、热情，而中年人相对稳重、老成，那么他们选择车型时会有不同的偏好，因此对年轻人和中年人在汽车产品的设计上应有所不同。多数情况下，营销者难以控制这些因素，但他们应该考虑这些因素。

1. 汽车买家忠诚度比较低

根据 2017 年的调查数据显示，仅有 12%的汽车买家会再次购买同一品牌。消费者们向来并不专情，非常“善变”。尽管如此，国际品牌车主的忠诚度仍高于国产品牌车主：15%的国际品牌车主表示下次将购买同一品牌，而只有 9%的国产品牌车主有同样的想法。调查还显示，消费者对于奔驰、奥迪和宝马等豪华品牌的忠诚度最高(在 18%～23%之间)，原因可能包括：消费升级(43%的受访者计划购买更豪华的品牌)；消费者在某个特定时期特别看重某种产品和服务。

从消费者群体的角度看，年轻(34 岁以下)富有的车主忠诚度最高，有 18%选择再次购买同一品牌，而其他群体只有 11%。无论出于何种原因，主流品牌都必须重新考虑其战略，把握潜在买家的内心动向。同时，这也为有增长计划的汽车制造商打开了大门。

2. 买家更加注重汽车的智能化，更多选择共享出行

我国新一代汽车买家是“互联网”一族，受网络环境的影响，对智能互联的需求很大，很多人认为当前的车载系统(娱乐、导航等)已经过时，他们对手机—汽车同步等的智能功能比较感兴趣，消费者希望车载系统可以媲美智能手机。与国外消费者相比，我国消费者对智能互联的需求更高：三分之一的受访者表示智能化的连接性至关重要，相比之下，美国只有 20%、德国只有 18%。对中国消费者而言，如果他们看中某种功能，甚至不惜更换汽车品牌，他们也比美国或德国的车主更愿意付费购买内容，越来越多的中国车主愿意购买在线视频等高质量数字内容，付费内容有望成为新收入来源。

现代的汽车用户觉得没有私家车并不影响日常生活，当今时代拥有一辆车没有过去重要，如果有免费共享出行，他们愿意放弃自购私家车。“80 后”和“90”后每周使用拼车服务的概率是更年长人群的两倍，使用 P2P 汽车租赁服务的可能性也更高。

3. 消费者更加注重线上+线下体验

随着信息技术的发展，汽车消费者对汽车数字化程度的期望也越来越高。尽管消费者在买车前会多次前往 4S 店，但只有一半用户对 4S 店的体验满意。主要原因如下：信息透明度低(如选择、功能和价格)，购车手续复杂耗时，离最近的 4S 店也很远，技术含量低，服务过时。

汽车制造商可运用数字化方案来解决这些问题。在消费者旅程的初始阶段，在线渠道占主导，但汽车制造商可开发线上线下相结合的全渠道旅程——从社交媒体、线下活动以及“朋友圈”开始，随后拓展至所有经销商。

汽车制造商可以从消费者对其官网的信赖中获益。大部分买家十分看重经销商的专业知识和售后服务。4S 店买家重视一对一的销售体验，他们希望可以在店内自由参观，试驾心仪的车型。通过将这些服务无缝衔接到线上线下的消费者旅程中，汽车制造商可有效提升 4S 店的差异化水平，使其有能力与竞品及新兴渠道相抗衡。

持续整合线上线下的各个要素以提升终端销售体验迫在眉睫。无论是汽车品牌直销商还是 4S 店，全渠道意味着避免失去与客户直接接触的机会和销售机会，越来越多的消费者会选择在线买车。在未来，交易向线上的转移可能强劲提速，因为 18 岁～24 岁年龄段的人群在线购买的可能性是更年长消费者的近两倍。数字化竞争对手也在努力寻求分蛋糕的机会。比如，汽车门户网站汽车之家已组织了两场虚拟车展，参加的品牌近 30 个。

4. 融资买车的消费者持续增加

近年来，贷款买车已成为汽车销售的左膀右臂，近三分之一的买家在购车时进行了融资。虽然银行仍是主要融资来源，但在线融资公司正蚕食市场份额。它们的背后通常站着风险投资公司和银行，有些还得到了中国领先互联网公司的支持。目前有 3%的受访者表示自己有过在线融资。

一、二线城市居民进行在线融资购车的可能性是其他城市消费者的 5 倍。消费者认为，线上贷款的优点包括：核准率更高、成本更低、条件更灵活且更有吸引力。各大企业都在试图运用价格优势之外的手段实现差异化。比如，微众银行和优信二手车开展合作，为二手车买家提供融资，并提供 15 天包退、1 小时内审批，以及自定义付款等创新服务来吸引消费者。自定义付款业务包括前两年无须支付月供，利率较低，两年后回购汽车。

尽管在线融资越来越有吸引力，但仍有高达 97%的贷款车主选择“传统”渠道。调查显示，这仅仅因为买家认为线下融资更方便，以及他们更喜欢经过经销商来融资。然而，在线售车的增长可能会助推在线融资的发展，从而打破传统渠道的优势。

5. 二手车销量增长

尽管中国的二手车市场与其他主要汽车市场相比并不成熟，但二手车销售却持续升温。消费者买二手车的最主要原因是成本更低，以相同的预算就能买到更好的车型和品牌；不考虑二手车的主要原因是担心汽车状况以及安全隐患。

现在的二手车买家更关注性价比。同时，就各种对二手车的担忧而言，相比之前已有所减少。人人车和优信二手车等平台正试图建立大众对二手车的信任，且似乎颇见成效。不过，年轻买家依然兴致乏乏，品牌商其实完全可以推出新旧置换等业务，主动出击，在刺激新车销售的同时，加量供应更具吸引力、车龄更短的二手车。

6. 在限牌城市电动车需求不断增加

中国是目前全球最大的新能源汽车市场，需求高度集中且以监管为导向。对燃油车实施车牌限制的城市“买下”了全国 60%的新能源汽车(燃油车销售仅占约 10%～15%)。消费者的家庭收入与购买电动车的意愿呈正相关。越来越多的电动车车主表示对自己的汽车满意，并且会向他人推荐电动车。消费者对电动车最为一致的认可包括免“限行”，车牌无限制，节约燃油成本，免费充电服务。购买电动车，人们更担心电动车的质量、安全性，对漫长的充电过程也不满意。这说明企业对充电基础设施以及电动车推广的投入正在发挥作用，而现在要做的，就是提供具有吸引力的高品质车型。此外，如果续航里程增加到400公里，或者车价跌至与燃油车相当，更多的车主会考虑购买电动车。

虽然新买家对基础设施的关注有所降低，但在当前的电动车车主中，有许多人希望看到更多充电桩。约三分之一的车主没有充电设施，企业可以考虑建设公共充电网络，因为大部分的车主对按次收费的充电服务饶有兴趣，多数的车主则愿意通过移动支付进行充电。

7. 展望未来：无人驾驶改变认知

尽管当前无人驾驶汽车尚未商业化，消费者们却十分期待无人驾驶汽车且深信不疑这一天必将到来。他们多数认为无人驾驶汽车将成为未来的交通工具，然而其中三分之二的消费者更偏好外资车企。只有少数人认为百度等国内科技公司会成为该技术的领头羊。这种对外资品牌的偏好，似乎与对燃油车的数据不谋而合——三分之一的燃油车车主认为外资车比国产车更可靠，这种偏好背后的原因可能也如出一辙。然而，当论及无人驾驶汽车的运营时，一些受访者更倾向于非传统汽车行业的参与者。随着中国的汽车消费者日渐成熟，汽车制造商必须改弦更张，给消费者以惊喜。中国企业应把握好以下关键词：提供领先的连接性；致力于数字创新；进军电动车市场；在新兴的二手车市场采取措施。现如今，国产品牌、数字化企业、共享出行服务商之间的竞争日渐激烈，如果传统汽车制造商迟迟不行动，只怕会被蚕食殆尽。过去在中国市场“轻松”增长的日子已经一去不复返，未来的成功需要新技术和新理念。

上述因素当中，购买者的家庭成员对购买者的行为影响显然是最强烈的。一般人在整个人生历程中所受到的家庭影响，基本上都来自两个方面：一是来自自己的父母，每个人都会由双亲直接教导和潜移默化地获得许多心智倾向和知识，如宗教、政治、经济以及个人的抱负、价值观等。另外，对一个人购买汽车行为更直接的影响，则是来自自己的配偶和子女。由这种构成来看，家庭组织是社会上最重要的消费者导购组织，在汽车营销中要非常注意家庭成员在购车中的影响。

当然，影响汽车消费用户的购买行为的因素还有很多，诸如汽车产品的品质、企业的形象等，市场营销者在营销过程中要注意观察并应用前人的研究成果来推动产品的销售。企业只有研究了消费者市场的特点，熟悉了消费者购买行为及其影响因素、心理活动规律，将市场营销学理念运用到销售过程中，才能做到科学工作和管理，使人力资源、技术资源、资本资源实现最佳匹配，为企业获得最大的经济效益。

四、汽车用户购买决策的过程

汽车用户购买决策的过程主要包括五个阶段：确认需要、搜索信息、评估备选方案、购买决策以及购后行为。实际上，汽车的购买过程早在实际购买发生前就已经开始，并在购买后还会延续很长时间。汽车企业需要关注整个购买决策过程，而不能仅仅关注购买决策阶段。

1. 确认需要

用户购车的过程是从购车者确认需要(need recognition)开始的。需要可能由内部刺激引起，当用户的正常需要强烈到某种程度时，就会变成一种驱动力；也有可能是由外部刺激引起的。例如，广告或与朋友的讨论可能让顾客考虑是否要买辆新车。在这一阶段，市场营销者应该进行消费者研究，找出他们的问题、需要及其产生的原因，以及如何引导消费者关注某种特定的产品。

2. 搜索信息

当消费者对某种产品感兴趣时，可能会搜索更多有价值的信息。如果消费者的需求强烈或者满意的产品恰在手边，则可能购买。反之，消费者将暂时将这个需求记在心里，然后进行与之相关的信息搜索(information search)。例如，一旦顾客已经决定购买一辆车，他可能会更多地关注汽车广告、朋友的车以及关于汽车的谈话。或者，他会主动在互联网上搜索，和朋友交流，或者通过其他方式收集信息。他收集的信息数量取决于驱动力的强度、最初拥有的信息量、附加信息对他的价值以及他从搜寻中获得的满意度。

3. 评估备选方案

消费者使用各种信息筛选出一组最终可供选择的品牌后，是如何从中选择的呢？营销人员需要了解评估备选方案(alternative evaluation)，即消费者如何处理信息并选择品牌的过程。遗憾的是，没有一种适合所有购买情况的简明、单一的评估过程。目前流行几种不同的评估过程。通过某些评估程序，消费者对不同的品牌会持有不同的态度。

假如消费者备选的汽车购买方案已被缩减到三个品牌。同时，假设他主要看中四个属性——款式、保修、服务和价格。并且，他已经了解每个品牌在各个属性上的表现。如果某车辆的各种属性都是最好的，显然他会选择这辆车。然而，每个品牌的吸引力无疑是不同的。如果仅仅基于一个属性做出购买决策，那很容易预测他的选择。如果我们知道对他而言这四个属性的相对重要性，我们就会更加可靠地预测消费者的选择。

4. 购买决策

在评估选择阶段，消费者会对品牌进行排序，并形成购买意图。一般来说，消费者的购买决策(purchase decision)将是购买他们最喜爱的品牌，但有两个因素会影响他们的购买意图和最终的购买决策。第一个因素是他人的态度。如果一个人对消费者很重要，而他认为消费者应该买价格最低的汽车，那么消费者选择高价汽车的可能性就会降低。第二个因素是变化的环境因素。消费者一般将购买意图建立在预期收入、预计价格和期望产品利益等因素之上。然而，突发情况可能会改变消费者的购买意图。例如，经济开始恶化，竞争对手降低了价格，或者朋友认为消费者中意的汽车并不好，等等。因此，偏好和购买意图并不总是会导致实际的购买行为。

5. 购后行为

产品被购买以后，销售人员的工作并没有结束。消费者是否满意以及他们的购后行为(post-purchase behavior)也是营销人员应该关注的。什么决定了消费者的满意度？答案取决于消费者预期(consumer's expectations)与产品感知绩效(perceived performance)之间的关系。如果产品未达到预期，消费者会感到失望；如果产品符合预期，消费者会感到满意；如果产品超过预期，消费者会感到高兴。预期绩效与实际感知绩效之间的差距越大，消费者越不满意。这说明营销人员应该如实介绍产品的真正绩效，以使消费者感到满意。

然而，几乎所有重要的购买行为都会产生认知失调(cognitive dissonance)或是由购后冲突引起的不适。购买之后，消费者对所选品牌的优点感到满意，并庆幸避免未购品牌的缺点。但所有购买行为都涉及权衡。消费者也会为所选品牌的品牌担心，会因为未购品牌的好处感到不安。因此，消费者每次购买后，或多或少都会存在不平衡感。

通过研究完整的购买决策过程，营销人员或许能找到帮助消费者顺利决策的方法。例如，如果消费者因为没有发觉需要而不购买某种产品时，营销人员也许可以通过广告来激发需求，充分展示该产品为消费者解决的问题。如果消费者知道这个产品，但因为缺乏好感而不购买时，则营销人员必须改变产品或改变消费者的观念。

使用、评估和对待预期能满足其需要的产品和服务所表现出来的行为。用户行为的研究，就是研究人们如何做出花费自己可支配的资源(时间、金钱和精力)于消费品上的决策。这种决策包括谁是该产品的用户、他们为何购买、在什么时候购买、在什么地方购买、如何购买等、即 who, what, why, when, where, how 等。在上述问题中，有些问题如用户买什么、在什么时候购买、在什么地方购买、如何购买是购买者行为的外显现象，可以通过直接观察或访问去了解；至于人们为何购买则是一个非常复杂且难以轻易得到答案的问题，因为购买者上述那几个具体方面的外显购买行为，只不过是购买者对来自各方面影响的反应，而为何购买是购买者复杂的内在心理作用过程的结果。

这一购买行为模型表明，用户的购买心理虽然是复杂的、难以捉摸的，但由于这种神秘莫测的心理作用可由其反映看出来，因而可以从影响购买者行为的某些带着普遍性的方面，探讨出一些能解释将购买影响因素转变为购买过程的行为模式。

第四节 汽车市场营销策略

汽车市场营销的基本原理与普通商品相同，但也有其特殊性，以下重点介绍汽车营销中的品牌、服务、定价、渠道、促销等方面。

一、汽车品牌策略

汽车品牌是汽车形式结构中最能体现汽车价值的部分。所谓汽车品牌，是指用来标志并识别某一或某些车型的符号系统。汽车品牌既是消费选择的线索，也是汽车价值的体现。

汽车品牌策略主要表现在品牌的命名、品牌的使用、品牌的定位等三个方面。

1. 汽车品牌的命名策略

(1) 体现个人意志的命名策略。所谓体现个人意志，是指以个人智慧为基础，由企业决策者或者专家和专家集团等来决定汽车的品牌。从管理学的角度看，这是一种非常传统的命名模式。当企业管理权和资本所有权紧密结合并“合二为一”的时候，采取此种命名模式就是不可避免的了。

一般来说，体现个人意志的命名模式大多集中在汽车产生和发展的早期阶段。以卡尔•本茨为首，当他们生产了自己的汽车或者创办了自己的汽车工厂时，为了名垂青史，几乎无一例外地将工厂或者汽车冠上自己的大名。除本茨(奔驰)之外，为大家所熟悉的还有戴姆勒、福特、标致、雷诺、别克、欧宝、丰田、本田、铃木、摩根、雪铁龙、克莱斯勒等。其中，最为著名的当数奥迪公司的文字标志和福特公司的形象标志。德国人河古斯特•霍尔希创建了一个汽车厂，即把汽车厂命名为“霍尔希汽车厂”。后来，因与公司上层意见不合而重建了一个汽车厂，仍然叫“河古斯特•霍尔希汽车厂”，后因与原来的汽车厂重名而被告上法庭，在法院裁定必须改名后仍然痴心不改，不惜把德文霍尔希“Horch”转换成拉丁文霍尔希“Audi”，即经过如此曲折而成的“奥迪”。亨利•福特不但以自己的名字为企业冠名，而且因为他本人喜欢小动物，其形象标志也就成了小白兔。

(2) 体现群体智慧的命名策略。所谓体现群体智慧，是指在广泛征求群众意见的基础上，通过多中选优的过程来决定汽车的品牌。

一般来说，体现群体智慧的命名模式大多采取公开征集的策略。例如，福特公司从1947—1957年历时10个春秋才开发出来的“埃德塞尔”牌中档轿车，其品牌也是从2000多个候选方案中精心挑选出来的。在我国，江铃与福特公司联合开发的“全顺”汽车，其品牌名称也是征集而来的。此款名为“Transit”的汽车，原来有“捷运”和“穿梭”两个中文名字，但是，无论江铃还是福特公司都认为这两个名字不尽如人意。“捷运”属空穴来风，“穿梭”如飞去来器。于是决定向社会公开征集其中文名。广告登出后，共收到有效应征作品3 464件。经征名活动评委会反复评议、精心挑选，认为“全顺”品牌不但贴近中国文化，符合中国公众追求吉祥、平顺的心理，而且与Transit的读音相谐，不失为上乘之作，遂以“全顺”登记注册并公布。

(3) 移花接木的命名策略。所谓移花接木，即借用其他公司的汽车品牌为自己生产的汽车命名。

为了向欧洲轻型汽车领域扩展，并与主要由标致/雪铁龙和菲亚特公司结成的联盟进行竞争，美国通用于1997年采取了一项堪称为“合纵连横”的策略，与法国雷诺公司签订了一项联合开发、生产并销售质量为2.5吨～2.8吨的商用车的协议。根据该协议，雷诺公司将把自己生产的雷诺Trafic品牌商用车提供给通用下属的欧宝公司，然后换成欧宝和沃克斯豪尔Arena品牌进行销售。此外，雷诺还正在开发一种质量为2.8吨～3.5吨的商用车系列产品，该系列产品也将在雷诺公司的巴蒂里厂生产，并仍然以欧宝和沃克斯豪尔的品牌销售，法国雷诺则可以从中分享一部分销售成果。

(4) 自我演变的命名策略。所谓自我演变，即随着汽车的更新换代，其品牌也在进行相应的演变。

标致汽车公司亦称别儒汽车公司，其历史可以追溯到 1810 年。标致家族的皮埃尔兄弟开办了一家以生产锯条为主，同时生产弹簧和咖啡粉碎机等铁制品的小作坊。该公司的形象标志为一头雄狮，以表现其锯齿像雄狮的牙齿一样锋利和经久耐用；其锯身像雄狮的骨骼一样坚韧和富有弹性。1890 年，第一辆标致牌汽车问世时即采用了此形象标志，随着时代的变迁和公司的发展，该形象标志也在不断演化，其第五代已经演化成一头站立起来的狮子，威武雄壮，其张牙舞爪之状颇有狮王称霸、所向无敌的气势。1976 年，标致与雪铁龙汽车公司联合而成标致集团，成为法国最大的汽车集团和世界十大汽车公司之一。

2. 汽车品牌的使用策略

(1) 统一品牌策略。所谓统一品牌策略，即单一品牌策略，是指将同一品牌运用于不同的车型。

使用统一品牌的优势是不言而喻的。从广告宣传的角度看，企业生产的所有车型均使用同一品牌，不但可以提高该品牌的展露度和出镜率，从而使企业的知名度和美誉度得以提高，并且可以借助该品牌的信誉和形象来提携新开发的产品，产生“大树底下好乘凉”的结果。日产公司生产的轿车有公爵王、贵夫人、地平线、达特桑等多种车型，但是，当这些轿车用于出口时，却一律以“达特桑”品牌冠之。在我国，东风公司为了“统一东风形象；方便东风用户”，从 1998 年 1 月 1 日起，所有出厂的载重汽车都必须悬挂统一的“东风”标志。

(2) 差异品牌策略。所谓差异品牌策略，即多品牌策略，是指以不同的品牌分别标志不同的车型。

使用统一品牌可以产生“一荣俱荣”的结果，但在某种情况下也可能“一损俱损”。为了标示等级、区别优劣，也有相当多的汽车生产厂家奉行差异品牌的策略。1961 年，英国“美洲虎”公司收购了英国“戴姆勒”公司。“戴姆勒”公司也是一家生产高级轿车的公司，并入“美洲虎”之后，仍然生产“戴姆勒”牌轿车。由于“美洲虎”与“戴姆勒”档次不同，其造型却一模一样，只能采取以品牌加以区别。“美洲虎”轿车的头上有一只“美洲虎”，而“戴姆勒”的头上则是一个“D”，这是“戴姆勒”英文名称的第一个字母，而其全称“Daimler”则标在轿车的尾部。有关资料表明，大众汽车集团在世界范围内就拥有奥迪、本特利、布加迪、西亚特、斯柯达、兰博基尼、大众汽车和大众商务车等品牌，这些品牌几乎涵盖了全部级别的汽车车型。一般来说，企业的品牌会随着企业地位的改变而变化，汽车品牌则随着汽车车型的变化而改变。有些汽车品牌，如吉普、皮卡等，还由此发展成了一种特定的车型。“道莫彼尔”(Dormobile)原来只是一种供野营用的、车顶可以升降的汽车，生产厂家为它取名时，取“宿舍”(Dormitory)的前半部和“汽车”(Automobile)的后半部组合而成，结果也被人们接受，而成了一种车型的称谓了。

(3) 副品牌策略。所谓副品牌，是指企业将新开发产品重新树立品牌，但由于新品牌和原品牌在同一产品线，且原有品牌认知度较高，因此，新品牌作为原品牌下属的一个副品牌来投放市场，和原品牌同时输出，如别克—凯越、别克—君威等。

副品牌模式的优势是结合了统一品牌的长处，因此，这种方式现在逐渐被采用。副品牌模式的劣势有三个：一是副品牌一般和主品牌同时出现，因此品牌输出名字可能较长，消费者可能记住了主品牌，对副品牌的认知度不高；二是副品牌较多为阶段推广的产物，企业的广告费用不可能重点放在副品牌上，一旦该产品系列被淘汰，副品牌也可能跟着消亡；三是如果副品牌过于成功，一旦突然由盛及衰，必将殃及主品牌。因此，企业实施副品牌策略时，应是主品牌认知度较高，且副品牌应隶属于主品牌在市场上进行推广。

(4) 品牌输出策略。品牌输出策略是一种将汽车品牌提供给外国生产厂家使用的策略。通过品牌输出，不但可以提高品牌的知名度，扩大企业的影响，而且，在相当多的情况下，品牌还可以作为一种资本，即无形资产，拥有合资企业的股权。我国马路上随处可见的奥迪、奥拓、捷达、三菱、桑塔纳、帕萨特等，也非常直观地表现了世界著名汽车生产厂家品牌输出策略的成功。

(5) 品牌输入策略。品牌输入策略是一种通过购买国外汽车品牌来生产自己汽车的策略。通过品牌输入，假名牌以行，虽然有点“狐假虎威”的味道，但是高高祭起名牌的旗帜，毕竟可以为自己的汽车增添一抹耀眼的光辉。例如，1998 年 7 月 28 日，德国汽车工业两大竞争对手——大众和宝马两家汽车企业达成协议：宝马公司以 6 600 万美元买下了劳斯莱斯品牌，而大众则以 7.93 亿美元买下了该品牌 2003 年之前的使用权。2003 年以后，宝马独占“飞天女神”，大众则以“本特利”为它生产的豪华轿车命名。

(6) 注册铺路策略。所谓注册铺路策略，是指在汽车出口之前，将汽车品牌在目标市场国先行注册，从而为国际市场营销铺路搭桥的策略。因为按照国际惯例，一个企业的产品要进入别的国家或地区，必须事先在该国或地区进行商标注册，只有所有国没有注册相同商标的情况下，才能获得市场准入的资格。

2017 年 9 月，国内知名汽车品牌吉利汽车注册了 geely.top，这是继不久前快递巨头圆通注册 yto.top 之后，又一国内的知名公司注册.top 域名。吉利汽车成立于 1986 年，是中国国内汽车行业十强，目前资产总值超 2000 亿元，连续 5 年进入世界 500 强。截至 2016 年年底，吉利汽车累计社会保有量超过 500 万辆，吉利商标被认定为中国驰名商标。2010 年 8 月 2 日，吉利控股集团正式完成对福特汽车公司旗下沃尔沃轿车公司的全部股权收购，在国内轰动一时，至今仍被人们津津乐道。

从 geely.top 的注册信息可以看到，域名持有者为“浙江吉利控股集团有限公司”，geely.top 直接对应了吉利品牌英文名称 Geely，含义精确，有助于品牌塑造，提升品牌价值。吉利注册 geely.top 的举动或与其开拓海外市场有关。2017 年 6 月吉利汽车收购了马来西亚宝腾汽车 49%的股份，同时还收购了英国莲花 51%的股权，全力进军海外汽车市场。.top 域名作为三字符英文单词域名，不仅简单易记，而且具有较高的识别度，geely.top 非常适合吉利用于对海外市场的开拓，对于提升品牌体验有不小的帮助。

(7) 借牌销售策略。所谓借牌销售策略，是指采取移花接木之术，借用其他汽车企业的知名品牌销售本企业所产汽车的策略。一般来说，采取此种策略的汽车生产厂家，大多是一些经营基础较好、品牌信誉度不高的企业。当企业必须通过更换品牌来重塑形象的时候，借牌销售往往是一种比较理性的选择。

广州标致与法国标致曾经有过一段是是非非的“姻缘”。“清官难断家务事”，谁是谁非当然可以各执一词，但是广州标致的品牌形象却因此而声名狼藉。双方“离婚”以后，“标致”已经“丑陋”，初具规模的广州标致汽车公司必须寻找新的“对象”。1996 年年底，广州市领导曾经率团考察了奔驰、宝马、欧宝、福特、丰田、本田、三菱、现代、菲亚特和克莱斯勒等多家世界著名汽车公司，并最终决定与本田汽车公司“联姻”，生产本田汽车公司颇负盛名的“雅阁(Accord)”牌轿车。舍标致而取雅阁，现在，雅阁已成为国内消费者喜爱的品牌。

(8) 品牌专卖策略。所谓品牌专卖策略，即以开设专卖店的形式，专门销售某一品牌的汽车。显然，这是一种与百货店相对立的品牌经营模式。通过品牌专卖，不但可以提高品牌的知名度，而且可以降低品牌的对比度，使企业在汽车定价和促销策略等方面更加主动。

品牌专卖是一些发达国家汽车销售的基本形式。近年来，在我国也得到了较大的发展。这种形式集汽车销售、销售服务、配件供应、信息反馈等多种功能于一体，越来越受到广大消费者的欢迎。据有关资料显示，相当多的汽车生产厂家在实行“品牌专卖”以后，其销售增长率和市场占有率都有明显增长。

(9) 名牌市场策略。所谓名牌市场策略，即以名牌产品做旗帜招揽顾客，通过实施“名牌工程”来为企业赢得市场的营销策略。公共关系学的研究发现，建立企业信誉并不是一蹴而就的，而是有一个从点到面、从低到高的发展过程，尤其有一个从创名牌产品到创名牌企业的发展过程。同时，社会心理学的研究也发现，采取这种可以造成“晕轮效应”的策略，即突破一点、全面发展的策略，往往是建立企业信誉的一条捷径。

(10) 品牌置换策略。所谓品牌置换策略，即当某一汽车品牌已经不具有理想的发展潜力时，则应当机立断，弃旧图新，寻求置换。

3. 汽车品牌的定位策略

(1) 按目标市场定位的策略。目标市场是企业通过市场细分而确定的特定消费者群。由于不同消费者群在社会地位、经济条件、心理倾向、个性特征等方面各不相同，因此，他们对品牌的认知选择和价值判断也千差万别。显然，无论品牌的命名还是品牌的使用，都必须根据目标市场的特点进行定位。只有投其所好，才能使品牌成为他们心中不落的太阳。

美国通用在日本铃木、五十铃和富士重工三家汽车公司都拥有部分股权，但是，通用公司却完全没有控制这些公司品牌的计划。其原因正如通用公司总裁里克• 瓦戈纳所说：“我们与铃木、五十铃和富士重工的关系是两种完全不同的概念。”同时，瓦戈纳还向新闻媒体透露，通用也不打算将旗下的两个豪华轿车品牌凯迪拉克和绅宝合并在一起，因为“这是两个完全不同的品牌，它们在不同的领域都拥有自己不同的客户群”。这就如同英国的“美洲虎”和“戴姆勒”一样，虽然都是豪华轿车的品牌，但是各自都有自己的拥护者。

(2) 按企业理念定位的策略。企业理念也可以称为“MI 理念识别系统”，既是企业形象识别系统的重要组成部分，也是企业行为的出发点和动力之源。显然，不同的企业理念必然会导致不同的经营行为。情同此理，影响品牌命名及使用的最先和最后的因素，毫无疑问是企业的理念。按企业理念进行定位，既可以保持汽车品牌的稳定性，也可以保障企业的长远利益。例如，大众公司的宗旨是“面向大众”；大众汽车的品牌是“大众之车”。因此，无论大众的文字标志，还是大众的图形标志，都是由两个德文单词 volks 和 wagen 组成的“大众”，既旗帜鲜明，也突出特色，从而保证了大众汽车公司的成功。

案例

华泰汽车：初心不改永远坚持自主研发

华泰汽车自主研发的发动机、自动变速器，不仅满足了自身的整车匹配需求，更远销三十几个国家和地区。华泰汽车的实践证明，一个企业只有真正掌握了核心技术，才能走得更远更久。

当前世界汽车工业正掀起一场新的革命，随着汽车智能化、电子化、轻量化技术及新兴材料的迅猛发展，智能互联、绿色环保、自动驾驶、轻量安全的智能电动汽车，成为未来汽车业一个明确的发展方向，“智能”与“绿色”将成为汽车行业的下一个发力点。

习总书记在十九大报告中指出，要加快建设制造强国，加快发展先进制造业，推动互联网、大数据、人工智能和实体经济深度融合。要加快生态文明体制改革，建设美丽中国。

张宏亮表示，华泰汽车发展新能源汽车助力“绿色中国”建设的愿景，与中央的精神高度契合，将进一步坚定科技创新驱动的发展理念，加快向智能化、绿色化、先进化方向发展，着力打造“智能化、网联化、轻量化、零排放”的新能源汽车全产业链布局。

2017 年 1 月，华泰汽车收购上市公司曙光股份，使华泰汽车成为拥有新能源轿车、SUV、物流车、专用车、中巴大巴车等全系列产品的全资质企业。2017 年 6 月，华泰汽车与德国梅赛德斯-奔驰技术集团(MBtech)及德国 FEV 公司(艾福亿维)达成协议，将合作研发新能源汽车技术和动力总成技术；同时还与法国佛吉亚(Faurecia)公司签约，将合资生产世界领先的全车内饰件。此外，华泰汽车还拿到了中国第六张网约车牌照，其旗下的网约车平台“轩轩出行”，计划在两年内全国推广运营 100 万辆纯电动网约车。这样，华泰汽车不仅拥有新能源整车制造、零部件生产、汽车研发中心、电池工厂，而且还拥有网约车平台，等于直接打通了零部件生产、整车研发生产、网约车运营的完整产业链，在中国汽车企业中独树一帜。

华泰汽车集团董事长张宏亮表示，未来 5 年，是中国经济进一步行稳攀高的关键期，更是中国汽车业由“汽车大国”向“汽车强国”迈进的重要质变期，唯有加倍努力，才能砥砺向前。2018 年，华泰汽车将迎来十八周岁“成年礼”，华泰未来将要面临的挑战还有很多，任重而道远，华泰汽车人将永怀谦和与感恩之心，开启新时代的“新长征”。

二、汽车服务策略

汽车服务是汽车延伸产品，是提供给消费者的附加产品，是汽车价值的延伸。

1. 汽车服务的内容

现代市场营销学认为，市场营销的过程就是销售服务的过程。这个过程是纵向深入的，可以分为售前服务、售中服务和售后服务三个阶段；同时这个过程也是横向展开的，借助产品并离开产品为其用户提供了许多价值以提高其竞争力。对于后者，我们称之为超值服务。

(1) 售前服务。售前服务是指在产品销售之前，以传播产品信息、塑造产品形象、激发购买动机为目的的服务。其中，做出服务承诺、提供产品信息、伸出感情触角等都是售前服务的基本策略。

毫无疑问，售前服务的过程主要是一种信息传播的过程，但是信息的传播并不只是简单的信息传递。为了赋予信息以情感的力量，同时也为了使售前服务更加丰富多彩，服务人员往往需要借助交际的辅助工具。丰田汽车公司甚至把它视为“一条不可动摇的原则”，即优秀的售前服务人员并不只是用嘴来说话，还要使用各种各样的辅助工具。

一般来说，售前服务主要有以下几种形式：

① 通过传播产品信息、塑造产品形象，达到激发购买动机的目的。

② 通过通报服务理念、做出服务承诺，达到激发购买动机的目的。

③ 配件先行一步，以求得寸进尺。

④ 进行新车整备，发挥首因效应。

(2) 售中服务。售中服务有“亲善大使”的功能，是指在产品销售过程中，以实施销售技巧、促成购买行为、完善销售过程为目的的服务。兑现服务承诺、限定服务时间、展示服务效果、提供超值服务等都是售中服务的基本策略。

一般来说，售中服务有以下几种形式：

① 综合购车服务。

② 异地提车服务。

③“顾问式”销售服务。

④“交车卡”销售服务。

(3) 售后服务。售后服务具有“余音绕梁”的功能，是指在产品销售之后，以确保产品质量、联络用户感情、促使市场延伸为目的的服务。其中，超越服务承诺、处理用户投诉等都是售后服务的基本策略。

根据国外的有关资料，汽车销售商的利润来源中，售后服务占 50%，汽车及零部件销售各占 10%，汽车金融占 10%，二手车经营占 20%。因此，世界上最成功的汽车经销商吉拉德在谈到售后服务时说：“有一件事许多公司没有做到，而我却做到了，那就是我坚信销售真正起于售后，而非货品售出之前。”一般来说，售后服务主要有以下几种形式。

① 特约维修服务。所谓特约维修，是指专门为某个企业或某种品牌的汽车提供维修服务的形式。从事特约维修服务的站点，既可以由企业专门设立，也可以由专门的服务机

构代理，以及以双方合资的形式来设立等。

② 紧急救援服务。所谓紧急救援，是指企业通过自己拥有的紧急救援机制来为那些遭遇突发事件的用户提供服务的形式。显然，与特约维修服务相比，紧急救援服务具有灵活机动、超越时空的特点。一般来说，紧急救援大多通过企业或社会上设立的“救援中心”来进行。

③ 用户投诉服务。用户投诉服务是一种针对用户的抱怨进行服务的形式。从市场营销的角度看，用户的投诉，不但是企业获取信息的渠道，而且是企业解决问题的契机。同时，通过用户投诉来发现问题和解决问题，还可以化消极因素为积极因素，借以提高企业的知名度和美誉度。美国通用公司的一项调查表明，在给公司的投诉机构——“咨询中心”打过电话的用户中，有95%的人对该中心的服务感到满意，而且抱怨者常常会转变为忠诚的主顾。同时，该中心处理一个电话需要 2.5～4.5 美元，但是，由于销售额的增加所带来的效益却可以提高1～2倍。

④ 汽车召回服务。投放市场的汽车，发现由于设计或制造方面的原因存在缺陷，不符合有关法规、标准，有可能导致安全及环保问题，厂家必须及时向国家有关部门报告该产品存在的问题、造成问题的原因、改善的措施等，提出召回申请，经批准后对在用车辆进行改造，以消除事故隐患。厂家还有义务让用户及时了解有关情况。企业营销部门要在相关信息的汇集、反馈等方面扮演重要角色。

2. 汽车服务的策略

(1) 全面延伸策略。汽车的销售服务可扩展到全过程、全方位、全天候、全参与四个维度。因此，将这种销售服务的形式称为全面延伸策略。

① 全过程延伸服务。从卖车开始，到办牌照、上保险、汽车维修，直到汽车报废等，实现从“生”到“死”的服务，这显然是一种全过程延伸服务的思想。

② 全方位延伸服务。传统的销售服务等同于售后服务，而现在则讲究全方位的延伸服务，即将整车销售、配件供应、售后服务、信息反馈等结合成“四位一体”，形成“4S”服务模式。消费者买得舒心，汽车销量也会随之上升。其实，现在的销售服务已经大大突破了所谓的 4S 模式。表现在销售服务方面，既不等于售后服务，也不等于投诉服务，所采取的往往是更加积极、广泛的方式，如信息服务、技术服务、金融服务、保险服务等。

③ 全天候延伸服务。整车销售、配件供应、售后服务、信息反馈“4 个 24 小时”全天候延伸服务。

④ 全参与延伸服务。汽车销售不仅仅是销售部门的事，公司每一位员工都要积极主动承担宣传介绍汽车品牌，从而促成消费者购买行为的义务。

(2) 连锁服务策略。连锁服务是一种“汽车开到哪儿服务跟到哪儿”的服务模式。如果说“四位一体”的服务模式起源于欧洲，那么，“连锁服务”的模式则起源于美国。20 世纪 80 年代，专业化的汽车养护维修服务连锁网络飞速发展，并日益成为美国汽车服务市场的主导力量。

(3) 服务展示策略。不可触知性和不可分离性是销售服务的基本特点。消费者难以通过自己的感觉器官耳闻目睹，无疑会限制销售服务发生作用的范围和效果。但是，如果反其道而行之，无中生有，将抽象、概括、呆板的服务承诺通过具体、形象、生动的服务形式表现出来，使消费者可以耳闻目睹，不但可以使他们获得真切的心理体验，对服务人员产生良好的印象，而且可以借助情感的迁移作用，产生“爱屋及乌”的心理反应。特别是销售服务以戏剧化的形式表现出来时，这种“爱屋及乌”的心理反应就更强烈。因此，一位著名的营销大师认为：“销售服务的过程，就是给产品增色添彩的过程，应当使它表演出有声有色的戏来。”

(4) 营销医生策略。所谓营销医生，是指那些既是汽车专业的行家，也是汽车营销“里手”的销售服务人员。将营销医生制引入销售服务领域，不但可以为汽车销售人员出谋划策，提供技术方面的咨询，以免丢失市场，而且可以为汽车消费人员把脉开方，为他们排忧解难，巩固和扩大市场。

(5) 超值服务策略。服务是产品的延伸，因此，服务的质量也是产品的质量。从价格与价值对应的角度看，服务质量的最低标准应是产品本身的“完美无缺”，并将这种“完美”充分地表现出来，让用户 100%满意。市场营销的理论家和实践家们都提出了“超值服务”的思想，即让服务超越用户的期待，使他们 101%地满意。

(6) 情感服务策略。在销售服务过程中，注入积极的感情因素，将金钱交易披上温情脉脉的面纱，往往更容易取得销售服务的成功。福特汽车公司曾经将自己的宗旨确定为“尽心尽力地为客户服务”。同样，东风汽车公司曾经提出了“创建‘亲人’式服务品牌”的策略，既强化硬件建设，也强化软件提升，要求服务人员在销售服务中融入浓浓亲情。

“寸金难买寸心”，情感服务贵在“动之以情”。公共关系学讲究“参与”，社会心理学讲究“归属”，显然，最能维系人心者是将消费者组织起来。

案　例

致我所向——奔驰售后服务全新中文主张发布

2018 年 3 月 19 日，梅赛德斯-奔驰在北京Mercedes me 三里屯体验店发布了全新售后中文主张——“致我所向”，重新对梅赛德斯-奔驰售后服务的承诺“My Service”进行了诠释。

从未来出行技术、出行模式及出行体验方面，强调品牌服务与消费者的情感共鸣，同时也再次展示了梅赛德斯-奔驰从传统汽车修养服务供应商到移动出行服务商及车主生活伙伴的转变。

“2011 年，我们将‘My Service’售后服务承诺引入中国，并提出了‘修养之道，一脉相承’的售后服务中文主张，强调品牌在维修保养技术领域的优势及传承。如今，来自中国的梅赛德斯-奔驰认证技师已成为品牌全球维修保养技能的标杆。”北京梅赛德斯-奔驰销售服务有限公司执行副总裁南迪先生(Marc-Oliver Nandy)表示，“我们将与时俱进，力求在新的时代与客户相伴相随，先于客户需求，为他们带来更加真挚、自在以及个性化的优质服务及客户体验。”

梅赛德斯-奔驰售后将真挚态度渗透到售后服务体系的每个环节和触点。

在专业品质方面，奔驰原厂配件采用符合严格标准的环保、可持续材料，并经过严苛的产品测试、开发、质检流程，确保了汽车在不同驾驶环境下的舒适性和安全性，让每一辆奔驰车都能享受高品质原厂配件的呵护。

作为第一个提出全球统一培训和认证标准的汽车企业，梅赛德斯-奔驰在汽车售后维修技术方面始终走在行业前列，在中国售后人才培训方面更是躬先表率。目前，在全球120 个梅赛德斯-奔驰的销售市场中，中国拥有全球最大的培训体系，仅次于梅赛德斯-奔驰德国总部的规模。而每一位技师需要经过 1000 多个小时的学习和重重考核，才能获得认证。目前，梅赛德斯-奔驰售后服务的车辆首次修复率已连续 3 年保持在 98%，居于全球领先水平。

同时，奔驰在中国引入售后服务人员的竞赛平台——梅赛德斯-奔驰服务技能大师赛。自 2008 年至今，该赛事已经在中国走过十个年头，为中国汽车领域培养了一批与国际水准平齐的售后服务人才；另外，奔驰还打造了钣金喷涂技能大赛，通过钣金和喷漆两个项目的理论和实操环节，来考核技师的技艺。

梅赛德斯-奔驰售后推出了星徽保养菜单、逸蓝修养套餐、逸蓝修养套餐轻享版、尚银修养套餐等超值产品及服务，同时先后对保养维修配件、事故件和易损易耗件的厂家建议零售价进行调整，以不断优化客户的总体用车成本。

梅赛德斯-奔驰终身免费事故救援服务确保客户在遭遇意外交通事故时，可随时获得专业援助。客户只需拨打梅赛德斯-奔驰事故救援 24 小时免费热线，便可获得来自奔驰的一站式专业事故管理服务，包括终身免费的事故救援服务(指 150 公里范围内的免费拖车和保险理赔咨询)，以及高品质的原厂维修，全方位保障客户的权益。

奔驰售后紧跟时代，搭建线上售后服务平台，为客户打造更便捷高效的服务。

奔驰推出的快修专享服务为分秒必争的都市人群带来了极大的便利；在线维修预约服务让车主可通过手机上的 Mercedes me app 随时查看车辆状态，通过 app 在线预约，并将诊断数据远程发送到经销商，以便维修团队在车开来之前做好准备工作；同时，奔驰还为没有时间去授权经销店进行保养的车主，提供了“上门取送车(D2D)服务”，车主不仅可预约上门取车至经销店进行保养，还可要求车辆在保养后返还指定地点。所有这些服务的推出，都极大节约了客户的时间成本，为他们带来更便捷、个性化的用车体验，也让奔驰售后成为他们汽车生活最好的伙伴。

奔驰售后在“最佳客户体验”战略的指导下，通过更丰富的创新，为客户带来全生命周期的个性化体验。目前，奔驰推出了自己的电商平台、拓展了数字化展厅建设、优化了数字化平台服务，推出打通车主生活圈的 Mercedes me 车主俱乐部，搭建跨行业客户体验平台。而所有这一切，都在表明，奔驰不再仅仅是客户的用车服务伙伴，而是要建立客户体验生态系统。

从 1888 年，汽车发明人卡尔·本茨的妻子贝莎·本茨开启了人类汽车史上的维修保养起，梅赛德斯-奔驰售后便始终坚持不断地提升汽车售后服务水平。而随着“My Service”全新中文主张——“致我所向”的发布，梅赛德斯-奔驰将始终保持前瞻视野，创新激情以及对科技的洞察及应用，以真挚态度、自在体验以及远见卓识，不断与客户建立相互辉映的伙伴关系，以卓识的眼界为彼此注入不竭的灵感与启发，共同驾驭未来。

资料来源：凤凰网汽车，2018-3-20

三、汽车定价策略

汽车的定价策略主要包括价格确定、价格调整、价格竞争和价格表现等四个方面。

1. 汽车的价格确定

价格确定是汽车定价的开端。所谓价格确定，是指企业为了实现自己的定价目标，根据汽车市场的供需状况等，为汽车确定适当的价格，从而有利于市场营销和汽车促销的价格策划。

一般来说，企业的产品定价并非确定一个确切的数值，而是划定一个大致的范围，这个大致的范围我们称为“定价幅度”。其中，定价幅度的上限，是企业努力争取的目标；定价幅度的下限，是企业尽力避免的结果。以定价幅度来为汽车定价，不但可以保证企业的经济效益，而且可以提高汽车定价的灵活性，产生既有利于生产厂家，也有利于中间商的结果。但是，在相当多的情况下，企业大都采取“最低限价”的形式，即下有底线、上不封顶的形式来为汽车定价。

(1) 就低定价和就高定价。

① 就低定价策略。就低定价策略，也可以称为低价位渗透策略，是指企业以较低的成本利润率为汽车定价，以求通过“薄利多销”来实现利润指标的定价策略。

低价促销是一种比较常见的促销手段，它利用人的求实、求廉心理定价，一般只适用于价格弹性较大的产品，即消费者对价格反应敏感的产品，如生活资料的定价。一般来说，品牌投入期和产品衰退期的汽车常常会采取就低定价的策略，前者的目的是迅速占领市场，后者的目的是加快更新换代。

② 就高定价策略。就高定价策略，也称高价位取脂策略，是指企业以较高的成本利润率为汽车定价，以求通过“厚利少销”来实现利润指标的定价策略。

高价促销是一种比较反常的促销手段，它利用人的求名、求美心理定价，一般只适用于价格弹性较小的产品，即消费者对价格反应迟钝的产品，如生产资料的定价。一般来说，处于投入期和成长期的汽车常常会采取就高定价的策略，前者的目的是迅速收回投资，后者的目的是获得高额利润。新车就高定价是最为常见的定价策略。新车刚刚投入市场，用户尚且缺乏了解，无疑为新车的就高定价提供了基础。

(2) 统一定价和差异定价。

① 统一定价策略。统一定价策略是一种无视市场差异、以单一价格面对整体市场的定价策略。产品所定的价格较高，要求被定价的产品的品牌有比较好的市场口碑和信誉，在目标市场上占有优势地位。这种定价目标比较适合于处于成熟期的名牌汽车产品。上海大众的朗逸便是该条策略的体现，由于品牌知名度高，产品品质可靠，所以，在新车定价上也比较强势。而朗逸在定价上又不像卡罗拉那样贵族化，走的是高质中价的路线，在体现朗逸丰富配置下的性价比外，也显示出品牌的价值。

② 差异定价策略。差异定价策略是一种在市场细分的基础上分别定价的策略。这种差异既可表现为针对销售者的价格差异，如经销价和代理价、批发价和零售价；也可表现为针对消费者的价格差异，如以用户为基础的定价和以关系为基础的定价。随着现代社会的信息化，必然会出现价格体系的个性化，即适应买方特点的“一人一价”模式将取代适应卖方特点的“一物一价”原则，从而使“看客下菜定价法”“需求层次定价法”、双方协商定价、用户自行定价等日益流行起来。现在，国际上通行的做法是“代理销售制”，即按照所销汽车的数量提取固定的佣金。天津汽车工业公司为了堵塞一级批发商低价抛售的渠道，既制定了最高批发价，也制定了最低批发价，两者之间的差额即为批发商的佣金。

2. 汽车的价格调整

所谓价格调整，是指企业在汽车销售的过程中，根据企业营销战略的发展变化和汽车销售市场的价格波动，以及市场竞争对手的价格特点，对已经确定下来的汽车价格进行调整，从而有利于市场营销和汽车促销的价格策划。

与价格确定一样，价格调整也有一个“调价幅度”。但是，调价幅度与定价幅度又不尽相同。一般来说，调价幅度的上限应是升价调整的极限，超过了这个极限，消费者的购买动机就会消退；调价幅度的下限应是降价调整的极限，超过了这个极限，消费者也会视而不见。

(1) 降价调整策略。所谓降价调整，是指企业通过将汽车价格在原来的基础上下调的形式来达到其调价目的的价格策略。一般来说，企业之所以进行降价调整，不外乎生产成本降低、生产能力过剩、需求弹性增大、市场竞争加剧，以及为了适应经济形势、照顾顾客关系等几个方面的原因。

① 降价调整的意义。降价调整具有积极和消极两个方面的意义。就其积极意义而言，可以达到“价降销增”的结果，并通过“销增”来求得边际效益和规模利润。同时，由于“销增”，还可以提高企业的知名度和市场占有率。在国外，“价降销增”还是汽车普及的推动力量。20 世纪 50 年代初，日本汽车的产销量不过万余。其实，“汽车的潜在需求是无限大的，只是因为国民收入太低，才限制了普通百姓的购买能力”。为此，丰田销售公司总裁神谷正太郎提出了“挖掘潜在需求”的政策，将汽车价格从 170 万日元降低到 90 万日元，后来推出的皇冠轿车只卖 60 多万日元，再后来又降到 50 多万日元。在日本政府“国民收入倍增计划”的影响下，到 20 世纪 60 年代，仅仅 10 年，新购汽车的登记量就从 40 万辆增加到了 400 万辆。“价降”促使“销增”，销增发挥生产潜能，潜能带来边际效益，从而使企业走上良性循环的道路。而处于市场成熟期和市场衰退期的产品，还可以通过降价减轻库存，为更新换代提供资金支持。

就其消极意义而言，降价调整，不但有违经商办企业的初衷，而且会引起企业之间的价格竞争，产生两败俱伤的结果。同时，反复降价还会养成消费者的“价格期待”心理，因为从条件反射的角度来说，降价信息，无论作为条件刺激物还是无条件刺激物，都是一种延缓条件反射的信号，从而导致滞后的行为反应。

② 降价调整的基础。从理论上讲，降价调整作为一种促销和竞争策略，确实是十分有效的。但是，这种策略发挥作用的基础却是降价空间，即除去成本、费用和税金之外，单位产品的利润大于或等于降价。没有降价空间却偏要降价，死打硬拼，只能导致不理智的经营行为。一般来说，降价空间的大小，既与产品的价格构成有关，也与企业的经营规模有关。产品成本低，市场价格高，将可以降厚利以多销；生产规模大，产品销量高，则可以稳薄利以多销。

其实，通往成功的道路很多。新车新价，通过技术创新、功能创新、造型创新、品牌创新、包装创新、服务创新、市场营销组合创新、促销组合创新等，甚至可以走上升价调整的道路。

③ 降价调整的形式。价格调整讲究适时、适度、规矩、主动四原则。所谓适时，即把握好降价调整的时机；所谓适度，即把握好降价调整的尺度；所谓规矩，即中规中矩，这就是说，降价调整并非是一种随心所欲的舞蹈，而是一种循规蹈矩的表演；所谓主动，即伺机而动，这就是说，降价调整并非是一种被动的防御策略，而是一种主动的进攻战术。但是，就其形式而言，降价调整又可分为形式类降价和实质类降价两种类型。

形式类降价调整是一种直截了当的降价形式，即“明降”或以现金形态进行的降价调整，如价格折扣或优惠、让利或返还利润、减收或免收费用、低息或无息贷款等。美国汽车市场价格竞争的显著特点就是现金回扣，几乎所有汽车生产厂家都向用户提供这种所谓的“福利”。

实质类降价调整是一种隐晦曲折的降价形式，即“暗降”或以实物形态进行的降价调整，如提高质量、附加配置、超值服务、赠送礼品等形式，让用户得到实惠，从而达到降价调整的目的。

④ 降价调整的方法。一般来说，降价调整的方法主要有递减降价法和升降波动法两种类型。

递减降价法是一种随着销售时间的推移产品价格不断降低的定价策略。一般来说，递减降价法比较适用于那些质量会随着时间的推移而下降，而信誉却不会随着时间的推移而上升的产品定价。在西方国家，对于那些市场寿命即将进入衰退期的车型，常常采取此种方法进行甩卖。

升降波动法是一种随着销售时间的推移产品价格时升时降的定价策略。时而上升，时而下降，看似漫不经心，却又别有用心，自有其内在规律性和科学性。其科学性在于，人是一个会学习的动物，当他们掌握了某种事物发展变化的规律之后，就会利用条件反射的延缓机制来调节自己的行为，以等待最佳的反应时机。显然，这是一种价格期待心理。为了将潜在市场迅速转化为现在市场，在西方国家，生产者常常用升降波动法来消除消费者的价格期待心理。他们总是先公布价格折扣的延续时段，然后公布该时段内第一天的折扣比率，如第一天打九折，第二天打八折，第三、四天打六折；第五、六天开始回升，打七折或八折。如此升升降降，只有到了最后一天，才达到预定的降价幅度。

(2) 升价调整策略。所谓升价调整，是指企业通过将汽车价格在原来的基础上上调的形式来达到其调价目的的价格策略。一般来说，企业之所以进行升价调整，大都是因为成本上涨、通货膨胀、市场需求强劲和产品开发加快等几个方面的原因。除此以外，选装配件增加、豪华程度提高、技术含量增加、安全系数提高等也是价格上涨的原因。且不说新增加的空调、音响、电动车窗、自动变速、安全气囊、ABS 系统和催化净化器等都比较昂贵，仅就电子装置而言，20 世纪 80 年代一辆普通轿车上的电子装置只需要 700 美元，而现在则已经超过了 2 000 美元。在国外，汽车更新换代很快，每一次更新换代都会引起价格的上扬。在我国，环保要求越来越严格。北京市实行新的排放标准之后，10 万元以下的汽车就会被拒之门外，如果再加上安全技术方面的要求，15 万元以下的汽车也会在北京大多数的马路上消失。因此，总体来说，尽管消费者对汽车降价情有独钟，国产轿车降价似乎是“大势所趋”，但是在世界范围内，汽车的价格则有可能上涨。

3. 汽车的价格竞争

所谓价格竞争，是指企业以价格作为竞争手段，参照竞争对手的汽车价格和价格策略，为自己生产的汽车定价，“魔高一尺，道高一丈”，从而赢得市场竞争的价格策划。

价格竞争是市场竞争的手段之一。当汽车市场供大于求的时候，为了分割较大的市场份额，价格竞争将不可避免。既为价格竞争，竞争对手的价格策略无疑是影响企业制定价格策略的首要因素。除此以外，企业在市场竞争中所处的地位，也是影响企业价格竞争的重要因素。价格竞争主要包括流行价格竞争、跟踪价格竞争、关系价格竞争、狙击价格竞争、降价竞争、升价竞争、稳价竞争和曲线竞争等几种类型。

(1) 流行价格竞争。所谓流行价格竞争，是指企业为了赢得市场竞争的优势，在制定自己的产品价格时，使之处于市场上同类产品价格的水平。去其两端、取其中庸，却又利用价格之外的因素来吸引用户、促进销售的价格竞争策略。

(2) 跟踪价格竞争。所谓跟踪价格竞争，是指企业为了赢得市场竞争的优势，在制定自己的产品价格时，以竞争对手的价格水平为参照，紧随其后、置乎其上，或低或高或等于，总比对手高上一筹，从而促进产品销售的价格竞争策略。

(3) 关系价格竞争。所谓关系价格竞争，是指企业为了赢得市场竞争的优势，在制定自己的产品价格时，为了巩固和扩大已经占领的市场，根据消费者与企业之间关系的性质分别定价，形成关系价格，从而使产品价格成为克敌之矛和御敌之盾的价格策略。一般来说，关系价格主要有长期合同价格和销售渠道价格两种形式。

长期合同价格是关系价格竞争的形式之一，其意义是为了稳定本企业的重要用户，并由他们来发展用户，可以通过制定与合同期限长短呈正比的价格优惠政策，鼓励他们与企业之间签订长期的购买合同，从而在企业与重要用户之间建立一种长期而稳定的供求关系，以防止竞争者插足其中。

销售渠道价格是关系价格竞争的形式之二，其意义是为了激发经销商、代理商、批发商和零售商销售本企业产品的积极性，对于那些商业信誉好、销售能力强的中间商，可以根据其销售量的大小，给予超过竞争者的价格优惠，从而在企业与中间商之间建立一种长期而稳定的供求关系，并防止竞争者插足其中。

(4) 狙击价格竞争。所谓狙击价格竞争，是指企业为了赢得市场竞争的优势，在制定自己的价格策略时，为了狙击或阻挡竞争者进入自己的市场领域，既针锋相对，又机动灵活，从而使产品价格成为御敌之盾的价格策略。一般来说，狙击价格主要有初期狙击价格和后期掠夺价格两种形式。

初期狙击价格是指企业在其垄断地位形成的初期，为了迎接竞争者的挑战，狙击竞争者的进攻，以维护和保持自己的垄断地位，可以采取低价位竞争的策略，用接近或低于成本的价格出售汽车，以此来加快垄断进程，从而达到巩固汽车销售市场和企业垄断地位的目的。

后期掠夺价格是指企业在其垄断地位形成的后期，为了巩固垄断地位，加快垄断进程，收获垄断成果，使自己真正成为汽车行业的市场主导者，可以采取高价位竞争的策略。“名家出名牌，名牌卖名价”，全面提高企业的经济效益和社会效益。

(5) 降价竞争。所谓降价竞争，是指企业为了赢得市场竞争的优势，在制定自己的产品价格时，用低于竞争对手的价格来吸引消费者的促销策略。

(6) 升价竞争。所谓升价竞争，是指企业为了赢得市场竞争的优势，在制定自己的产品价格时，用高于竞争对手的价格来吸引消费者的促销策略。

(7) 稳价竞争。稳价竞争是一种以不变应万变的价格竞争方式。例如，1998 年，由于受到日本汽车降价的压力，美国福特、通用和克莱斯勒三大汽车集团全面降价，但是同样在美国设厂的其他汽车生产厂家却采取了稳价竞争的策略。同年，面对桑塔纳降价近 2 万元的压力，神龙富康采取了逆潮流而动的升价竞争策略，而夏利却宣布“我们保持沉默”。任你千变万化，我自岿然不动，说明中国汽车厂家的价格竞争，即被炒热的所谓“价格大战”，正逐渐走向成熟。再例如，1999 年 3 月 26 日广州本田“雅阁”正式投产，又是一番热炒，甚至将车价炒到了 40 万元。但是，本田公司的决策者们却十分清醒，在产品供不应求的情况下，仍然坚持 29.8 万元的直销价格。产品直达用户，严禁加价分销。消费者翘首仰望而不可得，其信誉和形象只会直线上升。虽然放弃了新车“取脂”，企业的无形产品却获得了丰收。

(8) 曲线竞争。曲线竞争是一种曲径通幽式的价格竞争方式。管理心理学有句名言：“如果你只有一条路可走，那么，这条路往往是走不通的。”就价格竞争而言，如果汽车生产厂家都打降价牌，如同海水退潮，除了滞留在沙滩上的小鱼之外，舰船之间的地位其实并没有多大改变。“拾潮者”得渔翁之利，众多消费者还可能由此产生价格期待心理。

4. 汽车的价格表现

价格表现是汽车定价的终结。所谓价格表现，也可称为心理定价(psychological pricing)，是指企业在为汽车确定价格或进行价格调整时，根据消费者的心理需求和价值感受，将汽车价格以消费者喜闻乐见的形式表现出来，从而有利于市场营销和汽车促销的价格策划。消费者的心理需求是多方面的，求实、求廉、求名、求奢、求新、求美者都有。因此，汽车的价格表现也应顾及消费者的心理特点。对于求实、求廉者，可以采取舍整加零或者舍整减零的尾数标价策略，如涓涓细流，使用户产生一种实惠实价、薄利多销的价值联想，从而提高汽车的价格诱惑力；对于求名、求侈者，可以舍零就高或者舍零就低的整数标价策略，如巍巍高山，使用户产生一种优质优价、名牌名价的价值联想，从而提高汽车的价格诱惑力。

此外，无论古今中外，都存在着客观数字主观化的心理现象，如“三六九朝上走”“二五八不会差”以及现在风行的“八是发，九是久”等。其实，这些现象都不过是人们心理期望的投射反映而已。但是，将这种心理用于汽车标价，却可以提高汽车价格的心理冲击力。一般来说，汽车的价格表现艺术主要包括尾数标价策略、整数标价策略、声望标价策略、从众标价策略、习惯标价策略、参照标价策略、招徕标价策略、满意标价策略、分级标价策略和组合标价策略等 10 种类型。

案 例

奥迪的价格策略分析

1. 奥迪简介

奥迪是一个国际著名的汽车品牌，作为高技术水平、质量标准、创新能力，以及经典车型款式的代表，奥迪是世界最成功的汽车品牌之一。公司总部设在德国的英戈尔施塔，其中奥迪 A6 系一汽大众推出的国内生产的技术最先进、性能最佳、国情适应性最强的高档豪华商务车，奥迪 A6 融入了奥迪在全球最先进的高科技独家技术，又进一步丰富了豪华的配置，并赋予其超强的运动性，从设计到性能无不体现出其完美品质。其特点是更豪华、更动感、更成熟。

下面我们就对奥迪在国内市场的定价策略做一分析：如今物价都在上涨的时候，汽车却在不断地降价，就是在整个轿车保持增长的情况下，高档车市场缩水近20%。但高档车企业绝不敢轻言降价，大幅度或者频繁地降价会对品牌价值产生重大损害。为此高端车奥迪采取了以下策略。

2. 价格策略分析——大众奥迪——高价，攫取利润

据了解，自 1999 年投产以来，上一代国产奥迪 A6 经历了五次升级，在不到 5 年的时间里销量超过 20 多万辆，在国内豪华车市场多年来可谓是“一枝独秀”，直到去年市场份额仍维持在 60%左右。

按照这个价格，新奥迪 A6 的最高价格已经打破了目前国产豪华轿车最贵的一款宝马 530i。国产宝马 5 系目前的价格是 53 万至 61 万元，市场报价更低；日产的价格是 24.98 万至 34.98 万元，丰田的报价是 32.8 万至 48 万元，新奥迪 A6 等于“让出”了原来销量最大的价格区间。

奥迪一直在国内将自身定位在“高档豪华车”策略。其实，奥迪采取高价策略，已经不是第一次了，以前奥迪 A4 也同样采用的是高价入市策略。这样，可以使汽车厂商在短时间内攫取大量利润，等到过一段时间后，竞争对手的车也上市了，消费者的热情也消退大半，再降价刺激市场，扩大市场占有率，提升销量。对于高档豪华轿车来说，顾客多是高收入个人、政府和企事业单位，对价格并不是太敏感，他们主要看重的是品牌。单一的定位策略使品牌易于识别，利于塑造个性化品牌策略。“高价养牌”策略，奥迪一直在给市场意外。高价立市策略：消解本田雅阁，通用别克等中高档车的价格回归在价格上与之区隔，走高价定位策略，维持品牌形象。

3. 奥迪定价分析

(1) 高价策略，也称为取脂定价策略，指企业以较高的成本利润率为汽车定价，以求通过“厚利稳销”来实现利润最大化。这种策略也是一种较特殊的促销手段，利用人的求名、求美心理。一般运用于价格弹性小的产品，或消费者对价格反应迟钝的产品，比如具有新款式和新功能的中档汽车，以及高档豪华汽车。奥迪之所以敢于如此坚持高价策略，在于其品牌已赢得消费者信赖，价格弹性小，价格已不再是对需求变化起决定性作用的因素。比如奥迪 A8 加长型 3.0 在中国上市时卖 118 万元人民币，同级别的奔驰 S350 售价 120 万，宝马 730L1 售价 110 万，但这些车在国外市场定价也就 10 万美元左右。其定价策略很大一部分是摸准了国内消费者求名求美有比较的攀比心理。

(2) 其高价策略的优点是：新车上市之初，顾客对其尚无理性的认识，此时的购买动机多属于求新求奇。利用这一心理，企业通过制定较高价格，以提高产品身份，创造高价、优质的品牌形象；上市初的高价，使企业在汽车产品进入成熟期时可以拥有较大的调价余地，以保持企业的竞争力，而且可以吸引价格敏感的顾客。利用高价限制需求的过快增长，获取利润尽行投资，扩大生产。

(3) 这种策略的缺点是：过高的价格不利于市场开拓，会在一定程度上抑制销量。导致大量竞争者涌入，仿制品、替代品大量出现，迫使企业降价。价格过分高于价值，易造成消费者的反对和抵制，引发大量批评和一系列的公关问题。

四、汽车渠道策略

1. 汽车分销渠道的结构

根据分销渠道的层级结构，可以得到直接渠道和间接渠道的概念。直接渠道是指没有中间商参与，汽车产品由制造商直接销售给消费者(最终用户)的渠道类型。间接渠道是指有一级或多级中间商参与，汽车产品经由一个或多个商业环节销售给消费者(最终用户)的渠道类型。为分析和决策方便，一般将间接渠道中的一级渠道定义为短渠道，而将二级渠道、三级渠道称为长渠道。短渠道较适合在小地区范围销售汽车产品，而长渠道则适应在较大范围和更多的细分市场销售汽车产品，这是因为，渠道越长，越难协调和控制。

根据渠道每一层级使用同类型中间商的多少，可以划分渠道的宽度结构。若汽车制造商选择较多的同类中间商(如总经销商或零售商)经销其产品，则这种产品的分销渠道称为宽渠道；反之，则称为窄渠道。分销渠道的宽窄是相对而言的，受市场特征和制造商分销战略等因素的影响，分销渠道的宽度结构大致有下列三种类型。

(1) 独家分销渠道。独家分销渠道是制造商在某一地区市场仅选择一家代理商或经销商经销其产品所形成的渠道。独家分销渠道是窄渠道。独家代理(或经销)有利于控制市场。

(2) 密集型分销渠道。密集型分销渠道是制造商通过尽可能多的代理商、经销商经销其产品所形成的渠道。密集型渠道通常能扩大市场覆盖面，或使汽车产品快速进入一个新的市场，使众多消费者和用户能随时随地买到。

(3) 选择性分销渠道。选择性分销渠道是制造商按一定条件选择若干个(一个以上)同类中间商经销产品所形成的渠道。选择性分销渠道通常由实力较强的中间商组成，能较有效地维护制造商品牌信誉，建立稳定的市场和竞争优势。

根据渠道成员相互联系的紧密程度，分销渠道还可以分为传统渠道系统和整合渠道系统两大类型。

(1) 传统渠道系统。传统渠道系统是指由独立的制造商、批发商、零售商和消费者组成的分销渠道。传统渠道系统成员之间的系统结构是松散的。由于这种渠道的每一个成员均是独立的，他们往往各自为政，各行其是，都为追求其自身利益的最大化而激烈竞争，甚至不惜牺牲整个渠道系统的利益，这是传统渠道的固有缺陷。在传统渠道系统中，几乎没有一个成员能完全控制其他成员。

(2) 整合渠道系统。整合渠道系统是指在传统渠道系统中，渠道成员通过不同程度的一体化整合形成的分销渠道。整合渠道系统主要包括以下三种。

① 垂直渠道系统。指由制造商、批发商和零售商纵向整合组成的统一系统。该渠道成员或属于同一家公司，或将专卖特许权授予其合作成员，或有足够的能力使其他成员合作，因而能控制渠道成员行为，消除某些冲突。

② 水平渠道系统。指由两家或两家以上的公司横向联合，共同开拓新的营销机会的

分销渠道系统。这些公司或因资本、生产技术、营销资源不足，无力单独开发市场机会；或因惧怕承担风险；或因与其他公司联合可实现最佳协同效益，因而组成共生联合的渠道系统。这种联合可以是暂时的，也可以组成一家新公司，使之永久化。

③ 多渠道营销系统。指对同一或不同的细分市场，采用多条渠道的分销体系。多渠道营销系统大致有两种形式：一种是汽车制造商通过两条以上的竞争性分销渠道销售同一品牌的产品；另一种是制造商通过多条分销渠道销售不同品牌的差异性产品。此外，还有一些公司通过同一产品在销售过程中的服务内容与方式的差异，形成多条渠道以满足不同顾客的需求。多渠道系统不仅可以为制造商扩大汽车产品的市场覆盖面，降低渠道成本，还可以更好地适应顾客要求，但该系统也容易造成渠道之间的冲突，给渠道控制和管理工作带来更大的难度。

2. 国内几种主流的汽车分销渠道模式

经过多年的演变，目前中国汽车分销渠道可以归结为以下六种模式：直销模式、代理模式、经销模式、品牌专卖模式、连锁经营模式和买断经销模式。

(1) 直销模式。直销模式是由汽车制造商及其下设的各地销售机构直接向最终用户销售汽车的模式。目前这种分销模式主要应用于大客户，如军队、公检法、政府机构和企业等。对于大型商用车辆，多数制造商也是采用这种模式。这种模式有利于制造商快速地开拓区域性目标市场，但其营销成本较高。

汽车制造商实现直销的具体手段通常有以下几种。

① 公开竞标。根据客户公开的招标信息，通过参加有关机构组织的投标会议，对产品进行的竞标活动。

② 电话直销。配合其他媒介，利用各种通信技术，如电话、呼叫中心等，与客户或潜在客户进行直接沟通的方式。

③ 邮寄直销。通过向目标客户直接寄发公司产品宣传材料而与潜在客户进行直接沟通的方式。

④ 直接反应式直销。通过在电视上发布直接反应电视广告、在各种印刷媒介投放直接反应平面广告、在广播电台播放即时的产品销售广告来说服消费者迅速采取购买行动的方式。

(2) 代理模式。代理商是受汽车制造商的委托，在一定时期、一定区域、一定的业务范围内，以委托人的名义从事经营活动的中间商，广泛存在于产销分离体制的汽车制造商之中。总代理商一般与制造商同属于一个集团公司，分别履行销售和生产两大职能。总代理渠道中通常可以分为多级代理，其中一级代理商指具有市场开拓力和资金实力的、经制造商特约定点销售的商家。二级代理商是指与制造商没有直接的进货渠道而依靠一级代理商进货销售的商家。目前的4S店也属于一级代理商的范围，但服务上比传统的一级代理商要齐全。它们之间以制造商为中心，分销商、代理商和零售商的一切经营活动都是为制造商服务。它们之间的关系一般通过合作或产权等为纽带，依靠合同把销售活动与双方的利益紧密地联系在一起。其中一级代理商的风险较大，但拥有的权力较多，二级代理商风险相对较小，权力也较小。

汽车销售代理商属于佣金代理形式。代理商与经销商的最大区别是它不具有汽车的所有权。代理商最明显的特征是为汽车制造商寻找客户，促成交易，并代办交易前后的各种手续。与经销商相比，代理商的风险较小。如果交易成功，代理商可以从委托人那里获得事先约定的佣金，若汽车没有卖出，代理商也不承担任何风险。汽车制造商对销售代理商的要求一般高于特约经销商。销售代理商一般为区域独家分销商。汽车代理业务关系链如图 4-1 所示。

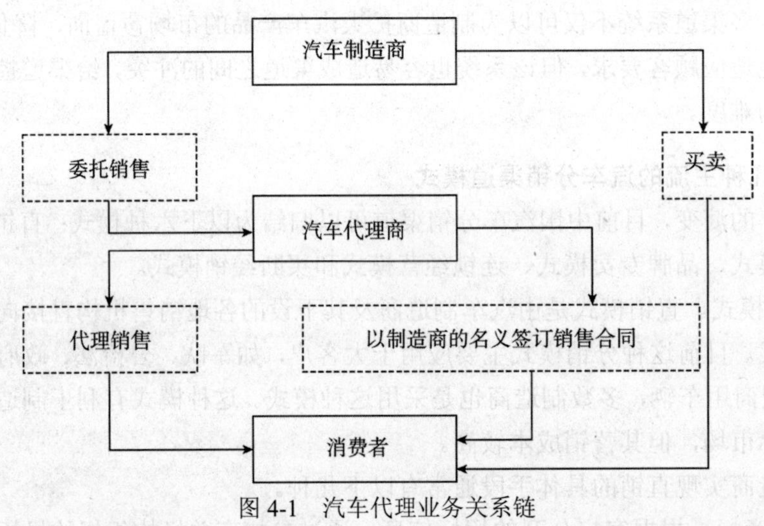

图 4-1　汽车代理业务关系链

由于代理商无须承担维修、配件供应等售后服务，只需提供一定面积的营销场所，而且对展示厅的硬件设备没有严格的要求，因此，代理模式对经销商的资金规模、实力要求较低。

(3) 经销模式。汽车经销商是指从事汽车交易、取得汽车所有权的中间商。尽管汽车制造商可以直接面向最终的消费者，但对于消费者来说，汽车制造商不可能替代经销商网络，这是因为汽车制造商都在通过其经销商网络使消费者相信其产品能够最好地满足消费者的需要，其产品与服务能够被充分地信赖。

当然，制造商对于经销商的选择也会基于一些与产品或服务相关的定性标准，如是否有能力达到最低的产品销售和服务标准，是否能够提供制造商的全系列产品，以保证用户能有最佳选择等。经销商最明显的特征是将汽车买进后再卖出，由于经销商拥有汽车的所有权，所以经销商可以制定自己的营销策略，以期获得更大的效益。经销商的具体表现形式可以是专卖店、汽车交易市场中的零售店、汽车连锁店、汽车超市等。

经销模式的主要优点是有利于商品的广泛分销，帮助制造商巩固已有市场，迅速打开销路，开拓新的市场。中国汽车产业发展之初，企业规模小、产能低、市场容量较大，制造商之间的竞争并不激烈，市场拓展的空间广阔。此时，汽车制造商的首要目标是抢占市场，提高市场占有率，因而总经销的营销模式就成为汽车制造商开拓市场的必然选择。但是，总经销模式存在营销环节多、反应迟缓、信息沟通困难、服务不到位等缺点，特别是不利于制造商对营销渠道进行控制。随着汽车产业的发展，总经销模式逐渐被其他模式所取代。

尽管经销商与代理商有所不同，但经销商仍然是制造商的重要资源。在自由竞争的法则下，制造商会相互抢夺产品的经销商。如何占有更多的经销商是决定制造商市场开拓能力及成功的关键。汽车经销业务关系链如图 4-2 所示。

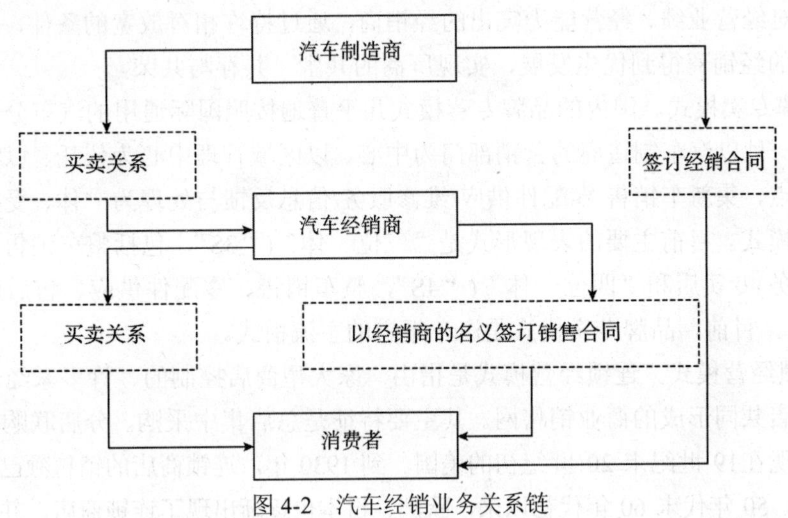

图 4-2 汽车经销业务关系链

与直销模式相比，经销模式的营销成本较低。制造商通过利用各地区现有的市场资源，通过经销商将其产品销售给最终客户。经销模式的最大优点是制造商可以迅速覆盖全国的市场。

除了一般的经销商之外，目前还有特约经销商。特约经销商属于特许经营的一种形式，指具有汽车制造商某种产品的特许专卖权，并只能在一定时期和特定区域市场进行销售活动的经销商。特约经销商的特征是只能销售制造商的汽车，而不能销售其他制造商的汽车产品。当制造商在一定的区域市场中只选择一个特约经销商时，就构成了“独家分销”。这种特许经营模式的优势在于：汽车制造商拥有管理经验、专有技术、知识产权、市场推广与组织能力等方面的优势；经销商熟悉当地市场需求、资源分布、法律法规，并且和当地的政府机构、社会团体有较好的关系；消费者能享受专业的售后服务；有助于树立良好的企业和产品品牌形象。汽车特许经营模式的劣势在于：保护垄断，限制了汽车销售的充分竞争；经销商的运营成本高、经营风险大；消费者的选择范围较窄。

特约经销商必须根据制造商规定的标准投资建设品牌专卖店，配置必要的维修设备，并要准备充裕的流动资金，因此对经销商的资金规模有较高的要求。另外，特约经销商享有制造商授予的区域市场的排他性经营特权，能够凭借该垄断特权在该品牌地区市场内拥有较高的市场占有率，但同时其经营范围也要受到限制，所以，其总体市场占有率仍较低。

特许经销也具有很多优势，如有利于汽车品牌建设、规范汽车流通秩序、改善服务质量等诸多方面。目前，跨国汽车市场营销存在很多问题，如市场秩序混乱、销售服务缺乏标准、不规范，尤其销售服务更是中国汽车营销的“软肋”。通过特许建设品牌专营店，可以解决配件、维护、维修等问题，更为汽车经销商增加了一个客观的利润点，与整车销售利润相互弥补(尤其在整车经营利润不断下滑的情况下)，提升经销商的生存能力。

目前，很多知名品牌如本田、大众等，80%以上维修与保养都要通过特许经营店来完成，还有检测、维修、技术升级等服务，那种“路边店”是无法提供的。同时，特许经营模式还有利于汽车厂家对终端的控制，诸如美国汽车制造商原本限制经销商开设品牌专营店数量，但对经营业绩、经营能力突出的经销商，通过特许相对放宽的条件，使一些具有条件和优势的经销商得到优先发展，实现厂商的共生、共存与共荣。

(4) 品牌专卖模式。国内的品牌专营模式几乎普遍按照国际通用的汽车分销标准模式建设。它是一种以汽车制造商的营销部门为中心、以区域管理中心为依托、以特许或特约经销商为基点，集新车销售/零配件供应/维修服务/信息反馈与处理为一体、受控于制造商的分销渠道模式。目前主要的表现形式是“三位一体”(“3S”，包括整车销售、零配件供应、售后服务)专卖店和“四位一体”(“4S”，整车销售、零配件供应、售后服务、信息反馈)专卖店。目前，品牌专卖模式是汽车渠道的主流模式。

(5) 连锁经营模式。连锁经营模式是指由一家大型商店控制的、许多家经营相同或相似业务的分店共同形成的商业销售网。其主要特征是总店集中采购、分店联购分销。连锁经营模式出现在19 世纪末 20 世纪初的美国。到 1930 年，连锁商店的销售额已占全美销售总额的 30%。50 年代末 60 年代初以来，欧洲、日本也逐渐出现了连锁商店，并得到迅速发展。到 70 年代后期全面普及，逐步演化为主要的一种商业零售企业的组织形式。目前，连锁有以下三种形式。

① 正规连锁店。同属于某一个总部或总公司，统一经营，所有权、经营权、监督权三权集中。分店的数目各国规定不一，美国定为 12 个或更多；日本定义为 2 个以上；英国是 10 个以上。共同特点有：所有成员企业必须是单一所有者，归一个公司、一个联合组织或单一个人所有；由总公司或总部集中统一领导，包括集中统一人事、采购、计划、广告、会计等；成员店铺不具企业资格，其经理是总部或总店委派的雇员而非所有者；成员店标准经营，商店规模、商店外貌、经营品种、商品档次、陈列位置基本一致。

② 自愿连锁。也称自由连锁或任意连锁。是指各店铺保留单个资本所有权的联合经营，多见于中小企业，正规连锁是大企业扩张的结果，目的是形成垄断；自愿连锁是小企业的联合，抵制大企业的垄断。自由连锁的最大特点：成员店铺是独立的，成员店经理是该店所有者。自由连锁总部的职能一般为：确定组织大规模销售计划；共同进货；联合开展广告等促销活动；业务指导、店堂装修、商品陈列；组织物流；教育培训；信息利用；资金融通；开发店铺；财务管理；劳保福利；帮助劳务管理等。

③ 特许连锁(franchiser chain)。也称合同连锁或契约连锁。特许连锁是主导企业把自己开发的商品、服务和营业系统(包括商标、商号等企业象征的使用，经营技术，营业场所和区域)，以营业合同的形式给规定区域的加盟店授予统销权和营业权。加盟店则须交纳一定的营业权使用费，承担规定的义务。特点是：经营商品必须购买特许经营权；经营管理高度统一化、标准化。

目前国内出现了汽车连锁经营的模式。这种模式指的是公司连锁，即同一资本所有，经营同类产品，由同一个总部集中管理，共同进行经营活动的组织化的汽车零售企业集团。

连锁店的类型主要有直营连锁、自由加盟连锁和合同连锁。按照连锁总部主导类型的不同，可以划分为制造商主导的连锁、批发商主导的连锁和零售商主导的连锁。

(6) 买断经销模式。买断经销模式是指销售商和制造商就某产品在一定区域内达成协议，以非常优惠的价格从制造商批量采购产品，然后以远远低于市场价的价格对外销售，从而实现短期内大批量销售该产品的一种营销方式。

3. 中国汽车销售的主要形式

(1) 汽车交易市场。汽车交易市场是指各种不同的汽车产品和众多经销商集中在同一场所，以店面方式开展经营，由多个代理经销商分销，形成集中的多样化交易场所。这种方式出现在20世纪90年代初。汽车交易市场适应了消费者的需求，使购车人在同一地点即可比较、选择各种品牌的车辆，因而迅速成为汽车交易的重要渠道形式。汽车交易市场的优势是制造商和经销商流通成本低廉；可以给用户提供较大的品种选择空间；具有较为齐全的设施和服务。劣势是缺乏服务功能或服务与销售功能相脱离，无法适应消费者日益增长的对质量和服务的要求；不利于培育和树立企业与产品品牌。

(2) 4S专卖店。4S店是一种以四位一体为核心的汽车特许经营模式，内容包括整车销售(sale)、零配件供应(spare part)、售后服务(service)和信息反馈(survey)。

4S店的特点如下。

① 具有购物环境优美、品牌意识强等优势。

② 一般采取一个品牌在一个地区分布一个或相对等距离的几个专卖店，按照制造商的统一店内外设计要求建造。

③ 投入庞大。在中等以上的城市，4S店的固定投资在1 000万～1 500万元。

④ 回收期长。有的4S店可能要耗费8～10年的时间才能回收投资。在整个汽车获利过程中，整车销售、配件、维修的比例结构为2∶1∶4。维修服务获利是汽车获利的主要部分。

⑤ 名不副实。有些4S店在实际运作中有专卖之形而无专卖之实。

(3) 连锁店。中国的汽车连锁经营模式是从1997年亚飞汽车组建汽车连锁店时开始的。当时国内的汽车市场正处于谷底，产品严重供大于求。有大量库存的汽车制造商急于把产品卖出去，从而客观上给了汽车连锁企业进入市场的机遇。而随着汽车市场的逐渐升温，特殊时期做过贡献的连锁企业便被制造商排斥在外了。与专营模式的4S店相比，连锁店不便于制造商的直接操控。在有限利润为前提的情况下，连锁模式从表象来看只是在流通环节多了连锁母公司一个环节，但这就意味着在利润分配上多了一个分食者。放弃连锁经营，制造商直接与终端经销商达成合作，从利益上更能提高经销商的积极性，也便于制造商直接做出市场调整。而从现有的汽车销售连锁业来看，现有的连锁店多少显得尴尬。连锁的首要条件是统一采购，但到目前为止，没有一家连锁企业有强大的自有资金或融资实力买断制造商的产品资源，然后输送给各连锁终端。随着制造商对特约经销店规格的升级，制造商直接掌控下的4S店逐渐形成品牌，从销售环境和服务质量上并不比连锁店差，连锁销售企业的优势便难以发挥出来。

(4) 汽车超市。汽车超市主要指那些特许经营模式之外、多品牌经营的汽车零售市场。如北京经开国际汽车汇展中心汽车超市、东方基业汽车城等。尽管这些经营模式与真正意义上的超市尚不完全一样，但汽车超市的雏形已经在中国显现。汽车超市要发展起来，就得突破目前汽车销售特许经营的模式。

汽车超市的特色就是以品牌齐全取胜。在特许经营的模式中，许多国产品牌汽车超市不能以优惠的价格进货，价格上难有优势。虽然汽车超市的汽车零售价不比专卖店高，但在利润上吃了亏，这是一种不平等的竞争。然而，汽车超市的兴起本身就是对特许经营的挑战。国外超市形式的汽车零售随处可见，高速路边、机场边都会有汽车超市，卖汽车如同卖自行车一样普通。在中国，汽车超市的最大好处就是让多品牌汽车近距离地面对消费者，除拉近了空间距离外，更重要的是拉近了心理距离。随着中国售后服务与维修业的社会化发展，会有越来越多的消费者到汽车超市买汽车。

(5) 汽车工业园区。汽车工业园区是有形市场新的发展方向。随着北方汽车交易市场入股北京国际汽车贸易服务园区，汽车园区这一全新的分销模式也首次呈现在我们面前。汽车工业园区是结合中国市场“既集中又分散”的特点，将国外几种渠道模式有机结合，成为集约式汽车交易市场发展的新方向，但它绝不是汽车交易市场简单的平移和规模扩张。汽车园区相对于汽车交易市场和品牌专营店的最大优势就是功能的多元化。汽车园区具有全方位的服务集成功能，把传统的集约型融入现代专卖的渠道模式，以 3S、4S 店集群为主要形式。如北京国际汽车贸易服务园区设计了九大功能园区，即国际汽车贸易区、汽车试车区、二手车贸易区、汽车特约维修区、国际汽车检测中心、汽车物流配送中心、北京国际汽车保税区、休闲娱乐区和汽车解体厂，在某种程度上诠释了汽车园区的功能内涵。实现现金交易、信贷交易、租赁交易三种方式集成，并且具有销售、融资、办理手续一站式的服务功能，成为国际汽车交易中心、售后服务中心、展览信息交流中心和国内外汽车厂商咨询服务中心。目前中国汽车园区的构想刚刚起步。

(6) 仓储中心。仓储中心是近年来在商用车领域新兴起的一种营销手段，目前的销售占比仍然较低。该营销模式的特点是将国内外许多品牌的车集中存放在“甲地区的互动仓储中心”，甲地区的终端用户根据需求选择自己满意的产品。“甲地区的互动仓储维修中心”为终端用户提供车辆售后的维修、保养、培训等服务支持。

五、汽车促销策略

汽车促销由人员促销、营业推广、广告、宣传等手段构成。这里重点介绍汽车的营业推广策略、广告策略和宣传策略。

1. 汽车的营业推广策略

(1) 汽车营业的形式。汽车营业的形式主要包括店堂式营业和泛堂式营业两种类型。

① 店堂式营业。店堂式营业是一种通过销售店堂进行营业的方式。一般来说，店堂式营业的内容主要包括开业策划、店堂策划、场景销售和现场促销四个方面。

- 开业策划。开业是营业的起点，也是影响销售的重要因素。科学的开业策划，不但可以提高企业的知名度和美誉度，而且可以提高产品的知名度和美誉度，从而为营业推广的成功奠定基础。
- 店堂策划。营业是为店堂促销。销售店堂作为外在的环境刺激，必然会引起消费者的心理和行为反应。国外市场学的研究发现：消费者的购买决策，2/3 以上是在购买现场临时做出的。其中，40%以上的人是受了商品陈列的影响。可见，销售环境也是影响产品销售的因素。对此，有人曾经提出了店堂经营的“十大原则”，如地利原则、经济原则、方便原则、快乐原则、效率原则等。仅从销售环境的角度看，产品陈列、店堂色彩、店堂音响、服务设施等，都是影响产品销售的因素。
- 场景销售。这里的场景是指购物气氛。可以营造购物气氛的因素既包括产品陈列、店堂色彩、店堂音响、服务设施等“硬件”，也包括服务态度、促销策略等“软件”。现在盛行的吉祥物促销、迎春花促销以及签名促销、人物促销、动物促销、玩物促销等，都是营造购物气氛的主要措施。
- 现场促销。现场促销是店堂销售的基本形式。心连企业，情系用户，销售人员的促销艺术对于汽车销售的成功具有十分重要的影响。因此，现场促销艺术既是企业家们关注的焦点，也是理论家们感兴趣的话题。

② 泛堂式营业。泛堂式营业也可称为非店堂式营业，即通过店堂以外的渠道来实现产品的分流。一般来说，非店堂式营业又可分为趁水放船分流和参与政府采购两种类型。

- 趁水放船分流。所谓趁水放船分流，是指借助他人的销售场所对产品进行分流的营业方式。这些场所可以是专门的汽车交易市场，也可以是比较著名的百货商场。其中，专门的汽车交易市场是进行泛堂式营业最为理想的场所。企业无须自建店堂，却又可以趁水放船。同时，汽车交易市场还具有众望所归、客流集中的特点。
- 参与政府采购。西方国家大都制定有政府采购法。凡是属于政府机关、部队、学校等非营利性社会团体，在购买所需产品的时候，都必须通过公开竞卖和公开竞买的形式来进行。在我国，政府采购机制也日益建立和完善起来，因此，参与政府采购也是一种重要的营业艺术。

(2) 汽车营业推广的形式。汽车营业推广主要包括信用消费、租赁消费、组合销售、试乘试驾、有奖销售、展销汽车大赛和知识竞赛等形式。

① 信用消费。汽车属于高值耐用产品，即便在西方经济发达国家，也常常要采取信用消费的形式购买汽车。信用消费也可称为消费信用，它是一种从商业信用和银行信用中独立出来的信用形式。消费者凭借自己的信用先取得产品的使用权，然后通过信用消费来取得产品的所有权。一般来说，信用消费主要有分期付款、消费贷款、按揭贷款和产品赊销四种类型。

② 租赁消费。1896 年 2 月，开设世界首家汽车代理店的法国人埃米尔·罗杰，又在同一地点，挂上了“菲亚克尔出租股份有限公司”的招牌，在销售汽车和零部件的同时，兼营汽车出租或租赁业务。他在公司门口贴出的“每小时两法郎”的租车海报，吸引了不少巴黎市民，许多人包租或租赁他的奔驰出去旅游。罗杰开风气之先，汽车租赁则应运而

生。1925 年，世界上第一家汽车租赁网络诞生。其中，排名第一的赫兹公司，以福特、丰田、尼桑、马自达等汽车厂家做后盾，拥有超过 50 万辆汽车的庞大车队。这些汽车通过“半年半数”更新制循环更新，使汽车厂家也通过赫兹的租赁业务而保持着稳定的市场占有率。显然，通过租赁促进销售，是一种既利厂家，也利商家的“双赢”战略。

③ 组合销售。所谓组合销售，即搭配销售，是指将汽车与其他产品结合在一起，组合成一个销售单元，红花绿叶、相得益彰，从而产生组合效应的促销策略。

④ 试乘试驾。所谓试乘试驾，是指通过用户的尝试驾驶和乘坐体验加强他们对汽车的了解，培养他们对汽车的情感，从而激发其购买动机的促销策略。试乘试驾的高级形态是试用。

⑤ 有奖销售。所谓有奖销售，是指通过设置奖项和中奖概率，激发消费者购买动机的促销策略。

⑥ 展销会。所谓展销，即通过展览来进行促销。显然，展销会是一种面向社会公众的汽车推广形式。因此，自汽车诞生之日起，汽车展销也随之而来。

一般来说，汽车展览会主要有国际车展和国产车展、厂家车展和商家车展、专业车展和主导车展、固定车展和巡回车展、实物车展和虚拟车展、临时车展和永久车展等多种类型。

⑦ 汽车大赛。汽车大赛既是竞技体育的形式，也是汽车推广的形式。由于汽车大赛关注者多、传播得远，并且具有刺激强烈、印象深刻的特点，或胜或负，都可以大大提高企业及其产品的知名度和美誉度。尤其是胜利者，可以因此获得如同雪片的订单。许多著名汽车厂家之所以对参与或赞助汽车大赛情有独钟，其原因就在于此。

⑧ 知识竞赛。知识竞赛是通过竞赛方式宣传汽车知识的活动。但是，汽车生产厂家组织的知识竞赛，由于内容的选择性和问题的导向性，则具有汽车推广的意义。

除以上几种汽车营业推广形式以外，像降价、各种表演活动、买赠(送车费保险、现金、礼包、洗车，免费检测、维修)等方式也渐成主流。

2. 汽车的广告策略

(1) 汽车广告的形式。按照广告的内容和媒介，可以把广告划分为产品广告、公关广告、网络广告和实物广告四种类型。

① 产品广告。产品广告是一种通过传播产品信息、提高产品信誉、完善产品形象的方式，直接促进产品销售的古老的广告形式。就汽车广告而言，生产厂商借助传播媒介，把所售汽车在功能、造型、品牌、商标、包装和销售服务等方面的特点，以“戏剧化”的形式，有选择地传达给消费者，不但可以提高他们的价值感受，而且可以激发他们的购买动机。

② 公关广告。公关广告是一种通过传播企业信息、提高企业信誉、完善企业形象的方式，间接促进产品销售的广告形式。公关广告是一种崭新的广告形式，它所传达的并非产品信息，而是汽车厂家在理念、行为、结构和标志等方面的特点。如果说产品广告是“卖产品”，可以导致直接的购买行为，产生短期和局部的经济效益；那么，公关广告则是“卖企业”，不但可以间接促销，而且可以产生长期和全面的社会效益。因此，美国著名广告

学家沃特森说："做公关广告乃是善行，上帝决不会亏待他。"

③ 网络广告。所谓网络广告，即通过互联网发布的广告。这种广告形式目前在国内外都非常流行。

④ 实物广告。从认识论的角度看，凡是作用于我们的感觉器官并进入我们头脑的东西都是信息。所谓实物广告，是指企业借助有形物体传播的信息。因此认为，最具有实质意义的广告，当然是汽车本身。因此，展览会、展销会、博览会、博物馆以及试驾试乘等，才能动人心弦。除此之外，仿真车模也可以作为汽车广告来使用。

(2) 汽车广告的策略。广告与其他促销策略相比，是一种以信息传递为手段的促销策略。因此，市场营销学认为，广告促销必须坚持 AIDA 的基本模式，即注意(attention)、兴趣(interest)、购买欲望(desire)和购买行为(action)。显然，以上四种因素的实现，既取决于广告的设计艺术，也取决于广告的传播艺术。同时，从艺术的角度看，无论是广告设计还是广告传播，都拥有无限丰富的内容。

① 汽车广告的设计。汽车广告的设计艺术主要包括广告主题的设计和广告形式的设计两个方面。

广告主题是广告的内涵，也可称为广告概念，即对广告产品进行定位，为它确定一个受目标市场欢迎的特殊形象。广告主题既是广告的特点，也是广告的卖点。

一般来说，汽车的广告主题主要有以下六种类型。

第一，以形象定位的主题。所谓以形象定位，是指汽车广告集中表现了广告汽车与众不同的形象特点。一般来说，汽车广告的形象定位，必须与目标市场的心理需求保持高度的一致性。

第二，以性能定位的主题。所谓以性能定位，是指汽车广告集中表现了广告汽车与众不同的性能特点。一般来说，汽车广告的性能定位，必须与汽车发展的未来趋势保持高度的一致性。

第三，以功能定位的主题。所谓以功能定位，是指汽车广告集中表现了广告汽车与众不同的功能特点。

第四，以结构定位的主题。所谓以结构定位，是指汽车广告集中表现了广告汽车与众不同的结构特点。

第五，以心理定位的主题。所谓以心理定位，是指汽车广告集中表现了广告汽车与众不同的心理魅力。

第六，以价值定位的主题。所谓以价值定位，是指汽车广告集中表现了广告汽车与众不同的价值取向。

广告形式是广告的外延，也可以称为广告定义，即将广告概念确定的产品形象用最具吸引力的广告用语或广告画面表现出来。

一般来说，广告形式应当具有便于传播、便于记忆、简洁生动、诱发联想的特点。这就是说，广告形式的设计，不但要符合传播学和心理学的基本规律，特别是注意、记忆、思维、想象等方面的心理规律，而且要造成认知冲突，以"戏剧化"的形式表现出来。

首先，广告用语的设计。广告用语的设计要遵循广告设计的一般规律，但是，就其特殊性而言，简洁生动和诱发联想则是最为重要的。

其次，广告画面的设计。广告画面的设计同样要遵循广告设计的一般规律，但是，就其特殊性而言，不但要重视构图和色彩的广告性，而且要突出理论视点和设置想象空间。广告需要艺术，但是广告却不同于艺术。艺术强调欣赏，陶冶人的性情；广告讲究激发、唤起人的欲望。就其画面构图而言，可以是“全面”的表现，让你上上下下、里里外外看个够；也可以是“重点”的突现，通过对象与背景的对比关系，将某方面的特点凸显出来；还可以“点面结合”，既表现汽车的整体风貌，也突现汽车的个别特点。但是，全面表现也好，重点突现也罢，都必须将“注意焦点”与“广告主题”结合起来。只有这样，才能将广告与艺术区别开来，使艺术成为广告的手段。

② 汽车广告的传播。汽车广告的传播主要通过广告媒体和广告强度两个方面来说明。

一方面是广告媒体。广告经媒体而达四方，但是，使用何种媒体发布广告，需要综合考虑企业的特点、产品的特点、目标市场的特点和传播媒体的特点等，是一个多因素的决策过程。一般来说，企业在选择广告媒体时，主要采取广告媒体和广告媒介两种战略。

第一，广告媒体战略。“广告媒体”是一种定义比较狭窄的传播媒介，一般是指报纸、杂志、广播、电视等被称为“大众传播媒介”的媒体。其中，报纸和杂志又可称为印刷媒体；广告和电视又可称为电子媒体。由于大众传播媒介具有珍惜时效性、重视空间性、遵守真实性、开拓趣味性，以及具有公告性等其他媒介不可比拟的特点，就广告的效率和效果而言，大众传播媒介显然是最为理想的广告媒体。同时，由于传播时间的长短和信息传播范围的宽窄不同，大众传播媒介的四大媒体之间也存在着效率和效果的差异。一般来说，报纸优于杂志，电视优于广播。其中，电视是最佳广告媒体，也是费用最高的广告媒体。为了提高广告强度、降低广告费用，许多汽车生产厂家往往采取策划报刊专页和杂志插页的方式来发布广告。

第二，广告媒介战略。“广告媒介”是一种定义比较广泛的传播媒介，一般是指除大众传播媒介之外的所有媒体，如企业印制的刊物、招贴、海报、传单等，以及其他一切可以传播企业或产品信息的媒体，如建筑、橱窗、挂历、灯箱、路牌、护栏、邮票、印花、车票和火柴等。街头广告、马路广告，以及招贴画、宣传画、邮票和印花等都是司空见惯的广告媒介。

另一方面是广告强度。著名心理学家谢切诺夫曾经指出：“记忆是一种把前后两种感觉联系起来的力量。”这种力量既包括刺激的强度，也包括刺激的频率。其中，以刺激强度形成记忆者，我们称之为高强度轰动效应；以刺激频率形成记忆者，我们称之为低强度渗透效应。

第一，高强度轰动效应。所谓高强度轰动效应，是指广告的“刺激单元”应该具有足够大的冲击力量。这就如同著名广告学家罗瑟• 雷斯所说：“一个广告信息强的公司，可以使信息驻足少数人的头脑而发达；而一个广告信息弱的公司，将会因信息穿过多数人的头脑而消失。”

第二，低强度渗透效应。所谓低强度渗透效应，也可称为信息积累效应，即通过微弱刺激单元的连接来求得广而告之。重复是记忆之母，通过微弱刺激的重复，同样可以影响人的心理和行为。

3. 汽车的宣传策略

宣传有广义和狭义之分。广义的宣传包括广告，狭义的宣传则是指那些无须付出金钱或物质的代价、因而难以控制内容的信息传播方式，如新闻报道、文艺作品等。

(1) 汽车宣传的形式。按照宣传的方式，可以把宣传划分为新闻宣传和文艺宣传两大类型。

① 新闻宣传。从广告宣传的角度看，新闻宣传是企业借助新闻报道的形式来传播产品和企业信息，提高产品和企业的信誉，并最终促进汽车销售的宣传形式。

显然，新闻宣传是公关广告的发展。但是，新闻宣传与公关广告相比，不但更加重视时效性、空间性、真实性和趣味性，而且具有其他任何形式的广告都不可能具有的公告性。广告以新闻的面目出现，似乎都是客观事实的反映，轻而易举地避免了“王婆卖瓜，自卖自夸”的嫌疑。当然，其宣传和促销效果也令广告望尘莫及。

② 文艺宣传。从广告宣传的角度看，文艺宣传是企业借助文艺作品或文艺活动的形式，传播产品和企业信息，提高产品和企业的信誉，并最终促进汽车销售的宣传形式。显然，文艺宣传是新闻宣传的发展。一般来说，报告文学、纪实文学、散文、小说、诗歌、小品、电视、电影等文艺作品，以及舞蹈、演唱、绘画、书法、邮展、菊展等文艺活动和体育活动的任何形式，都可以作为广告宣传的工具。

(2) 汽车宣传的策略。汽车宣传的策略主要表现在传播信息、创造新闻、行动宣传和现身说法四个方面。

① 传播信息。心理学的研究发现，信息的积累，既可以形成公众的态度，也可以改变公众的态度。因此，通过信息传播以达到广告宣传的目的，是汽车宣传的基本策略。像品牌宣传月、新车投放日、产销过大关、质量得大奖、价格新举措、华夏第一撞以及用户传奇、消费花絮等，都可以通过大众传播媒介让它们尽可能地传播开来。

可以向公众传播的主要信息有品牌信息、产品信息、产量信息、销量信息、质量信息、价格信息和消费花絮等。

② 创造新闻。大众传播媒介讲究“轰动效应”，尤其喜欢“人咬狗”类的宣传效果。如果企业无以成为“新闻焦点”，为了避免公众的遗忘，则不妨创造新闻、播撒花絮，制造一些诸如攀登高峰、环球旅行、生日庆典、世纪婚礼、车手签名之类的“新闻焦点”。

③ 行动宣传。行为是理念的直观表现。从传播学的角度看，如果行为在行动中，也就是说，行为具有明显的运动特征，更能引起公众的注意，也更能强化公众的记忆，从而产生理想的宣传效果。在此方面，长途拉练、公益活动、服务宣传和用户调查等，都是汽车厂家惯用的行动宣传策略。

④ 现身说法。宣传心理学的研究发现，在宣传过程中，宣传者虽然处于主动地位，但是接受者却不是被动的接受者，而是主动的探索者。喜欢窥探宣传者的动机，并习惯做出“王婆卖瓜，自卖自夸”的归纳，从而使宣传效果大打折扣。但是如果企业反其道而行之，让消费者现身说法，显然比较容易引起他们的认同。在此方面，用户心声、开放参观

等，都是汽车厂家惯用的现身说法策略。

案 例

腾讯张敏毅：数据生态驱动创意升级 破解汽车营销“死活题”

2017年12月5日，在“D造车生态——2017汽车大数据营销峰会”上，腾讯社交广告副总经理张敏毅受邀出席，并发表主题演讲。

张敏毅在演讲中表示，解决汽车营销的痛点，在于全行业的开放与整合，既发挥营销链条上各方的优势，也打通从创意到转化的营销全链路，形成全方位的融合营销生态。

腾讯社交广告致力于构建开放融合的汽车数据生态，结合先进的广告技术，携手品牌广告主、代理商、数据机构等合作伙伴，通过“IDEA+”创意实验室和“π计划”等方式，以社交“技、数”赋能各方，共同开辟移动社交时代汽车营销新路径。

汽车广告营销，创意才是硬道理

截至2017年第三季度，腾讯占据中国移动互联网近60%的使用时长。其中微信月活跃用户达9.8亿，QQ月活跃用户达8.43亿，社交成为腾讯的根基，并带来海量社交行为数据，创造出巨大的社交营销机遇。

谈到汽车营销的现状，张敏毅认为，汽车广告营销效果的优化仍然任重道远。根据腾讯社交广告观察到的交通行业广告表现，能在社交吸引力和品牌意向度这两个维度都表现出色的广告投放仅有16%，多达43%的广告陷入“双低”困局。张敏毅提出，尽管营销效果的好坏受到品牌影响力和美誉度的影响，但最重要的决定因素仍是“创意”。而根据腾讯社交大数据和广告投放数据所得出的结论，传统创意在社交平台上不一定能取得预期的效果。

技数赋能，解决社交创意痛点

张敏毅指出，创意不等于社交创意，其中包含三大痛点。

(1) 洞察不等于社交洞察，其核心是由于创意和社交平台属性的断层。创意来自于洞察，而广义的洞察并非社交洞察，只有基于理性的数据分析和技术辅助而获得的洞察，才更具有社交传播的参考价值。

(2) 传统创意简单的拼接和移植已经不再奏效。广告主需要根据社交平台所适合的创意进行有效思考，通过丰富的广告产品、创新的场景及动态商品广告讲好故事，真正打动消费者。

(3) 如何在社交平台衡量创意与ROI。创意如何在社交平台达成预期ROI一直是腾讯社交广告探索的方向，也是整个行业一直想搞清楚的问题。

针对以上痛点，张敏毅提出，大数据和广告技术，正在成为创意的能源，并为创意搭建新的舞台。腾讯社交广告的优势正是在于“技数”能力。通过开放社交数据生态，助力汽车品牌实现精准TA洞察，发现创意方向并持续优化；革新的技术能力和产品则为社交创意提供个性化沟通和创意表达，通过发挥社交效能为品牌与用户建立紧密沟通的场景。

“IDEA+”汇聚各方力量，构建融合生态

为了让技数能力与创意实现真正的融合，需要构建一个开放的平台，整合品牌、数据服务商、营销机构、行业媒体等各方的数据、技术和创意优势，解决营销全链路上不同阶段的痛点。为此，腾讯社交广告成立了“IDEA+”创意实验室，开放场景数据技术能力，助力解决社交与创意断层、行业生态链断层的症结。

张敏毅介绍，“IDEA+”通过四个步骤：从提取洞察(insights)，到创意的产生(ideation)，创意的执行(execution)，直至最终的评估环节(measurement)，来真正实现数据、技术与创意的融合，进而驱动创意进化。

张敏毅结合典型案例分享了腾讯社交广告对汽车营销创意的几点洞察：注重个人价值表达，科技特效元素与时髦先锋感的画面，以及更具受众参与感的文案，更易拉近距离，引发用户共鸣；体现家庭价值，有孩子与宠物元素的内容，或是结合节日契机的内容也更易唤起用户的兴趣；能在前5秒抓住用户，或是用好名人效应，以及在对的场景激发共鸣的内容，更具有社交传播性；而对于转化效果来说，更直接的产品力沟通和图文相契合则非常重要。

腾讯社交广告在10月还启动了秉承“IDEA+”理念的“π计划”——开放腾讯社交平台的资源及能力，邀请合作伙伴派驻团队，获取第一手的信息和资源，分享技术能力，汇聚更多力量共同探索移动社交时代的营销未来。

张敏毅在最后表示，腾讯社交广告一直是汽车营销生态的积极推动者，并以开放的心态向产业链合作伙伴开放社交技数能力，整合各方优势资源，打通营销全链路。无论是“IDEA+”创意实验室还是由此衍生的“π计划”，都以此为目标，力求打破数据孤岛，释放社交和大数据在汽车产业中的价值。

复习思考题

1. 汽车性能指标包括哪些方面？
2. 政治法律环境是如何影响汽车产业发展的？
3. 中国当下汽车消费的特点是什么？未来如何发展变化？
4. 简述汽车服务策略的基本内容。
5. 高端品牌汽车的定价依据是什么？
6. 简述汽车4S店营销的基本原则。

第五章

房地产市场营销管理

房地产业同汽车产业一样日益成为当代经济社会最有生机和活力的产业之一。由于房地产业本身的特殊性和房地产业营销实践的发展，使得房地产营销也逐渐从市场营销学中分离出来，形成了一门新兴的分支学科——房地产营销学。这就要求，从事房地产专业的营销者，不仅应掌握市场营销的一般理论与方法，还应能根据房地产业本身的特点，采取相应的、符合房地产特色和规律的营销方法和策略。

第一节　房地产与房地产市场

研究房地产市场营销先要了解房地产的概念和特征，了解房地产业，了解房地产市场，从而把握房地产市场营销的一般理论和特殊规律，适应日新月异的市场变化，以达到开拓市场、扩大营销、获得效益的目的。

一、房地产的概念和特征

1. 房地产的概念及表现形态

房地产是房屋和土地财产的总称，又称不动产，是土地、建筑物以及固着于土地、建筑物的不可分离的部分，房地产本质上涵盖土地和建筑物两大部分。

房地产有广义与狭义的区别：广义的房地产是指土地与土地上的建筑物及其衍生的权益，并包括水源、森林与矿藏等自然资源；狭义的房地产则仅指土地与土地上的建筑物及其衍生的权益。

房产是指建筑在土地上的各类房屋，有住宅、商场、办公楼、厂房、文化教育、医疗卫生、体育、公务、娱乐、旅游等各种设施用房；地产是指土地及其上下的一定空间，包括地下的各种基础设施、水域以及地面道路等。

房地产是一个内涵十分丰富的概念，其表现形态也多种多样。

(1) 房地产的物质形态特征。房地产的物质形态特征是房产和地产。房产与地产是结合在一起的(除道路交通、城市环保、公墓、公园、广场等一些特殊用地外)，房屋是建筑在土地上、不能脱离土地独立存在的；而地产是可以单独存在的，既可以是待开发的土地或开发前期的土地，也可以是将来建造建筑物的配套用地。

(2) 房地产的价值形态特征。房地产的价值形态特征是房价与地价。房产价值与地产价值在理论上可以单独存在，然而在建筑物建成后，因房产与地产结合为一体，房价与地价往往合二为一，其房产价值和地产价值综合为房价，地价隐含于房价之中。所以，房产与地产因其互相联系、互相涵盖的整体性特征而形成了房地产的概念。

(3) 房地产的产权关系特征。房地产的产权关系特征是地产依附于房产。房地产作为一种财产，必然涉及权属关系。从我国的权属关系来看，土地归国家所有，土地只有使用权的转让而没有所有权的买卖。房屋具有所有权和使用权，房产证(房屋产权证)包括房屋所有权、房屋使用权和土地使用权证。

(4) 商品属性。在市场经济条件下，房地产具有明显的商品属性。房地产具有价值和使用价值，产生了房地产买卖，从而形成了房地产市场。

2. 房地产的特征

房地产是一种特殊的商品，这是由其本身的特殊性所决定的，这种特殊性表现在以下五个方面。

(1) 空间固定性。空间固定性，即房地产实物的不可移动性。建筑物是建造在一定区域的土地之上，并与土地密不可分，而土地的存在又表现为一定的区域空间。这一特征决定了房地产的开发和使用是以一定的地域空间为前提的，一旦房地产开发建设完毕，就无法改变其地理区位和坐落位置。

房地产区位的固定性，使其在市场上交换、流通的不是房地产商品的物质形态，而是各种物权的转移，进行的是一种观念上的价值流通而非物质本身的物理运动。房地产权属交易是房地产市场的交易实质内容和显著特征。

这一特点要求在进行房地产市场营销时，必须充分考虑房地产商品所处的地理位置和周围的环境，进行不同的开发、设计，采取不同的营销渠道和方式，并提供必要的房地产权属交易、变更、登记等服务。

(2) 差异性。房地产商品的差异性是指房地产市场供给产品的非标准化。因为房地产商品不能像工业产品那样进行批量化、标准化生产，故在不同的规划设计下开发、建设的房地产商品，其耗费必然不同。即使采用标准设计，由于地形、地质、建筑材料等方面的差别，其建设成本也不同，不可能像对工业产品那样进行统一定价。即使在同一幢楼中，由于楼层、朝向的差别，其价格也各不相同。此外，土地资源的不可再生性和不可移动性也决定了不可能有相同房地产商品的存在。因此，房地产的差异性既在实物形态上表现为地理位置、建筑结构、户型、层次、朝向、新旧程度以及开发建设程度的不同，又在权益状态上表现为所有权、使用权、抵押权以及典权等的区别。

房地产的这一特征要求在进行房地产市场营销时，不能像对一般商品那样实行大众化营销，而必须进行个性化营销。对于高档的房地产商品，甚至需要进行 One to One 营销；在价格策略上，不能像对工业产品那样进行统一定价，要单位定价，甚至“一房一价”；在同一房地产项目或同一住宅小区中，由于户型、朝向、楼层以及地理位置的差别，使其目标市场有所不同，而针对不同的目标市场，就需要制定相应的市场营销策略，以满足消费者的需求。

(3) 昂贵性。房地产商品的价格，无论从单位价格看，还是从总体价格看，都远远高于一般商品，每平方米房屋或土地的价格少则数百元，多则数千元或数万元。而一套住宅的价格可以从数十万元到数百万元，一个开发小区的价值则可以是数千万元或数亿元。从房地产开发建设所需要投入的资金量看，其数额之大并不是一般商品的生产所能比拟的。

房地产商品的昂贵性这一特点，决定了房地产营销的重要性和复杂性要远远高于一般商品的营销。首先，由于房地产商品的价值量相当大，使其购买决策过程长而且复杂。在消费者购买决策的不同阶段，需要有相应的营销手段相配合，以促使购买行为发生。其次，房地产商品价值量巨大的特征，也决定了房地产营销中信贷服务、咨询服务以及售后服务的重要性。

(4) 升值性。由于土地资源的稀缺性和不可再生性，使其面对不断增长的房地产商品来讲，价值显得越来越珍贵；加之土地投资的不断增加，房地产商品呈现出一般商品所没有的特征，即随着使用时间的延续，房地产特别是土地的价格非但不会降低，反而会保值、增值。这是房地产商品的根本特征，也是人们对房地产投资情有独钟的基本原因。

房地产商品的升值性特征，使房地产商品既可以作为消费品使用，又可以作为投资品看待，具有投资和消费的双重特性。同时，对于房地产商品的所有者来说，既可用于自己消费，也可用于出租，这本身也具有双重性的特征。但是房地产商品作为消费品和投资品，其目标市场的需求也是不同的，因而营销策略也应有所差异。

(5) 长期性。长期性是房地产与一般商品的另一个根本区别。房地产商品长期性的特点，主要表现在开发建设的长期性和使用消费的长期性两个方面。房地产的开发建设过程，从土地使用权和所有权的取得，到资金的投入，进行开发建设，直至完成，一般历时 2 年左右。从房地产的消费或使用过程看，土地具有不可毁灭性，建筑物的耐用年限也长达数十年甚至上百年。

房地产商品开发建设的长期性，决定了房地产商品市场研究、目标市场选择以及预售阶段营销策划的重要性。而房地产商品使用的长期性，决定了房地产营销中售后服务及物业管理的重要性。

二、房地产业

1. 房地产业的概念

房地产业是指专门从事房地产生产经营服务的部门经济行业，是集投资开发、建设、营销、物业管理及各类服务等多种企业群体的综合产业部门，目前已逐渐成为我国国民经济新的增长点。

房地产业的结构包括房地产开发经营企业，房地产中介、评估等服务机构，房地产市场，房地产行政管理部门，物业管理及房屋维修企业，房地产金融机构，房地产立法、执法机构，房地产科研机构等。

2. 房地产业的经营活动

房地产业经营活动的全过程由生产、流通和消费三个环节组成。

(1) 房地产生产。房地产生产是指通过对自然状态的土地投入人类劳动，进行房屋和基础设施建设，获得房地产劳动产品的过程，即房地产开发。

政府通过依法征用集体所有的土地，或依法收回已投入使用的国有土地使用权，再用协议、招标、拍卖等方式，有期有偿地将国有土地使用权出让给房地产开发公司或建设用地单位，由公司或用地单位组织进行房地产开发、再开发等活动，这是房地产开发中的主要活动，包括土地开发和房屋开发。

土地开发是指在依法取得国有土地使用权的前提下，对土地进行地面平整、建筑物拆除、地下管线铺设和道路、基础设施建设等，使土地满足生产和生活使用的需要。城市土地开发从狭义上讲，是指变农地为城市工商、交通和生活用地，从广义上讲，是指城市土地的综合利用，包括新城区的土地开发和旧城区的拆迁改造。

房屋开发是指城市各类房屋的开发建设，包括房屋建设的规划、设计、配套施工直至房屋建成交付使用的整个过程。

土地开发和房屋开发一体化，通常称为房地产综合开发。进行房地产综合开发的经济实体是房地产开发公司。

(2) 房地产流通。房地产流通是指房地产劳动产品以及未经开发的土地进入市场，通过交易活动实现其使用价值和价值的过程。主要有以下三种方式。

① 房地产买卖。指房屋所有权和土地使用权的买卖。由于房地产是不动产，具有不可移动性，它的生产和消费在地点上是相同的，只是通过买卖，即商品的形态变化来转移所有权或使用权，其交易活动始终贯穿于权属转移管理。

② 房地产租赁。指房地产使用权的零星出售或分期出售。房地产产权人通过租金的形式逐步收回成本和利润。

③ 房地产抵押。指单位或个人的一定量的房地产作为如期偿还借贷的保证物，给银行或其他信贷机构做抵押，从而取得贷款。贷款到期，借贷者还本付息，同时交纳所抵押品的保管费用，若到期无力偿还贷款，银行或其他贷款机构有权处理抵押品，所得资金首先用于归还贷款。

上述三种流通方式称为房地产经营。

(3) 房地产消费。房地产消费是指房地产产品经过市场交易进入到满足人们某种需求的环节。作为不动产的房产和地产，具有固定性和使用持久性，而且可循环使用、不断增值。因此，在房地产的长期消费过程中，要进行社会化的管理和服务，包括房地产产业管理和房地产产权产籍管理，还有售后的维修、保养和有关的物业管理服务。

三、房地产市场的构成

1. 房地产市场的概念及构成

所谓房地产市场，是指房地产企业开发经营的、带有房地产特征的产品或服务的交换场所，是房地产商品交换关系的总和。房地产市场是包括房地产开发市场、房地产劳务市场、房地产资金市场和房地产交易市场在内的市场体系，是房地产开发、建设、经营、管理、服务和消费的内在运行机制。它将房地产开发、建设、流通和消费等各个环节联系在一起，从而实现房地产的价值，是房地产经济运行的桥梁和纽带，是实现房地产商品价值和使用价值的经济过程，是市场体系中一个相对独立并且具有明显特征的专门化市场。

从基本构成要素看，房地产市场是由主体、客体和中介构成的。房地产市场的主体是指房地产商品的供求双方，如房地产开发公司、各类房地产消费者。其中，供应方通过对市场提供房地产商品而获取相应的货币，需求方则通过向供应方提供货币而从供应方手中取得所需的房地产商品。房地产市场的客体是指房地产市场交易的对象，主要包括房产商品和地产商品。在我国，地产商品主要是指土地使用权。作为市场，需要有相当数量不同品质、不同类型的房屋商品、供开发建设的土地以及相应的服务，供人们选择使用和交换。此外，货币资金虽然不是房地产实体商品，但也是房地产市场的客体。房地产市场中介是指从事房地产交易活动或促成房地产交易发生的中介机构，主要包括交易中介和融资中介。交易中介是指房地产经销商、代理商、经纪人、房地产信托公司、信托投资公司以及房地产交易所等。融资中介是指为房地产的供应和需求提供资金的金融机构，如住宅储蓄银行、住房合作社以及各类商业银行。

从房地产经济运行的角度看，市场主体、客体和中介缺一不可。但是，从营销学的角度看，市场主体中的需求方是交易形成的关键。从这个意义上说，房地产市场是由那些对房地产具有特定需要或欲望，而且愿意并能够通过交换来满足这种特定需要或欲望的全部潜在顾客群构成的。

2. 房地产市场的分类

从狭义来讲，房地产市场是指房屋本身的交易，也称非常市场；从广义而言，房地产市场还包括房屋占用的土地的交易以及由房地产交易引起的有关的利益，具有十分广阔的内涵。因而，房地产市场呈现出多元化态势，表现为具有不同层次、不同功能的综合性的市场体系。

(1) 按照生产和再生产过程划分。作为一个独立的产业体系，房地产业的资金流动是通过房地产的生产、流通和消费环节进行的。这一再生产过程包括对建筑用地的开发、房屋建筑物的建设、房地产商品的交换以及与此相关的信贷、管理及服务等经济活动。当这些经济活动处在市场经济条件下时，都是通过市场进行的，由此就形成了一个完整的市场体系。

① 建筑用地的开发市场。这是为进行房屋建筑物建设而对城市土地的初次开发和再开发所形成的经济活动关系的总和。在我国，城市土地的初次开发是指对建筑用地的第一

次开发，它是由城市政府或房地产开发企业代表国家，依据国家的有关规定，采取行政或市场的方式，向农村集体征用土地后，根据城市规划的要求，对土地进行“三通一平”或“七通一平”，从而把农业用地变成适合城市建设的土地。城市土地的再开发是指对城市土地存量的改造。随着社会经济的发展，无论从城市基础设施看，还是从城市土地的功能看，城市原有的土地都不能满足新的建设发展的需要，因而必须对其进行改造。这种对城市土地存量的改造，就是城市土地的再开发。从经济运行的方式看，这种改造开发也是由房地产开发企业以市场方式从国家手中取得该土地的使用权和开发权，进行城市基础设施的建设。这些开发经济活动的总和就构成了建筑用地的开发市场，这一市场的需求者是各类房地产开发企业和政府。

② 房屋建筑物的建设市场。即房地产开发企业根据房地产市场的供求情况，或者根据用户的需求建设各类建筑物，以满足房地产市场的需求。

③ 房地产交易市场，即房地产流通市场。它是指房地产在开发或建设后在流通领域的交易市场，包括建筑用地的出让和转让市场，以及房屋建筑物的出租或出售市场。

④ 房地产中介服务市场，主要包括房地产中介市场、金融市场和房地产在消费过程中的物业管理市场或售后服务市场等。

在现代市场经济条件下，市场的交易活动不是由生产者与消费者直接见面，而是由第三者(纯粹的市场中介)来完成的。特别是房地产商品，由于其位置的不动性、销售和使用过程的长期性以及其价值的巨大性，决定了房地产开发企业一般都不直接销售其开发建设的房地产商品，而是由市场中介担负起商品流通的职责。这类市场中介只从事房地产商品的交易活动，并不涉及开发建设领域。从事开发建设的房地产开发企业通过市场中介，将房地产商品转让到其他房地产开发企业或消费者手中，这就形成了房地产中介市场。

房地产金融市场是指服务于房地产开发、建设、流通以及消费的整个过程，由金融信贷活动所形成的货币市场。房地产业是一个资金密集型行业，无论开发建设、经营销售，还是消费者的购买，都需要大量的资金。这笔资金对于开发建设者、市场营销者或者消费者来说，完全依靠本身的力量来解决是十分困难的。因此，必须借助金融机构的帮助。

房地产的物业管理市场或售后服务市场，是指在房地产消费过程中对房地产本身进行维修、养护以及对房地产的消费者提供服务而形成的交换关系的总和。由于房地产是一项重要的耐用消费品，在其长期的消费过程中难免会发生各种损坏，因此，对其进行维修和物业管理活动是必要的。在市场经济条件下，这些活动都是按照市场方式进行的，从而形成了专门的市场。

上述各个市场在房地产整个市场体系中的作用和意义是不同的。其中，房地产开发建设市场是基础，房地产中介市场是核心，房地产金融市场是关键，而房地产物业管理市场是以直接服务于产业运行为目的的。

(2) 从交易层次划分。房地产市场按照交易层次划分为一级市场、二级市场和三级市场。

① 一级市场。一级市场是土地有偿出让市场。国家作为土地所有者将土地使用权投入市场运行，其投放总量、地块价格和交易方式等均由政府根据国家整体利益来确定。城市土地的有偿出让是一级市场的主要交易方式，是房地产结构中的核心层。由于我国土地

公有制表现为城市土地国家所有和农村土地集体所有两种形式，所以一级市场包括土地征购市场和土地出让市场。受土地公有制性质所决定，我国土地市场具有国家垄断性。

② 二级市场。二级市场是经营者与消费者之间进行房地产商品经营交易的市场。如城市土地使用权的转让，房地产开发公司的商品房出售，房地产的租赁、抵押和信托以及物业管理等。这个市场具有经营性质。

③ 三级市场。三级市场是消费者进行房地产交易的市场，如房产的买卖。该级市场具有消费经营性。

房地产市场的层次结构模式，如表 5-1 所示。

表 5-1　房地产市场层次结构模式

市场层次	一级市场	二级市场	三级市场
市场主体	国家或地方政府	各房地产公司	用户
市场特点	垄断竞争型	竞争型	竞争型
经营内容	总体规划设计用途、征地拆迁、招投标底价	综合开发	房地产转让
经营方式	有限期拍卖、招标或逐年收取土地使用费	出卖或出租已开发的土地或连同其建筑物	转让或出租地皮或连同其建筑物
价格决定	垄断价格(资源价格、所有权价格)	价值价格	剩余年限的价格

(3) 从交易标的物划分。房地产市场按照交易标的物划分为地产市场、房屋商品市场、房地产资金市场、房地产劳务市场和房地产技术信息市场。

① 地产市场。地产市场即土地使用权市场，如土地的一级出让市场、二级转让市场。

② 房屋商品市场。房屋商品市场是指以房屋为标的物进行交易的市场，如住宅市场、生产经营用房市场、办公用房市场。

③ 房地产资金市场。房地产资金市场是指银行等金融机构通过信贷、债券、股票等方式进行房地产资金融通业务的市场。

④ 房地产劳务市场。房地产劳务市场是指为房地产开发、经营、管理、服务活动提供劳务的市场。

⑤ 房地产技术信息市场。房地产技术信息市场是为各类房地产业务提供中介、技术咨询、房地产交易、行业情况预测分析及国内外有关资料的市场。

(4) 从交易方式划分。房地产市场按交易方式，即权益让渡方式的不同来划分，有房地产交易市场、房地产租赁市场、房地产抵押市场、房地产典当和信托市场。

① 房地产交易市场。房地产交易市场即房地产商品的买卖市场，包括土地的买卖、商品房屋的买卖。目前我国土地的买卖采取招标、挂牌、拍卖的方式，商品房屋的买卖主要有商品房屋预售和现房销售两种方式。

② 房地产租赁市场。房地产租赁市场指在一定时期内转让房地产商品的使用权，不出售房地产商品所有权的买卖市场。短期使用、收取租金是其主要的经济活动内容。

③ 房地产抵押市场。房地产抵押市场是指抵押人以房产作为还款保证物，向抵押权人(一般为银行等金融机构)取得贷款所形成的市场。

④ 房地产典当和信托市场。房地产典当是房地产权利特有的一种流通方式，主要是房地产权利人(出典人)在一定期限内，将其所有的房地产，以一定典价将权利让渡给他人(承典人)的行为。房地产信托是指致力于持有并在大多数情况下经营那些收益型房地产(如公寓、购物中心、办公楼、酒店、工业厂房和仓库)的公司的投资行为。

以上多种形态的房地产市场不是各自孤立的，而是相互结合、相互依存的，共同构成了一个统一的、完整的房地产市场体系。

四、房地产市场的特征

由于房地产是一种最基本的生产资料和生活资料，而且具有位置固定、投资量大等特点，因此，房地产市场既具备其他市场所共有的一般特点，又具有区别于其他市场的特殊性。同时，房地产业在国民经济中又具有特殊重要的地位，这就导致了房地产市场具有许多区别于一般市场的独特属性。

1. 地域性

房地产作为不动产所具有的不可移动性，决定了在房地产市场上不存在房地产商品物质实体的移动，地产商品只能就地开发建设、就地使用和消费，不能像其他商品那样通过运输或自由流动来平衡供求关系。同时，房地产商品在市场上的流通只能通过消费者或使用者自身的移动，而不能通过房地产商品实物的移动来进行。房地产市场是典型的地方性市场，各个地区房地产市场的运行状况在很大程度上取决于当地的经济发展程度、居民收入水平、人口数量与结构、价值观念、受教育程度、地方政府的政策，以及当地风俗习惯、气候条件、灾害情况、市容与环境、学校和医院等公共场所状况、交通设施等多种因素。

房地产市场的地域性特征导致不同地区房地产市场的发育和完善程度不同；使同一类型的房地产商品的地区差价很大；也决定了其市场供求圈小，辐射功能弱，其有效需求局限在一定区域范围内。

2. 开放性

房地产市场虽然具有较强的地域性，但同时又是一个开放的市场。房地产市场在其运行过程中，不断与其他要素市场(如金融市场、信息市场、技术市场等)进行信息或物质的交流和交换；在其发展和完善过程中，更需要其他要素市场的配合。因此，房地产市场是一个开放性的市场。房地产交易额巨大，少则几万元，多则上千万元，甚至上亿元。因此，无论房地产的经营者还是使用者，都必须有银行参与进行资金融通，才能完成交易。由于房地产产品的保值性、增值性及较小的风险性，银行也愿意开展房地产抵押贷款业务。房地产交易的专业性和复杂性很强，因而房地产交易一般都有中介机构参与，提供技术咨询、价格评估、地籍测量、业务代理、法律仲裁等多项服务。没有中介机构的参与，房地产交易很难顺利完成。

3. 经济循环性

房地产市场的经济循环性包含两个方面的含义，一方面是经济周期性循环，另一方面是由于其特质而形成的反经济循环性。

经济周期性循环是指经济的上升运动与下降运动的周期性重复，一般包括扩张、后退、收缩和复苏四个阶段，它不仅存在于房地产经济运行的全过程，而且也存在于房地产市场构成的个别部门，如地产开发、金融、投资、房地产交易等。除了周期性变动外，房地产市场还有季节性、长期性和随机性变动。季节性变动与季节、气候有关，如在传统的建筑技术条件下，寒冷天气下建筑业基本处于停滞，观光旅游淡季大小宾馆空房率明显增加。长期性变动通常以 5 年乃至更长时间来衡量，它预示着整体经济发展的总趋势，其过程为：开发特定地区—房地产业扩张—大量人口涌入—新建住宅—基础设施增加—可用土地减少—市场降温—施工率徘徊—房地产收缩—施工率下降。随机性变动是指由于政策因素或自然灾害所引起的房地产业的衰落与复兴。

与一般市场行情不大相同的是，房地产市场存在着某种反经济循环的倾向。由于购买房地产不仅可直接供生产与消费使用，还可作为货币保值的手段，因此，在经济不景气时，有人会为避免货币贬值而购买房地产，投资到房地产方面的资金增多；而在经济繁荣期，社会的大部分资金被其他部门所吸收，投资到房地产方面的资金反而少了。

4. 层次性

房地产商品是房地产市场的基本要素。而房地产商品的形成经历了征地、土地开发等流程。土地市场的交易就有土地所有权变更、土地经营权租赁、土地使用权转让等多种方式。而房地产市场交易要经过接待、登记、调查、议价、估价、报批、收费、统计和发现等过程才能完成。因此，房地产市场结构由支持系统、交易系统和约束系统组成(见图 5-1)。由此可见，房地产市场本身就是一个多层次的市场体系，每一个市场都是由多个子市场组成的复合体。

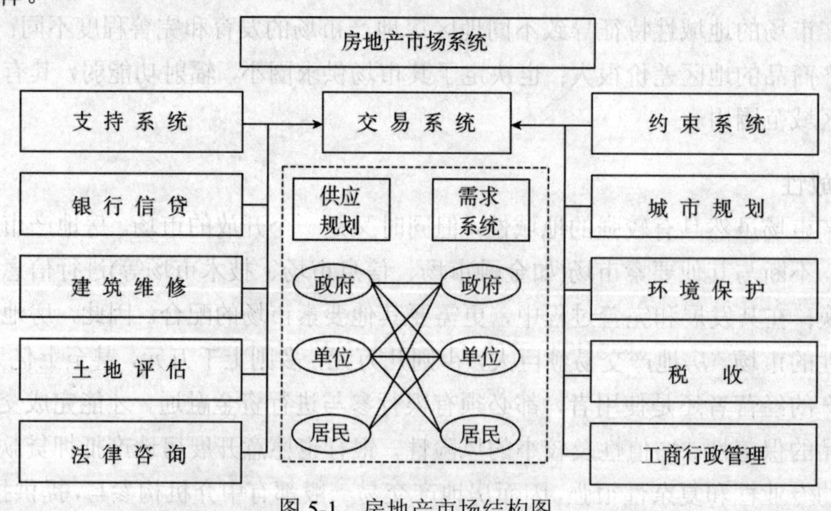

图 5-1 房地产市场结构图

注：①实线为作用线，虚线为系统线；②政府包括各级政府和政府各部门；③单位包括各种性质、类型的企事业单位。

5. 滞后性

房地产业的发展一般滞后于经济发展，房地产业的复苏与发展是经济复苏后固定资产投资增加的结果，就此而言，房地产业并非龙头产业。这是因为房地产业是一种生产性投资，这种生产性需求产生于消费性需要，即依赖于生产、商业经营等的发展对厂房、商店等固定资产的需要，这种需求的滞后性决定了房地产业发展的滞后性。同时，房地产开发需要大量投资，仅仅依靠自有资金难以开发大宗房地产项目，这需要其他行业的投资者的共同参与。因此，房地产业作为国民经济产业系统的一个子系统，其发展进程不但取决于自身的发展冲动，而且取决于能否与其他产业协同共进，所以应根据社会经济发展的客观要求，合理调控房地产业的发展方向和规模。

6. 双重性

一方面，房地产产品是必备的生活消费品，是衣、食、住、行中缺一不可的重要组成部分；另一方面，房地产产品又是必不可少的生产资料，构成企业固定资产的一个大项。因此，房地产市场兼容了生产资料市场和消费资料市场的特点，这种双重性决定了房地产业对国民经济全局的重大影响，使其成为国民经济体系中一个重要的基础产业。

仅就生活消费品而言，房地产市场也具有投资与消费的双重性。因为房地产不仅是一种基本生活资料，而且由于其长期的使用价值及价值实现的长期性，以及土地的增值、保值性，也可以作为保值、增值的手段。房地产市场存在的“瑞查特效应”(Ratchet effect)，即房地产价格因需求而上涨，但房地产的投资或消费并未因此而下降，这种反供求规律现象就是由于房地产市场投资、消费的双重性所致。

7. 价格的差异性和层次性

由于房地产产品的单件性很明显，没有统一的规格、标准，因此不同的房地产产品存在很大差别。如果把地理位置、建造成本、规格、质量及折旧程度等因素都考虑在内，即使本身没有多大区别的房地产产品，在价格上也往往会形成较大的差别。因此，房地产产品很难像一般商品那样进行规范化的统一定价，价格千差万别是合理的现象。

房地产产品往往价值较大，买方一次性购买有时比较困难，卖方一次性出售也不是非常容易。为了克服一次性大额交易的局限性，出现了一次性出售、分期出售、部分出售等多种交易形式，因此形成了多种层次的房地产产品价格。在房地产市场上，这种多层次的价格体系是由房地产产品的特殊性决定的。

8. 垄断性

垄断性是指房地产市场是一个不充分、不完全竞争的市场。

完全竞争市场必须符合以下几个条件：第一，产品是同质的、无差别的；第二，不存在公共物品，各种生产要素可以完全自由流动；第三，信息畅通，市场主体在价格、供求数量等方面拥有完备的信息；第四，有大量的买者和卖者，即任何一个市场主体都不能单独影响市场价格。然而，房地产产品最大的特点之一是异质性，因为房地产存在三维空间，其地段、位置不能复制，不同楼层的房地产价格也有差异。由于房地产交易涉及很多法律上的程序和商业秘密与利益，其信息资料通常不是过时，就是欠详尽或欠准确，因此，房地产市场的信息是不充分的和非对称的。由于房地产投资金额较大，回收期较长，风险较高，所以并不是每个投资者都能轻易介入房地产经营的。同样，房地产市场上交易各方自由进出也并非十分容易。由于交易双方数量有限，竞价过程不充分，成交价有时并不能准确反映成交房地产的真实价值，极易产生价格波动，使房地产交易的成本相当高。房地产市场与完全自由竞争市场的要求相差甚远，是一个不充分的市场。

房地产市场的不完全竞争性也是由土地的垄断性决定的。从相对垄断性来看，由于土地资源供给的刚性和不可再生性，使拥有某一土地的房地产开发企业在与此相对应的市场上就处于相对垄断的地位；从绝对垄断性来看，我国房地产的一级市场，即土地使用权的征购市场和出让市场是由政府垄断的。

就总体而言，房地产市场属于卖方市场，具有很强的垄断性。这种房地产市场的不完全竞争性，也是房地产市场投机性的根本原因，同时也说明对房地产市场进行宏观调控的重要性。

第二节　房地产市场营销的概念及特点

一、房地产市场营销的概念

房地产市场是我国市场体系中的重要组成部分，房地产市场营销也是市场营销理论的一个重要分支。所谓房地产市场营销，是指通过房地产市场交换，满足现实的或潜在的房地产需求的综合性的经营销售活动过程。从这一概念中可以看到，房地产市场营销蕴涵着以下几层含义。

(1) 房地产市场营销的目的是满足消费者对房地产商品和劳务的需求。这里明确了在市场经济条件下，房地产企业应树立以市场为导向、以消费需求为导向，而不是以企业为导向、以产品生产为导向的观念，把市场需求当成左右房地产开发企业一切生产经营活动的出发点，把满足消费者对房地产商品和劳务的需求当成企业一切生产经营活动的目标。企业只有通过市场了解消费者对房地产商品和劳务的需求，并且通过开发适时地满足他们的需求，才能最终完成销售，实现企业的最终盈利目标。

(2) 房地产市场需求既包括现实需求也包括潜在需求。现实需求是已经存在的市场需求，它表现为消费者既有欲望又具有一定购买力，并通过实际购买行为来满足需求，形成现实市场；潜在需求是指消费者对市场上现实不存在的产品或劳务的强烈需求。随着科学技术的发展和人们消费水平的提高，潜在需求的层次和内容将不断变化，善于发现和了解市场的潜在需求是房地产营销的重要任务，也是企业的机会所在。一个有战略眼光的经营者不仅应该积极满足消费者的现实需求，实现商品交换，更应该着眼于潜在需求，针对需求的紧迫性结合企业的条件，果断决策，锐意开发新产品，并积极引导消费者购买、使用新产品，将顾客的潜在需求转化为现实需求。

(3) 房地产市场营销活动的中心任务是实现商品的交换。企业的一切营销活动、营销策略必须紧紧围绕交换而展开，通过交换的顺利进行实现企业产品的价值和再生产的良性循环。

(4) 房地产市场营销的手段是开展综合性的营销活动，即整体营销(或营销组合)。这要求企业既要进行外部市场营销，又要进行内部市场营销。在外部营销上应尽量把产品策略、定价策略、销售渠道策略和促销策略等四大要素在时间与空间上协调一致，实现最佳的营销组合，以达到综合、最佳的效果。同时，企业内部其他部门均应在增进企业整体利益的前提下积极配合营销部门争取顾客，很好地服务于顾客，强化全局营销意识，提高全员营销素质，以实现整体营销。

上述既是房地产市场营销定义的深刻内涵，也是现代市场营销的内在要求。房地产市场营销这个概念是从房地产企业的实践中概括出来的，因此其含义不是固定不变的，它将随着房地产企业市场营销活动的不断开展而更加丰富、更加系统。

房地产市场营销还可以进一步从微观与宏观两个角度予以区分，微观的房地产市场营销的出发点是独立的企业，它是指企业如何通过市场媒介获得最大经济效益的各种营销活动。宏观的房地产市场营销的出发点是整个房地产业，它是指通过房地产市场的流通，系统地、有序地运作，以实现全社会范围的房地产供需平衡。

二、房地产市场营销的特点

房地产市场营销之所以成为市场营销的一个分支，就是因为它具有自身的特点。房地产市场营销的特点是由房地产产品以及房地产市场的特征所决定的。

1. 系统性

房地产市场营销的系统性主要表现在两个方面。首先，房地产市场营销必须以影响房地产市场各类因素的分析为基础，即要以房地产市场营销环境分析为基础，而影响房地产市场供求结构及其变化趋势的各种因素是一个大的系统。从宏观方面看，这一系统由各级政府有关房地产市场营销的政策体系与内容(如房地产产业政策、金融政策、财政政策等)，以及社会经济环境(如人口数量、收入水平等)等构成；从微观方面看，包括房地产市场的供应、需求和中介，以及房地产开发经营企业围绕着市场营销所投入的要素(如问卷调查、营销策略设计)等。这一特征说明房地产市场营销是一个受一系列相关因素影响的活动过程，房地产企业必须综合考虑宏观环境因素和微观环境因素的共同影响，认真地开展市场调查，才能真正了解市场和市场需求，制定正确的营销策略。

其次，房地产市场营销活动的运行是由输入、过程及输出三个部分构成的一个系统。这一系统包括两个方面的内容：一是房地产市场营销系统运行中资源的输入和输出(见图 5-2)，二是房地产市场营销系统战略的输入和输出(见图 5-3)。

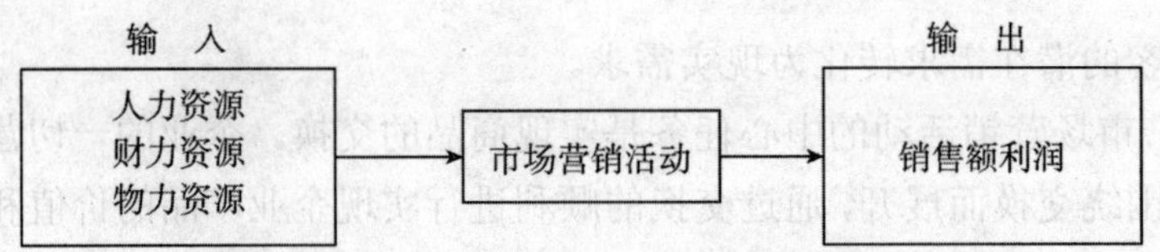

图 5-2 房地产市场营销系统运行中资源的输入与输出

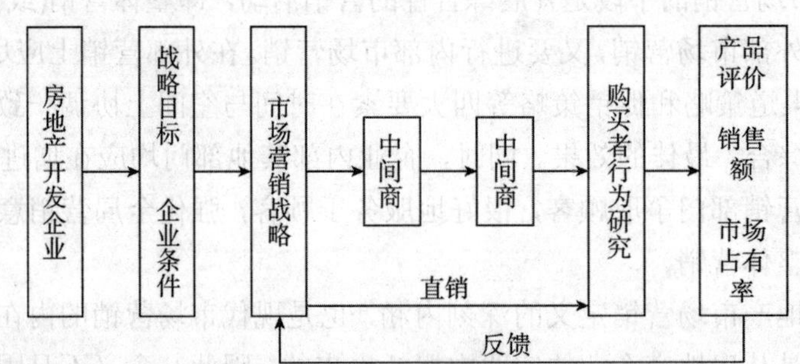

图 5-3 房地产市场营销系统战略的输入和输出

房地产市场营销活动过程的系统性，说明了房地产市场营销是一个需要大量资源和战略投入，从而创造性地开展房地产市场需求活动，满足市场需求并得到利润回报的经营活动过程。企业必须更加重视资源、营销战略的投入和利润收入，当然，应该是在注重营销活动和营销过程的条件下实现企业的投入和产出。

2. 整体性

房地产市场营销的整体性可以从纵向和横向两个角度来理解。从纵向看，一方面，由于房地产商品价值大、房地产市场地域性强以及信息不畅通等特点，使房地产商品在流通领域停留的时间比较长，长达数年是正常现象。仅整个销售过程而言，都要经历预售、销售中期以及销售后期三个时期，这就要求不同时期的房地产营销活动和方案具有前后连贯性。另一方面，房地产营销过程本身也具有整体性。从房地产市场研究，经过市场细分和目标市场的选择，到房地产市场竞争战略和品牌战略的确定、顾客关系的管理，再到产品策略、价格策略、营销渠道策略以及促销策略的制定，就是一个前后互相联系、互相制约的统一过程。任何一个方面的变化，往往影响到其他方面的改变。而房地产商品的整体性(一个房地产产品包含产品结构、朝向、质量、公共设施、社区管理、贷款抵押、产权产籍管理、物业管理等多种要素)则使房地产市场营销整体性的表现更加突出。

从横向看，房地产市场营销计划的制定和实施不仅涉及房地产开发企业内部营销、财务、工程质量管理以及材料采购等部门，也需要银行、设计部门、工程建设承包商以及建筑材料和房屋设备供应企业等外部企业的配合。

房地产市场营销的整体性的特点要求企业必须树立整体营销的观念，开展市场营销组合活动，才能适应市场的需要。

3. 政策和法律的敏感性

从法律角度看，首先，房地产商品流通的实质是产权的流转，而不是房地产商品实体的移动。在房地产商品产权流转的过程中，需要有法律的保障。其次，房地产商品因使用周期长，同一房地产商品在其使用期内，产权可能多次转移。最后，在法律形态上，房地产商品的产权表现为所有权、使用权、租赁权、抵押权以及典当权等形态，不同形态的权益包含的权利和义务关系不同，涉及的法律条款也不一样，在营销时需要特别注意。同时，在房地产经济活动中，房地产商品的使用权和所有权都可用于抵押、典当和信托等。所有房地产权属在登记、转移而完成房地产交易时，都需要法律提供保障。所以，房地产市场营销与法律制度有密切的联系。

从政策角度看，房地产业对国民经济发展的重要作用，以及房地产在国民财富和社会经济生活中的地位，决定了政府必然通过各种形式对房地产市场进行调控，这一方面减弱了房地产市场运行的自由程度；另一方面也使房地产市场的供求状况和变化趋势受政策的影响很大。

4. 独特的经济运作方式

房地产市场营销具有独特的经济运作方式，因为它是在一个不完全竞争的市场环境下进行的。

房地产市场运行往往缺乏及时、准确的信息。房地产市场的交易需要权属上的转移，在购买时要经过产权产籍登记，还有手续的办理，交易从开始到完成需要较长的时间(期房需要 1～2 年，甚至更长的时间)，交换后的数据处理时间上的滞后，甚至有许多房地产交易是不公开的。因此，房地产市场交易的信息很难完全掌握，从而影响到房地产市场信息的准确性。房地产市场信息的不充分性增加了消费者购买的困难，给房地产企业的开发、设计、定价、销售、服务及物业管理等都带来了很大的困难，加大了市场竞争的盲目性和风险性。

在房地产市场运行过程中，与其他行业相比，投资者和消费者进出房地产市场的难度更大。投资者因房地产投资额大，进入市场之前，要做大量的市场调查和研究。在确定了目标市场之后，还要筹措资金、组织人力、工程招标，增加了进入市场的难度。而进入市场后，一方面建设周期较长，另一方面资金的回收周期长，用于租赁的房地产商品，资金回收时间更长，遇到市场情况不景气时，房地产难以脱手，难以在短期内离开市场。消费者因购买房地产资金较大，使用周期长，在购买时十分挑剔房地产的质量、价格、配套、环境、物业管理等。在出售或出租时，往往经多方面的分析和比较，因此，消费者进出市场也比较艰难。投资者和消费者进出房地产市场困难，从而形成房地产经济运行时间上的滞后，为房地产市场营销在时间上的把握带来困难。

房地产商品的独特性和市场的特殊性，也使得在市场研究方法、投资方式、开发方式、产品定价、销售渠道、促销方法和售后服务等方面都与一般消费品不同，要遵循其市场所特有的规律，采取不同的方法，制定不同的策略。

房地产及其经济运行规律的特殊性，决定了房地产市场营销本身的特点和相对独立性。因此，有必要对房地产市场营销进行不断的、深入的研究。

第三节 房地产市场营销策略

一、房地产市场营销组合

1. 房地产市场营销组合的概念

房地产市场营销组合是市场营销理论中一个很重要的概念，是指企业针对选定的目标市场综合运用各种可能的市场营销策略和手段，组合成一个系统化的整体策略，以达到企业的经营目标，并取得最佳的经济效益。

2. 房地产市场营销组合策略的主要内容

房地产营销组合策略是现代房地产企业营销普遍应用的方法，一般由四个部分组成，即产品策略、价格策略、渠道策略和促销策略，简称 4P 营销策略，在影响房地产市场的诸因素中，如果市场营销环境是企业不可控制的因素，那么，4P 则是企业可以控制的因素。因此，房地产市场营销组合是企业各个可以控制的变量的组合。房地产企业营销优势的发挥，很大程度上取决于整体营销策略配套组合的优势，房地产企业在目标市场上的竞争地位和经营特色，则通过营销组合的特点体现出来。

二、房地产营销组合策略

1. 产品策略

产品策略是房地产市场营销组合的核心因素。产品在很大程度上决定了企业怎样开展市场营销活动，一个企业的产品决策正确与否，是价格决策、分销决策和促销决策能否实现预期效果的前提。因此，产品策略是房地产开发企业市场营销活动的支柱和基石，是价格决策、分销决策和促销决策的基础。

(1) 房地产产品的概念。房地产产品是房地产企业开发经营的直接有效的物质成果，统称为物业。在房地产市场营销活动中，企业满足顾客需求是通过开发一定的物业来实现的。现代市场营销学认为，房地产产品包括核心产品、形式产品和延伸产品三个层次的概念(见图 5-4)。

核心产品，是房地产整体产品概念中最基本的层次，为消费者提供最基本的效用和利益。如人们购买住宅，不仅仅是为购买各种建筑材料的组合物，而是通过购买活动，提高自己的生活质量，获取他们所需要的家庭感、安全感或成就感。

形式产品，或称有形产品，它是目标市场消费者对某一需求的特定满足形式，一般以物业的质量、户型、层高、外墙装饰、品牌、地理位置等不同侧面反映出来。

延伸产品，是房地产各种附加利益的总和，通常指附加在有形产品上的各种各样的服务，如物业管理、公共设施的提供、按揭保证等，它能给消费者带来更多的利益和更大的满足感。

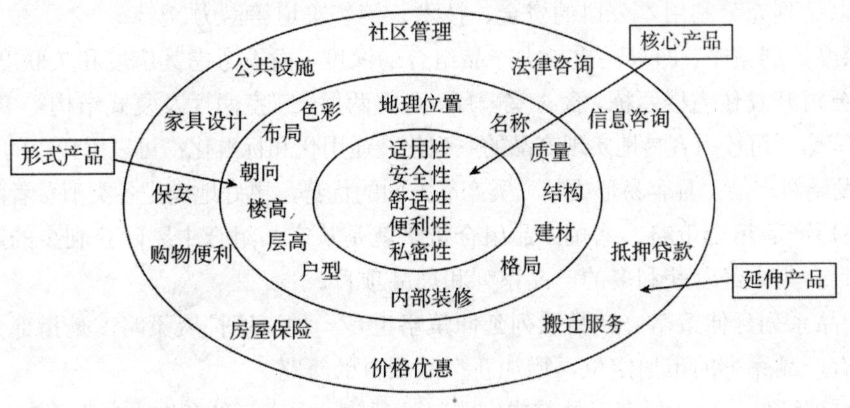

图 5-4　房地产产品整体概念图

(2) 产品组合策略。产品组合，也称为产品品种配备，是房地产企业生产和销售的全部房地产产品的结构。房地产产品组合策略，是房地产企业依据市场的需求以及企业自身的资源、条件，对产品组合的深度、广度和关联性实行不同的有机组合而制定的产品策略。

由于市场的变化，房地产企业对房地产产品进行组合和结构调整时，应根据房地产企业的目标，从产品组合的广度、深度和关联性方面进行策划。扩大产品系列的广度，开拓市场，有利于发挥房地产企业的潜力；加深产品系列的深度，则能抢占更多的房地产细分市场；加强产品系列的关联性，可以提高房地产企业的市场地位。因此，房地产产品组合策略得当，可以取得促进销售、增加利润的效果。

但是由于受市场需求的波动、市场竞争条件的影响和房地产企业自身实力限制三个因素的制约，房地产企业对产品组合的广度、深度和关联性有不同的选择，产生了多种房地产产品组合策略，如图 5-5 所示。

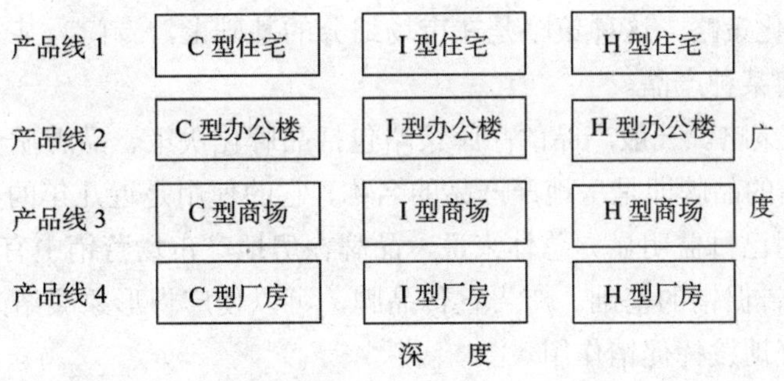

图 5-5　房地产产品组合示意图

具体来讲，企业经常采用如下几种策略。

① 综合发展策略。这是大公司或集团公司所普遍采用的策略。凭借雄厚的资金和技术力量，尽力全面扩展产品组合的广度和深度，在广泛的地域范围内，向社会提供各种房地产产品。

② 广度扩展策略。即只注重扩大产品组合的广度，而不考虑其深度和关联度的影响。

如某房地产开发公司经营住宅、写字楼及商场三大类房地产产品。采用扩大产品组合广度的策略可以达到充分利用本公司的资金、技术、销售渠道等潜力。

③ 深度扩展策略。即只注重扩大产品组合的深度，而不考虑其广度和关联度的影响。如某开发公司开发住宅楼两栋，含一室一厅、两室两厅、三室两厅及复式结构等多种户型。采用这种策略，可较为容易地实现产品的系列化、通用化和标准化；可以用较少的资金、较快的速度发展新产品；且容易形成某一类产品方面的优势，更好地满足各类消费者的需要。

④ 缩短产品组合策略。缩短产品组合策略就是从产品组合中剔除获利少的产品系列或产品项目，集中经营获利多的产品系列和产品项目。

⑤ 产品系列延伸策略。产品系列延伸策略也是一种深度扩展策略，是指部分或者全部改变原有产品系列的市场定位，增加新产品项目的策略。

产品系列延伸策略一般有三种方式，即向下延伸、向上延伸和向上向下双向延伸。

- 向下延伸。即将原先定位于高档市场的产品系列向中低档市场延伸，在高档产品系列中增加低档产品项目。例如，某住宅小区原设想建成精装修标准的高级住宅，后经市场调查分析，开发商从降低成本出发，为购房者着想，在总的住宅标准不变的基础上，通过将室内装潢的设想改成毛坯房标准来降低造价成本，向中低档市场延伸，以获得更多的客户。
- 向上延伸。即原先定位于低档市场的企业，在低档产品系列中增加高档产品项目，使企业进入高档产品市场。如安装电梯的七层、八层、九层住宅楼房是提升多层品位的尝试，受到客户的广泛欢迎。由于我国正逐步进入老龄化社会，电梯房避免了老年人行动上下楼梯不便的烦恼，这也是一个房地产产品向上延伸的成功实例。
- 向上向下双向延伸。即原先定位于中档产品市场的企业，向产品系列的上下两个方向延伸以扩大市场。

这三种策略都有一定的风险，需要根据实际情况，灵活运用。

⑥ 产品细分化策略。这种策略是在市场细分的基础上，专门为某一类需求未被满足的顾客生产和销售某种产品。

(3) 产品品牌策略。一般产品的品牌策略包括品牌化决策、品牌质量决策和家族品牌决策。房地产产品的品牌即是房地产产品的名称，它的使用是近几年的事，但其在房地产市场营销中的作用已日益明显。总体来说，品牌在房地产市场营销中有以下作用。

① 品牌是广告促销的基础。广告宣传品牌，可以使广告形象凝结为实实在在的品牌标志，使广告更好地发挥促销作用。

② 品牌是控制市场的有力武器。开发商有了自己的品牌，就可以与市场直接沟通，形成自己的市场形象，获得有效的市场控制权。

③ 品牌有助于新产品的销售。新物业进入市场是一项艰巨、复杂的任务，但特定的品牌标志着某项物业开发商一定的质量水平和信誉，对促进销售起到积极作用，而让顾客接受一个品牌要比让其接受一项物业容易得多。

④ 品牌有助于建立顾客偏好。品牌化可以使开发商更好地吸引品牌的忠诚者，使企业保持稳定的销售额。

⑤ 品牌有助于监督、提高企业产品的质量。企业创出一个名牌，需要付出巨大的、长期的努力，只有保证其产品质量，才能树立良好的形象。因此，“创名牌，保名牌”成为企业不断提高其产品质量的推动力，同时也成为公众鉴别、监督产品质量的主要手段。

房地产企业在设计品牌时应遵循以下四个原则：一是简单醒目，便于记忆；二是新颖别致，易于识别；三是易于发音，利于通用；四是配合风俗，易于接受。

(4) 产品生命周期策略。所谓房地产的市场生命周期，是指一种新型的商品房类型，从开始进入市场到被市场淘汰为止的全过程。像其他商品一样，房地产的市场生命周期也有四个阶段，相应地，其营销也应采取四种不同的产品策略。

① 进入期的策略。进入期指一种新型的商品房(新的规划构思、新的设计、新的材料等)，初次进入房地产市场。这时，由于新型房屋的特点尚未被人们了解和认识，因此，在价格上要适当低一些，以利于被人们接受。在推销手段上，可采用广告、新闻发布会等来扩大影响，迅速提高消费者对房屋的知晓程度。同时，还应加强对市场的调查和预测，以便改进以后的产品和营销策略。

② 成长期的策略。在这一时期，如用户对新型产品反映较好，则可以初步确定为标准设计，扩大与推广，并不断予以改进。此时，房地产开发商可大幅度提高销售价格，开辟新市场，扩大市场渗透，加强销售前期、中期、后期的服务。而此时仍要注意广告宣传的配合，以继续扩大影响，并要注意规范销售过程，提高服务质量，改善物业环境，使物业增值，努力创物业名牌，提高市场竞争力。

③ 成熟期的策略。根据物有所值和买涨不买落的耐用品消费心理，可继续提高商品房销售价格。但此时，企业竞争对手会竞相开发这种新型商品房，建筑面积将成倍增长。因此，在这一时期，为维护市场占有率，销售价格不能定得太高，并根据用户的需要对产品做某些更新和改良，为开发建设新型的商品房做准备。

④ 衰退期的策略。随着房地产业和建筑业的发展，更新型的商品房已出现，原有的销路越来越差，最后被市场淘汰。在这一时期，销售价格宜灵活机动，该降则降；销售方式应采用多种竞争手段，并加强售后服务。同时，尽快开发出更新型的商品房来占领市场。

(5) 房地产新品开发策略。开发新产品有以下几种类型。

① 模仿型新产品。即模仿市场上旺销的其他房地产企业生产的产品。开发某种模仿型房地产新产品的房地产企业面临着产品定位问题。营销者要决定：在产品质量或价格上，其产品应定位于何处。就新产品质量和价格而言，房地产企业有四种可供选择的策略：优质高价策略、优质低价策略、低质高价策略和低质低价策略。如果市场领导者采取优质高价策略，则模仿者应该采取其他策略。

② 改造型新产品。指在样式、形状、色彩、材料、房型等方面进行部分改进的新产品。例如，某住宅区融住、行、休闲于一体，多层房平面设计上全明布局，引进了新加坡住宅的底层架空结构，每户配备了独立车位。特别是其配备设在底楼的独门独户的多功能室，其面积从5～20平方米不等，方便了客户的多种使用需求。

③ 更新型新产品。即在房地产产品建造过程中部分地采用新工艺、新技术、新材料，使其使用功能有了很大改进。如“错层房型”在上海大受欢迎，其原因有三个：一是突破

传统的房型平面布局，提高了住宅的舒适性与生活情趣；二是派生出“多余空间”，有底层的车库、储藏室和顶层的阁楼、露台，在功能与感觉上均展现全新的特色；三是花园经过了数十次的修整，四幢大楼均采用蝶形平面设计，“户户朝南，厅房四正，无梁无柱，明厕明厨”，每户的建筑实用率均达到80.6%以上，此设计获得了“鲁班奖”和“白玉兰杯”奖。

④ 全新型新产品。即在房地产产品建造过程中采用新观念设计，用新结构、新技术、新材料、新工艺制造的产品。例如，1980年以后我国大量建造的高层住宅和高层办公楼等。

在开发房地产新产品时，应该考虑以下七个关键因素。

① 满足个性化需求。满足购房者个性化需求，是以产品消费者需求为中心的现代营销观念的要求和具体体现。不同年龄、收入的消费者，对住房的需求是不一样的，所以要真正满足不断变化的要求，就需要根据不同消费者的不同需求有针对性地定位。

② 经济性。这里所说的经济性，是指房地产产品合理的价格性能比。无论是房地产开发企业，还是中间商，或者建筑承包商，都是在替潜在消费者花钱。也就是说，房地产产品从规划、设计开始，历经开发、建设，再到销售和进行物业管理，每经过一个环节，就会增加一定的成本，而成本又会反映在房地产产品的价格上。同时，房地产产品价格的最终承担者是消费者，如果价格超过了消费者的经济和心理承受能力，房地产产品就会滞销。因此，消费者进行购买决策的过程，实际上是对不同房地产产品的价格与性能(效用)进行比较和分析的过程。为了最大限度地吸引消费者，房地产开发企业在进行开发、创新时，就必须注意其经济性。

③ 气候。气候与环境因素对房地产产品的影响比较大。例如，中国北方，冬天下雪多，屋顶都是很尖的，尖屋顶就可以使雪比较容易滑下来，不会把房屋压坏，同时，北方冬天寒冷，在对取暖设施有一定要求的同时对房屋建筑物，特别是门窗的质量也有一些特别的要求。

④ 历史和文化传统。一个城市及地区的建筑体现着这个地区独特的历史和文化传统，不同地区消费者对于房地产产品的风格有不同的偏好，同一地区不同年龄层次以及不同收入阶层的消费者对房地产产品也有不同要求，这就要求房地产开发企业要进行设计创新。

⑤ 社会功能。建筑物是以人为本的，现代住宅小区应充分提供给居住者交流、沟通的机会。例如，房地产开发企业针对消费者的活动需要，设立会所、商店、体育活动中心等，增加了人们的归属感和安全感，很受消费者欢迎。

⑥ 健康功能。随着人们生活水平的提高和财富的积累，都市人日益渴望拥有健康的身体。如果在房地产产品的开发建设中使用环保材料、绿色材料，小区的绿化率较高，并具有一定的健身设施，无疑对提高房地产产品的定位和销售具有较大的促进作用。

⑦ 生态功能。随着生活水平的不断提高，人们要求有一个生态人居空间。生态人居空间离不开良好的环境和防治污染的措施。清新的空气、温暖的阳光、安静的环境，都会提高房地产产品的营销效果。

2. 定价策略

确定了房地产的基本价格以后，针对不同的消费心理、销售条件、销售数量、销售方式及市场营销环境，房地产企业要运用灵活的定价策略对基本价格进行修正，以保证企业整体价格策略取得成功。这里只根据房地产市场特殊的供求价格弹性规律的影响，重点讲述房地产营销的价格控制问题。

(1) 价格控制的含义。房地产市场营销最实质的内容是价格控制。价格控制也是房地产市场营销定价策略的首要任务。

房地产市场的最显著特征之一就是价格的多样性和阶段性。价格的有序设置应预先慎重安排。一般的方案是设置四个价格，即开盘价、封顶价、竣工价和入住价，并要有与此价格相适应的销售比例。

根据房地产商品的升值性、双重性等特点的要求，房地产市场定价的基本原则是，逐步渐进提高和留有升值空间。那么，怎样逐步提高，升值空间究竟留多大，多长时间分几步提高到位，这都需要进行严格的价格控制。

(2) 价格控制的措施。最合理的价格上调策略是，以封顶、竣工、入住为三个主要时间段，其中设置若干个调节点，每次调价的幅度既能使前期购房者产生信心，又能给欲购未购者带来价格和升值刺激，产生购买欲望。

在进行价格控制时应注意避免以下几个问题。

① 价格在销售初期下调。房价在楼盘开盘后，基本原则是只升不跌。一旦开盘价明显下调，不仅会严重挫伤已购房者的积极性，带来市场负面效应，而且会使楼盘市场信誉度下降而影响楼盘销售。

② 价格做空。有的开发商为了制造人气，在市场实际接受力较差的情况下，依旧人为提高市场销售价，而在实际销售中，又随意地让客户还价、打折，出现价格做空现象。一旦出现价格做空现象，则必然造成市场混乱，使企业及产品品牌形象受损而影响楼盘销售。

③ 升值太快缺少价格空间。有些开发商一旦发现自身楼盘市场出现业绩，便误认为上市价格太低，就过快或过大地上调房价，致使失去了市场应预留的空间，外表上非常荣耀，但会因此失去市场。1995 年，上海房地产企业有好几例因为价格上调比例和速度过快，使楼盘失去了市场，一旦发现价格控制失误，再欲下调时，已经是骑虎难下，无法下调了。

3. 房地产营销渠道策略

房地产市场营销活动中，开发企业在生产领域开发出各种商品房，通过流通领域将商品房送到最终消费者手中，才能最终实现房地产商品的价值和使用价值。因此，在房地产市场中，房地产商品的这种运动是由位于开发企业和最终消费者之间的、执行不同职能的营销中间机构承担的。这一系列营销中间机构就形成了一条条营销渠道。

(1) 房地产营销渠道的概念。房地产商品营销渠道是指房地产商品由房地产开发商流向最终用户的方式，主要由中间商组成。中间商包括代理商、销售商和售楼者。房地产市场营销渠道两种最特殊的形式如下。

① 房地产开发商→房地产商品用户。

② 房地产开发商→代理商→销售商→售楼者→房地产商品用户。

其他渠道形式的复杂程度则介于两者之间，由中间经销商任意去掉一个或两个环节组成。

(2) 房地产营销渠道策略。

① 企业直接销售策略。企业直接销售策略是指房地产开发企业通过自己的营销人员直接推销其房地产产品的行为，是目前我国房地产销售的主渠道。它可以帮助房地产开发企业节省一笔数量可观的委托代理的佣金(相当于售价的 1.5%～3%)。但若开发企业销售经验不足或销售网络不完善，往往会影响销售效果。在以下几种情况下，可以选择直销渠道方式。

- 目标市场范围较小，顾客较少，购买规模较大，购买行为比较理智。
- 房地产单位价值较高，使用功能专业性较强，且购房者易于识别，较为固定。
- 房地产需求旺盛，供应不足时可选择直销。
- 市场营销环境有利，如利率下降、房地产投资旺盛、信贷规模扩大等。
- 房地产市场前景看好，物业升值趋势明朗，置业收益可观，风险较小时可选择直销。

② 委托代理销售策略。委托代理销售策略是指房地产开发企业委托房地产代理商来推销其房地产产品的行为。代理商又分为两种：企业代理商和个人代理商(经纪人)。委托代理在规范化的房地产市场中是十分重要的营销渠道，目前在我国发展迅速。在以下几种情况下可选择委托代理销售策略。

- 目标顾客比较分散，购买欲望不强，规模小。
- 产品单位价值低，大众化程度高，无须特殊的物业管理和售后服务。
- 市场竞争激烈，竞争对手实力雄厚，同类物业供应较好。
- 对于规模较小，实力较弱，销售力量不足或缺乏销售该类物业经验。
- 企业面对新顾客或开辟新市场时。

4. 房地产促销策略

房地产促销，是指通过各种促销手段来促进房地产产品销售与租赁的行为。房地产促销除了与一般产品相同的促销方式外，还具有自己的特殊性。房地产促销手段概括起来有以下几种。

(1) 广告。房地产广告要激发有购房能力和意愿的潜在顾客的购买欲望。要强调房屋高雅的格调、全新的结构布局、完善的功能，强调出入、区位、购物、就医的方便，从情感上打动人。通常一则房地产广告应包括物业类型、面积大小、所处位置、出租或出售、所要求的价格、开发商或代理商的名称、电话号码以及联系人等。通常的广告策略主要有以下几种：

① 全面推进策略。即以广播、电视、报纸、印刷等主要广告媒体，进行广泛的宣传活动，树立房地产企业的良好形象。

② 重点突破策略。针对某一特定的区域或某些特定的对象，连续邮寄大量具有较强说服力、印刷精美、激发好奇心的广告，吸引潜在的房地产购买者，还可请他们到施工现场参观，诱发他们的购买欲望。

③ 短兵相接策略。即在房地产开发现场设接待中心，以精致的样品房屋、详细的说明书、户外广告、霓虹灯等，吸引来往的行人和参观者。

④ 促销性活动策略。选择恰当时间邀请名人、明星举办竞赛等多种活动，吸引大量公众前往观看，促使销售达到高潮。以房地产展示展销会为例，实践证明，一次房展会一周时间的销售量可达整个楼盘商品量的20%～30%。因此，这一促销方式在全国范围内被广泛采用。

(2) 派员推销。派员推销就是派专职房地产营销人员专门向客户进行商品房推销的活动，它与其他推销手段互为补充。具体做法是根据企业对商品房市场的预测和调查，尽可能多地掌握潜在客户的信息，摸清可能的买主，派人主动上门介绍本企业及商品房的情况，促使买卖成交。

(3) 包租售房。包租售房是指房地产开发商在预售时承诺代理出租经营购房者所购的房屋，并保证一定年限内的租金不低于某一水平，也即购房者将购买的预售商品房在竣工交付使用之日起一定年限内委托给开发商代理出租，并得到一个通常高于同期银行存款的固定的年收益。

包租售房对购房者而言，可以得到三方面的收益：租金收益(通常高于同期银行存款收益)、房屋在未来年份可能增值的收益、将房屋用于抵押贷款以及提高资信等无形收益。对开发商而言，可以将某些潜在的购房者原本可能只是储蓄或进行其他投资的资金吸收过来，将未来潜在需求变为现实需求，将目前大多出于消费而购房转为投资购房。这样可以加快开发商的资金周转，降低资金成本，推动商品房的销售。因此，从理论上讲，如果操作得好，包租售房对购房者和开发商均有益处。

(4) 卡式销售。目前房地产市场常用的卡式销售主要有以下几种。

① 结算卡。常用于开盘时，以交付定金、锁定房号、优先购买、价格不变为特征。一般规定有效期一个月左右，其目的是通过开盘期价格上扬控制，赋予原无价值含量的结算卡实际含金量，推动成交量。

② 信誉卡。常用于销售过程中。内容是对物业质量、交付时间、配套设施方面的承诺，其主要目的是让购房者在期房销售中对未来物业有把握，以形成市场信誉度。

③ VIP卡。楼市的VIP卡已出现七八年的时间，其涉及范围更广，企业通过把人们生活相关的内容相互连接，提升其房产附加值。

卡式销售的关键在于真实、可行，切忌空洞花招、华而不实。绝不能把卡作为市场卖点来扩散，只能当作销售过程中的润滑剂。简单模仿或硬性搭配会适得其反，使购房者误入怪区。

卡式销售方法在运作时要切记以下四点：一是适时性，应适应当时物业销售情况；二是可见性，要有看得见的内容来产生效应；三是亲近性，要立足于沟通，缩短与购房者的心理距离；四是可信性，如进行法律担保、见证等形式来形成保障体系。

(5) 邮寄宣传品。通过邮寄宣传品进行房地产营销推广，其邮寄对象主要是据有关线索筛选出的潜在买家或租客。这种邮寄宣传品(材料)一般会比广告提供更多的信息，但也要注意简明扼要，避免冗长。

宣传品的内容具体应包括：①物业的照片及相应的说明文字；②物业位置的描述；③物业具体情况介绍，如面积、高度和主要设计特色等；④物业所具备的主要设备，如煤气、供热、电力、电讯等；⑤欲租售的物业权益性质，若是所有权，则应注明有关限制条件、土地使用权年限等，若是租赁权，则需要说明租约期限；⑥希望的价格和租金水平。介绍材料还应列出开发商，抵押(按揭)银行和物业代理的名称、地址、电话以及有关联系人姓名。

(6) 现场展示样板房。由于开发项目的推销工作通常在早期施工阶段就开始了，所以给人们展示的只能是建筑物的平面图、立面图和模型。当建筑物施工完毕后，对开发商来说很重要的一点就是提供样板房，即将建筑物的某一层或某层的一部分进行装修、配齐家具设备和必要的装饰品，供有兴趣买房或租房的人士参观，让其亲身体验入住该建筑物的感受。除样板房外，对于建筑物的主要入口、通道和大堂也要装修，并在展示过程中保持清洁。总之，作为房地产推销活动的铁的原则，就是要尽最大的可能给顾客留下美好的第一印象。

(7) 楼盘庆典仪式。对某些大型开发项目，有必要在工程建设过程中举行开工典礼、封顶仪式和竣工典礼，将所开发的楼宇逐步推向市场。庆典仪式中，可邀请当地和全国有关的新闻机构、物业代理等人员及可能的买主或租客参加，还可邀请中央及地方政府的有关官员参加，有时也要邀请银行界、商业界及有关社会团体的人士参加。庆典活动中，开发商和当地政府官员或知名人士致辞、物业情况介绍、现场参观等应是必需的程序。此外，还可安排茶点或自助餐招待，并可赠送一些小纪念品和有关宣传材料，还可安排一些文娱活动。楼盘庆典仪式是一种非常好的宣传方式。

(8) 新闻报道。最好的广告有时却不需要支付任何费用。聪明的开发商常将自己开发项目的有关信息及时通报有关新闻单位，并及时邀请报刊记者到现场了解开发项目的进展状况，以新闻报道的方式介绍开发项目并对项目状况做出评价，这比广告宣传更具吸引力和可信度。特别是政府主要官员、社会知名人士参加开发项目的庆典仪式的新闻报道，效果更好。当开发项目的规模很大时，还可以组织一些体育或社会活动，常可以取得事半功倍的效果。

第四节　房地产销售技巧

房地产销售是整个房地产活动中最重要的环节，是直接产生效益的环节。房地产销售人员是整个销售活动的执行者，因此销售人员的作用就显得至关重要。那么如何掌握房地产销售技巧，如何成为一个优秀的销售人员，如何争取每一位客户，如何把握客户的心理特征呢？

一、成功的销售要素

一个成功的销售人员，应该从以下几个要素不断充实、提升自己。

1. 专业知识

一个成功的销售人员必须充分具备自身业务范围内最基本的专业知识，包括建筑法律法规、建筑设计、税法、地政、契约、市场行情、商品构造、品质、商誉等，以及各种业务上常用到的专业术语，这样才能对客户详细说明产品的优缺点，进而争取客户的订单，达到销售目的。

2. 六心

(1) 耐心。凡从事高价位商品的销售工作，必须对客户做长期而耐心的诉求与说明。

(2) 关心。要站在消费者的立场去考虑他们的各项问题，并给予完善的解答，才能博取客户的信任。

(3) 热心。热心协助客户，发现问题、解决问题、达成购买目的。

(4) 诚心。销售人员应是诱导消费者从事购买优良商品的指导者，而不是一味地欺骗。

(5) 决心。接触到一个新的个案时，要下定决心，不可犹豫不决，错失良机。

(6) 旺盛的进取心。为自己制定一个预期销售目标及理想的利润，以强烈而旺盛的进取心去完成目标及任务。

3. 八力

(1) 观察力。要在短时间内敏锐地观察出客户的类型、偏好、意向，面对产品时，要能立即观察出产品的优缺点、特性、对策和解决方法。

(2) 理解力。要能深刻了解客户的需求状况及产品的品质、特性等各方面问题。

(3) 创造力。新产品具有崭新的创造力，推陈出新，这是赚钱的先机。

(4) 想象力。要在土地及商品房尚未兴建以前，就能想象出它未来的远景，加以对个案投资或销售工作，做最好的判断与说明。

(5) 记忆力。房地产业接触的客户繁多，客户提出的问题和要求总是不尽相同，加强记忆力，才能对每个客户做最好的说明和服务。

(6) 判断力。良好而正确的判断力是成功的最大因素，反之，错误的判断则令人一败涂地，前功尽弃。

(7) 说服力。有强劲的说服能力，有技巧地推销房子的优点，才能令客户心动而使交易成交。

(8) 分析力。站在客户立场分析市场、环境、地段、价位、增值发展潜力，并比较附近土地加以个案分析，分析和考虑更周到，才能更有把握成交。

4. 丰富的常识

与客户洽谈时，除了交换专业的知识意见外，不妨谈些主题外的闲话，若销售人员具有丰富的常识与灵活的谈话技巧，可借以缩短与客户的距离，强化销售时的影响力。

二、销售八招式

(1) 接待。以礼貌的态度、清晰的口齿、微笑的表情、坚定的信心去接触每一位客户。

(2) 介绍。介绍的重点应放在地段、环境、建材、增值潜力、发展趋势、价位、景观、交通、市场、学校(产品的特殊性加以介绍)等方面，但宜采用渐进的介绍方式，让客户不致产生反感，且能有深刻印象与购买的欲望。

(3) 观察。对客户加以进一步分析与观察，找出有购买意愿者，加以把握。

(4) 反问。与客户交谈之中，反问客户常可以拉近彼此距离，试着以客户身份，在替客户着想的反问中，探索其购买意愿的强烈程度。

(5) 判断。根据经验判断客户的反应，或根据客户所提出的问题，去判断客户的实际购买力。

(6) 迎合。在推销商品时，有时不得不做迎合性的诉求，当场对客户的特别要求，给予适宜的处理，以取得客户的好感和信心。

(7) 刺激。刺激客户的购买欲望是房地产营销过程中最重要的目的，因此购买欲的刺激，有赖于交谈与气氛的密切配合。刺激购买欲后，紧接着要展开攻势，使客户很满意地签下订单。

(8) 追踪。由于经常会有回头客的可能，因此不能遗漏对客户信息的追踪。密集式的追踪、周期性地回访，常可以促成交易的再次达成。

三、房地产销售三十六计

中国古代兵法有三十六计，它是中国古代兵家计谋的总结和军事谋略学的宝贵遗产，为便于人们熟记这三十六条妙计，有位学者在三十六计中每取一字，依序组成一首诗：“金玉檀公策，借以擒劫贼，鱼蛇海间笑，羊虎桃桑隔，树暗走痴故，釜空苦远客，屋梁有美尸，击魏连伐虢。”而在现代，三十六计同样适用于房地产营销，本节选取其中的几计进行介绍。

(1) 围魏救赵。此计是通过软文、广告、炒概念、炒规划等方法，把个案所在区域的整体档次先拉高，最终目的是减少个案的市场风险，同时增加个案的利润空间。例如，操作步行街中一个购物城的项目，通常先会通过媒体或举办一系列的活动炒热步行街以此来聚集人气，然后用列表计算比较方式，列出投资步行街远远高于银行存款利息等。为了消除投资者的后顾之忧，又通常会采用“投资回报率”的零风险保障方案。这一系列策划，坚定了消费者购买信心，加快了其购买行动。通过各种促销方案来“围步行街这个魏”，从而达到“救购物城这个赵”的目的。而现今的消费者是理性的，所谓的“围魏救赵”针对的客户群必定是少数的。

(2) 以逸待劳。房地产行业横跨生产、流通和消费领域，资金需求量大，经营周期长，与多行业、多部门、多学科交叉相关。这一特性决定了房地产行业是高投资、高风险、高回报的行业，行业的特殊性决定了业内的“领袖”们必须有超常的勇气、过人的毅力、冷静的头脑，当然还需具有良好的承受能力。例如，某个项目处于政府近期规划之内，具有发展潜力，但由于目前周边环境不佳、基础配套不完善等原因暂时不宜推出市场，在这个时候，与其绞尽脑汁地跟其他个案直接竞争，还不如采用以逸代劳的方法，等政府把周边道路环境改善了，基础设施到位实施了，消费者对该区域接受度经过其他楼盘的引导逐渐提高了，再把个案逐步推出市场，用“以静制动”而“后发制人”。

(3) 趁火打劫。该计的运用，我们先抛弃原意中的非道德含义，在楼盘策划中引申为当竞争个案遇到销售困难，或者市场发生变化时，趁机出击，凭借自己的优势战胜对方，抢占市场。但很多开发商在利益趋使下，一味开发大面积的套型，直接针对金字塔顶端的客户群体。这种做法往往会造成市场上大户型的产品供大于求，造成滞销，而消费者对于中小户型的需求仍然很旺盛。这时候，如果有开发商及时调整产品结构，推出以中小面积为主力套型的产品，针对数量众多的中等收入人群，往往会出奇制胜。使用该计的要点：一要善于寻找“火”源。商场如战场，谁能准确地掌握市场和竞争对手的情况，谁就有机会占领市场。二是要抓住战机“打劫”。楼市变化万千，在变化中许多原有的优势就有可能丧失。如上面所说的例子，如果很多开发商都一拥而上，都去开发中小面积的产品，导致该类产品过量的时候，原来的产品优势就丧失了。所以要看准“火”源，分析“火”势，抓住商机，抢先一步。

(4) 擒贼擒王。此计的核心思想在于“抓住事物发展的主要关键或把握问题的重点就能取得全面的胜利”。运用该计首先要解决的问题就是先分清楚哪个才是关键的“王”。在楼盘策划中，就要通过房地产业的“马步功夫”——市场调查来寻找出问题的重点。然后针对消费心理和需求，改进产品的建筑形态、立面、建材、套型、面积、价格等来增强楼盘的内部竞争力。在执行实际个案中，要通过挖掘案子的最大价值，针对产品所提炼出来的卖点制定企划方向和销售计划，以达到增强楼盘的外部竞争力的目的。运用这一计谋，主要是要针对关键问题入手，这样才能抓住问题的要害，解决产品的销售问题。

(5) 指桑骂槐。计名原意是指着桑树骂槐树，比喻表面上骂这个人，其实是骂那个人。在楼盘销售过程中应用此计通常为：不采用直接的方式来攻击竞争楼盘的劣势(因为通常这样做会引起客户的反感)，而是间接展示和运用本楼盘配套、环境、建材等优势点来表明其他楼盘的劣势点。所以作为楼盘的置业顾问，不仅要对于本楼盘竞争个案的内部优势(S)和劣势(W)了如指掌，而且还应该对于楼盘的外部机会(O)和威胁(T)有所了解，最后进行综合的 SWOT 的分析，要尽量消除客户对本楼盘劣势的顾忌，更多地来接受本楼盘的优势。

(6) 反间计。在商战中可以引申为在蒙蔽竞争对手的手段中，又顺势利用对方的人员辅助我方的工作，就可以立于不败之地。现代的经济市场，从某种角度上讲可以说是“信息竞争的战场”。为了在竞争中处于主动地位，一方面要广泛收集各类信息包括竞争对手的情报；另一方面也应严守自己的经营秘密。例如，在一个县级市里共有 5 个在售楼盘，其中有个叫“欢乐新居”的楼盘销售均价为 3000 元/平方米，最大折扣可达 8 折，但其销售状况仍然不理想。该楼盘的主要竞争个案为外地开发商，在楼盘价格和产品定位前，该项目负责前期的人员便去政府机关和各售楼处了解情况。当“欢乐新居”的销售经理从政府有关部门得知该项目的前期人员在调查该市政府的宏观信息以及楼盘情况时，便顿生一计，设法联合了这 5 家在售楼盘在 2 天内无论接待任何客户一律按照价格表执行，取消折扣，并表示销售状况良好。结果，那个前期人员就得到了错误的信息，也影响了决策者对楼盘产品与价格的定位，给其他楼盘制造了市场机会。“欢乐新居”的销售经理联合其他的楼盘利用“反间计”，最终达到自己楼盘顺利销售的目的。

第五节　滞销楼盘的破局与突围

一、滞销楼盘的概念

若一个楼盘在开盘后 1 个月内所推出房源消化率不到 30%，或三个月内消化率不到 50%，或一年内消化率达不到 90%，可称之为滞销楼盘。根据《现代汉语词典》解释，“滞销”是指(货物)不易售出、销路不畅。滞销楼盘没有严格的说法，粗浅地可以解释为：销售不畅的楼盘。根据去化率的不同，可分为以下三种情况的滞销：

(1) 前期滞销：开盘即滞销。

(2) 中期滞销：开盘后 3 个月内只卖出 50%以下，以后再也不好卖了。

(3) 后期滞销：开盘半年消化 70%后，再也卖不动了。

二、滞销楼盘产生的原因

1. 市场调研粗浅

项目前期，开发商没有认真做市场调研，盲目上马，导致完工后，楼盘自身存在着这样或那样的毛病，消费者难以接受，从而影响楼盘的销售。主要问题如下：

(1) 定位偏差。有的开发商不重视前期市场调研和营销策划，产品定位偏离目标顾客，造成产品销售不畅。主要有定位过高、定位过宽、定位超前的问题。

(2) 设计问题。建筑产品的规划设计是建立在目标市场确认的基础上，根据市场的需求来制定的，否则就会受到其他替代产品的威胁。

2. 营销失误

(1) 销售没有全程策划。所谓的全程策划是指销售代理商从设计规划开始，对项目的建筑风格、平面设计、客户定位等均和开发商一起完成。朝向、采光、楼层较差的单元一般在开盘时就首先以低价格推出，这种方式容易被买家接受。一些较差的单元留到最后卖困难会大得多。开发商如果计划不好，把七成好楼层、好朝向、好景观的楼盘卖掉了，也都卖了个好价钱，剩下的三成楼层、朝向、景观不好的就很难卖出去，剩下的房子就形成了“滞销”。

(2) 楼盘推出时机不当。房地产投放市场也应该具备“天时、地利、人和”，天时好就是要恰当地利用宏观环境和推出楼盘的时机，认清大势，随行就市，在地利与人和都到位的条件下，将产品在此最佳的机会点抛出，以取得最好的销售业绩。

(3) 营销推广不利。能否采取较为合理的推广手段也将直接影响到产品的销路，以往不少开发商由于开发项目的地段位置好，在广告方面的投入不多就能把产品销出，但随着产品竞争的日趋激烈，同类产品的大量涌现，加上各类传播媒体大量充斥着人们的头脑，对产品的优劣很难分辩清楚这种情形下，如果没有有效的推广手段，就很难打开产品市场。近年来仍有不少开发商还未意识到推广的重要性，直到产品开始投放市场时才寻找代理商、广告商、策划机构，而匆匆忙忙上阵，这种情况下，往往会由于对市场把握不准出现多种漏洞，影响到产品的销路。

3. 缺乏品牌意识

"急功近利"的思维方式和行动取向，企业的成功和发展是建立在消费者的基础上的，顾客是企业的"衣食父母"，只有顾客认可你并购买你所生产的产品，企业才有利润，才能发展。但是，有的开发商看到市场需求旺盛，想"捞一把"就走，这种做法是不可取的。据统计，我国有 1000 亿"豆腐渣"工程，与这种"急功近利"的思维方式和行动取向有很大的关系。在这种心态的驱使下，开发商不重视质量而讲速度，不注重楼盘和企业品牌的树立，当然影响楼盘销售。

4. 开发商缺乏实力

开发商作为项目的实施者，是否具有实力,是影响房地产销售进度的一个重要问题。房地产属于特殊商品，具有投资大、风险大、周期长、资金回收慢等特点。而有些开发商在投资运作过程中由于资金不到位，没有充足的资金来保障项目工程的顺利进行，影响了工程进度，延缓楼盘交接的时间，造成客户投诉，进而影响产品的销路。

5. 新的竞争对手的出现

房地产是个跨度大、周期长的行业，从打第一根桩到整个小区的落成，快则三至五年，慢则十年八年，甚至更长，这样就形成一个时间跨度差，将会令竞争对手有机可乘，他们抓住落成的小区不易转型的弱点运用"后来效应"以更超前、更人性化的意识介入，瓜分同类市场。

三、滞销楼盘破局与突围的十一条路径

老子云："天下大事必做于细，天下难事必作于易。"在楼盘营销策划的经历中，操盘的策划理念就是，把复杂的事谋划得简单，把简单的事谋划得丰富。只有这样才易于操作，结果也容易掌控。如何将复杂的事谋划得简单，把简单的事谋划得丰富呢？

从购房需求的根本来思考这一问题，一切都会变得清晰明了，这一根本就是：使用需求、投资需求和身份需求。根据不同的楼盘和不同的群体，分析如何满足这一群体最重要的或全部的需求，然后分析如何去做，突围的目的就达到了。这就是把复杂的东西做得简单。而在做的时候，如何把握分寸，注重细节，让每一个突围动作都做得饱满、有感性，这就是要把简单的东西做丰富。

楼盘滞销从理论属性上大致可分为以下几种因素，开发商根据自身的情况，并结合三大根本需求，进行筛选应用。

1. 品质突围

品质是楼盘的市场之根本。对于楼盘，要想使市场认可，首先要考虑的就是让产品自身有足够的竞争力。品质突围的路径包括：以楼盘概念和市场定位为基础，完善社区规划、设计，使利润最大化；增加或强化适用的社区配套和社区服务；通过园艺等，弥补楼盘明显的缺陷，或丰富社区人文情调；通过装修等手段，弥补滞销户型的缺陷；对楼盘进行形象包装，使其耳目一新；通过文化包装提升社区生活品位。改善购房者关注的细节，提升楼盘于人的第一感觉；使用简单有效的手段，如通过政府等职等部门的协调，或通过通道的改造和对周围建筑物的粉刷等，改造楼盘周围环境，使区域形象接近目标群体对居住区域的心理预期。

2. 市场细分突围

户型结构的“缺陷”其实很难判定，它在很大程度上取决于客户选择的个性取向。这时候细分市场就很重要，市场细分更多的来源于开发商或营销商“价值最大化”思维。市场细分突围的路径包括：重新进行项目定位，使项目具有明确的市场基础；重新细分市场，使目标清晰明确，使销售操作具有指向性；发掘楼盘能够支持的市场空白点，瞄准新的目标群，重新定位，另辟蹊径；将滞销部分与整体楼盘分割出来，重新定位，单独推广等；通过功能细分，找准特定购买群，弥补设计不足。

3. 概念突围

人们对创新生活的追求永无止境，因此，概念就会魅力无穷。在细分市场后，还要创造一个极具亲和力的概念，概念突围是细分市场后的一种再升华。概念突围的路径包括：对滞销户型重新定位、包装，并给户型以新的生活居住概念；重新进行概念设计，使其符合楼盘要素，并贴近目标群的审美要求；补充或丰富概念元素，提升楼盘外延价值；运用专题、宣传品等各种手段，丰富楼盘的内涵，增强概念的亲和力；运用居住文化丰富楼盘概念；改变案名，重新定位，重新推广；对楼盘重新进行系统包装，即 VI 系统建设，使内外形象符合楼盘概念和目标群体的定位，与目标群体具有亲和力；对售楼中心进行精心设计包装，创造一个既热烈又温馨的氛围，并注重现场对客户判断的引导。

4. 时机突围

把握时机，变被动为主动，是楼盘突围常用的行之有效的策略。营销策划者要始终以一个战略家的眼光看待市场，要及时地捕捉来自地球上任何一个方向飘来的气息，然后伺机而动。时机突围的路径包括：回避不利时机，规避风险；利用有利时机，伺机而动，如政策法规出台、城市改造、市政规划、道路建设、重大节日等；发现竞争楼盘推广出现重大失误，提供可乘之机；楼市出现有利转机，目标市场培育成熟等；区域地块升温；其他利好消息。

5. 广告新闻化突围

最好的广告就是新闻。广告新闻化是解决广告效力下降的最好途径之一。房地产新闻策划的素材来源于楼盘、开发商、市场、社会的方方面面，是对各种资源的整合利用和创造利用。策划的目的就在于“点石成金”或“起死回生”。新闻策划包括两大类，即资源创造性策划和社会公关性策划。广告新闻化操作包括十三个实操技巧：①要有新闻视角；②突出楼盘差异性；③标题要“循循善诱”，不能像广告语；④以新闻的手法撰写，以新闻的形式发布；⑤内容要言之有物，不能天马行空；⑥语言要亲和，具有情感渗透力；⑦注重细节，以情感人；⑧新闻需要策划；⑨结合销售策略，重点在于解决问题；⑩一篇稿子要有一个明确的主题；⑪排版要图文并茂；⑫不要攻击同行；⑬说话要有对象，语言要注意环境。

6. 价格突围

降价是常用的促销方式，但不一定是最好的形式，涨价也可以是一种突围形式。而不降不涨也可以促销，此所谓：兵者，诡道也。价格突围的路径包括：运用调整价格的方式作为促销手段，或增强市场信心，强占市场风头，或回笼资金迅速逃盘。调整价格可以通过涨价增加市场信心；也可以改变付款方式，改变首付形式，降低购房门槛；帮客户做投资；或通过减免附加费用，明升暗降，让购房者感受到实惠；或直接降价；或运用优惠政策对客户进行情感诱导等。

7. 价值突围

实现利润最大化才是最好的选择。因此，价值诱导才是最高境界。价值突围在实际运用时，常有三种情况：一是通过挖掘楼盘已有的卖点，展现其价值；二是通过赋予楼盘相应的概念和文化，丰富其价值；三是调整楼盘的市场定位，使其物有所值或物超所值。

价值突围的路径包括：运用“价值归一规律”，分析楼盘升值潜力；充分利用地段的不可复制性分析楼盘升值潜力；充分运用城市土地的稀有性分析楼盘升值潜力；运用租金水平分析楼盘投资价值；发掘新卖点，强化楼盘的远景描述；运用以上因素分析投资价值；通过细部整改，提升楼盘形象，以形象带动价值感；利用品牌效应带动价值感。强化楼盘的文化建设，以楼盘文化增强楼盘的价值感；运用社区业主中的名人效应或名人代言人的形式增强楼盘的价值感；增加附加服务，提高楼盘附加值；引进品牌物业公司，改善社区综合服务；重新调整楼盘、目标群、概念之间的对应关系，使其物有所值或物超所值；以目标群的群体社会层次增加楼盘的价值感；重审楼盘概念，强化概念的精神诱导功能，达到目标群体与楼盘的精神依恋。

8. 公关突围

房地产竞争日趋激烈，开发企业面临的风险也越来越大，稍有不慎，企业便会面临生死攸关的不测事件。对房地产企业而言，在遭遇危机时应采取什么样的手段和策略，以恢复公众信任，重塑企业形象，甚至变不利为有利呢？这时就需要采取公关突围，其路径包括：通过新闻公关、政府公关、技术权威公关等各种可利用的手段化解危机；通过善意的姿态化解危机；制造市场和社会关注焦点，增强楼盘美誉度；运用名人效应增强楼盘美誉度和知名度，以及可信度。

9. 信誉与品牌突围

几乎没有人怀疑可口可乐在全球饮料行业销量中持续第一，主要源于其品牌的感召力。有调查显示，在房地产市场上，由于品牌在市场上的号召力，可以给物业带来25%左右的附加值。由此就不难理解品牌好的企业，其楼盘总是要比同类物业的价位高并且好销。但品牌的构成往往很复杂，就房地产业而言，归结起来有三个方面，包括企业品牌诉求、楼盘综合品质、营销全程服务和物业服务。简而言之，就是文化、服务、品质。

因此，在市场中品牌突围不是一蹴而就的事。但相关的突围途径，前文已做分述，这里，结合实操中的常致品牌受损而又常被忽略的元素作为品牌突围的手段，那就是文化和服务。文化和服务是软性要素，因此，也具有很大的操作空间，在品牌突围中起重要作用。

文化诉求，首先是企业理念的诉求，其形式多种多样。行业常用而行之有效的媒介有企业刊物、企业网站、楼盘宣传品等，有的甚至请人为楼盘的文化著书立说，如《骨子里的中国》等，这种方式非常有效。

服务突围，也是非常好的手段。万科就把物业服务定位为市场运营的最后一道防线。在销售全程，服务都是最能打动人的手段，并且服务所产生的亲和力，直接拉近客户与产品的距离。

10. 形象突围

对于任何产品，都必须有包装，合适而有个性的包装，使得产品更加具有内涵、品味，使一件普通的产品突然具有一种文化特质。包装是产品与消费者之间产生通感的介质，是通往产品内涵的文化隧道。为了营造某种生活方式，作为承载生活的楼盘，就要有表里如一形象。

形象突围的具体路径包括：借用公司前期开发的优秀项目的影响；重塑企业形象，增强购买信心；以企业品牌，提升楼盘品牌；以规划、设计、建筑、材料、装饰、装修、物业管理等围绕物业建设的品牌机构或公司效应，带动社区品牌建设；引进品牌教育机构、老幼托管、社区智能设施、社区会所文化、社区服务等增值服务提升品牌形象；以社区文化建设提升社区品牌；争取参选政府、行业、团体等组织的楼盘与企业的评比活动；树立全员营销和全程营销的思想意识，对售前、售中、售后的每一个细节都进行周密设计，对来访来电话的每一个问题都预先设计规范的说辞，特别是在售楼中心，既要营造一个热烈的氛围，又要创造一个宾至如归的环境。

11. 借壳突围

羽毛除了能让鸟飞行，还有一个重要的功能，就是表现威仪或者装饰华丽的外表。此所谓“鸿渐于陆，其羽可用为仪也”。当楼盘或企业出现品牌或信任危机时，可以考虑借势布局，也就是借壳突围，其路径包括：寻求有实力有经验的商家合作开发；与国内外知名品牌房地产公司合作开发；引进知名品牌物管公司；运用区域概念，与同区域优秀楼盘联袂推广或借势推广；利用城市发展规划、城市建设等带动的区域概念突围。

以上归类，是将楼盘滞销因素分割开来，突围途径的选择只是一种简单的对应选择。

事实上，楼盘遭遇危机，往往是多个因素相互作用相互杂合的。因此，在实际操盘中，有利用单一途径就可实现突围的，但更多的时候是整合突围的行为，就像多兵种、多途径、多战术在统一战略下的协同作战。

案　例

恒大碧桂园都把营销费用砍掉了30%！没钱做推广，项目怎么办？

地产界有一个公开的秘密：近两年，房企巨头都在大幅削减营销费用。

2016年上市房企营销费率总体萎缩超过一成。而一些巨头的动作更大：恒大的营销费率从6.5%下降到4.3%，下降超过30%；碧桂园营销费率从3.3%下降到2.4%，下降也接近30%。

营销费用一般主要包括渠道费用、推广费用。

现在的情况是，许多项目更重视渠道带客，渠道费用远远超过推广费用，最终导致推广费用雪上加霜……钱已经如此之少，还能通过推广把房子卖出去吗？事实告诉你，还是可以的。其中的诀窍就以于以下两点。

(1) 精选推广渠道。在一二线城市，什么纸媒、户外都过时了，电梯框架、自媒体这些才是王道。

(2) 精选传播内容，三步搞定成交。

- 传播的第一步：投放轻渠道，通过试验筛选出最能击中客户心灵的创意。
- 传播的第二步：大规模传播，通过利益引诱直戳客户利益点。
- 传播的第三步：情节化设置吸引持续关注。

事实证明，只要做好了这几步，在投入的推广费用极其有限的情况下，也能在短期内让项目成交量上升30%。以下将具体说明。

1. 房企为增长利润，拿营销费用开刀

从整个行业来看，营销费率的缩减已经成为普遍现象，特别是上市企业，为了追求利润率，对营销费用的管控更加严格。2016年上市房企销售费用率从2.8%降低到2.5%，缩减比例超过一成。

房企巨头销售费用率压缩的现象更加严重，2016年占据销售榜单榜首的几个房企中，除了恒大，其他项目的营销费率都控制在2.5%以下，而万科的营销费率仅有1.4%，不遗余力地刷新行业下限，如下图所示。

恒大在巨头房企中可以说是独树一帜，营销费率高达4.3%，是万科的三倍，接近碧桂园的两倍。其实，恒大营销费用高主要有几大原因：

(1) 相比较利润，恒大目前更热衷于追求规模和增长速度，坚持强势销售、快速周转的策略，来获得市场地位和话语权。

(2) 恒大大量项目位于三四线城市，或者地理位置相对偏远，销售难度较大。

(3) 恒大企业风格高调，追求品牌影响力。“大品牌+低价格”的核心销售优势对营销

依赖大。

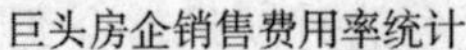

巨头房企销售费用率统计

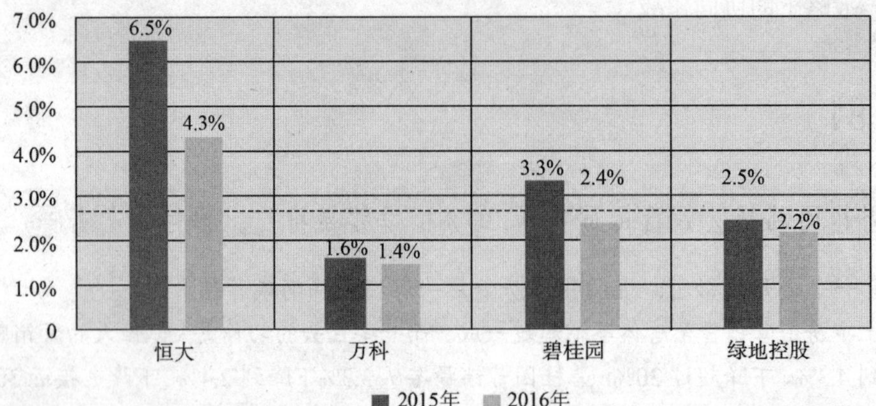

然而，就算是如此依赖营销的财神爷，营销费率也开始大幅度地缩减，2016 年恒大营销费率下跌 2.2%，跌幅惊人。

可以看出，房企从之前一味追求规模，到现在已经开始出现一定的利润导向。万科主张有质量的增长，碧桂园也开始强调利润比规模更重要。

而营销费用的减少就直接意味着企业利润的增加，因此也就成了企业提升利润率最直接的突破口。

2. 渠道抢走了推广的钱和功劳

目前全国调控背景下，限价政策让销售目标达成难度升级，本来能卖 3 万的房子现在只让卖 2.5 万，因此项目的销售速度必须提升 20%，才能完成原定的销售目标。但同时，限购、限售政策又让项目销售速度明显放缓。因此，渠道带客这种短时间内能够大幅提升上客量的手段，开始成为市场主流。

以深圳为例，根据深圳中原地产统计，目前在售的约 154 个项目当中，启动转介的项目已经超过 50 个。中介佣金也不断上涨，市场对于渠道的依赖明显增强，这种依赖的负面影响也开始逐渐显现。

(1) 行业营销成本被大幅提高。在竞品普遍转介的情况下，高佣金刺激中介带客成为一种竞争手段，房企相互抬高佣金逐渐形成恶性竞争趋势。以深圳为例，上半年住宅产品的转介点数一路走高，目前已经突破 5%大关，比肩商铺，主流点数也已经超过 3%。高佣常态化无形中增加了行业的营销成本。

(2) 项目推广效益被盗取。一旦启动渠道手段，中介拦截自然客的情况不可避免会发生，广告推广效益都变成中介渠道的功劳和业绩。同时案场管理混乱、客户判定纷争等，造成客户体验感差、转化率降低，也进一步影响了推广效率。

(3) 推广费用被大大压缩。目前一线城市渠道佣金普遍在 1.5%～3.5%范围，而大部分企业全年整体营销费用预算在 2.5%以下，按照项目考核的营销费率还要更低。营销费用被中介代理瓜分，造成正常销售期推广费用不足，营销难度也会随之加大。

可以说，中介渠道作为阶段性冲刺手段，对于管控营销费用的一线操盘人员来说，某种程度上意味着饮鸩止渴。

目前2017过去了一半，上半年高额的渠道费用，让正常推广费用所剩无几。必须在正常销售期内，通过更高效的推广手段来弥补。

那么在项目推广过程中到底如何花小钱办大事，提升推广效率，有质量地省钱，就成为现阶段需要重点关注的问题。

3. 没钱怎么办

营销人是一群守着大笔金矿，却永远在发愁该怎么花钱的守财奴。如何既能保证和提升销售力，高效地花钱、高质量地省钱，我们可以参考一下万科、金地等优秀房企的省钱秘诀。

项目的推广效率提升，要从两个方面着手：渠道精选——选择更便宜、更灵活的渠道，内容精选——小成本试错筛选精品创意、利益诱导客户、设置情节形成持续关注度。

(1) 精选渠道，更便宜、更灵活的渠道才是王道。在营销费用充足的情况下，推广渠道全线铺开会产生聚合效应，多多益善。但是在营销费用受限时，选择渠道的能力就是营销人的必要技能。

① 选更便宜的渠道——不投户外，投电梯框架/电视。根据以往的经验，地产广告地缘性强，因此传统户外、电台、报广等虽然效果一般，大部分项目还是会投，但是这些媒体已经越来越无效了，户外带来的来电、来访在渠道占比中甚至不足5%。

新的强势媒体是电梯框架。电梯框架广告优势集中体现在：全天24小时站岗，长时间、高频次、重复接触目标消费群体，有效到达率高达95%以上。

据测算，高层电梯用户，每人每天平均乘坐电梯上下3.7次，电梯广告每天不可避免地至少4次闯入人们的视线，还可以独占乘客乘坐电梯的"真空时间"，比起户外广告的一瞥而过，优势明显。

在高档小区、换房需求大的老小区投放电梯广告，覆盖目标客群的概率也大大提升。从费用上看，电梯框架也远低于传统户外、电台、地铁灯箱的投放费用。以深圳普遍的投放情况来看，传统户外T牌10万～20万/月，并且根据户外位置，上浮空间可以达到200%。城市交通电台约2万/天，电视30万/周，地铁包车包站的费用更是动辄几十万到上百万，而电梯框架/电视渠道单块价格在1000元以下，2万元以内就可以覆盖一个社区全部的电梯厅。房企可以根据客户画像、话题节点，锁定重点成交社区和商圈来进行精准传播。

② 选更灵活的渠道——自媒体渠道替换网络通栏。很多房企会在地产资讯类网站(如搜房网、房信网)上投放网络通栏、拉页广告，现在则开始转向各个房产网站的app(如房天下)。但是根据实际结果来看，房企投放的网络广告带来的实际转化其实并不乐观。

我们可以想象一下，当客户登录房产资讯网站的时候，他的目的其实是非常明确的，就是要多方比较，尽量穷尽信息。而这个时候即使客户在一堆广告中注意到了你家项目，他还会去搜索、对比周边的楼盘，最终促成的还是产品和价格，广告带来的竞争优势并不明显。

房企应该抛弃网络通栏，根据客户画像筛选一些垂直类的网络平台和自媒体，根据不同的传播内容选择相应的平台，结合项目卖点来进行组合。

- 主打投资价值——本地投资类、理财类、金融类的公众号。
- 主打精装修品质——家装类、家居类、八卦类、都市类。
- 主打区域价值——地产分析类、本地公知、城市生活类、综合资讯类。

例如深圳的某公寓项目，产品主打投资价值，因此在推广上重点依靠投资类平台，将本地财经类公众号作为主要广告投放渠道。精准投放能够保证客群受众对位，开盘前每周3篇的软文投放，基本能够保证每周15万～20万的阅读量，并且最终实现超过1000批认筹、约200套开盘销售的成绩。还可以从购买心理入手，例如，北站HBC项目为小型投资类产品，试图拓展单身贵族、都市白领女性。在进行自媒体投放时，除了考虑投资类的平台，还搭配了一些八卦类、心灵鸡汤类和都市生活类的自媒体。

三四线城市本地型公众号数量不多，单个知名的公众号覆盖面更强。从成本来看，在知名房产网站上短暂投放一周的网络广告位，价格为20万～30万元。而自媒体大号的软文，费用约为2万～3万元/篇，按照每周3篇的密集投放，费用也仅为房产网站广告的1/3。相较网络通栏，成本低、使用场景纯粹，性价比显然更高。

(2) 精选内容，搞懂心理把握好节奏，3步搞定客户

第一步：创意以量取胜，小成本试错筛选精品。

营销人对创意成功的渴望有多大，创意失败的概率就有多大。并不是所有的营销创意都是值得被落地的，然而营销人并没有什么试错的机会。

现在一些成功的案例可以提供一些新灵感，通过一些反馈及时、内容修改灵活的轻量型渠道，可以试探创意的传播力。

这种手段的关键点就在于：

- 创意内容角度一定要多元，同一个角度写再多篇软文，如果有偏差，读者不感兴趣就是不感兴趣，起不到筛选的作用。
- 渠道要够轻，费用便宜、内容包容度大，才能大量投放来进行筛选，去芜存菁，提升推广成功率。

深圳地铁和万科合作的HBC汇隆中心项目在进行自媒体投放时，首先采购了一批自媒体公众号来投放软文，其中一些自媒体粉丝量并不大，费用也非常低，单篇投放费用不足一万元。

在进行投放时，各个平台的软文投放内容也采取了不同的创意点，包括“巨鳄扫货”“小户型高租金”“单身女人自留地”等不同的角度。

其中一篇从租金和投资回报角度创作的软文《罗湖旧房47m^{2}租17000元，香港美女打造深圳逆天租金》达到了“10万+”的阅读量，不仅打破了投放平台的阅读量纪录，这种传播力的及时反馈也筛选出了一个非常具有传播力的营销创意。

重点是，筛选出种子创意后，该项目继续策划了线下的装修讲座活动。活动当天共计到访123人，其中业主到访75人，意向客户到访48人，为项目带来直接成交5套并进一步促进业主老带新，最终带动活动当周周末成交25套。

第二步：利益引诱，直戳客户利益点。

利益引诱，说白了就是价格、折扣、优惠，但是不得不说，对于房产这种大宗的商品，

客户的核心敏感点和触动点往往就是和利益相关。费用有限的条件下，确实离不开这种手段。如恒大的无理由退房、垫首付、55 折，以及万科惯用的多盘联动、购房节都是这个套路。

当然，更高级的做法是巧妙使用节点和噱头。以往地产项目通过加推来制造节点，新产品推出的吸引力不弱于直接打折。但是，节点不是时时都有的，捂盘惜售的监管力度现在又大大加强，加推手段已经被限制使用。

但实际上，没有天然节点，也可以自制节点。不能加推就通过样板房的开和关来控制节奏。通过样板房的重新包装，可以把传统的一次样开变成多次样开，甚至是月月样开，推广上可以灵活地使用各种面积段和户型，而不会存在违规的风险。对于客户来讲，特别是已经购买的业主，参观一下官方版的新软装方案和空间布置方案，也是与其实际利益高度相关的。

万科某项目，在持效期没有重大节点的情况下，就是通过更换样板房软装，重新开放样板房自造节点。利用样开噱头，达到了非常好的推广效果和客户邀约效果。“新样板房开放”当周到访量达到 209 批，成交超过 30 套，相较前一周到访提升 25%，成交量增加超过 30%。

第三步：情节化设置吸引持续关注。

无论选择哪一种渠道，在降低渠道费用的同时，还要对渠道进行充分的利用。情节化设置就是一种方法，它能够让受众持续关注广告动态。

前面提到的社区广告、电梯框架，都是受众每天都会看到的渠道，非常适合在时间上设置情节。老生常谈的悬念广告也可以充分发挥优势。

前几年火了一把的案例，苏宁 919 的悬念广告“他怎么了？——919 真相大白”就是这个思路，虽然中途韩后乱插一脚，被抢先宣布“919 真相大白”，一场“悬念剧”变成“品牌互撕剧”，但苏宁临时修改剧本直接喊话韩后，从结果来看可以说是一场意外成功的跨界互动营销。

2016 年 10 月职场人脉社交平台的广告，从吸引眼球的“裸”体广告到“知识裸捐”，就很直观地演示了一次广告情节设置的过程。情节设置的关键点就在于，时间上广告内容要有变化、有发展、有推动，至于前后两次之间的情节关系到底是反差、因果、对立，还是同类型深化，可以尽情发挥。

广告发布前先预热，通过悬念引发客户的好奇心。广告发布后，采取有配合的打法，配合推出软文《×××朋友圈广告你收到没？》《九龙仓给绿城的情书竟然有那么多爱恨纠葛》，并且充分利用媒体矩阵进行推广，整合网站、报广、自媒体、微博等各种媒体资源进行全面解读和宣传。

资料来源：http://www.sohu.com/a/143014403_119548

复习思考题

1. 简述房地产市场的特征。
2. 房地产行业的基本特征有哪些?
3. 房地产行业在国民经济发展中的地位如何?
4. 房地产开发的基本原则是什么?
5. 楼盘配套设施包括哪些方面?
6. 简述楼盘价格的决定因素。
7. 简述房地产企业的影响组合策略。
8. 简述房产销售人员的基本素质。
9. 企业应如何对待滞销楼盘?

第六章

服务市场营销管理

在市场经济条件下，产品和服务构成社会两大需求领域。一般来讲，传统的市场营销理论和原则同样适用于服务营销。但是，由于传统的市场营销理论和原则产生的背景更多的是基于传统产业的，对有形产品更加适用；而服务业有其自身的规律和特点，对于服务业的某些要素，如人员、过程和有形展示等，在传统的市场营销理论中并没有得到应有的强调。因此，必须重新认识服务营销及其特点，跳出传统的 4Ps 框来发展服务产品的市场营销理论与技巧，以便制定正确的服务营销方案。也正是在这个背景下，服务市场营销学作为市场营销学的一个分支就应运而生。

第一节　服务市场营销概述

市场营销学界对服务概念的研究大致是从 20 世纪五六十年代开始的。区别于经济学界的研究，市场营销学者以“服务作为产品”为基础进行研究。1960 年，AMA 最先将服务定义为“用于出售或者同产品连在一起进行出售的活动、利益或满足感”。

一、服务的分类与特征

1. 服务的分类

西方学术界将服务分类同管理过程结合起来，认为简单地提出分类方案是远远不够的，更为重要的是通过分类能够概括出在不同行业中服务的共同特征，以便为市场营销管理过程提供决策依据。一般来说，可从以下五个角度对服务进行划分。

(1) 根据服务活动的本质，即服务活动是有形的还是无形的以及服务对象是人还是物，可将服务分成四类：作用于人的有形服务，如民航、美容、娱乐；作用于人的无形服务，如教育、广播、影视服务；作用于物的有形服务，如货运、洗涤、园艺；作用于物的无形服务，如金融、咨询等。

(2) 根据服务机构与顾客之间的关系，即连续的还是间断的以及是正式的还是非正式的，可将服务分为四类：连续的、会员关系的服务，如银行、保险；连续的、非正式关系的服务，如广播电台、灯塔；间断的、会员关系的服务，如担保维修、对方付款电话服务；间断的、非正式关系的服务，如邮购、公共电话等。

(3) 根据选择服务方式的自由度大小以及服务对顾客需求的满足程度分类。有些服务过程比较标准化，服务提供者和顾客对服务方式的选择余地都较小，如公交车路线及站台固定；有些服务虽能使每个顾客的需求得到充分满足，但服务提供者对服务方式的选择自由度却很小，如电话服务；有些服务提供者的选择余地虽然较大，但难以满足单个顾客的需求，如教师讲课可尽情发挥，却很难照顾到每一个学生的接受程度和兴趣；还有一类服务，不仅单个顾客的需求能够得到充分的满足，服务提供者也有发挥的空间，如美容、建筑设计、律师服务等。

(4) 根据服务供应与需求的关系分类。有些服务供应与需求的波动都较小，如银行、保险、法律服务；有的需求波动幅度大而供应基本能跟上，如电力、电话等；有的需求波动大，有时会超出供应能力，如交通运输、宾馆、饭店等。

(5) 根据服务推广的方法分类。顾客在单一地点主动接触服务机构，如电影院、美容厅；服务机构在单一地点主动接触顾客，如直销、出租汽车服务；顾客与服务机构在单一地点远距离交易，如地方电视台、信用卡公司；顾客在多个地点主动接触服务机构，如公共汽车、连锁快餐店；服务机构在多个地点主动接触顾客，如邮寄服务、应急修理；顾客与服务机构在多个地点远距离接触，如电话公司、广播网等。

2. 服务的特征

服务的特征较多，为了将服务与有形商品区别开来，许多学者从产品特征的角度来探讨服务的本质。对于大多数服务而言，它们都具有如下共同特征。

(1) 无形性。无形性也称不可感知性，可从两个不同层次来理解。首先，它是指服务若与有形的产品相比较，服务的特征及组成服务的元素往往是无形的，让人不可能触摸或凭肉眼看见其所在；其次，它还指使用服务后的利益也很难被察觉，或需要等一段时间后享用服务的人才能感觉到利益的存在。顾客在购买之前，一般不能看到、听到、嗅到、尝到或感觉到。因此，广告宣传不宜过多介绍服务的本体，而应集中介绍服务所能提供的利益，让无形的服务在消费者眼中变得有形。实际上，真正无形的服务极少，很多服务需借助有形的实物才可以产生。对顾客而言，购买某些产品，只是因为它们是一些有效的载体，这些载体所承载的服务或者效用才是最重要的。

(2) 同步性。服务具有直接性，服务的供应者往往是以其劳动直接为购买者提供使用价值，生产过程与消费过程紧密连接，如照相、理发，有时也与销售过程连接在一起，如边售票边服务。这一特征表明，顾客只有加入且必须加入服务的生产过程中，才能享受到服务，而且一个出售劳务的人在同一时间只能身临其境地在一个地点提供直接服务。因此，直接销售通常是唯一的分销途径。

(3) 异质性。主要指服务的构成成分及其质量水平经常变化，很难统一界定。和实行机械化生产的制造业不同，服务是以人为中心的产业。由于人的气质、修养、文化与技术水平存在差异，同一服务，由数人操作，品质难以完全相同；同一人提供同样的服务，因时间、地点、环境与心态变化的不同，作业成果也难完全一致。因此，服务的产品设计须特别注意保持应有的品质，力求始终如一，维持高水准，建立顾客信心，树立优质服务形象。

(4) 易逝性。基于服务的生产与消费同时进行及其无形性，使得服务不能在生产后储存备用，消费者也无法购后储存。很多服务的使用价值如不及时加以利用，就会“过期作废”，如车、船、飞机上的空座位，宾馆中的空房间，闲置的服务设施及人员，均为服务业不可补偿的损失。不过，这种损失不像有形产品损失那样明显，它仅表现为机会的丧失和折旧的发生。因此，服务业必须灵活处理被动的服务需求问题，解决由缺乏库存所引致的供求不平衡的问题，以及如何确定适当的规模、定价、渠道和推广策略，力求达到人力、物力的充分利用。

此外，服务的无形与易逝，使得购买者不能“实质性”地占有，因而不涉及所有权的转移，也不能申请专利。各类服务产品之间往往可以互相替代，如为到达同一目的地，可以选择多种运输服务方式。

二、服务市场营销组合

营销组合，是指组织在识别可控制营销因素的基础上，根据顾客的需求来确立营销因素的最佳组合。早期的营销理论，几乎皆由营销组合概念来驱动。在有关营销组合的诸多观点中，最具影响力的当属“4P”营销组合，即产品(product)、价格(price)、促销(promotion)与地点(place)。Booms 与 Bitner(1981)建议，对服务组织来说，应在“4P”的基础上增加另外三种营销因素，即参与者(participants)、有形展示(physical evidence)和服务装配过程(process of service assembly)，故服务营销组合就是在传统的“4P”营销组合的基础上增加上述 3P。服务营销组合中所新增加的“3P”，抓住了服务营销的本质，指明了服务产品与有形产品的差别，也为我们提供了一种剖析服务体验及其构成要素的理论模型。

Booms 与 Bitner(1981)认为，参与者是指卷入服务产出过程的所有人，不仅包括顾客，还包括员工。有形证据是指服务环境以及服务的其他有形层面。服务装配过程是指为提供服务而发生的一系列活动及其发生顺序。对任何服务而言，新增加的每一种营销因素都会影响顾客对服务的总体感觉。因此，意欲针对具体细分市场拓展服务业务的组织，可根据目标顾客的特点来调整其中的一种或多种营销因素，以突出服务特色。服务特色可来自于有形证据。同样，一个服务组织也可借助服务参与者的调整来差别化它的服务。与传统的“4P”一样，新加入的“3P”之间也存在多重联系。强化其中的一个营销因素以影响顾客的消费感觉，则可能需要或引发其他营销因素的变化。

总之，服务营销组合模型识别融入 3 个新的营销因素，而此“3P”非常重要。服务营销组合模型的优势之一，是其建立在营销组合这一较为成熟的营销概念之上，既突出了这一理论模型的正统性，又强调了服务营销与有形产品营销的差别之处。

1. 产品

服务产品必须考虑的要素是提供服务的范围、质量、品牌、保证以及售后服务等。服务产品包括核心服务、便利服务和辅助服务。核心服务体现了企业为顾客提供的最基本效用，如航空公司的运输服务、医院的诊疗服务等；便利服务是为配合、推广核心服务而提供的便利，如订票、送票、送站、接站等；辅助服务用以增加服务的价值或区别于竞争者的服务，有助于实施差异化营销战略。

2. 价格

由于服务质量水平难以统一界定，质量检验也难以采用统一标准，加上季节、时间因素的重要性，服务定价必须有较大的灵活性。而在区别一项服务与另一项服务时，价格是一种重要的识别标志，顾客往往通过价格来感受服务价值的高低。

3. 促销

服务促销包括广告、人员推销、营业推广、宣传、公共关系等营销沟通方式。为增进消费者对无形服务的印象，企业在促销活动中要尽量使服务产品有形化。例如，美国著名的旅游者保险公司在促销时，用一个伞式符号作为象征，促销口号是：“你们在旅游者的安全伞下。”这样，无形的保险服务便具有一种形象化的特征。

4. 地点

随着服务领域的扩展，服务销售除直销外，经由中介机构销售者日渐增多。中介机构主要有代理、代销、经纪、批发、零售等形态。如歌舞剧团演出、博览会展出、职业球队比赛等，往往经中介机构推销门票。在分销因素中，选择服务地点至关重要。商店、电影院、餐厅等服务组织，如能坐落于人口密集、人均收入高、交通方便的地段，服务流通的范围较广泛，营业收入和利润也就较高。

5. 参与者

服务业的操作人员在顾客心目中实际上是产品的一个组成部分。如这次发型是某位理发师的杰作，这首歌曲是某位歌星演唱的。服务企业的特色往往体现在操作者的服务表现和服务销售上。因此，企业必须重视雇员的甄选、训练、激励和控制。此外，顾客与顾客间的关系也应受到重视。一位顾客对服务质量的认识，很可能是受到其他顾客的影响。

6. 有形展示

有形展示会影响消费者和顾客对于一家服务企业的评价。有形展示包含的要素有实体环境，如装潢、陈设、颜色、声音，服务提供时所使用的装备实物以及其他实体性线索，如航空公司所使用的标识、包装等。

7. 服务装配过程

人的行为在服务业很重要，而过程同样重要。表情愉悦、专注和关切的工作人员可以减轻排队等候的顾客的不耐烦感，还可以平息因服务不周时顾客的怨言或不满。整个系统的运作政策和程序方法的采用、服务中的自动化程度、员工决断权的范围、顾客参与程度、咨询与服务的流动等，都是市场营销管理者需要特别关注的。

三、服务市场营销与产品市场营销的差异

从服务的特征和服务市场营销组合可以看出，服务市场营销与产品市场营销有着本质的不同，具体表现如下。

(1) 产品特点不同。如果说有形产品是一个物体或一样东西，服务则表现为一种行为、绩效或努力。

(2) 顾客对生产过程的参与。由于顾客直接参与生产过程，如何管理顾客，使得服务推广有效地进行，成为服务市场营销管理的一个重要内容。

(3) 人是产品的一部分。服务过程是顾客与服务提供者广泛接触的过程，服务绩效的好坏不仅取决于服务提供者的素质，也与顾客的行为密切相关。

(4) 质量控制问题。由于人是服务的一部分，服务质量很难像有形产品那样用统一的质量标准来衡量，因而其缺点和不足也就不易发现和控制。

(5) 产品无法储存。由于生产与消费同时进行和服务的不可感知性，使得服务具有不可储存的特点。

(6) 时间因素的重要性。在服务市场上，由于服务生产和消费同时进行，服务的推广就必须及时、快捷，以缩短顾客等候的时间。

(7) 分销渠道的不同。服务企业不像生产企业那样通过传统渠道把产品从工厂运送到顾客手里，而是把生产销售和消费地点连在一起来推广产品。

第二节 服务质量管理

一、服务质量的内涵与测定

1. 服务质量的内涵

不同于有形产品，服务产品的质量水平并不完全由企业所决定，而是与顾客的主观感受关系很大，它取决于顾客对服务的预期质量与实际感受的服务水平(体验质量)的对比。因此，可以认为服务质量是一个主观范畴。顾客通常从技术和职能两个层面来感受服务质量，从而服务质量也就包含技术质量和职能质量两项内容。技术质量指服务过程的产出，即顾客从服务过程中所得到的东西，对此顾客容易感知，也便于评价。顾客对服务质量的感知不仅包括他们在服务过程中所得到的东西，还要考虑他们是如何得到这些东西的，这就是服务质量的职能层面，即职能质量。职能质量是指服务推广的过程，即顾客与服务人员打交道的过程，服务人员的行为、态度、穿着等都直接影响顾客的感知。显然，职能质量难以被顾客客观地评价，它更多地取决于顾客的主观感受。

顾客对服务的预期质量，通常要受四个方面因素的影响，即市场营销沟通、顾客口碑、顾客需求和企业形象。由于接受服务的顾客通常能直接接触到企业的资源、组织结构和运作方式等方面，企业形象无可避免地会影响顾客对服务质量的认知和体验。顾客心目中的企业形象较好，会谅解服务过程中的个别失误；如果企业原有形象不佳，则任何细微的失误都会造成很坏的影响。因此，企业形象被称为顾客感知服务质量的过滤器。

2. 服务质量的测定

由于服务产品具有无形性和差异性等特征，服务产品的质量很难像有形产品的质量那样进行科学的测定和评价。根据美国学者白瑞、巴拉苏罗门及西思姆等所提出的服务质量模型，归纳出评价服务质量的 5 个标准。

(1) 感知性。感知性是指提供服务的有形部分，如各种设施、设备、服务人员的仪表等。顾客正是借助这些有形的、可见的部分来把握服务的实质。有形部分提供了有关服务质量本身的线索，同时也直接影响顾客对服务质量的感知。

(2) 可靠性。可靠性是指服务供应者准确无误地完成所承诺的服务。可靠性要求避免服务过程中的失误，顾客认可的可靠性是最重要的质量指标，它与核心服务密切相关。许多以优质服务著称的服务企业，正是通过强化可靠性来建立自己声誉的。

(3) 反应性。反应性主要指反应能力，即随时准备为顾客提供快捷、有效的服务，包括矫正失误和改正对顾客不便之处的能力。对顾客的各项要求能否予以及时满足，表明企业的服务导向，即是否把顾客利益放在第一位。

(4) 保证性。保证性主要指服务人员的友好态度与胜任能力。服务人员较高的知识技能和良好的服务态度，能增强顾客对服务质量的可信度和安全感。在服务产品不断推陈出新的今天，顾客与知识渊博而又友好和善的服务人员打交道，无疑会增加信任感。

(5) 移情性。移情性是指企业和服务人员能设身处地为顾客着想，努力满足顾客的要求。这便要求服务人员有一种投入的精神，想顾客之所想，急顾客之所需，了解顾客的实际需要，哪怕特殊需要也千方百计予以满足；给予顾客充分的关心和相应的体贴，使服务过程充满人情味，这便是移情性的体现。

按上述评价标准，可通过问卷调查或其他方式对服务质量进行测量。调查应包括顾客的预期质量和体验质量两个方面，以便进行分析与研究。

二、提高服务质量的策略

提高服务质量的方法与技巧很多，这里介绍两种常用的方法，即标准跟进(benchmarking)和蓝图技巧(blueprinting technique)。

1. 标准跟进

标准跟进指将产品、服务和市场营销过程与竞争对手尤其是最具优势的竞争对手进行对比，在比较、检验和学习的过程中逐步提高自身的服务水平。

标准跟进法最初主要应用于生产企业，服务企业在运用这一方法时可从策略、经营和业务管理方面着手。

(1) 策略。将自身的市场策略与竞争者的成功策略进行比较，寻找它们的相关因素。例如，竞争者主要集中在哪些细分市场，竞争者实施的是低成本策略还是价值附加策略，竞争者的投资水平以及资源如何分配于产品、设备和市场开发等方面。通过一系列的比较和分析，企业将会发现以往被忽视的成功的策略因素，从而制定出新的、符合市场和自身资源条件的策略。

(2) 经营。主要集中于从降低营销成本和提高竞争差异化的角度了解竞争对手的做法，并制定自己的经营策略。

(3) 业务管理。在业务管理方面，企业应根据竞争对手的做法，重新评估那些支持性职能部门对整个企业的作用。例如，在一些服务企业中，与顾客相脱离的后勤部门，缺乏适度的灵活性而无法与前台的质量管理相适应。学习竞争对手的经验后，使二者步调一致，协同动作，无疑会有利于提高服务质量。

2. 蓝图技巧

蓝图技巧又称服务过程分析，是指通过分解组织系统和架构，鉴别顾客与服务人员的接触点，从这些接触点出发来提高服务质量。服务企业想要提高服务质量和顾客满意度，必须理解影响顾客认知服务产品的各种因素，蓝图技巧则为有效地分析和理解这些因素提供了便利。蓝图技巧借助流程图分析服务传递过程的各个方面，包括从前台到后勤服务的全过程。主要涉及以下四个步骤。

(1) 将服务的各项内容绘入服务作业流程图，使服务过程一目了然地、客观地展现出来。

(2) 找出容易导致服务失误的接触点。

(3) 建立体现企业服务质量水平的执行标准与规范。

(4) 找出顾客能看得见的、作为企业与顾客的服务接触点的服务展示。在每一个接触点，服务人员都要向顾客提供不同的职能质量和技术质量，而顾客对服务质量感知的好坏将影响企业形象。

由于服务的不可感知性，顾客在购买时常因担心服务质量难以符合期望水平而犹豫不决。企业为化解顾客对质量风险的顾虑，可从以下几方面改进工作。

(1) 集中强调质量。高层管理人员真正投入质量管理活动，包括履行承诺保证，在资源配置上支持质量管理活动，建立以质量为核心的企业文化，全体员工树立质量第一的服务观念，自觉地为提高服务质量贡献力量。顾客了解到企业内部的质量观及措施，会逐渐消除质量风险忧虑。

(2) 重视人的因素。以人为中心的服务，质量决定于人的操作技巧和态度，必须重视员工培训，让员工掌握新的服务技巧，改善服务态度。同时，管理者要创造一种能够得到员工支持的对优良业绩给予奖励的环境，争取在员工满意的基础上让所有的顾客满意。

(3) 广告宣传强调质量。针对顾客对质量的担心，在设计广告宣传时要形象地突出有关服务的质量特征与水平。例如，请现有顾客“现身说法”，介绍自己购买服务后的心理感受。善用顾客口碑，有时能收到比广告更好的效果。

(4) 利用推广技巧。站在顾客的立场上，服务质量不佳意味着损失。充分利用诸如免费试用、折价券、赠品和会员制等推广技巧，可以鼓励顾客勇于尝试，以实际感受减轻甚至打消其担心损失的心理。

(5) 善用口碑。研究发现，在选用服务产品时，顾客容易听取曾经使用过类似服务的亲戚或朋友的意见。因此，善于利用已有顾客的口碑能很好地增强顾客的信心。

三、服务质量与顾客服务

服务企业的行为按照是否与顾客直接接触，分为前台活动与后台活动。顾客服务的基本要求是尽量扩大前台活动的范围和比例，使顾客接触到更多的与职责相关而又独立操作的服务人员，这样既可提高顾客的满意度，又便于企业进行追踪调查。因此，顾客服务已成为服务经营中制胜的法宝，服务形式也日新月异、变化无穷。

1. 顾客期望

顾客期望在顾客对服务的认知中起着关键性的作用。顾客正是将预期质量与体验质量进行比较，据以对服务质量进行评估，期望与体验是否一致已成为服务质量评估的决定性因素。期望作为比较评估的标准，既反映顾客相信会在服务中发生什么(预测)，也反映顾客想要在服务中发生什么(愿望)。

2. 管理顾客期望

企业可以通过以下几个方面的工作对顾客期望进行有效的管理。

(1) 确保承诺的实现性。明确的服务承诺(如广告和人员推销)和暗示的服务承诺(如服务设施外观、服务价格)都是企业可以控制的，对之进行管理是管理期望的直接、可靠的方法。企业应集中精力于基本服务项目，通过切实可行的努力和措施，确保对顾客所做的承诺能够反映真实的服务水平，保证承诺圆满兑现。过分的承诺难以兑现，将会失去顾客的信任，破坏顾客的容忍度，对企业是不利的。

(2) 重视服务的可靠性。在顾客对服务质量进行评估的多项标准中，可靠性无疑是最为重要的。提高服务可靠性能带来较高的现有顾客保持率，增加积极的顾客口碑，减少招揽新顾客的压力和再次服务的开支。可靠服务有助于减少优质服务重现的需要，从而合理限制顾客期望。

(3) 坚持沟通的经常性。经常与顾客进行沟通，理解他们的期望，对服务加以说明，或对顾客光临表示感激，更多地获得顾客的谅解。通过与顾客经常对话，加强与顾客的联系，可以在问题发生时处于相对主动的地位。企业积极地发起沟通以及对顾客发起的沟通表示关切，都传达了和谐、合作的愿望，而这又是顾客经常希望但很少得到的。有效的沟通有助于在出现服务失误时减少或消除顾客的失望，从而树立顾客对企业的信心和理解。

3. 超出顾客期望

管理期望为超出期望奠定了基础，企业可利用服务传送和服务重现所提供的机会来超出顾客期望。

(1) 进行优质的服务传送。在服务过程中，顾客亲身体验了提供的服务技能和服务态度，有利于保持更切合实际的期望和更多的理解。每一次与顾客的接触都是一次潜在的机会，可使顾客感到享受了超出期望的服务。

(2) 利用服务重现。虽然对完美的服务的追求是优质服务的特征，但在第一次服务出现失误时，一流服务的重现就显得十分重要。服务重现是一个超出顾客期望的绝好机会，也为企业提供了重新赢得顾客信任的机会。企业必须加强力量组织好重现服务，使服务中的问题得到令人满意的解答。虽然在服务重现期间顾客对过程和结果的期望都会比平时更高，但顾客将比往常更加注意服务的传递过程。以全身心投入来对待顾客的有效重现，能使顾客顺心惬意，并为精心组织的服务重现超出期望而感到惊喜。

第三节　服务的有形展示

一、有形展示的含义及类型

货物以物质形态存在，而服务以行为方式存在。物质产品可以自我展示，服务则靠顾客的实际体验。在没有消费之前，顾客很难像认识实体产品那样准确地把握服务质量，这为顾客消费服务增加了困难。因为服务是无形的，顾客看不到服务，但顾客可以看到服务工具、设备、员工、信息资料、其他顾客、价目表等，这些有形物都是了解无形服务的线索。一切可以传递服务特色与优点的有形的组成部分，均称为服务的有形展示。有形展示是顾客在还没有真正看到服务、做出购买决定前理解服务的有效线索，管理好这些线索能增加顾客对有关服务的认识，并使服务营销具有更大的可控性。

有形展示可以从不同的角度加以分类。从构成要素的角度，有形展示可分为三种类型，即实体环境、信息沟通和价格。

1. 实体环境

实体环境包括周围因素、设计因素和社会因素三大因素。

(1) 周围因素。周围因素是指不易引起人们重视的背景条件，如空气的质量、噪声、气氛、整洁度等。这类要素通常被顾客视为构成服务产品内涵的必要组成部分，其存在虽不致使顾客格外激动，但如缺少这些或达不到顾客的期望，就会削弱顾客的信心。周围因素通常被认为是理所当然的，所以它们的影响是中性的或消极的。也就是说，顾客注意到周围因素，更多的是引发否定行为而不会因之有意接近。例如，餐厅理应保持清洁卫生，如果环境污浊，就会使顾客望而生畏。

(2) 设计因素。设计因素是指建筑风格、结构、色彩、造型等美学因素和陈设，标识等功能因素。这类要素被用来改善服务产品的包装，显示产品的功能，建立有形的、赏心悦目的产品形象。设计因素是主动刺激，它比周围环境更易引起顾客的积极情绪，鼓励其采取接近行为，有较强的竞争潜力。

(3) 社会因素。在服务场所内一切参与及影响服务产品生产的人，包括服务员工和其他出现于服务场所的人士，他们的人数、仪表、行为等，都有可能影响顾客对服务质量的期望与认知。

2. 信息沟通

沟通的信息来自企业本身及其他引人注目之处，通过多种媒体传播与展示服务，从赞扬性的讨论到广告，从顾客口头传播到公司标志，不同形式的信息沟通都传送了有关服务的线索。信息沟通所使用的方法有以下几种。

(1) 服务有形化。在信息交流中强调与服务相联系的有形物，让服务显得实实在在。如麦当劳公司针对儿童的快乐餐设计的盒面印有游戏、迷宫等图案，把目标顾客的娱乐和饮食联系起来，效果很好。这证明有形因素能使服务容易被感觉，不再那么抽象。

(2) 信息有形化。通过鼓励积极的口头传播、服务保证和广告中应用容易被感知的展示，使信息更加有形化。很多顾客都特别容易接受其他顾客提供的口头信息，据以做出购买决定。如选择医生、律师或选修课教师时，会先征询他人的看法。服务保证主要是强调承诺的真实性，这种形式长期被采用。

3. 价格

服务价格之所以被重视，是因为价格是营销组合中决定收入的主要因素；而顾客之所以关注价格，是因为价格可以提高或降低人们的期望。服务是无形的，价格则是对服务水平和质量的可见性展示。价格能展示一般的服务，也能展示特殊的服务；它能表达对顾客的关心，也能给顾客以急功近利的感觉。制定正确的价格能传送适当的信息，是一种对服务有效的有形展示。

二、有形展示的作用

有形展示的作用主要有以下几个方面。

(1) 帮助顾客感受到服务所能带来的利益。服务展示的一个潜在作用，就是能给营销策略带来乐趣优势。有形展示可在顾客的消费经历中，注入新颖的、激动人心的、戏剧性的因素，消除顾客的厌倦情绪。采用有形展示的实质，是通过有形物体对顾客感官的刺激，让顾客感受到无形服务所能带给自己的好处和利益，进而影响其对服务的需求。

(2) 引导顾客对服务产生合理的期望。服务的无形化及不可感知性，使顾客在使用前难以对该项服务做出正确的理解或描述。运用有形展示，可以让顾客在使用服务前能具体地把握服务的特征和功能，从而对服务产生较合理的期望，避免因期望过高而难以满足所造成的负面影响。

(3) 影响顾客对服务产品的第一印象。有形展示作为部分服务内涵的载体，是顾客取得第一印象的物质因素。对于新顾客而言，在购买和享用某项服务之前，往往会根据第一印象对服务产品做出判断，有形展示的成败最终会影响顾客的购买决策。

(4) 促使顾客对优质服务做出客观评价。服务质量高低由多种因素决定，可感知性是其中的一个重要特质，而有形展示正是可感知的服务的组成部分。有形展示如同物质产品的包装，好的包装能使顾客对产品产生优质的感觉，完美的有形展示也可使顾客对服务产生优质的感觉。

(5) 引导顾客识别与改变服务形象。有形展示能有形地、具体地传达最具挑战性的企业形象。服务企业或服务产品形象的无形性，增强了改善形象的难度。形象的改变不仅是在原来形象上加入新内容，而且要打破传统观念，利用有形产品作为新设计的形象的中心载体，使形象变更的可见信息迅速传送给顾客。

(6) 协助服务企业培训服务员工。在利用有形展示突出服务产品的特征及优点时，也可利用有形展示作为培训员工的手段。员工作为“内部顾客”，通过有形展示深刻、具体地理解了企业所提供的服务，有助于保证他们所提供的服务符合企业所规定的标准。

三、有形展示的管理

服务不可感知的特性，主要是指其不可触及，看不见摸不着，并且难以从心理上进行把握。为克服因此产生的营销难题，必须使服务的内涵尽可能地附着于某种实物上，如信用卡代表银行为顾客提供多种服务，“一卡在手、世界通行”。服务有形化还必须考虑使服务更易为顾客所把握。因此，有形展示应选择顾客视为重要的有形实物，最好是他们在该项服务中所寻求的一部分，同时，必须保证此有形实物所暗示的承诺在提供的服务中能圆满兑现，即服务质量要与承诺的内容一致。有形展示的最终目的是建立企业与顾客之间的长期关系，服务人员先要赢得顾客的好感。服务产品的顾客，常常被服务企业中的某一个人或某一群人所吸引，而不只是认同服务本身。服务人员直接与顾客打交道，不仅其衣着打扮、言谈举止影响着顾客对服务质量的认知和评价，而且服务人员与顾客之间的关系直接决定顾客与企业关系的融洽程度。为此，企业必须确切了解目标顾客的需要，明确有形展示的预期效果，并确定独特的推销重点，将此重点作为该服务产品的组成部分。

四、服务环境的设计

服务环境指企业向顾客提供服务的场所，包括影响服务过程的各种设施以及许多无形的要素。顾客在接受服务之前，最先感受的是来自服务环境的影响。对于一些先入为主的顾客来说，环境因素的影响尤为重要。

1. 环境的特点

服务环境设计关系着各个局部和整体所表达出的整体印象。从环境设计的角度看，环境主要有以下特点。

(1) 环境是与服务营销有潜在关系的所有外在力量和实体体系，个人只能是环境的参与者。

(2) 环境往往是多重模式的，环境对于各种感觉形成的影响并非只有一种方式。

(3) 环境所能透露的信息，总是比实际过程反映的更多，其中有若干信息可能互相冲突。

(4) 环境隐含有针对各种不同角色的目的和行动。

(5) 边缘信息和核心信息总是同时展现，同样是环境的一部分，即使没有被集中注意的部分，人们还是能感知得到。

(6) 环境隐含有各种美学的、社会性的和系统性的特征。

因此，服务环境设计的任务关系着各个局部和整体所表达出的整体印象。

2. 理想环境的创造

有形展示并不限于环境设计，更不局限于宅内设计，除了环境与气氛因素以及设计因素之外，还有社交因素。社交因素涉及服务员工的外观、行为、态度、谈吐及处理顾客要求的反应等，这些对服务质量、企业形象乃至整个市场营销过程的影响不容忽视。调查表明，社交因素对顾客评估服务质量的影响比其他因素更为显著，通过对社交因素的观察，顾客可直接判断服务的热忱和能力如何，从而影响顾客购买的决策与信心。

第四节　服务定价、分销与促销

一、服务定价

一般情况下，有关物质产品定价的概念和方法基本上都适用于服务产品。但是，由于服务的差异性和无形性等特征，其定价的策略性、灵活性要大得多。服务定价方法主要有以下几种。

1. 客观定价法

不论顾客种类，先设定服务单价，如每小时服务价格是多少。这种定价法的前提条件是，该项服务可以被分割，通常根据经验或市场价格水平来确定。其优点是适应固定方式的服务，易于计费，顾客心中有底；缺点是不能反映顾客对价格的感受，固定的价格有时对某些顾客过于昂贵，对另一些顾客又被当成档次过低的服务，从而降低竞争力。

2. 主观定价法

根据顾客对服务的感觉价值和接受程度，结合主观因素制定和调整服务价格。这些因素有：服务效率的估价；企业的经验和能力；企业的知名度；服务工作的类型和难度；服务的便利性；额外的特殊费用及加班费；市场价格水平等。对于趋近于艺术化的服务来说，服务对象和服务状况多种多样，根据具体情况灵活调整价格的主观定价法有其适应性。

3. 利润导向定价法

利润最大化是服务企业的定价目标之一。利润最大化决定了定价必须高于总成本，成本应是定价的最低限。当价格在成本基础上逐渐增加时，利润水平将得到提高，直到出现很大的市场阻力时为止。市场或顾客能否接受应是定价的上限。价格过高，顾客会寻找替代品，导致服务需求和盈利水平下降。当然，服务定价过低会影响顾客低估服务质量，故服务定价除考虑成本、利润因素外，也不可忽视服务形象的重要性。

4. 成本导向定价法

依据服务成本决定价格，主要优点是简单明了，适应需求状况，保持合理利润水平。当需求旺盛时，价格显得较为公道；当需求平淡时，价格可合理降低。总成本是固定成本、变动成本和准变动成本在一定产出水平上的总和。固定成本指不随产品的增减而变化的成本，如建筑物、服务设施、维修费用、管理人员工资等；变动成本指随服务产出的变化而变化的成本，如临时雇员工资、水电费、邮寄费等；准变动成本既与顾客人数有关，也与服务产品数量有关，如清洁服务场所费用、员工加班费等。服务的类型、顾客人数和对额外设施的需求程度，对不同产品成本的影响差异性较大。属于政府管制的价格，一般按照总成本加合理利润制定服务价格。在竞争激烈的买方市场，也可以变动成本为基础，实行边际成本定价法，争取在价格中有一定的边际贡献(价格减边际成本后的余额)即可。

5. 竞争导向定价法

竞争导向定价法包括通行价格定价和主动竞争型定价。前者指以该种服务的市场通行价格作为定价的基础，避免价格战，平均价容易为顾客所接受，企业也可获得适度利润；后者则是为了维持或增加市场占有率而采取进取性定价。

6. 需求导向定价法

以质量和成本为基础，着眼于消费者的态度和行为，适度调整变动价格。

二、服务分销

服务分销决策主要考虑应在什么地点及如何将服务提供给顾客。

1. 位置

位置指企业做出关于在什么地点经营和员工处于何处的决策，包括地域、地区和地点的选择。服务提供者和顾客相互作用的方式有三种：顾客主动找服务提供者；服务提供者主动找顾客；顾客与服务提供者在双方可达到的范围内交易。在顾客主动找服务提供者的情况下，服务地点坐落的位置特别重要，企业在选址时首先要考虑所能到达地域内潜在顾客及竞争对手的数量和分布。

2. 渠道

渠道的参与者包括服务的提供者、中间商和顾客。渠道的类型主要有以下几种。

(1) 直销。从服务提供者直接到顾客，实行面对面的服务。这可以是经过选择而采用的方式，也可能是因服务和服务提供者不可分离，如会计、管理与法律咨询等。

(2) 经由中介机构销售。中介机构的形式较多，常见的有代理人、经纪人、经销商、代销商和特许经营。

① 代理人。指依据代理合同的规定，受服务提供者的授权委托从事某项服务活动者。如保险代理人接受保险人的委托，代表保险公司依据保险合同的规定招揽业务，代收取保险费，接受投保人的投保单，从保险公司获得保险代理手续费。旅游代理人为旅游者的旅行活动做出安排，包括交通工具、食宿、游览、办理护照和签证等，收入主要来自航空公司、饭店、旅行经销商付给的佣金，在未收佣金的情况下，也可向旅行者收取一定数额的服务费。

② 经纪人。在市场上为服务提供者和顾客双方提供信息，充当中介并收取佣金。如电影明星聘请经纪人，通过他们去选择剧本、导演、演出场地和商定出场费，经纪人代理费用可由任一方或双方支付。

③ 经销商。指将服务产品买进后再售出的中间商，利润来源于进销差价。包括批发商和零售商。批发商主要是从事批发业务的服务中介机构，如旅行社、旅游公司，其业务是将航空公司或其他交通运输企业的产品与旅游目的地旅游企业的地面服务，组合成整体性的旅游产品再推向旅游者；零售商面向广大顾客，从事服务产品的供应，如旅游零售商，他们熟悉多种旅游产品的情况，也了解旅游者的支付能力和消费需求，可帮助旅游者挑选适宜于其要求的旅游产品。

④ 代销商。为服务提供者代为推销服务产品。如演出单位和博览会，物色能接触目标顾客的机构和人员代为出售门票。代销商收取手续费或从折扣中取得收入。

⑤ 特许经营。特许者将自己所拥有的服务商标、商号、产品、专利和专有技术、经营模式等以特许经营合同的形式授予被特许者使用，被特许者按合同规定，在特许者统一的业务模式下从事经营活动，并向特许者支付相应的费用。目前世界上规模最大的特许连锁企业为麦当劳公司。

三、服务促销

服务促销指为了和目标顾客及相关公众沟通信息，使他们了解企业及所提供的服务、刺激消费需求而设计和开展的营销活动。促销的对象并不完全限于顾客，有时也可以用来激励雇员和中间商。

服务的无形性使顾客对服务有一种不确定的心理。促销信息必须侧重于宣传本企业服务的特点，创造深刻而富有特色的企业形象。促销的主要目标是将企业所提供的服务与竞争对手所提供的服务区别开来。具体目标有：①传递信息。告知潜在顾客本企业的服务项目和服务能力。②说服。促使顾客做出购买决策。③提示。向顾客描述本企业的服务所具有的特征和各种利益。

服务促销的手段主要有广告、人员推销和公共关系。要根据企业的营销目标、资源状况、购买者特点、本企业服务的特点和其他营销组合因素、竞争对手的情况等，确定在促销组合中何种方式占主导地位。

1. 广告

基于服务的特点，服务广告要努力实现将无形服务有形化，消除顾客的不确定心理。

(1) 传递服务信息。以简明的文字和图形，传达所提供服务的领域、深度、质量和标准的明确的信息。

(2) 强调服务利益。在充分了解顾客需求的基础上，选择广告所使用的利益诉求，争取广告的最佳效果。

(3) 承诺必须兑现。广告中关于服务可获得的利益的诺言必须务实，既是顾客所想得到的，也是企业能够做到的。在某些方面要制定最低一致性标准，如能做得比标准更好，顾客会更加满意。

(4) 提供有形线索。为增强促销效果，尽量使用有形线索做提示。如知名人物和物体(如建筑物)，常用以对服务做有形展示。

(5) 消除购后顾虑。有针对性地强调购买选择的合理性，鼓励顾客将服务与使用后利益转告他人，消除购后的不和谐感。

2. 人员推销

人员推销是为了帮助和说服顾客购买某项服务而进行的人与人之间的交往过程。帮助是向顾客传达信息，说服是试图影响潜在顾客采取有利于双方的购买行动。开展人员推销的要求如下。

(1) 推销人员素质好。推销人员必须业务能力强，服务态度好，能使顾客信任他。

(2) 发展与顾客的个人关系。由于顾客需求的差异性，对不同的问题有不同的感受，通常希望能被单独接待。往往并非服务本身，而是人与人之间的关系使顾客满意或不满意。

(3) 采取专业化导向。在顾客心目中，销售人员必须是一个真正的行家里手，服务提供者的外表、动作、行为和态度要符合顾客心目中一个专业人员应有的标准。

(4) 推销多项服务。在推销核心服务时，提供一系列有关的辅助性服务，这既可为顾客提供方便，也可为企业带来利益。

3. 公共关系

公共关系是为了树立和维护服务企业良好形象而采用各种交际技巧，提高企业的知名度，主要手段有以下几种。

(1) 媒介宣传。报刊、广播、电视发布消息，这是一种免费的宣传，具有较高的可信度，易为公众接受。

(2) 企业宣传资料。公司的出版物和宣传品向顾客传达企业的目标和策略，表彰服务人员的业绩，报道企业信息，激励销售并改善与顾客的关系。

(3) 欢迎顾客参观。实行开放参观日或庆祝某一纪念日等，随时接待顾客，向顾客展示新的服务项目和服务设施，使其有机会更多地了解企业。

(4) 密切社团关系。服务企业需要取得地方和社区的大力支持，与社团建立良好的关系，有利于维持稳定的顾客群和得到政府机构的支持。

案 例

杜中兵：打造独特的巴奴

餐饮企业的产品是什么？

杜中兵的答案是店面。

在以服务为主的餐饮行业，越来越多的企业强调以服务来吸引和打动消费者，但在这个过程中逐渐淡化了店面的装修传达给消费者的文化气息。

“你必须塑造出独特的你，当你把独特的自己展现给市场的时候，一定会有消费者记住你。”杜中兵说。

2012 年，杜中兵在郑州打造了一家最具有巴奴品牌个性和内涵的店面，那就是巴奴火锅正弘旗店，这也是巴奴火锅全国第 100 家店。

巴奴一词源自于“纤夫”。对于杜中兵来说，他看中的是“纤夫”留下的精神文化遗产——“坚韧、厚实和可靠的感觉，这也正是巴奴企业文化所倡导的。”

在巴奴正弘旗店，点滴装饰间都呼应了巴奴的“纤夫精神”。老榆木的桌椅搬都搬不动，隔断用的钢板和铁链会让人联想到江边的纤夫，红色为主的色调传递着热情的信息……

杜中兵说，希望顾客坐在椅子上就能体验到巴奴的真诚；希望员工坐在椅子上就能感受到巴奴是可以依赖的，通过一件物品就考虑到怎么做才符合一个巴奴人的身份要求。

如果一家企业能找到一种文化，并且把它贯穿到从环境的打造到团队的塑造等各方面，那这家企业的生命力将是很强的。杜中兵一直坚持店面创新就是要找这种感觉，而今他找到了。

2012 年，杜中兵在企业发展战略上的创新，主要体现在加强品牌的价值塑造，聚焦特色。

“服务不是巴奴的特色，毛肚和菌汤才是。”这是巴奴火锅 2012 年调整后的口号。

“这样的口号加深了顾客对巴奴产品的认知。”杜中兵说，越聚焦越有力量。

这涉及品牌的定位理论，简言之，就是一个品牌等于谁的问题。定位调整之前，巴奴火锅在消费者的心中，等于好味道，等于本色的火锅，等于毛肚菌汤……“你不能什么都等于，这样的品牌定位太宽了，不聚焦。”在杜中兵看来，品牌诉求聚焦于一个点时，才能爆发出更强的势能。

下一步，杜中兵打算把巴奴火锅改名为巴奴毛肚火锅，让品牌势能进一步集聚。“最原始的重庆火锅就是毛肚火锅，巴奴就是最具特色的重庆火锅”。

在经济形势不好的情况下，尽管2012年巴奴火锅开了5家直营店、18家加盟店，但基于聚焦品牌势能的考虑，杜中兵决定逐步砍掉加盟店。“考虑到品牌的价值塑造，我们不要充数量，加盟店对品牌价值塑造虽没有负面影响，但正面影响也不多，我们要把精力放在直营店上”。

杜中兵在企业发展战略上的不断创新，成就了如今“巴奴”强大的品牌影响力。在纷繁复杂的商业环境中，品牌就是企业巨大的无形资产和核心竞争力。

一个企业拥有市场的最佳办法，就是拥有品牌。

提到海底捞，杜中兵充满敬意：“海底捞已经成为麻辣火锅这个品类的代言，它捍卫了这个行业，应该受到尊重。”

海底捞早在2003年就进入了河南市场。对于与海底捞“狭路相逢”，杜中兵充满信心地表示，凡是巴奴所到的区域，必超越海底捞。因为巴奴有着战斗力很强的团队，而团队的力量是强大的。

2012年，杜中兵深耕河南，在郑州实现快速发展。杜中兵正在用他的创新智慧，努力让巴奴火锅成为河南火锅的第一品牌。

资料来源：销售与市场，2013-2.

复习思考题

1. 简述服务的内涵。
2. 什么是服务质量？
3. 简述服务质量的衡量维度。
4. 人员推销在服务促销中有什么作用？
5. 如何提高顾客的满意度？
6. 简述公共关系在服务促销中的地位和作用。

第七章 网络营销管理

第一节 网络营销概述

21 世纪，人类迅速进入数字化时代，电子商务改变着工业化社会传统的、物化的营销模式。互联网对于传统的市场营销最具有革命性的影响就在于缩短了生产与消费之间的距离，减少了商品在流通中经历的诸多环节，消费者可以直接操纵鼠标在网上完成购买行为。网络与经济的紧密结合，推动了市场营销走入了崭新的阶段——网络营销阶段。

人们早已熟知，市场营销的研究对象是市场，而随着网络经济时代的到来，这一研究对象发生了巨大的变化。网络虚拟市场有别于传统市场，其竞争规则和竞争手段发生了根本性的改变。我们已经不能简单地将传统的市场营销战略和市场营销策略搬入网络营销。因为传统市场营销中的一些具有优势的资源在网络市场营销中可能失去了优势。因此，企业必须重新审视网络虚拟市场，调整旧的思路，树立新的观念，开创新的思维，研究新的方法。

网络营销不是市场营销的简单延续，它带给人们的世界充满了创造性和想象力，它带给社会的效益是无法估量的，它带给学习网络营销人员的新知识也是丰富多彩、富于诱惑力的。

一、网络营销的定义

网络营销是以现代营销理论为基础，借助网络、通信和数字媒体技术实现营销目标的商务活动，是科技进步、顾客价值变革、市场竞争等综合因素促成的；是信息化社会的必然产物。网络营销根据其实现方式有广义和狭义之分，广义的网络营销指企业利用一切计算机网络进行营销活动，而狭义的网络营销专指国际互联网营销，也是指组织或个人基于开发便捷的互联网络，对产品、服务所做的一系列经营活动，从而达到满足组织或个人需求的全过程。网络营销是企业整体营销战略的一个组成部分，是建立在互联网基础之上借助于互联网特性来实现一定营销目标的营销手段。

网络营销可以定义为：网络营销是基于互联网络及社会关系网络连接企业、用户及公众，向用户及公众传递有价值的信息和服务，为实现顾客价值及企业营销目标所进行的规划、实施及运营管理活动。网络营销不是网上销售，不等于网站推广；是手段而不是目的；不局限于网上，也不等于电子商务；不是孤立存在的，不能脱离一般营销环境而存在。网络营销应该被看作传统营销理论在互联网环境中的应用和发展。广义地说，企业利用一切网络(包括社会网络，计算机网络；企业内部网，行业系统专线网及互联网；有线网络，无线网络；有线通信网络与移动通信网络等)进行的营销活动都可以被称为网络营销。狭义地说，凡是以国际互联网为主要营销手段，为达到一定营销目标而开展的营销活动，都称为网络营销。

与传统网络营销定义相比，网络营销定义(2016)体现了一些新的特点。

(1) 体现了网络营销的生态思维。网络营销以互联网为技术基础，但连接的不仅仅是电脑和其他智能设备，更重要的是建立了企业与用户及公众的连接。连接成为网络营销的基础。

(2) 突出了网络营销中人的核心地位。通过互联网建立的社会关系网络，核心是人，一切以人为出发点，而不是网络技术、设备、程序或网页内容。

(3) 强调了网络营销的顾客价值。为顾客创造价值是网络营销的出发点和目标，网络营销是一个以顾客为核心的价值关系网络。

(4) 延续了网络营销活动的系统性。网络营销的系统性是经过长期实践检验的基本原则之一，网络营销的内容包括规划、实施及运营管理，而不仅仅是某种方法或某个平台的应用，只见树木不见森林的操作模式是对网络营销的片面认识。

二、网络营销的主要方式

1. 搜索引擎营销

搜索引擎营销即SEM(通常以 PPC 为代表)，通过开通搜索引擎竞价，让用户搜索相关关键词，并点击搜索引擎上的关键词链接进入网站/网页进一步了解他所需要的信息，然后通过拨打网站上的客服电话、与在线客服沟通或直接提交页面上的表单等来实现自己的目的。

2. 搜索引擎优化

搜索引擎优化即SEO，指的是在了解搜索引擎自然排名机制的基础上，使用网站内及网站外的优化手段，使网站在搜索引擎的关键词排名提高，从而获得流量，进而产生直接销售或建立网络品牌。

3. 电子邮件营销

电子邮件营销是以订阅的方式将行业及产品信息通过电子邮件的方式提供给所需要

的用户，以此建立与用户之间的信任与信赖关系。

4. 即时通信营销

即时通信营销是指利用互联网即时聊天工具QQ和微信等进行推广宣传的营销方式。微信营销是网络经济时代企业营销模式的一种创新，是伴随着微信的火热而兴起的一种网络营销方式。QQ和微信不存在距离的限制，用户注册微信后，可与周围同样注册的“朋友”形成一种联系。用户可以自由订阅自己所需的信息，商家通过提供用户需要的信息，推广自己的产品，从而实现点对点的营销，比较突出的如体验式微营销。

5. 病毒式营销

病毒式营销来自网络营销，是利用用户口碑相传的原理，通过用户之间自发进行的、费用较低的营销手段。

6. BBS 营销

这个应用已经很普遍，尤其是对于个人站长来说，大部分到门户站、论坛“灌水”的同时留下自己网站的链接，每天都能带来几百IP。

7. 博客营销

博客营销是指建立企业博客或个人博客，用于企业与用户之间的互动交流以及企业文化的体现，一般以诸如行业评论、工作感想、心情随笔和专业技术等作为企业博客内容，使用户更加信赖企业、深化品牌影响力。

8. 微博营销

微博营销是指通过微博平台为商家、个人等创造价值而执行的一种营销方式，也是指商家或个人通过微博平台发现并满足用户的各类需求的商业行为方式。

9. 视频营销

视频营销是指以创意视频的方式，将产品信息移入视频短片中，被大众化所吸收，这样既不会造成太大的用户群体排斥性，也容易被用户群体所接受。

10. 软文营销

顾名思义，软文广告是相对于硬性广告而言的，是指由企业的市场策划人员或广告公司的文案人员来负责撰写的“文字广告”。与硬广告相比，软文之所以叫作软文，精妙之处就在于一个“软”字，好似绵里藏针，收而不露，克敌于无形。

等到你发现这是一篇软文的时候，你已经冷不丁地掉入了被精心设计过的“软文广告”陷阱中。它追求的是一种春风化雨、润物无声的传播效果。如果说硬广告是少林功夫，那么，软文则是绵里藏针、以柔克刚的武当拳法，软硬兼施、内外兼修，才是最有力的营销手段。

11. 体验式微营销

体验式微营销(has experience marketing)以用户体验为主，以移动互联网为主要沟通平台，配合传统网络媒体和大众媒体，通过有策略、可管理、持续性的O2O线上线下互动沟通，建立和转化、强化客户关系，实现客户价值的一系列过程。体验式微营销站在消费者的感官(sense)、情感(feel)、思考(think)、行动(act)、关联(relate)五个方面，重新定义、设计营销的思考方式。

此种思考方式突破传统上“理性消费者”的假设，认为消费者消费时是理性与感性兼具的，消费者在消费前、消费时、消费后的体验，才是研究消费者行为与企业品牌经营的关键。体验式微营销是以SNS、微博、微电影、微信、微视、微生活、微电子商务等为代表的新媒体形式，为企业或个人达成传统广告推广形式之外的低成本传播提供了可能。

12. O2O 立体营销

O2O 立体营销，是基于线上(online)、线下(offline)全媒体深度整合营销，以提升品牌价值转化为导向，运用信息系统移动化，帮助品牌企业打造全方位渠道的立体营销网络，并根据市场大数据(big data)分析制定出一整套完善的多维度立体互动营销模式，从而实现以全方位视角，针对受众需求进行多层次分类，选择性地运用报纸、杂志、广播、电视、音像、电影、出版、网络、移动客户端在内的各类传播渠道，以文字、图片、声音、视频、触碰等多元化的形式进行深度互动融合，涵盖视、听、光、形象、触觉等人们接受资讯的全部感官，对受众进行全视角、立体式的营销覆盖，帮助企业打造多渠道、多层次、多元化、多维度、全方位的立体营销网络。

13. 新媒体营销

新媒体营销是指利用新媒体平台进行营销的模式。在web 2.0带来巨大革新的年代，营销思维也带来巨大改变，具有体验性(experience)、沟通性(communicate)、差异性(variation)、创造性(creativity)、关联性(relation)的互联网已经进入新媒体传播 2.0 时代，并且出现了网络杂志、博客、微博、微信、TAG、SNS、RSS、WIKI 等这些新兴的媒体。

三、网络营销的优点

(1) 网络媒介具有传播范围广、速度快、无时间地域限制、无时间约束、内容详尽、多媒体传送、形象生动、双向交流、反馈迅速等特点，可以有效降低企业营销信息传播的成本。

(2) 网络销售无店面租金成本且有实现产品直销功能，能帮助企业减轻库存压力，降低运营成本。

(3) 国际互联网覆盖全球市场，企业可通过它方便快捷地进入任何一国市场。尤其是世贸组织第二次部长会议决定在下次部长会议之前不对网络贸易征收关税，网络营销更为企业架起了一座通向国际市场的绿色通道。

(4) 网络营销具有交互性和纵深性，它不同于传统媒体的信息单向传播，而是信息互动传播。通过链接，用户只需简单地点击鼠标，就可以从厂商的相关站点中得到更多、更详尽的信息。另外，用户可以通过广告位直接填写并提交在线表单信息，厂商可以随时得到宝贵的用户反馈信息，进一步减少了用户和企业、品牌之间的距离。同时，网络营销可以提供进一步的产品查询需求。

(5) 成本低、速度快、更改灵活。网络营销制作周期短，即使在较短的周期进行投放，也可以根据客户的需求很快完成制作，而传统广告制作成本高，投放周期固定。

(6) 多维营销。纸质媒体是二维的，而网络营销则是多维的，它能将文字、图像和声音有机地组合在一起，传递多感官的信息，让顾客如身临其境般感受商品或服务。网络营销的载体基本上是多媒体、超文本格式文件，广告受众可以对其感兴趣的产品信息进行更详细的了解，使消费者能亲身体验产品、服务与品牌。

第二节　网络营销的市场定位

定位的基本概念是确定方位或者确定方向。在网络营销中，定位是核心，企业只有明确了定位，才能在开展网络营销的过程中顺利地把网站的建设、推广手段和运营系统执行起来，企业的网络营销要围绕定位去进行。有了市场定位的标准，网络营销企业需要按照一定的步骤来实现准确的目标市场定位。

一、网络营销的步骤

与传统市场定位相似，网络营销目标市场定位也是按三大步骤来完成的。

1. 识别竞争优势

对于网络营销企业来说，必须在充满了竞争的网络市场找到自身的优势所在，这个步骤往往是通过找到自身与竞争对手间的差异性来完成的。网络营销企业需要从这些差异中选择出企业的优势，这些优势可以使企业更准确地找到定位切入点，增强在网络市场上的竞争力。

2. 选择合适的竞争优势

网络营销企业可以通过找到自身与竞争对手间的差异来获取竞争优势，但此时往往可以列出多种竞争优势，企业需要从若干个潜在的竞争优势中选择其中几个竞争优势，建立起市场定位战略。选择竞争优势时的“合适”主要是指该优势最能使企业在目标市场中发挥出全部能量，获得最大的利益和发展空间。

对于同一企业来说，最适合的竞争优势也会随着企业的发展而不断变化，企业应该及时把握现阶段的竞争优势，调整市场定位，阿里巴巴网现今的市场定位是为中国中小型企业提供贸易服务，这里的贸易服务包括国内贸易和国际贸易，其中定位重点放在国际贸易上。这与阿里巴巴早期的市场定位有区别，发展初期阿里巴巴将定位重点放在国内贸易上，因为那个时期阿里巴巴的最大竞争优势体现在所能向客户提供的服务和贸易理念上，商务资源对于阿里巴巴来说当时还比较缺乏。经过了一定时期的累积性发展，如今的阿里巴巴已经融合了大量的商家，其中以中小型企业居多，这成为阿里巴巴现今的最大优势，分析国内国际贸易需求，国内的中小型企业希望加入国际贸易的洪流，而国外企业希望能了解和接触到更多的中国企业，因此，阿里巴巴利用手中巨大的商务资源接轨国际市场，形成了新的具备极强竞争力的市场定位。

3. 市场定位的传播和送达

选择好市场定位，必须采取适当的步骤把理想的市场定位传达给目标消费者，企业所有的市场营销组合都必须支持这一市场定位战略。对于网络营销企业，可以采用传统和网络相结合的方式传递市场定位，以保证其市场定位深入人心。如：知名饮品“王老吉”，其市场定位为具备清火功能的功能性饮料，摒弃了不被大多数中国人接受的“凉茶”概念，以一句“怕上火，喝王老吉”的广告词作为宣传口号，通过电视广告、广播、杂志、网络广告等媒体宣传，使此定位深入人心。在国人渐渐接受并喜欢上此类产品后，其后的同类竞争产品便开始以“凉茶”的品牌形象进行定位，这就要求企业除了选择传统宣传观念进入市场，还将“老字号”、传统、正宗等作为诉求重点进行宣传，也取得了较好的效果。因此我们看到，同类产品在进行市场定位时，不一定只有一种定位标准，应按照当时的市场情况进行最准确恰当的定位。

网络营销企业的市场定位除了产品、服务对象，还要通过网站设计、特色服务等来将定位有效传递给目标对象，这一步是企业定位中的关键环节，也是企业定位策略是否得以最大化实施的前提。

二、网络营销定位的关键

网络营销定位包括以下几大关键方面。

1. 网站诊断和优化

网站诊断和优化是指系统地对企业网站表现进行分析，对企业网站存在的问题一网打尽。分析包括搜索引擎优化诊断、人性化设计诊断、网络营销基础诊断三大方面；根据诊断出的问题和企业经营特点等详细资料，企业必须有一套网站优化执行方案。

2. SEO 培训

网站诊断和优化方案完成后，针对不同公司网站运营团队进行一次 SEO 培训，然后指导其对网站进行优化和完善。

3. 推广策划

推广策划是从搜索引擎优化、关键词广告投放、联盟推广、软文推广、博客推广、论坛推广、电子邮件推广，数据库营销、口碑推广等上百种推广方法中选择出最适合合作客户的几种推广方法。

4. 营销培训

再次对各公司网络团队进行网络营销培训，然后根据推广计划的时间安排，执行网站推广方案。

5. 营销管理

网站安装网络营销分析系统，针对营销效果进行准确分析、检测，以便及时根据统计数据调整网络营销推广计划。

6. 运营咨询

即对在网站运营过程中出现的问题和需求，都必须及时进行咨询服务。

7. 盈利策划

网站盈利是企业非常关心的问题，将在对客户企业深入咨询和调研后，站在整个行业的高度，为客户提供专业的咨询和策划服务，让网站快速地为企业带来订单，带来客户。

第三节 网络营销平台建设

一、网络营销平台的组成

电子商务网络营销系统的实施必须借助于一定的平台才能完成。电子商务营销平台就是由人、设备、程序以及相关活动规则组成的相互关联的能完成一定电子商务营销的系统。它是企业电子商务营销活动的系统操作环境。一个完整的电子商务营销活动需要 5 种基本的平台：信息平台、制造平台、交易平台、物流平台和服务平台。它们在电子商务营销活动中相互支持、相互依存，分别承担不同的营销功能。

1. 信息平台

信息平台是企业电子商务营销系统中最重要、最复杂的一个平台，是其他四个平台的基础。信息平台的基本功能是收集、处理和发送与企业电子商务营销有关的各种信息。为了提高信息平台的效率和准确性，必须把计算机网络、网站、电话系统、语音系统、电子邮件系统等渠道整合为一个有机的整体。

2. 制造平台

制造平台是一个借助网络把顾客信息、竞争信息和内部报告信息与产品的设计制造技术紧密结合起来，创造出具有高顾客满意度和经济效益的产品平台。其核心任务是在网络环境下成功地开发新产品和仿制新产品。

3. 交易平台

交易平台的功能就是把网上和网下资源加以高效整合和综合利用。使顾客相信并切实体会到购买企业产品只需花费最小的成本就能获得最大的价值。网上交易平台的模式主要有 B2B 模式、B2C 模式和自动撮合的网上交易所。此外，网上营销的交易平台不仅具有交易的功能，还具有信息沟通和顾客服务的功能。

4. 物流平台

物流平台的功能，一是仓储功能，调剂货物供求；二是流转功能，将货物及时配送至客户；三是信息沟通功能和交易功能，即及时传递供求信息，协助完成交易。

5. 服务平台

服务平台的设计，旨在使全体员工在学习和实践中不断强化服务理念，提高素质和服务质量，从而提高顾客的满意度和忠诚度，增加企业利润。

只有使以上五种基本平台彼此协调、相互促进，才能实现整个电子商务营销平台的最优化，从而实现企业电子商务营销的目标。而要实现这一目标，就要以网站为核心，全面开发和整合整个电子商务营销系统的功能。

电子商务营销的平台一般都是建立在web平台基础之上的，而电子商务营销平台建设的关键是网站建设。无论是一家大型跨国公司，还是一家中小型的企业，如果能拥有自己的网址、抢先注册自己的域名、建立自己的网站，就会取得更多的营销机会。

二、网络营销平台建设的具体方法

网络营销平台是企业开展网络市场营销活动的基础和保证，要建立网络营销平台，企业通常需要做以下几方面的工作。

1. 选择 ISP

因特网服务提供者(internet service provider，ISP)指专门从事因特网接入服务和相关技术支持及咨询服务的公司或企业，是众多企业和个人用户进入因特网空间的驿站和桥梁。ISP 通过自己拥有的服务器和专门的线路，24 小时不间断地与因特网连接。当网络用户申请上网时，ISP 提供给用户一个账号，依据此账号，用户将计算机连接到因特网上。通常因特网服务提供者提供 ISP 的区号和电话号码、用户的登录名称、登录密码、电子邮件的地址、电子邮件服务器的名称、电子邮件的用户账号和密码等。目前，我国因特网接入服务提供商及其代理机构很多，在选择 ISP 时应注意以下几个问题。

(1) ISP 出口带宽接入用户数。“出口带宽”是指 ISP 本身以多高的速率连接到因特网或其上级 ISP，是体现该 ISP 接入能力的关键参数。如果使用拨号方式接入因特网，要注意 ISP 所能提供的中继线的数量。电话中继线是由电信部门提供的拨号访问线路，是拨号用户访问因特网的入口，中继线的数量就是该系统支持同时访问的用户数量的上限。例如，某 ISP 有 20 条中继线，则至多只能支持 20 个用户同时上网。若你是第 21 个用户，就会得到“占线”的提示，无法上网。所以，中继线的数量是衡量一家 ISP 实力的重要尺度。另外，如果中继线不支持连选功能，则可能要手工拨多个电话号码才能被接入一条空闲的线路。

是否具有独立国际出口、其出口带宽接入用户数、二级代理接入上级 ISP 的带宽是衡量一个 ISP 接入能力的 3 个重要参数。在条件可能的情况下，应优先考虑接入具有国际出口的 ISP。

(2) ISP 提供的服务种类、技术支持能力。ISP 提供的服务种类、技术支持能力也是一个十分重要的问题。因此，首先，要注意 ISP 提供信息的能力。获取信息是上网的基本功能。一般来说，访问所属 ISP 网站上的信息速度较快，访问与所属 ISP 在同一网络平台上的信息次之，跨网络平台访问最慢。因此，一家 ISP 本身及其所在网络有用信息的多少，直接关系用户的访问速度。其次，网络营销是一种通过因特网进行的实时的“无纸贸易”，对安全性要求很高，提供该项服务的 ISP 一般需要使用专用的软硬件设备，因此入网时一定要注意 ISP 是否有足够实力。最后，应考虑 ISP 是否是权威机构授权的域名代理机构，是否能够为企业提供从网站域名注册一直到网站维护的一体化服务，是否能够为企业提供网上商务的后台支持解决方案等。

(3) ISP 的服务费用问题。ISP 提供上网服务并收取一定的网络使用费。不同的 ISP 收费的形式不同，要根据自己使用的总时间和时段的情况，决定该向哪个 ISP 申请账户和选择该 ISP 提供的哪项收费服务。

ISP 收费的方式主要有 4 种：主叫式计费方式、固定账户按实际使用收费方式、包月付费方式以及“一揽子”收费方式。主叫式计费方式是指网络用户没有实际申请固定账户，而是利用 ISP 提供的电话号码和公用账户及密码进行上网，ISP 利用计费仪器自动识别拨出的电话号码并计费，然后在用户交纳电话费时一并收取上网费；固定账户方式是指用户到 ISP 那里建立一个固定的账户，并存入一定数额的上网费，ISP 根据用户实际的使用情况按时扣除所用花费；包月付费方式是指用户每月向 ISP 交纳一笔固定数额的费用后，就可以无限次地使用网络及相关服务；“一揽子”收费方式是指 ISP 在为用户提供从网络接入、域名注册、虚拟主机或主机托管、方案设计、网站构建、网站推广等“一揽子服务”时采用的收费方式。

2. 选择接入因特网的方式

企业在选择了合适的 ISP 后，可根据规模、用途等方面的要求，选择不同的因特网接入方式。目前常用的接入方式可大体分为拨号接入和专线接入两种，本文主要介绍目前最常用的专线接入方式。

专线接入是指用户与 ISP 之间通过专用线路连接。一些大的公司或单位建有自己的局域网，它们通常直接到当地的 ISP 处租用一条专线，将整个局域网接入因特网。专线接入又分为两种：①模拟专线(analog leased line)。这种专线线路上传输的是模拟信号，信号发送和接收之间要经过两次数字与模拟信号的转换，必须安装调制解调器等转换设备，所以工作效率较低，可靠性较差。模拟专线一般只用于对传输速度要求不太高或基础设施较差的环境。②数字专线(digital leased line)。这种专线线路上直接传输的是数字信号，一般采用光纤、卫星、微波等作为传输介质，使用路由器等数字设备。数字专线具有传输质量高、传输速度快、传输距离长等优点。缺点是路由器等设备的价格较高，且当子网与相连的主机距离较远时通信线路的费用也较高。

3. 建立站点和申请域名

因特网采用了一种唯一、通用的地址格式，为因特网中的每一个网络和几乎每一台主机都分配了一个地址，这就使我们实实在在地感到它是一个整体。因特网中的地址类型有IP 地址和域名地址两种，在因特网上有明显的层次划分。IP 地址在设计时就考虑到这种层次特点，将号码分隔成网络号和主机号两部分，这样便能唯一地指定每一台主机。TCP/IP规定，IP 地址用二进制数来表示，每个 IP 地址长 32bit。当你准备将计算机用 SLIP 或 PPP 连接时，将需要确定你自己的 IP 地址。在这种层次性的地址结构之下，每一主机均有唯一的 IP 地址，而全世界的网络也因此通过这种唯一的地址而彼此取得联系。所以，用户在入网之前，一定要向网络管理者申请 IP 地址。由于 IP 地址是数字型的，使用起来很不方便，于是人们又发明了另一套字符型地址方案，即所谓域名地址。域名作为企业在网络环境下商业活动的唯一标识，具有独占性。其定义为有个人、企业或组织申请的独占使用的因特网标识，并对提供服务或产品的品质进行承诺和提供信息交换或交易的虚拟地址。本质上是一种商标，与企业商标一样具有重要的商业价值。

注册域名需要考虑以下方面：企业已有的商标或企业名称；简单易记易用；申请多个域名；国际性。

申请域名是企业建立网站所要做的首要事情。企业要进入因特网进行营销，必须有域名地址，其重要性不亚于企业的商标。通常域名的格式为商标名(企业名).企业性质机构代码.国家代码。例如，sina.com.cn，其中 sina 代表的是公司名，com 代表该企业是商业机构，是因特网管理组织分配给商业性 Web 站点的专用域名，cn 代表中国。由于美国最先使用因特网，美国的公司或机构一般不在域名的最后加上国家代码，如美国戴尔计算机公司的域名为 dell.com。在我国国内，企业域名采用的一般格式为企业名.com.cn。其他不同类型的部门的域名如下：教育部门为.edu，政府部门为.gov，国际组织为.int，非营利组织为.org，网络服务商为.net。

域名是一种资源，一个好的域名应该与企业的名称、商标、性质及宣传相一致，并且易记忆、易查找。它不仅仅是企业在网上的地址，更多的已成为企业在网上的活广告，对于宣传企业形象，扩大企业的影响，保护企业的利益有极为重要的意义。

企业注册一个域名要与负责注册的管理机构联系。域名注册分为国际域名注册与国内域名注册两种，分别由国际和国内管理机构负责。国内域名注册由中国因特网络信息中心(CNNIC，网址为 http://www.cnnic.net.cn/)授权其代理进行；国际域名注册通过国际因特网络信息中心(INTERNIC)授权其代理进行。CNNIC严格按照《中国因特网络域名注册暂行管理办法》和《中国因特网络域名注册实施细则》的规定负责各种域名的申请与注册工作等。

申请注册域名必须符合一定的条件，国内域名注册申请人必须是依法登记并且能够独立承担民事责任的组织。注册时，需要出示营业执照复印件，然后按照程序规定填写申请单。涉及国家政府机构、行业机构、行政区等单位的域名注册，需经国家有关部门(指部级以上单位)正式批准和相关县级以上(含县级)人民政府正式批准，并取得相关机构出具的书面批文。国际域名注册则没有任何条件限制，单位和个人均可以提交申请。国内域名注册的步骤大致如下。

(1) 查询注册域名。许多注册管理机构的网站是经过 CNNIC 授权的。因此，在任一经过授权的注册管理机构网站上可以直接查询企业所要注册的网站名是否已被注册。通常，只要按提示输入要注册的域名，提交之后，检索结果就会自动反馈。如果域名已经被别的企业注册，则需重新选取新的域名。

(2) 填写注册申请表。如果选取的域名尚未被注册，则可以填写注册申请表。目前，企业注册既可以采用 web 方式，也可以用电子邮件的方式。在 web 方式下，企业在 CNNIC 授权代理的注册管理机构网站上联机填写域名注册申请表；如果用邮件方式，则可以将表格从网上下载，填写完毕后，再发给注册管理机构。

(3) 等待审核书面申请。提交申请表后，还必须等候注册管理机构网站系统对申请表进行初步审核，并准备营业执照(副本)复印件等申请材料。一般在 48 小时之内，注册管理机构网站系统就会自动回复电子邮件，通知企业递交书面申请材料，企业须按照要求将书面材料邮寄并等候下一步的电子邮件通知。

(4) 审核书面申请材料。注册管理机构将审查邮寄申请材料，并通过发送电子邮件的方式通知审查结果。如果审查合格，企业将进入交费阶段；如果审查没有通过，获得未通过原因与修改建议后，企业需重新进行注册。

(5) 交纳注册费用。企业应按照要求通过邮政汇款、银行电汇或来访交纳域名注册费用。

(6) 注册成功。需注册的管理机构收到域名注册费用后，发出“域名注册证”和付款发票，至此，域名注册成功。一般情况下，从收到申请材料至域名开通在 5 个工作日内完成；从收到域名注册费用至寄出“域名注册证”在 10 个工作日内完成。

国际域名注册的主要步骤与国内域名注册大致相同，首先是检索注册域名，确认要注册的域名是否被人注册。如果没有被注册过，则进入下一步注册步骤。其次是填写表格并交纳费用，也就是填写注册管理机构的“在线订单”，并传真至该网站，同时将相应交费款项汇至注册管理机构的账户。然后是办理注册，收到申请的“在线订单”及汇款后，注册管理机构即开始办理申请注册。最后是注册成功，注册管理机构将交费发票邮寄给申请人。

4. 企业建立网站的方案选择

网络站点的建设可以分为两种：一种是自己建立网站，一种是外购整体网络服务。网络站点投资选择的主要问题是资金问题。如果一个企业规模较大，资金充足，而且需要有大量的信息与外界交流，则选择建立企业网接入因特网是比较理想的；如果企业与外界没有较多的信息交流，资金有限，则选择外购整体网络服务是比较理想的。

(1) 虚拟主机。虚拟主机(virtual host)就是使用特殊的软、硬件技术，把一台运行在因特网上的服务器主机分成很多台“虚拟”的主机，每一台虚拟主机都具有独立的域名和 IP 地址，具有完整的因特网服务器功能(如 HITP、FTP、E-mail 等)。虚拟主机之间完全独立，并可由访问者自行管理。虚拟主机技术的出现，是对因特网技术的重大贡献。由于多台虚拟主机共享一台真实主机的资源，虚拟主机服务提供者的服务器硬件构成性能比较高，通信线路也比较通畅，可以达到非常高的数据传输速度，为用户提供了一个良好的外部环境；用户还不用负责机器硬件维护、软件配置、网络监控、文件备份等工作，每个用户承受的硬件费用、网络维护费用、通信线路费用均大幅度降低，使因特网真正成为人人用得起的网络。现在，几乎所有的美国公司(包括一些家庭)均在网络上设立了自己的 web 服务器，其中有相当部分采用的是虚拟主机。虚拟主机提供商的工作就是为虚拟主机用户提供运行其站点的相关软硬件环境和网络资源。

企业根据需要租用 ISP 服务商提供的“虚拟主机”的一定空间，按照“虚拟主机”指定目录将企业的网页和其他资料放到网上。企业和其访问者通过 ISP 服务商代理的高速网络系统，就好像在真实的主机上进行网上贸易信息的交流与传递。由于主机的管理与维护的大多数工作由 ISP 服务商完成，所以企业管理“虚拟主机”的主要工作就是网页上传和电子邮件处理。

(2) 服务器托管。服务器托管即租用 ISP 机架位置，建立企业 Web 服务系统。企业将购置的网络服务器托管给一些 ISP 等网络服务机构进行网站的构建、管理与维护，每年为此支付一定的费用。服务器托管可以减轻企业缺少网站设计与管理人员所带来的压力，解决网站建设后在技术支持及维护等方面可能出现的各种问题。这种方式不计通信量，不计硬盘空间量，不计访问次数，也无须申请专用线路以及搭建复杂的网络环境，因此也就节省了大量的初期投资及日常维护费用。服务器托管方式的每月资费标准相对固定，因此便于信息发布单位控制支出。这种方式特别适用于有大量数据需要通过因特网进行传递，以及有大量信息需要发布的单位。

以上两种网络站点的建设方式的费用是不同的。自建一个中等规模的网站，需要花费在高速网络专线、服务器通信设备方面的资金大约为 20 万元，每年还要支出 10 万元左右的信息和通信费用；另外至少还需要 2～5 名网络管理人员，每人每年 5 万元左右的工资，其中尚未包括因缺乏网络系统安全维护技术经验所造成的难以估算的损失。自建网站的好处在于能够更灵活、方便地同外界联系，有更多的员工可以上网，获取外界信息。

外购整体网络服务，企业只需负担以上费用的少部分，且整体网络服务提供专业设计与维护，长期人事费用亦可降低，其总成本远低于自建网站。外购整体网络服务无须考虑庞大的通信线路架设费用，仅需考虑电脑网络管理、维护费用与专属网络空间租费，并且无须担忧电脑网络系统安全维护技术问题。

三、网络营销平台的设计和管理

在设计和管理 5 个网络营销平台的过程中，必须充分考虑它们之间的区别和联系，围绕顾客让渡价值和企业获利能力的提高进行实际运作，以促进网络营销整体效益的长期最大化。

1. 信息平台的设计和管理

信息平台是企业网络营销系统中最重要、最复杂的一个平台。它不仅有自己相对独立的功能，而且广泛、深入地渗透到其他4个平台之中，是其他4个平台运作的基础。信息平台的基本功能是收集、处理和发送与企业网络营销有关的各种信息。从服务对象和服务内容上看，信息平台要面向内部用户和外部用户、宏观环境和微观环境开展信息工作，并建立和完善相应的数据库。

为了提高信息平台的效率和准确性，网络营销企业还必须把各种信息沟通渠道整合为一个有机整体。如计算机网络、网站、电话系统、语音系统、电子邮件系统等渠道应彼此连接，及时互通信息，为所有相关的信息服务对象提供使用权限内的最大限度的方便。

按照网络营销的效益和效率原则，企业在信息平台的管理过程中，一方面要宣传和强化“信息管理是企业经营的生命线”的理念，另一方面要制定一套分工具体、责权明确、赏罚分明的信息管理制度，并通过一套严格、科学的监督体系使之得到贯彻执行。企业的信息管理部门要以为企业的网络营销服务为己任，不仅要注重提高信息工作人员的素质和部门内的职能协调，而且要努力获得企业内部其他职能部门、企业合作伙伴及有关组织机构的支持和协作。

2. 制造平台的设计与管理

网络营销的制造平台，是一个借助网络把顾客信息、竞争信息和内部报告信息与产品的设计制造技术紧密结合起来，创造具有高顾客价值和良好经济效益的产品的平台。其核心任务是在网络环境下成功地开发新产品，包括独创新产品、换代新产品、改进新产品和仿制新产品。新产品构思—新产品概念—新产品原型—新产品试销—新产品正式上市的过程，是一个不断探索和调试的过程。在这个过程中，制造平台必须解决以下关键问题。

(1) 新产品开发方向与顾客需求之间的适应性。网络的迅速和便利以及信息平台的完善，为新产品构思开辟了更广阔的信息来源，也为新产品概念的精确测试提供了现实条件，还为网上顾客参与产品设计和制造奠定了基础。产品开发部门要找准新产品开发方向，使新产品更适合顾客的需求，就应当充分利用网络的便捷性和互动性，更多地接触和了解顾客，鼓励顾客的参与；借助企业内外的脑力，深入地分析和研究顾客的心理和需求；利用文化、科技和消费发展趋势，诱导市场需求，培育新产品的目标市场。

(2) 新产品在设计和制造上的技术可行性。能否把符合顾客需求的新产品概念成功地转化为理想的新产品原型，关键看企业是否具备相应的设计制造技术和生产工艺。这些技术和工艺可以自主开发，也可以适当的代价从外部获得，或者通过自主开发与外部引进相结合而形成。

(3) 新产品在经济效益上的可接受性。这个问题包含相互关联的两个方面：一方面，一定要使顾客乐意购买新产品；另一方面，企业也必须从新产品中获得比较满意的利润。顾客最终是否乐意购买新产品，关键看新产品是否有较大的顾客让渡价值，网络营销的顾客价值导向帮助企业解决顾客对新产品的满意度问题。但是为了满足顾客的个性化需求，企业在网络中使用市场细分、超市场细分乃至一对一营销，这无疑会加大产品的制造成本，因此要提高经济效益，就必须解决个性化制造与规模效益之间的矛盾。2018年4月12日，华为P20系列中国区发布会在上海东方体育中心正式召开，并揭晓了自全球发布会后一直被猜测的华为 P20 系列国内售价，同时还带来了一场科技与艺术完美融合的视听盛宴。在国行华为 P20 系列首销开启后，长期积累的用户期待瞬间转变为购买力，使得华为 P20 系列销量当天登顶，包括华为商城、天猫、京东、国美、苏宁等线上线下各销售渠道，购买热情引爆全场，极光色配色更是被瞬间抢光。此次，华为 P20 系列在摄影领域的突破在整个业界以及海内外媒体均获得了好评，可以说是肉眼可见的迅猛突破和优秀品质，所以这些期待都实打实地转化成了订单量。这就是优秀产品力的效果。经过最终的总结，华为 P20 系列在京东、天猫、国美、苏宁、唯品会以及乐语通讯获得了销量/销售额第一的成绩。

3. 交易平台的设计与管理

真正盈利的网络营销是一种把网上和网下资源加以高效整合和综合利用的商业模式。交易平台应当达到的目标，是使顾客相信并切实体验到，购买企业产品只需花费最小的顾客总成本(包括货币成本、时间成本、精神成本和体力成本)，就能获得最大的顾客总价值(包括产品价值、人员价值、服务价值和形象价值)。就网上交易平台来说，是采取B2B 模式，还是B2C 模式，或者是采取自动撮合的网上交易所，则要视其带来的顾客让渡价值(顾客总价值-顾客总成本)和企业利润而定。此外，网络营销的交易平台不仅仅具有交易的功能，而且具有明显的信息沟通功能和顾客服务功能，因此，要注意做好交易平台与信息平台、服务平台的整合工作。

4. 物流平台的设计与管理

物流是指为了克服生产和消费之间的空间隔离和时间距离，对物资进行物理性流动，以完成商品交易活动。物流过程完成的标志是实现下列贸易对流——卖方交付单证、货物和收取货款，而买方接受单证、支付货款和收到货物。网络营销企业在设计物流平台时，要注意把握以下重点。

(1) 完善物流平台的功能。物流平台的功能主要有三项：一是仓储功能，调剂货物供求；二是流转功能，将货物及时配送至用户；三是信息沟通功能和交易功能，及时传递供求信息，协助完成交易。为了实现这些功能，需要配备和集成一系列相关的信息技术，如连续补货系统、电脑辅助订货系统、商品分类管理系统，配送需求计划管理系统以及根据销售资料建立的需求预测系统等。此外，网络与通信技术(基于因特网或EDI)、条形码技术也是对物流过程进行控制和管理不可缺少的重要工具。

(2) 物流管理要以服务顾客、管理好顾客关系为核心。物流是一种服务。对电子商务企业而言，货物送达可能是顾客在购物活动过程中唯一一次与商家面对面的机会。这种机会对于发展顾客关系、建立顾客忠诚是非常重要的。物流服务的质量将直接影响企业在顾客心目中的形象，并在很大程度上决定了是否还有下一次交易的可能。为了提高物流服务的质量，企业不仅要配备和开发顾客关系管理软件，更要重视与顾客接触的每一个细节。

(3) 提高物流一线工作人员的素质。物流服务取得竞争优势的关键是现场第一线人员的优势服务、高效率的运转速度、低廉的价格及高度的专业性。因此，电子商务时代的物流人员不仅要爱企业、爱顾客、爱本职工作，而且应当胜任以下工作：物流配送、生产企业的市场调查、新产品开发、计算机信息输入等。

5. 服务平台的设计与管理

网络营销的成功离不开优质服务的支撑与保障。优质服务不仅能吸引新顾客，更能留住老顾客。服务平台的设计，旨在使全体员工在学习和实践中不断强化服务理念，提高素质和服务质量，从而提高顾客的满意度和忠诚度，增加企业利润，具体来说，要做好以下几个方面的工作。

(1) 制定服务标准，推广服务理念。服务具有无形性的特点，通过制定明确、具体的服务标准，可以消除顾客的“模糊预期”，使服务具有可衡量性。如果服务达不到既定标准，企业可以迅速从中发现服务缺陷，并采取相应的措施予以修正，或在顾客投诉之前对服务缺陷进行一定程度的弥补。服务标准最常见的形式是各种服务承诺。为了贯彻服务标准，兑现服务承诺，企业的服务管理部门应当在员工中进行服务理念的宣传推广和教育工作，使员工理解优质服务对提高顾客满意度、增进企业效益的重要意义，能够做到注意倾听顾客意见，发现并积极帮助顾客解决问题。

(2) 实施员工满意战略，对员工进行培训和授权。员工满意是顾客满意的前提。如果员工的满意度只有60%，那么顾客的满意度绝对不可能达到90%。因此，企业的服务管理部门应当创造出一种能够得到员工支持并对优良服务绩效给予奖励的环境，并经常检查员工对工作是否满意。员工(尤其是一线员工)的服务水平将直接影响服务的效果，所以要对员工进行系统的培训，使他们掌握处理顾客关系的知识和技能，提高解决顾客问题的能力。除了员工培训，企业还应当对员工进行必要的授权，使员工有一定程度的自主解决顾客问题的权限。通过授权，可增强员工的责任感，提高工作的主动性和积极性，并且可以迅速、及时地解决顾客的问题。

(3) 提供良好的信息和个性化服务。企业与顾客之间的互动主要是在信息服务的界面上进行的，因此，网络营销企业首先要充分利用平台为顾客提供良好的信息服务。如网站主页的设计不仅要宣传企业和介绍产品，而且要能与客户一起，就产品的设计、质量、包装、交付条件、售后服务等进行一对一的交流，帮助顾客拟定可行的解决方案。同传统营销一样，网络营销服务对顾客的吸引力在于服务的特色，所以，减少服务的同质性是提高网络营销吸引力和竞争力的重要途径。个性化服务是建立在客户资料化的基础上的。企业必须把每个顾客视作独立的、单一的个体，与每位顾客发展温馨的、个性化的关系，让顾客自愿提供个人资料并随时修正，为顾客提供查询库存、订单处理、配送情况以及交易历史等服务，使顾客感受到尊重、方便、安全和愉快。企业通过对客户资料的收集、统计、分析和追踪，发现客户个性化需求的统计特征，借助专业化经营，从而使顾客获得个性化的服务和满意。

(4) 建立服务质量信息系统，改进服务流程。若想不断提高网络营销服务质量，就必须对服务质量经常进行控制与评价。欢迎和妥善处理顾客投诉，能为企业提供非常有价值的市场、产品和服务质量方面的信息。但是，不满意的顾客中只有少数人会选择投诉方式，因此，企业为了获得全面的服务质量信息，有必要建立服务质量信息系统，通过各种途径和方法收集、分类、整理和传递服务信息；这些方法包括顾客、员工和竞争者调查，佯装购买，顾客或员工交流会，服务绩效测评等，当然，信息的沟通既可以面对面的形式进行，也可以借助现代信息技术，如网络会议、电话会议、传真、电子邮件等；对服务质量进行跟踪和评价，最终要使改进服务流程的计划转化为服务效益。

(5) 及时修复服务缺陷，拯救服务危机。由于产品缺陷、服务员工的素质或服务体制不完善等因素，有时不可避免地产生服务缺陷。企业的服务缺陷会导致顾客的不满，严重时甚至会演化为服务危机——对企业的绝望、愤怒乃至憎恨。具有高品质服务的公司，绝不会对服务缺陷或服务危机反应迟钝或一筹莫展，而是及时采取有效的措施进行补救，以减轻或消除顾客的不满或愤怒。一个令人满意的补救措施，可以将愤怒的、受挫的顾客转化成忠诚的顾客，像这样的补救有时可能比"第一次就把事情做好"更能增进友谊。为了确保服务补救卓有成效，企业应该把具有使顾客满意的特殊才能的人放在服务主管、客户关系经理或服务骨干的位置，并对他们的才能和贡献给予足够的赏识。

6. 各种基本功能平台的整合

由于上述 5 种基本功能平台之间的相互依存关系，企业管理者只有将这些基本功能平台进行统一的规划和管理，使它们彼此相互协调、相互促进，才能实现整个网络营销平台的最优化，从而最大限度地促进企业网络营销目标的实现。这种系统的整合可以从三个方面着手进行。

(1) 以因特网站为核心，全面开发和整合网络平台的功能。企业的营销网站是将网络营销的各种基本功能平台加以整合，实现共同操作的界面和载体。企业应当在总裁或第一副总裁的亲自领导和督促下，使信息管理部门与营销、生产、财务、后勤等部门密切合作，开发、利用、维护和完善企业网站的各种经济和经营功能，如信息发布与反馈、产品设计、谈判与交易、在线结算与支付、服务支持、物流的信息化管理等。

(2) 协调好网上营销与网下营销的关系，促进企业整体营销效益的最大化。对于绝大多数的产品来说，单独依靠因特网是不可能完成市场营销的所有任务的。没有网上营销的努力，企业与顾客之间的互动受阻，不仅市场拓展的空间和速度受到了极大的限制，而且很难满足消费者不断增长的个性化需求；没有网下营销的配合与跟进，则难以切实满足顾客需要(如实地购物与人员服务的体验、准确及时的货物配送等)以及实现顾客的高度满意，因而极有可能损害企业形象和品牌形象。只有将网上营销与网下营销进行有机的整合，才能圆满地完成企业网络营销目标。

(3) 正确处理技术与市场的关系，努力将网络技术的先进性、独创性与其在网络市场营销上的实用性、适应性统一起来。因特网技术与因特网的商务应用是相互促进的。市场需求推动技术的发展和应用，技术的发展和应用诱导新的市场需求。市场需求是企业的"衣食"之源。因此，企业在网络营销平台的建设和管理中，应防止片面追求技术的先进性和独创性，而必须使网络技术的先进性和创新性服从于顾客需求的满足和企业利润的增长，以及企业市场竞争力的提高。

四、网络营销平台的选择

在建立网上商店的前期调研工作中，选择适合的电子商务平台是成功的关键一步，现阶段网上可供选择的电子商务平台很多，在如此众多的平台服务商中，选择适合自己的电子商务平台，应考虑以下因素。

1. 知名度高，品牌形象好，流量大

对于网上消费者来说，最关心的问题是网上支付的安全性。在条件相近的情况下，消费者总是更加偏好在知名度高的网站购物，这就是品牌效应。不仅在实体商店中如此，网上商店的品牌知名度对用户购买决策同样具有重要影响，而且由于网上购物不受地理位置的局限，消费者这种偏好可能会更强烈一些。知名的网站更容易获得消费者的信任，会有更高的访问量。

2. 完善的支付和配送体系

支付与物流是制约电子商务发展的重要因素，要使网上商店的业务能顺利开展，支付和配送体系是否完善是开店者选择电子商务平台的重要标准。目前在众多的商业网站推出的支付系统中，淘宝网的支付宝和腾讯的微信支付都比较成功。

3. 稳定的后台技术、快速周到的顾客服务、完善的建店功能、方便的用户管理

网上开店都有个性化需求，选择电子商务平台时要考虑其功能是否完善，平台是否好用，能否满足其业务发展策略。提供的这些技术支持是网上商店业务顺利开展的重要保证。目前一些知名的电子商务平台网站，根据网上开店的不同需求提供不同的功能，分别有入门级、标准级、专业级的网站功能，级别越高，功能越多越全面，当然收费也越高。

4. 适合的网上商店的租金、费用水平

如果是第一次开店，还是选择租金相对低的网站较好，因为经营效果的好坏，除了基本条件之外，还有许多其他因素，比如，店面布置是否有吸引力，产品或服务是否适合网上销售，网站的访客中是否有潜在顾客，在网站上是否占据显著的位置等。如果其他条件跟不上，为此支付高额租金就是浪费。因此，是否可以提供多种收费模式也是一个判断标准。如果可能的话，也可以对几个有意向的网站进行试用再做最后的决定。

第三节　网络产品在线推广

提及网络产品，不可避免地需要涉及日常生活中基于 IT 领域对网络产品的界定。我们往往将支持网络销售的网络基础设施称为网络产品，而这里的网络指的是信息网络，如 Internet 或者通信网络等。包括各种终端设备、传输链路和转接交换设备，支持网络硬件之间通讯的各种协议，路由器、交换机等就属于我们常说的网络产品之列。移动营销是指在移动设备上进行的各种营销活动，包括移动网站上的横幅广告，用于营销提醒的推送通知，具体有以下几种方式。

1. 发布推广

(1) 新闻发布：门户网、行业网、地方网、新闻源网等新闻发布。

(2) 首页推荐：频道首页推荐(提供游戏新闻、娱乐新闻、视频推荐、论坛推荐)。

(3) 论坛推广：包含论坛发布、跟帖、互动、评论、加精置顶等方式。

(4) 信息发布：黄页网站企业信息发布、同城网站及分类网站信息发布。

(5) 视频推广：优酷、爱奇艺、腾讯视频、百度视频等发布优化及植入广告。

(6) 群发推广：QQ 群、微信群等群信息发布。

(7) 软文营销：软文植入宣传信息，以及软文故事连载、漫画图文连载推广。

(8) 邮件推广：撰写图文并茂邮件，精心设计内容，针对有效客户群投放。

(9) 博客花坛：建设优化效果好的博客或花坛持续宣传，打造博客发声平台。

(10) 店铺推广：建设网络旺铺、商铺、网店、空间等渠道全面展示产品或服务。

(11) 友链外链：通过交换友链获取流量、发布外链获得人气、提交网址增加收录。

2. 搜索产品

(1) 问答知道：百度知道、360 问答等知道问答渠道发布及针对关键词回复。

(2) 百科推广：百度百科、搜搜百科、互动百科等百科建设、加链接、加内容。

(3) 地图推广：百度地图、高德地图、谷歌地图、网上地理位置标示。

(4) 贴吧推广：百度贴吧推广，可建设品牌贴吧，并影响移动互联网。

(5) 下拉及相关：下拉词及相关搜索增加，方便客户搜索及增加印象。

(6) 认证推广：客服认证、官网认证、安全联盟认证、搜狗官网认证。

(7) 文库推广：百度文库、豆丁网文库、道客巴巴、360doc 推广。

(8) SEO 优化：通过站内站外关键词优化，增加网站、关键词的收录及使排名靠前。

3. 互动营销

(1) 事件活动：通过策划网络事件、网络活动等扩散快、传播广的方式扩大影响力。

(2) 恶搞推广：通过恶搞活动、恶搞征集、恶搞图片大赛获得网友广泛关注。

(3) 调查投票：通过网络问卷调查、网上投票等方式，增加用户关注及认可。

(4) 漂流瓶推广：通过网上传递漂流瓶，积少成多，宣传品牌。

(5) 互动共享：通过网络平台互动、共享分享平台进行一键分享，获取关注。

(6) SNS 任务：通过贴吧、Fexion、Facebook 和推特等进行互动及分享任务平台。

4. 移动微宣传

(1) 微博推广：通过建设官方微博，持续不断地进行自我宣传，扩大外围粉丝圈范围。

(2) 微信推广：通过官方微信或公众账号运营管理，累积好友，进行圈内分享。

(3) 手机新闻：相关门户网站陆续推出手机移动端微新闻，发布移动互联网新闻。

(4) 自媒体推广：今日头条、搜狐自媒体、腾讯媒体平台、微信公众号平台等。

(5) 微视推广：抖音、秒拍、美拍、小咖秀、快手，移动互联网时代短小精练视频宣传。

(6) 移动搜索：UC 浏览器、百度、360、搜狗移动端搜索优化。

以上方式有半数要付平台费用，其他可以自由操作，一旦发布和建设好渠道，后续即使停止付费，信息也能长久保存并持续发挥效果。优点主要有：提升口碑、性价比高、信任度高、覆盖面广、按方式及发布数量付费、累积性和持续性效果佳，时间越长成本持续降低，推广报告内容全面且逐条可核对，网络展示信息全面。

第四节 网络营销推广方案策划与实施

一、网络营销的主要工作

网络营销方案涉及网站技术、市场营销、网络应用、营销策划、网络营销方式等，其主要工作如下。

(1) 分析和总结企业网络营销现状，明确企业网络营销存在的问题。

(2) 了解企业的投入和期望回报，确认网络营销的目标。

(3) 分析企业的竞争对手，以实施行之有效的竞争策略。分析竞争对手的网站，包括网站功能、网站界面、网站内容、用户体验、业务流程等，得出其竞争优势以及不足。企业在实施网络营销的过程中就应该扬长避短。

(4) 分析企业的网站，总结网站的优势和劣势。分析企业网站主要包括分析网站功能、网站界面、网站内容、用户体验、业务流程等。

(5) 制定网络营销战略步骤、实施流程、具体操作，让网络营销实施有序。

(6) 优化网站不足。包括用户界面的优化、业务流程的优化、功能优化、搜索引擎优化。用户界面优化跟功能优化的目的是为了有更好的用户体验，业务流程优化的目的是为了简化用户的操作，搜索引擎优化的目的是为了让企业在搜索引擎中获得好的排名。

(7) 做好网站运营，让网站健康发展。网站运营的目标是为企业网络营销提供一个安全、稳定、方便的平台，包括网站日常维护、网站流量分析、网站故障的排除等。网站推广可以让更多的潜在客户到访网站。网站推广的主要工作包括搜索引擎竞价排名的实施、网络广告的投放、企业黄页推广、门户网站推广、软文推广、博客推广、电子邮件推广等。

(8) 对网络营销实施进行跟踪和营销效果的评估。分析企业的广告投放效果、网站推广效果，分析网站客户，发掘新需求。指导和培训企业员工，从实际出发，对企业员工进行网络营销专业培训，以提高员工的工作效率。

可以看出，网络营销方案是一种很注重实际操作技能的职业，同时其又注重逻辑分析能力和创新能力。网络营销方案也是一个交叉性很强的职业，它要求就职者既有 web 方面的技术如网站维护、网站优化等，又要求就职者有市场营销方面的知识，分析用户需求并制定市场策略。

二、网络营销策划基本原则

1. 系统性原则

网络营销是以网络为工具的系统性的企业经营活动，它是在网络环境下对市场营销的信息流、商流、制造流、物流、资金流和服务流进行管理。策划人员必须以系统论为指导，对企业网络营销活动的各种要素进行整合和优化，使“六流”皆备，相得益彰。

2. 创新性原则

网络为顾客对不同企业的产品和服务所带来的效用和价值进行比较带来了极大的便利。在个性化消费需求日益明显的网络营销环境中，通过创新，创造和顾客的个性化需求相适应的产品特色和服务特色，是提高效用和价值的关键。特别的奉献才能换来特别的回报。创新带来特色，特色不仅意味着与众不同，而且意味着额外的价值。在网络营销方案的策划过程中，必须在深入了解网络营销环境尤其是顾客需求和竞争者动向的基础上，努力营造旨在增加顾客价值和效用、为顾客所欢迎的产品特色和服务特色。

3. 操作性原则

网络营销策划的第一个结果是形成网络营销方案。网络营销方案必须具有可操作性，否则毫无价值可言。网络营销方案是一系列具体的、明确的、直接的、相互联系的行动计划的指令，一旦付诸实施，企业的每一个部门、每一个员工都能明确自己的目标、任务、责任以及完成任务的途径和方法，并懂得如何与其他部门或员工相互协作。

4. 经济性原则

网络营销策划必须以经济效益为核心。成功的网络营销策划，应当是在策划和方案实施成本既定的情况下取得最大的经济收益，或花费最小的策划和方案实施成本取得目标经济收益。

三、网络营销方案设计基本步骤

网络营销方案的策划，首先是明确策划的出发点和依据，即明确企业的网络营销目标，以及在特定的网络营销环境下企业所面临的优势、劣势、机会和威胁(即 SWOT 分析)。然后在确定策划的出发点和依据的基础上对网络市场进行细分，选择网络营销的目标市场，进行网络营销定位。最后对各种具体的网络营销策略进行设计和集成。

1. 确定组织的网络营销目标

企业的任务和愿景界定了企业的基本目标，网络营销目标和计划的制定将以这些基本目标为指导。表述合理的企业网络营销目标，应当对具体的营销目的进行陈诉，如“利润比上年增长 12%”“品牌知名度达到 50%”等。网络营销目标还应详细说明达到这些成就的时间期限。

2. SWOT 分析

除了企业的任务、愿景和目标之外，企业的资源和网络营销环境是影响网络营销策划的两大因素。作为一种战略策划工具，SWOT 分析有助于公司经理以批评的眼光审时度势，正确评估公司完成其基本任务的可能性和现实性，而且有助于正确地设置网络营销目标并制订旨在充分利用网络营销机会、实现这些目标的网络营销计划。

3. 网络营销定位

为更好地满足网上消费者的需求，增加企业在网上市场的竞争优势和获利机会，从事网络营销的企业必须做好网络营销定位。网络营销定位是网络营销策划的战略制高点，营销定位失误，必然全盘皆输。只有抓准定位，才有利于网络营销总体战略的制定。

4. 网络营销平台的设计

所说的平台，是指由人、设备、程序和活动规则的相互作用形成的能够完成一定功能的系统。完整的网络营销活动需要 5 种基本的平台：信息平台、制造平台、交易平台、物流平台和服务平台。

5. 网络营销组合策略

这是网络营销策划中的主题部分，包括 4P 策略——网上产品策略的设计；网上价格策略的设计；网上价格渠道的设计；网上促销策略的设计，以及开展网络公共关系。在网络化信息时代，只有充分了解和懂得网络营销，才有资格参与到激烈的商战中，网络营销方案的制定是参与网络营销的灵魂，正如王天星先生所说："在参与网络营销的过程中，网络营销的方案就是一个球队的技战术打法，没有它就无胜利可言。"由此可见，网络营销方案的制定就是公司、企业在应对商战中的对策和决定，它的重要性是不言而喻的。

6. 网络营销外包

网络营销外包，就是把原本需要企业自己雇人实现的网络营销工作以合同的方式委托给专业的网络营销服务商。网络营销外包是以互联网为平台，服务商为企业量身定制个性化的高性价的网络营销方案，全面负责方案有效实施，对网络营销效果进行跟踪监控，并定期为企业提供效果分析报告。可以看出网络营销外包定义中的网络营销方案是网络营销服务商代为企业施行网络营销工作以求达到预期目的时定制的一种网络商务活动的计划书。

案　例

腾讯：以开放共赢新生态拥抱数字时代

2018 年 3 月 23 日，在新加坡举办的 2018 电通安吉斯全球领导层大会上，腾讯作为唯一媒体受邀出席。在会议上，腾讯分享了与电通安吉斯确立全球战略合作伙伴关系以来取得的成果；展望了在数字化时代背景下，腾讯如何与合作伙伴一起拥抱变革，共建数字开放生态。

立足 4C 战略，GSP 合作为行业树立标杆

腾讯与电通安吉斯的全球战略合作伙伴关系始于 2017 年 6 月。在不到一年的时间里，双方基于 4C 战略已经在数据合作、内容营销、人才培养等方面展开深度合作，为业界提供了一系列值得借鉴的成果。

(1) 大数据指导移动营销。以 Mobile Stack 核心项目为基础，腾讯帮助电通安吉斯加强对中国移动市场用户行为习惯的洞察与分析，优化移动端广告投放效果。

(2) 数据+场景打造高品质原生内容。腾讯新闻品牌故事编辑室为 Burberry 深入挖掘年轻人的个性特点以及阅读习惯、广告点击、消费文化等偏好，原生定制内容通过腾讯平台进行传播，让 Burberry 成功获得了年轻人群的关注和认可。

(3) 数字营销专家培养计划。“电通安吉斯集团大学×腾讯学院”计划结合腾讯对移动、数据、电商等方面的营销价值挖掘与电通安吉斯在行业趋势、内容营销和代理生态等方面的优势，建立数字营销知识体系。

在会议现场，腾讯集团高级执行副总裁、腾讯广告主席、集团市场与全球品牌主席刘胜义先生在主题演讲，以及与电通安吉斯集团全球首席执行官 Jerry Buhlmann 的对话环节中，分享了腾讯如何积极应对数字时代领导力的挑战，以及如何与合作伙伴聚焦消费者体验升级，共建数字开放生态。

从管理意识到员工文化，应对数字巨变带来的领导力挑战

工业革命 4.0 的潮流下，数字变革的影响绝不仅限于广告行业内，更是一场覆盖所有产业的规模更大的革命性现象。刘胜义先生在分享中表明，企业应具备与之匹配的管理思维和理念，来应对数字时代对领导力的挑战。

以居安思危的管理意识、实事求是的管理文化、亲力亲为的创业者精神，为迎接巨变做好准备；

以“all-in”的决心和勇气、小步快跑的试错迭代和能够孵化杀手级产品的内部创新机制，转换管理思路并推动整个团队适应变化。

高筑墙、广积粮、缓称王，打造适应变化并基业长青的领导力文化。找到并保持自身的核心竞争优势，广纳贤才建立梯队，同时保持开放心态，以共赢赋能的思维，连接和团结一切力量共同做大做强整个行业。

携手探索开放生态，与合作伙伴共建数字未来

会上，刘胜义先生还与 Jerry Buhlmann 就实现消费者体验升级展开对话，探讨在数字时代，腾讯如何携手代理商共建数字开放生态。刘胜义先生表示：“今天，科技正在改变我们的世界，全新生态正在形成，媒体公司、代理公司、科技公司、不同类型的创业公司，都是这个新方程中的要素，举足轻重。更重要的是，每个要素都需要坚定自身的独特定位和价值。利用 AI、大数据、云，这些科技时代最新的武器能够聚焦优势并强化优势。”

刘胜义先生在谈到与电通安吉斯的合作时表示：“作为全球战略合作伙伴，腾讯和电通在各个领域展开合作，已经取得了非常可喜的成就，Amplifi 就是很棒的合作纽带。今后，我们将会继续深入探索，让科技携手人文，让数据贯通洞察，共同推进社会和商业进入更积极的未来。”

以“连接”和“内容”为核心，打造开放共赢新生态

今天，微信及 WeChat 的合并月活跃账户超过 10 亿；不仅如此，腾讯在游戏、移动支付、机器学习、人工智能等领域，也不断通过开放合作促进全球布局和竞争力提升。在深谙用户多元需求、促进内容创新方面，腾讯也受到全球权威机构的认可。不久前，腾讯荣登著名国际商业媒体《快公司》“2018 全球最具创新力企业排行榜”第四位。展望未来，腾讯也将继续在不断加强“连接”和“内容”两大核心竞争力的同时，赋能合作伙伴打造更加开放共赢的数字新生态。

资料来源：中国营销网 http://www.hizcn.com/dsjyx/aritcle4102.html,2018.3.23.

复习思考题

1. 什么是网络营销？
2. 简述网络营销的主要方式。
3. 网络营销平台建设应该注意哪些问题？
4. 网络产品在线推广有哪些主要方式？
5. 简述建设网络营销设计的基本步骤。

第八章 金融服务营销管理

金融服务营销是金融学和营销学的交叉领域。进入新世纪以来，服务营销的前沿研究使营销学的视角和理念发生了革命性的变化，价值的共同创造成为服务营销的核心理念。这一新的核心理念对金融服务营销的研究具有导向作用。价值共同创造模型揭示了金融服务营销必须强调作为服务供应商的金融机构与消费者的有效互动，成为价值的共同创造者。这一通过互动共同创造价值的模型对于提升银行等金融机构的核心竞争力具有战略性的指导意义。

第一节 金融服务营销概述

金融机构以金融市场为导向，运用整体营销手段向客户提供金融产品和服务，在满足客户需要和欲望的过程中实现金融机构利益目标的社会行为过程。

一、金融服务的特性

尽管在金融世界中经常使用“产品”这一词汇，但金融服务“产品”并不是完全意义上的产品，因为它们是无形的。无形的东西具有某些共同的特征。

1. 低市场准入成本

制造、存贮和分销金融“产品”的成本很低或者是没有成本。启动成本很低，这就意味着创造或是复制一种金融产品的门槛很低。虽然可能有法律限制和一定的营销费用，但创造一种新产品的资本性成本是微不足道的，而且也不存在仓储和实物分销成本。

2. 上市速度快

一个制造商在生产一种新型玩具或飞机时，必须首先设计蓝图、制作模型、检查设计的完整性，甚至在产品试销前，还要经常重新改造样品。但在金融服务领域，创意就是产品。如果一个投资银行能想出一个现金流证券化的新方法(如发售一个流行歌手的未来版税的股票)，该银行就能在股票发行计划书墨迹刚干时便售出股票。

3. 缺少排他性

一个成功的制造类新产品通常能享有一段时期的排他性，在此期间，不存在竞争。为了防止竞争对手们盗用完全一样的模式，该产品可以申请专利(如一种药品)或是注册商标(如软件)。其他厂家如想建造一套具有竞争力的生产设施(如用于生产一款新型飞机的设施)，其成本非常之高，甚至没有可行性。

然而在金融服务领域，保护措施缺乏，市场进入的成本也低。美林公司在 20 世纪 70 年代末“发明”了第一个现金管理账户(cash management account，CMA)，这是有史以来经纪公司推出的第一个既有投资服务，又有活期存款服务的账户。这项“发明”很成功，为美林带来了许多新业务。但好景不长，没过几年，所有经纪公司都有了这种账户。虽然美林为该产品名称注册了商标，却不能保护这项创意，其作为创始人的先发优势很快就消失了。

二、服务至上

由于很容易复制一项新的金融服务创意，所以很难做到产品的差异化。无论你给自己的产品增加什么样的附加特色，如附属信用卡(affiliation credit cards)或在线账单支付，这些创意都能够被你的竞争对手很容易地复制。从长远来看，附加值不是来自产品本身，而是来自其他方面。

那么附加值究竟来自何方呢？最重要的差异还是来自于服务。对产品来说，你可以从生产过程的源头控制其质量。对于服务，其质量掌握在销售人员或客户管理人员手中，他们能提高(或降低) 其质量。这意味着，由于销售或提供产品的个体不同，你的产品质量也会有所不同。例如，所有的惠普 2210 型彩色复印机都是一样的，但所有的金融顾问却不尽相同。

因此，营销金融服务组织面临的最大挑战之一，就是控制服务质量。这是一项艰巨的任务，尤其是在由第三方负责提供服务的领域，因为他们与服务的制造商之间没有直接雇佣关系。这些第三方包括投资顾问、独立保险中介或者是养老金计划的第三方管理人。

第二节　金融产品策略

金融产品(financial products)指资金融通过程的各种载体，包括货币、黄金、外汇、有价证券等。也就是说，这些金融产品就是金融市场的买卖对象，供求双方通过市场竞争原则形成金融产品价格，如利率或收益率，最终完成交易，达到融通资金的目的。如股票、期货、期权、保单等就是金融资产(financial assets)，也叫金融工具(financial instruments)或者有价证券(securities)。

金融及其产品既不是天上掉下来的，也不是固有的，金融、金融市场、金融产品犹如一粒种子，在合适的土壤和时空中，随着人类社会的发展逐渐成长起来。

金融产品是金融社会的产物。金融社会是在农业社会、工业社会的基础上逐渐发展起来的，金融产品由农业产品、工业产品衍生而来。

金融及其市场和产品并非虚拟也不应该是虚拟的，金融产品应由实物资产演变而来。事实上，绝大多数的金融产品都是由实物资产演变而来的。以股票为例，长城有限责任公司将其 1 000 万的实物资产通过资产证券化变为拥有 1 000 股票的股份制企业。这样，长城公司就拥有了金融资产或金融产品，以后该公司和金融机构还可以将股票进一步演变为股票期权、期货等。

一、金融产品的分类

对于金融产品，可以从不同角度加以分类，我们这里叙述几种主要的分类方法。

1. 按照产品形态不同划分

根据产品形态不同，金融产品可分为三类，即货币、有形产品，无形产品。

(1) 货币。随着货币制度的变化，它的形态也发生变化，从实物货币如贝壳、布帛等发展到金属货币如金、银、铜，最后出现了代用货币即纸币。

(2) 有形产品。这类产品种类繁多，包括公债、短期国债、外债、民间债、公司债券、短期国库券、流通存单、银行承兑汇票、商业票据、本票、预填日期支票、以实物偿还的债券、有奖债券、股票、支票、保险单等。

(3) 无形产品。即金融服务，大体分为八个方面：放款、存款、国外服务、转账储蓄、地点或时间性服务、信用服务等。

2. 按照发行者的性质不同划分

按发行者的性质划分，金融产品可分为直接金融产品和间接金融产品。

直接金融产品是指最后贷款人与最后借款人之间直接进行融资活动所使用的工具，由公司、企业、政府机构等非金融机构发行或签署。主要有以下几类：公司债、股票、抵押契约，公债券、国库券。

间接金融产品是指金融机构在最后贷款人与最后借款人之间充当媒介，进行间接融资活动所使用的工具。主要有以下几类：银行券、银行票据、可转让存款单、人寿保险、金融债券、各种借据。

3. 按照信用关系存续的时间长短划分

以信用关系存续的时间长短，可分为短期金融产品和长期金融产品。

短期金融产品一般是指偿还期限在一年以内的货币市场的信用工具。主要有以下几类：各种票据、可转让存款单、国库券。

长期金融产品则是指偿还期限在一年以上的资本市场的信用工具。主要有以下几类：股票、债券、各种基金。

4. 按照服务行业不同划分

根据服务行业不同，可分银行类金融产品、保险类金融产品、信托类金融产品、证券类金融产品、财务公司类金融产品和租赁类金融产品。

二、金融产品质量的判断标准

判断一个金融产品的质量优劣可以从质量指标和适宜指标两方面来考虑。质量指标用于衡量一个金融产品本身的内在属性的优劣，适宜指标用于衡量一个金融产品对于特定的投资者的适宜程度。

1. 金融产品的质量指标

(1) 收益率。投资者的目的在于取得收益，收益率在金融产品质量指标中的重要地位是不言而喻的。在其他条件相同的情况下，金融产品的收益率越高，其质量越好，越受投资者的欢迎。但是，需要强调“在其他条件相同的情况下”这一前提条件，这是因为在现实中，收益率高的金融产品，在其他方面的条件往往都比较差。因此，投资者不能贪图高收益而忽略金融产品的其他条件。

(2) 风险。与金融产品的高收益相关联的往往是高风险。但是，这并不是说一个高风险的金融产品肯定可以给其持有者带来高收益。高风险意味着损失的可能性大，或者潜在的损失额大，或者两者兼而有之。在其他条件相同的情况下，金融产品的风险越小，质量越好；风险越大，质量越差。因此，如果有两个金融产品的收益率相等，风险低的应当是优先考虑的投资对象。

(3) 流通性。金融产品流通性的大小可用为交易本身所支付费用的大小来衡量。所付费用越大，其流通性越小；所付费用越小，其流通性越大。在产品和劳务市场中，货币具有完全的流通性，当用货币购买其他商品时，不必在商品价格之外另付费用。另外，用货币交换其他商品所费时间最短，而且可交换的商品种类最多。这样，我们可从商品同货币逆交换的难易程度上来判定商品的流动性。

对金融产品的交易来说，流通性是影响决策的重要因素。这是因为，人们在购买某种金融产品时，是期望在未来进行逆交换(向该金融产品的出售者要求兑付，或出售该金融产品)时可以得到更多的货币收益。如果逆交换的对方到时不能履行，而且购买者也难以向其他投资者“转售”该产品，则该金融产品便丧失了流动性。

对一般金融产品来说，流通性是买入或卖出该产品的便利程度和对市场买卖条件的冲击程度。如果一个金融产品的每日成交量很大，任何投资者想买都能买到，想卖都能卖出；并且，这一金融产品的市场价格不因他的买卖活动而发生大的波动，那么这一金融产品的流通性就好。如果一个金融产品的每天成交量很小，投资者想买而找不到卖主，想卖而找不到买主，并且，买的时候会大幅度地推动价格上涨，卖的时候导致价格大幅度下跌，那么，这样的金融产品的流通性便不好。

(4) 透明性。主要应表现为公开和公平。同样的金融产品享有同样的权利，大小股东也要平等。在有些情况下，大股东有可能利用其对企业的控制权来剥夺小股东。而公开性是指金融产品发行企业的信息公开性。如果一个企业向社会提供的信息不完全，那么它的金融产品的质量是会受到影响的。

2. 金融产品的适宜指标

金融产品的本质特征在于其风险—收益关系，在金融产品的适宜性选择上，经常作为投资者考虑的因素也是其风险—收益关系。因此，金融产品的适宜性除了产品本身的特性，还要考虑的是投资者特性。

选择金融产品的特性时主要应考虑投资者的风险偏好。

有一些投资者倾向于本金的保值和收益的稳定，他们强调规避风险，因而通常投资于国债、高等级公司债等。一些投资者在重视本金保值的同时追求较高的收益，他们有着承受一定程度风险的准备和能力，但不愿意冒高风险，因而通常投资于股票、中等级公司债等。还有一些投资者特别强调在运作中获得高额收益，他们勇于冒险，甚至损失本金也在所不惜，因此，通常投资于期货、期权、低等级证券。

金融产品的适宜性当然也包括其具体构成要素的适宜。如果一个投资者无法在技术上运用某一金融产品，那么，即使这一产品对别人很适宜，但是对他也是没有用的。

三、金融产品开发

金融产品开发是指金融企业为了适应市场需求而研究设计出与原有产品具有显著差异的金融新产品，即当金融产品中任何一个层次发生了更新或改变，使得产品增加了新的功能或服务，并能给客户带来新的利益和满足新的服务需求，可称之为金融产品开发。

金融产品开发划分为以下四种类型。

1. 产品发明

这是指金融企业根据金融市场需求，利用新原理与新技术开发新的金融产品。这种新产品可以改变客户的生活方式或使用习惯，例如信用卡的出现改变了人们的支付习惯，大大减少了现金的使用量，并充分体现了灵活、便利、安全的特点，而自助银行、网上银行的出现更是将现代高科技与金融业务紧密结合，把金融产品开发推向了高潮。当然产品发明难度相对较大，需要大量资金的投入与先进技术的采用，并且开发周期也较长。该类产品的开发可以充分反映金融企业的实力与市场竞争能力。随着市场经济与科学技术的不断发展，客户需求将不断增加，产品发明会发挥越来越重要的作用。

2. 产品改进

这是指金融企业对现有金融产品进行改进，使其在功能、形式等各个方面具有新的特点，以满足客户需求，扩大产品销售。当前，金融产品种类繁多，为了避免发明新产品所需的大量资金、人力、时间等，金融企业可以对现有产品进行改造或重新包装，以扩大产品的服务功能，更好地满足客户需求。例如，商业银行在整存整取储蓄存款的基础上开发出存本付息、整存零取储蓄存款，通过上述改造与重新包装，使原有的金融产品焕发出新的活力，吸引了大量客户。

3. 产品组合

这是指金融企业将两个或两个以上的现有产品或服务加以重新组合，从而推出金融新产品。如果金融企业拥有的产品过多，就很难从整体上开展有效的金融营销活动，因为客户难以充分了解全部产品。为了更好地让客户接受本企业的产品，金融企业可以对原有的业务进行交叉组合并在某个特定的细分市场上推广，让客户获得一揽子服务，这样就易于占领该市场并不断吸引新的客户。例如，支票存款账户是一种结合支票存款和普通存款两者优点而组成的新产品，开立账户者可以利用支票取现和转账，既省去了携带现金的不便，保证了资金的安全，又加快了结算速度，还可享有利息。

4. 产品模仿

这是指金融企业以金融市场上现有的其他产品为样板，结合本企业以及目标市场的实际情况和特点，加以改进和完善后推出新产品。由于金融新产品是在学习别人经验、结合自身特点的基础上加以效仿的结果，因而金融企业在开发时所花费的人力、物力、资金等都比较低，简便易行且周期较短，所以被金融企业广泛采用。

四、金融产品开发的目标

在科学技术迅速发展、市场状况瞬息万变的当今社会，金融企业要想获得持久性的盈利增长就必须不断进行产品开发，而在进行新产品设计时企业应根据市场环境与自身特点制定适宜的目标。金融产品开发的目标主要有以下几方面。

(1) 开拓新市场，吸引新客户。金融市场上不同客户的需求各不相同，针对不同的客户，金融企业应根据其不同的需求来开发金融新产品，从而最大限度地吸引客户，扩大产品销售，不断占领新市场。例如，支票存款账户既能获得利息又能开支票，从而吸引了许多潜在的客户；而房屋抵押贷款的证券化既有助于加强资产的流动性，又可有效地规避风险，自然吸引了一大批新客户。又如，招商银行为了吸引存款客户，推出了集本外币、定期、活期存折存单等业务于一身的“一卡通”，具有一卡多户、自动提款、商户消费、贷款融资、自动转存、长话服务、电话查询、通存通兑等多项功能，充分显示其安全、简便、灵活、高效等特点，受到了广大客户的青睐。

(2) 巩固现有产品的市场份额。金融产品开发不仅是为了开拓新市场，而且还要巩固已有市场，增加现有产品在市场上的销售。这一目标的实现可以依靠以下措施。

① 增加产品的交叉销售，即不断扩大与改善企业服务范围或对金融产品进行重新组合，以便为客户提供更加便利、全面的服务，从而增强对客户的吸引力。

② 吸引竞争对手的客户，由于金融客户在选择金融企业时考虑的一个重要因素为便利性，因而为了吸引竞争对手的客户，金融企业必须不断设计新产品、开发新服务，以使客户获得新的利益。可见，金融企业必须对现有市场上的客户进行调查分析，以巩固其现有产品的市场份额。

(3) 提高工作效率，降低经营成本。金融产品开发应有助于提高金融企业的融资效率与工作效率，不断降低经营成本。金融新产品的开发必须要以简化业务手续、减少流转环节、降低管理费用作为重要目标，而金融业务的电子化、网络化管理则是降低管理费用、提高服务品质的有效途径。

(4) 树立金融企业的良好形象。金融产品开发必须要以改善企业形象作为基本目标，因为金融产品无专利可言，为了在众多竞争者中异军突起，应该使金融产品具有鲜明的特色，以增强对客户的吸引力。因此，在金融产品开发时，企业应对市场需求进行充分调查，使产品能更好地满足客户需求，树立金融企业的良好形象。

五、金融产品开发的基本要求

金融机构在进行产品开发时，应做到以下几点。

(1) 开发的新产品必须有足够的市场。金融机构在推出新产品之前，应力求能够对将要开发的新产品的市场需求进行较为准确的预测，以保证新产品进入市场后有相应的销路，为顾客所接受。

(2) 开发的新产品必须有自己的特色。这种特色主要体现在创新方面：不论是全新，或是换代，还是改进，抑或是仿制的新产品，均应反映出市场需要与金融机构的经营特色。只有这样，才能一方面满足顾客的需求，另一方面刺激顾客的新的需求。

(3) 开发新产品，金融机构必须具备足够的能力。由于新产品的开发要耗费一定的人力、财力、物力，特别是需要一定的技术力量支撑等，因此，金融机构在进行新产品开发时，必须充分考虑自己的能力，做到量力而行。

(4) 开发的新产品必须与相应顾客层的社会文化、价值观念、消费习惯等相适应，以使开发出的金融产品能够较快地为市场及一定的消费群体所接受。

(5) 开发的新产品必须能够产生效益。对金融机构而言，开发金融产品，必须能够为它创造一定的经济效益。当然，对这种效益的衡量，可能有短期与长期之分。有的金融产品的开发，在短期内或许不一定能对金融机构产生一个正效益。此时，需要金融机构对其未来的或潜在的发展潜力做出判断，以确定是否开发与推广这种新产品。另外，对一个国家或地区而言，金融产品的开发还应具备一定的社会效益。

六、金融产品开发的基本原则

开发新产品具有较高的失败率，这主要归因于金融产品的研发技术要求较高，对市场的分析和预测要求也非常高，如信用卡、保险险种、经纪人服务项目等。因此，金融机构在开发新产品过程中应遵循以下原则。

1. 适应市场需求，开发适销对路产品

从国际金融业的发展趋势看，金融机构的产品范围会越来越大。但金融产品不同于其他产品，它基本上是虚拟的，必须对客户的资金量、偏好、习惯等因素进行分析，把相同意向的客户进行归并，从而设计出不同的金融产品品种。可见，金融行业产品设计的重心

在于了解客户需求。只有清楚客户需求，才能设计出被市场广泛接受的产品。

美国金融机构在20世纪90年代中期即已意识到未来的成功者将是把客户关系同信息技术结合，针对客户需要及时地构造金融新产品的企业。因此，整合客户产品、关系等信息，按照人口统计、文化、社会阶层、盈利贡献等要素对客户细分，定位合适的目标市场，有针对性地设计差别化，满足不同层次客户，特别是优质客户需求的新产品，通过交叉销售、低成本渠道转移、合理定价等方法，推动客户的购买力和提高金融机构的盈利水平。

2. 量力而行，明确开发方向

各种金融机构层次不同，规模不一，任何机构都不可能对市场上所有有需求的金融产品进行统一开发，只有那些既具有市场需求，同时又是本企业擅长的项目，才是新产品的开发方向。

3. 加强调研，密切关注金融业发展动向

金融业发展突飞猛进，全球化、一体化、自由化是金融业发展的必然趋势。如何面对金融业混业经营的发展前景，突破现有的制度框架，是我国金融机构必须思考的严峻问题。只有加强调研、认真分析并明确所面临的机遇和挑战，才能在激烈的市场竞争中占得先机，立足于金融产品创新的潮头。

七、金融产品开发的途径

金融产品开发的途径主要有以下几种。

1. 独立式开发

这是由本机构独立进行金融新产品开发的全部过程。这种方法主要适用于经济实力与研发实力较雄厚的大型金融机构，中小型金融机构可以通过这种方法进行复杂程度不高的或仿制型、改进型产品的开发。

2. 协作式开发

这是由金融机构、高等院校或科研机构协作进行新产品的开发。这种方式被大、中、小型金融机构广泛采用。金融产品涉及各个方面，通过多头协作，可以互补短长，发展群体优势，通常情况下会收到比独立开发更好的效果。如上海春秋旅行社与工商银行合作推出免息旅游贷款；交通银行天津分行与天津肿瘤医院等多家医院建立了业务合作关系，联合推出了“康复之光”医疗贷款，这些都是协作式开发的成功实例。

3. 技术引进式开发

这是通过引进国外技术、购买专利来开发新产品。发达国家金融市场经过百余年的发展，金融工具种类繁多，而且大多数经过了市场的检验。如果通过技术引进方式开发新产品，对我国金融机构迅速接近世界先进水平，进入国际市场，将起到重要的作用。

八、金融产品开发的程序

新产品的开发程序是否科学合理直接关系产品的成败，在组织上和营销方面做出适当调整，建立一套合理的新产品开发程序非常关键。从新产品的构思到产品进入市场是一个漫长的过程，大致要经过以下几个阶段。

1. 收集新产品创意

开发新产品的关键在于从众多的构思当中选取最合适、最有发展前途的构思。所谓构思，是指对能够满足现有客户或潜在客户某种需求的新产品所做的各种设想。西方营销学家的调查发现，60%的设想来自客户、竞争对手和情报资料，其余的40%则来自金融机构内部。充分征求、研究客户对金融机构服务的意见和看法是新产品开发成功的保证。

首先，外部渠道。既然2/3的创意来自于外部，因此其重要性不容忽视。第一，来自客户提出的各种意见和建议。由于客户具有切身感受，因此实用性和可行性较高。另外，金融机构也可以通过向客户进行正式的市场调研来直接获取创意。第二，来自竞争对手或联营公司。出于竞争或合作的考虑，金融机构之间业务往来日益频繁。商业银行、证券公司、保险公司、信托公司之间，商业银行和信用卡公司之间经常会合作开发新的金融产品。第三，金融机构也可以通过金融制度变迁、金融学科的研究成果或其他文献资料获取创意。

其次，内部渠道。第一，几乎所有的金融机构都有独立的研发部门，由金融专家根据经济发展和经济环境的变化适时推出财务、保险等金融新产品方案。第二，市场营销部门。营销部门的工作人员直接与客户打交道，可以倾听客户的意见，对市场的问题进行研究。第三，金融机构其他内部人员，包括高级管理人员和广大工作人员。前者具有丰富的知识和工作经验，开拓创新意识很强；后者直接与客户接触，就近了解客户的真实需求。

2. 筛选创意

筛选创意的目的是剔除那些不适合金融机构发展目标或资源的新产品构思。筛选过程通常包括两个阶段。第一阶段，根据构思判断其是否适合本机构的发展规划、业务专长和资金实力，剔除那些明显欠妥的建议。这种迅速、准确的判断有助于金融机构节省资源。第二阶段，在余下的产品构思中进行进一步审查，利用评分表方法评出等级。在对一系列因素做出适当评价的基础上，慎重地做出决策。

3. 新产品概念的形成与测试

产品构思经过筛选后发展成为产品概念。产品构思只是金融机构在研究、发展的基础上准备向市场推出可能产品的设想。产品概念是指具有确定特性、能增进消费者利益并乐于为消费者接受的实际产品，包括产品功能、产品质量、产品价格以及名称和商标等内容。

一个产品构思可以转化为许多不同的产品概念。同一个产品构思如果考虑到潜在客户的范围、客户可能遇到的问题、新产品提供的原因、产品的特点与功能以及利益状况等内容，就会演化组合出许多不同的产品概念。金融机构可以对发展出来的每一个产品概念进行市场定位，分析该产品与市场上哪些现有产品发生竞争，并据此制定产品或品牌定位策略。

金融机构要从众多的产品概念中选择最具竞争力的最佳产品概念，就需要了解客户的意见，进行产品概念测试，通过购买者的反应来检验新产品。概念测试通常采用概念说明书的方式印发给客户，要求客户就一些问题提出意见，主要分析客户是否了解金融机构所提供的新产品和服务、该产品和服务是否符合客户的需要、对该产品和服务是否接受并喜欢、对新产品和服务有哪些改进的意见等。收集概念测试反馈的意见，进一步剔除不合适的产品概念，同时完善充实可行概念，使之更加满足客户需要。

4. 商业分析

新产品概念经过测试后，就可以评价新产品方案的商业吸引力。商业分析也称为效益分析，对新产品概念从效益上进行分析，预测其市场份额、成本、利润和投资收益率，从而判断其是否符合金融机构的发展目标。其目的是在发生进一步的开发费用之前剔除不能盈利的新产品概念。经过了上述筛选和测试阶段，大部分新产品构思逐渐被淘汰，商业分析的焦点集中于为数较少的几个方案上。进行新产品商业分析时，通常可采取的方法包括盈亏平衡法、投资回收期法、资金利润率法、利润贴现率法、新产品系数法等。由于上述方法各有优缺点，金融机构可以根据具体情况选用，也可同时使用。

5. 新产品的设计和市场测试

新产品通过商业分析之后，就可以进入实际开发阶段，使新产品概念转变为实际的产品或服务。研发部门可先行开发出少量的样品或在某个区域进行新服务项目的试点，对新产品进行产品测试和消费者测试。产品测试主要用来测定潜在客户对新产品的接受程度，通过客户对新产品或服务的反应，对产品和服务以及营销活动做进一步的改进与完善。市场测试主要通过金融机构的分支机构进行实地产品推广，或让部分客户尝试新产品或服务来考察营销方案是否可行。通过测试，可以判断该产品的开发是否取得成功，下一步是否可以进行整体推出。

6. 正式引入市场

正式引入市场也称为商业化阶段，使该项产品或服务成为金融机构的正式业务种类，向市场全面推出。金融机构需要制订一系列的广告和销售促进计划、销售渠道计划、销售人员和中间商的培训计划等，以促进新产品的推出。由于此阶段耗资最大，费用比例较高，获利的可能性较小，因此一般情况下，金融机构可以采取分阶段逐步进入市场的策略，先在主要市场或地区推出，再扩大到全国甚至国际市场，以避免较大的损失。

第三节　金融产品定价策略

价格作为最重要的竞争手段之一，在市场竞争中起着至关重要的作用，银行之间的竞争在本质上是对优质客户资源的争夺，为体现价格竞争力，需要对客户进行细分，并根据客户细分结果进行差异化定价。金融产品定价是指金融机构在某个时刻将金融产品对于客户的价值及时地用货币表现出来。金融产品的定价将直接关系产品的销售成败与金融机构的利润高低。

一、金融产品价格的多样性

金融产品的价格因金融产品的不同而有着不同的名目。利息是金融企业向贷款人借出资金而获得的报酬。手续费是金融企业通过为顾客办理支付结算、基金托管、咨询顾问及担保等服务而收取的。保险费是保险公司向投保人提供的为其提供保险保障而收取的费用。股票佣金是证券公司为客户提供股票代理买卖服务收取的费用。

上述价格都是由金融企业向顾客收取的。在金融市场中，还存在一些与前述不同的金融产品的价格，如股票价格。首先，由于企业的股票是由企业而不是由证券公司提供的，因此股票在公开发行时，投资者认购股票所花费的资金并非进入了证券公司的口袋。股票的发行市场被称作一级市场。股票的发行对于企业而言是一次性行为，证券公司在其中起到的作用是帮助企业发行股票。那么，对证券公司来说，其在此过程中的顾客是即将上市的企业，因此证券公司会对企业进行收费。尽管证券公司对企业的收费往往与股票总金额挂钩(按发行收入一定百分比收取)，但股票发行所获资金却并非归证券公司所有。其次，股票一经发行，就进入二级市场。二级市场是指流通市场，即已发行股票进行买卖交易的场所。投资人根据自己的判断和需要买进和卖出股票，其交易价格由买卖双方来决定。投资人在同一天中买入股票的价格是不同的，因此，证券公司对股票的价格是没有任何影响的。不过，由于证券公司为顾客提供股票代理买卖服务，因此证券公司会按成交金额的一定比例收取一定的费用，即为股票佣金。由上可知，金融产品的价格可简单地分为由金融企业收取的和非金融企业收取的两大类。此处对金融产品价格的探讨只涉及由金融企业收取的价格。

二、金融产品定价的特殊性

1. 金融产品定价需考虑因素的特殊性

金融产品定价是一项十分复杂的系统工程，在确立定价目标之后，还必须考虑其他一系列因素，这样才能制定出符合自身目标并被市场接受的合理价格。一般来说，金融企业定价所要考虑的主要因素如下。

(1) 成本。成本是金融企业能够为其产品设定的底价。每一项金融服务、每一种金融产品其实都包括了一定的固定成本与变动成本。一般来讲，金融产品的价格应该能够补偿其固定成本与变动成本，并要有一定的盈利空间，除非出于特殊原因考虑，比如新产品推出时想吸引更多客户而压低价格，甚至低于成本价。其实，在后一种情况下，非营利产品的成本应该由其他产品的利润来弥补。总之，成本的测定对于合理定价具有十分重要的意义。

(2) 客户。客户最终决定着金融产品的定价是否正确。金融企业的经营活动必须要以客户为中心，金融产品的定价更要注重客户因素。反映客户需求变动对价格变化的灵敏程度的量化指标是客户需求的价格弹性，它从数量上反映了价格变动所引起的需求量的变化程度。如果客户需求的价格弹性小，说明客户对产品的价格变动反映不强烈，需求量的变动幅度小于价格变动的幅度，金融企业对产品提价能够增加收入；如果价格弹性较大，表明客户对产品的价格变化比较敏感，需求量的变动幅度超过价格的变动幅度，此时，金融企业降价会因需求量增加而使总收入增加。不同的客户对价格的敏感程度是不同的，如低收入的客户对价格变化就比较敏感，对于这类客户，银行就要推出一些价格低廉、风险较小的产品；而收入水平高的客户一般对金融产品价格变动的反应就不如前者明显，这类客户往往更看重服务的质量和效果。因此，在了解产品成本的基础上掌握客户需求，对合理制定价格非常重要。

目前，我国的利率市场化正遵循着“先外币，后本币；先贷款，后存款；先长期、大额，后短期、小额”的总体思路稳步推进。其中，商业银行贷款利率可在央行规定的幅度内浮动，并正通过进一步扩大浮动范围，以最终实现商业银行产品定价的自主化。随着利率逐步市场化，产品定价权将逐渐从中央银行转移到商业银行，而目前我国国有商业银行的产品定价管理基本上还处于一个比较粗放的、初级的阶段。加强产品定价管理，合理、准确地定价，是提升金融企业竞争力的重要手段之一。

2. 利率影响和金融市场的多变性

利率市场化后，中央银行不再决定商业银行的存、贷款利率，商业银行将成为自由定价的主体。无论是对传统业务产品进行定价，还是对金融衍生创新产品进行定价，都将成为商业银行经营中的核心问题。产品定价对银行的获利水平、竞争能力、市场份额、未来发展等都极为重要。因此，在利率市场化不断推进之际，商业银行应完全摒弃规模至上的经营理念，主动而有效地进行资产负债管理，这就要求商业银行具备较高的自主定价能力。

与计划管制条件下不同，随着利率市场化的推进，当监管机构逐步把定价权转移到商业银行手中时，各家商业银行几乎同时遭遇了不同程度的“定价困境”：缺乏足够的数据、经验、激励约束、投入等。产品是银行赖以生存的基础，产品价格的合理性直接影响产品的生命力。我国商业银行的产品定价能力将直接影响其未来的生存和发展，直接关系我国金融业改革的成败。如何通过科学有效的定价来合理确定产品价格，是我国商业银行谋求发展、取得银行价值最大化的重要前提。

因此，作为金融企业，产品定价有其市场的一般规律，但是政策对金融产品定价的影响力要更强，此外影响金融产品定价的因素的特殊性也不容忽视。

三、金融产品定价的目标

金融机构产品定价的目标是指通过对自己所经营的金融产品和业务制定相应水平的价格，并凭借价格所产生的效用而达到的预期目标。金融产品的定价目标是金融机构营销目标体系中的具体目标之一。当金融机构的营销目标确定以后，产品定价目标会作为营销组合目标而具体分解到各个不同的金融产品价格上，因此，其必须服从于金融营销的总目标，同时也要和其他营销目标相协调。根据经营条件的不同，金融机构的产品定价目标大致可分为以下几种。

1. 追求利润最大化的定价目标

作为微观经营金融产品和金融服务的金融机构，利润最大化，即在一定时期内获得尽可能多的盈利成为其在营销活动中追求的首要目标，这也是维持金融机构生存和发展的前提条件。但是，由于金融产品具有同质性、易于仿效性、价格统一性等特点，致使金融机构所追求的利润最大化可能并不是通过制定最高售价来实现的，而可能是通过制定合理的价格及合理定位的优质服务所推动产生的较大的产品需求量和一定的销售规模来实现的。

2. 扩大市场份额的定价目标

市场占有率一般是指某金融机构的产品与服务在同行业市场总量中所占的比重。金融机构可以通过降低产品价格来提高和扩大产品在市场上的份额和占有率，以实现其经营目标。但是，由于金融机构及其所从事产品和业务的特性，决定了金融机构有时难以完全依靠降价手段来达到扩大市场占有率的目标。因此，对于金融机构而言，提高其金融产品和服务的市场占有率及扩大市场份额，应从充实金融机构本身的资本实力着手，提高其筹资、融资及投资的能力，建立良好的金融文化环境，优化金融产品和服务，进而提高金融机构的地位和竞争能力，从而达到提高和扩大市场份额和市场占有率，并最后达到享有长期利润最大化的目的。

3. 根据金融机构不同时期的经营特点，确定具体的产品定价目标

(1) 以获取一定的投资报酬率作为定价目标。金融机构的预期效益水平占其投资额的比例为金融机构的投资报酬率。以此为产品定价的目标，需要基于所期望的投资回报而定价。选择该定价目标，金融机构一般必须具备一定的优越条件，如产品或服务拥有专利权或其服务在竞争中处于主导地位等。

(2) 以稳定产品价格作为定价目标。为了避免不必要的价格竞争，增加市场的安定性，处于市场领导地位的金融机构往往通过各种方式，将其价格稳定在一定的水平上。其优点在于，当市场需求发生巨变时，产品价格不至于发生大的波动，从而有利于处于领导地位的金融机构稳定地占领市场，长期为市场提供该产品或服务。

(3) 以应付和防止竞争作为定价目标。这是指提供同类产品或服务的竞争性金融机构，在产品定价之前，与同业所提供的产品和服务的质量和价格进行比较分析，从有利于竞争的目标角度出发制定价格，以低于、等于或高于竞争者的价格出售其产品或服务。因此，金融机构需要明确其一定时间内的营销目标与定价目标，并采用合理的定价方式与方法，使产品定价能够为其营销服务。

四、金融产品定价的步骤

为了实现预期的或较高的投资回报，金融企业需要通过对顾客价格弹性的研究对产品进行定价。而在定价时一般会按照以下几个步骤进行。

(1) 选择定价目标。金融产品定价的目标是指金融企业通过对金融产品价格的制定和调整以达到预期的目标。金融产品定价的目标主要有以下几种。

① 在利润最大化目标与保持销售量中找到一个平衡点。利润最大化目标包括长期利润最大化和短期利润最大化。短期利润最大化的目标是与绩效考核机制联系在一起的。如我国商业银行对分支机构的利润考核大多以年为单位，甚至按季考核，并以此作为核定绩效的重要依据。这种考核办法将诱使各分支机构片面追求眼前利益，忽视长远利益。因此，必须建立一种能促进各分支机构愿意在必要情况下牺牲眼前利润，追求将来更大收益的考核制度，即金融企业应兼顾企业长期利润与短期利润的协调平衡。

② 扩大市场份额。市场份额是金融企业经营状况与竞争能力的衡量标准之一。金融机构常常选择降价来提高市场份额。但有时金融机构并不能通过降价达到占有市场的目的。因此，优化金融产品，提升产品的附加值，不断满足顾客变化的需求才能使企业最终占有较大的市场份额。

③ 保持竞争性。金融企业对金融产品定价时，应参考竞争产品的价格。若企业提供的产品与其他同类产品类似，则该产品的价格应不高于同类产品的价格。若企业提供的产品优于其他同类产品，企业在定价方面则拥有一定的自主优势。

(2) 分析影响价格的因素。对金融产品价格影响因素的分析是必要的，因为金融产品的定价必须考虑这些影响因素对价格的制约。

(3) 选择定价方法。在考察了定价的影响因素后，我们需要选择一种定价方法以制定出一个具体的价格或价格范围。

(4) 考虑定价策略。定价策略是对由定价方法得出的价格的调整。定价策略的选择体现了企业的战略抉择。

(5) 选定最终价格。

(6) 价格的调整。相较于产品的特征、渠道等，价格是一个更容易调节的因素，因此企业需要考虑主动地对价格进行调整以及被动地应对竞争对手的价格调整。

五、金融产品定价的方法

按照价格影响因素的不同，金融产品的定价方法可以分为成本导向、需求导向、竞争导向、顾客导向、综合定价等几类。

1. 成本导向定价

这种定价方法主要将成本作为定价依据，这是因为成本需要在产品的销售中得到补偿。因此这类方法首先需要企业对成本做出合理的估计，但实际情况下很多金融企业很难对成本做出估计。因此，这种方法有一定的局限性。

(1) 成本加成定价法。成本加成定价法是最基本的定价方法。金融企业在完全成本(直接成本加间接成本)的基础上加一定比例的利润制定价格。此种方法关注的是成本的回收和利润的获取。其计算公式为：

产品总价=(直接和间接)成本+加成

产品单价=(成本+加成)/预期销售量

成本加成定价法没有考虑产品本身的价值，也没有考虑竞争对手和市场情况等，它假设企业设定的价格能够准确产生预期的销售量。由成本加成定价法，贷款价格可以通过下列公式计算：

贷款利率=资金成本+非资金性成本+风险成本+成本加成

非资金性成本即手续费、佣金成本、人工成本以及管理成本等。当企业贷款给他人时就会承担一定的风险，因而需加入风险成本，如信用风险等。信用风险是借款人因各种原因未能及时、足额偿还债务而违约的可能性。发生违约时，债权人因未能得到预期的收益而承担财务上的损失。对于这种可能的损失，债权人会收取一定的费用作为补偿。另外，风险成本因顾客而异。有的顾客风险成本较高，因此相应的贷款利率也会提高。

对贷款价格采用成本加成法进行计算，一方面需要企业能够对成本进行核算，另一方面需要企业能够充分评估贷款的风险以确定风险成本。

成本加成定价法的优点在于，金融企业必须明确其各项业务的成本，从而有利于金融企业较好地控制成本、提高竞争力；而其缺点在于，仅从企业自身角度出发，忽略了需求和竞争等因素的影响。尽管如此，由于该定价方法比较简单和方便，故仍被广泛地使用。

(2) 盈亏平衡定价法。盈亏平衡定价法也叫保本定价法、均衡分析定价法或收支平衡定价法，是指金融企业在销量既定的条件下，金融产品的价格必须达到一定的水平才能做到盈亏平衡、收支相抵。既定销量称为盈亏平衡点，如果价格低于这一界限，就会亏损；如果价格高于这一界限，就会盈利，即：

销售收入=总成本

销售收入=预计销售量×价格

总成本=变动成本×销售量+固定成本

为了使企业达到盈亏平衡，价格应该为：

价格=变动成本+固定成本/销售量

盈亏平衡点是销售收入线与总成本线的交点。

当然，企业并不仅仅是希望实现盈亏平衡，企业还希望实现利润。为此，企业可以将目标利润计入价格中，可得下式：

价格=变动成本+(固定成本+目标利润)/销售量

这种将目标收益加成到成本上的定价方法，被称作目标收益法。与成本加成法相比，两者的计算公式几乎是相同的且都没有考虑需求和竞争的因素。另外，尽管成本加成法与目标收益法一样，都要求或假设企业在一定的价格下达到既定的销量，但两种方法关注的角度是不同的。目标收益法关注的是按照既定的价格完成预计的销售量而达到目标利润；成本加成法关注的则是在既定价格下完成预计销售量而回收的成本以及获得的加成。

2. 需求导向定价

需求导向定价是指企业在定价时不再以成本为基础，而是以顾客需求强度为依据。以顾客需求强度为依据的定价方法主要有反向定价法。反向定价法是一种根据市场需求决定产品价格的方法。由于此方法的定价程序与一般成本定价法相反，故称作反向定价法。运用反向定价法的企业首先通过价格预测和试销，评估确定顾客可接受的零售价格，而后根据产品的市场需求状况倒推出批发价和出厂价格的定价方法。

反向定价法意味着，在市场需求强度增大时，企业可适当提高价格；当市场需求强度减小时，企业可适当降低价格。采用反向定价法的关键在于如何正确测定市场可接受的销售价格水平。对这个价格进行评估的方法主要有主观评估、客观评估和试销评估。

3. 竞争导向定价

在竞争十分激烈的市场上，企业可通过对竞争对手的生产条件、服务状况、价格水平等因素的研究，参考成本和供求状况并依据自身的竞争实力，来确定产品的价格。这种盯住竞争者价格的定价方法就是通常所说的竞争导向定价法。竞争导向定价法主要包括随行就市定价法和差别定价法。

(1) 随行就市定价法。随行就市定价法又被称作通行价格法。采用这种方法的企业主要根据同类产品在市场中的价格来定价。随行就市定价法适用于以下情况：企业难以估算成本；竞争对手不确定；产品差异很小、同质化严重；市场竞争激烈、产品需求弹性小；企业希望得到一种公平的报酬和不愿打乱市场现有正常的次序。随行就市定价法的优点如下。

- 它是一种比较稳妥的定价方法。
- 这种定价方法避免了产品价格过高而影响销量的损失和价格过低而降低应得利润的损失，因此采用它能为企业带来适度利润。
- 这种方法避免了同行之间的价格战。
- 这种方法适用于任何产品的定价。

当然，随行就市定价法也有一定的缺陷。若竞争者突然降低其产品价格，企业的产品出售则会立即陷入困境。另外，长期对市场价格的追随也不利于金融企业自身定价能力的培养。

(2) 差别定价法。随行就市定价法是一种更偏防御性的定价方法，它在避免价格竞争的同时也抛弃了价格这一竞争的“利器”，而差别定价法则是一种进攻性的定价方法。差别定价即对同一种产品采用不同的定价。采用差别定价法的企业需要根据自身的特点制定出低于或高于竞争者的价格作为该产品的价格。

但是，并非所有企业都可以使用差别定价法。差别定价方法的运用必须满足以下条件：

- 市场必须是可以细分的，而且各个细分市场表现出不同的需求程度。
- 各个细分市场之间必须是相互分离的。
- 在高价的细分市场中，竞争者不可能以低于企业的价格竞争。
- 细分市场和控制市场的成本不得超过实行差别价格所得的额外收入。
- 差别价格不会引起顾客的厌恶和不满。
- 差别价格策略的实施不应是非法的。

差别定价有三级。在一级差别定价中，企业对每一顾客收取不同的价格。在二级差别定价中，企业会根据顾客需求量大小的不同收取不同的价格。在三级差别定价中，企业通过细分市场，对不同顾客群收取不同的价格。

差别定价又可分为顾客细分定价、产品形式差别定价、形象差别定价、地点差别定价、时间差别定价和渠道差别定价。

① 顾客细分定价。企业把同一种商品或服务按照不同的价格卖给不同的顾客。如公共汽车对学生的票价收费往往要低一些。按照顾客细分进行的差别定价更多的不属于竞争导向定价，这种细分下的差别定价严格地说属于顾客导向的定价范畴。

② 产品形式差别定价。企业按产品的不同型号、不同式样，制定不同的价格，尽管不同型号的产品价格之间的差额与成本之间的差额是不成比例的。如一件成本 50 元、售价 70 元的衣服，再绣上一朵花可将价格提高到 100 元，而绣花所花费的追加成本仅仅只有 5 元。又如工商银行提供两种汇款方式：一是灵通卡汇款，手续费为汇款金额的 1%，最低汇款手续费为 1 元，最高为 50 元；二是牡丹卡汇款，没有汇款手续费。

③ 形象差别定价。产品的形象差异化将有助于根据形象的不同制定不同的价格。通过不同形象的塑造，企业会避免让顾客感到不同细分市场上的商品实质不存在差异。采用不同的包装或商标都可以帮助产品实现形象差别化，如将白酒灌入一只普通瓶子中售价为 50元；若将同样的白酒灌入一个包装精美的瓶子并赋予不同的名称、品牌和形象，则这瓶白酒的定价将可能高达 200 元。

④ 地点差别定价。企业对处于不同位置或不同地点的产品和服务制定不同的价格，即使每个地点的产品或服务的成本是相同的。如影剧院不同座位的成本费用都一样，却按不同的座位收取不同价格。

⑤ 时间差别定价。价格随着季节、日期甚至时间的变化而变化。如一些旅行社在旅游淡季推出低价路线，而电信公司制定夜间电话资费可能只有白天的一半。这样的定价能促使消费需求分布趋于均匀，避免企业资源的闲置或超负荷运转。

⑥ 渠道差别定价。渠道差别定价，一方面可能是渠道让企业付出的成本更少，另一方面可能是企业希望增强某渠道的销售量。如××银行汇款手续费用的收取——如果选择快速汇款，最低手续费 5 元，超过 1000 元，按 0.5%收取费用，适合 1 万元以内汇款金额。若是电子汇款，最低手续费 10 元，汇款手续费为汇款金额的 1%，最高为 50 元，适合 1 万元以上汇款金额。若顾客通过网上银行，则每笔汇款收费 5 元，跨行汇款收取 10 元。

实现差别定价需要做的准备工作如下。

第一，顾客信息调查。用问卷调查、电话访问、直接观察等方式来收集顾客的相关信息。收集内容包括：第一，顾客群体的基本信息。基本信息包括年龄构成、性别构成、职业构成、教育构成和地区构成等。第二，顾客的行为模式。如顾客的消费习惯、生活方式、兴趣爱好、消费偏好等。第三，顾客的收入情况。顾客收入的高低决定了其购买力的大小，并影响市场规模的大小。了解这些信息有利于我们选择顾客细分的标准。尤其是对顾客收入水平、产品价格承受能力的掌握。对顾客信息的把握，一方面会方便金融机构为差别定价策略的实施做好准备；另一方面有助于金融机构认识顾客的价格敏感度和需求价格弹性。

第二，市场状况调查。首先，要研究市场的供求状况以及未来的发展趋势如何。其次要对市场竞争程度、范围及其变化趋势进行分析，如判断该产品市场结构是完全竞争市场、完全垄断市场、垄断竞争市场或是垄断寡头市场。最后，企业需要对竞争者进行分析，主要包括竞争对手的技术、资本、人才和成本特点，价格变动的速度和幅度以及竞争者的产品策略、渠道策略、促销策略、市场拓展策略等。

第三，企业产品分析。对本企业产品的分析主要包括产品同质性的高低、有无替代品以及产品所处的生命周期阶段等。若企业在某产品上有一定的技术、资本、人才或成本优势，同时该产品具有差异性而又缺乏替代品，那么差别定价策略便是该产品的首选。

4. 顾客导向定价

顾客导向定价法包括认知价值定价法和差别定价法(依据细分顾客)。

(1) 认知价值定价法。利用顾客对产品价值的理解来定价的方法被称为认知价值定价法。认知价值定价法认为，顾客会根据他们对产品认识、感受或理解的价值水平而对产品的价格做出评判。当产品的价格水平与顾客对产品价值的理解和认识程度大体一致或者更低时，顾客就很容易接受这种产品；反之，顾客就不会接受这种产品，产品便很难销售出去。此时，定价的关键就不再是产品的成本费用，而是顾客对该产品的主观认知。

由于顾客对产品价值的认知是受多种因素影响的，如购物经验、对市场行情和同类产品的了解等，因此企业可以利用多种方式来影响甚至改变顾客对产品价值的认知。

认知价值定价法需将预期利润与企业的目标利润进行比较。若预期利润小于目标利润，企业则需要考虑用何种方式来改变顾客现在对产品的价值认知。因此，一方面，企业需要估计产品现在的顾客认知价值，另一方面，企业需要估计和测量企业采取的新举措在目标市场中将要建立起来的认知价值。

(2) 差别定价法(依据细分顾客)。差别定价是基于企业为满足不同顾客的需求而构建的价格结构。顾客需求的不同具体体现在顾客对产品各个方面的重视程度是不同的。有的顾客重视产品的价格，有的顾客重视提供该产品的企业的品牌和声誉，而有的顾客重视产品提供者表现出来的专业控制风险的能力。对价格敏感的顾客，企业应在提供精简服务的同时保持价格的低廉。对重视品牌和声誉的顾客而言，拥有品牌和声誉的企业可以制定一个相对较高的价格，而价格本身也会增强这类顾客对该企业的信心。对重视专业能力的顾客而言，企业需要与他们建立良好关系，并可以根据技术和智力投入的多少制定价格。

金融企业可以将顾客按照以下方式细分。

① 按经营风险划分，可分为高风险顾客、中度风险顾客、低风险顾客。对这三类顾客，在贷款利率上一般是借款人风险度越高，贷款利率也越高，借款人风险度越低，贷款利率也越低。如银行在确定合适的基准利率基础上，加上一定价差或乘上一个加成系数的方法来反映特定顾客的风险水平。这种方法又被称之为基准利率定价法。

基准利率可以是国库券利率、大额可转让存单利率、银行同业拆借利率、商业票据利率等货币市场利率，也可以是优惠贷款利率，即银行对优质客户发放短期流动资金贷款的最低利率。基准利率又被称作无风险利率(risk-free interest rate)，这是因为可作为基准利率的所有金融产品都是违约风险低的金融产品。全球最著名的基准利率有伦敦同业拆借利率和美国联邦基准利率，两国的存贷款利率均是根据此利率自行确定的。2007 年 1 月 4 日，我国基准利率的雏形——由全国银行间同业拆借中心发布的“上海银行间同业拆放利率”(shanghai interbank offered rate，Shibor)开始正式运行。Shibor，以位于上海的全国银行间同业拆借中心为技术平台计算、发布并命名，是由信用等级较高的银行组成报价团自主报出的人民币同业拆出利率计算确定的算术平均利率，是单利、无担保、批发性利率。目前，对社会公布的 Shibor 品种包括隔夜、1 周、2 周、1 个月、3 个月、6 个月、9 个月及 1 年利率。

根据基准利率定价法，企业对特定顾客发放贷款的利率公式应为：

贷款利率=基准利率+借款者的违约风险溢价+长期贷款的期限风险溢价

公式中后两部分是在基准利率基础上的风险加价。根据顾客的不同，企业应加上不同的风险溢价。违约风险溢价通常根据贷款的风险等级确定。对于高风险客户，企业并非采取加收较高风险溢价的方法，而是遵从信贷配给思想，即只接受一部分人的贷款申请，对另一部分即使愿意支付高利率的人也拒绝他们的贷款申请，或者只部分接受这些人的贷款申请，如对 100 万元的贷款申请只贷出 20 万元。另外，对于期限较长的贷款，企业还会加上期限风险溢价，因为时间越长，不确定性越大，风险也就越高。

② 按顾客对银行某个产品或服务的依赖度划分，可分为高度依赖顾客、中度依赖顾客、低度依赖顾客三类。如从事炒汇、炒股活动的个人对网上银行的依赖度比一般个人高；拥有大量分支机构和销售网点的大型企业集团对网络结算服务的依赖度比中小型企业顾客高。顾客对金融产品的依赖度决定了其需求的价格弹性和讨价还价能力。顾客依赖度的提升和需求价格弹性的降低让金融企业可以对这些顾客提高收费标准，获得高于平均水平的收益。

③ 按顾客对银行利润的贡献率划分，可分为高端顾客、中端顾客、低端顾客三类。这里的高端顾客和低端顾客指的是对金融企业利润贡献的高低，而非对金融企业收入贡献的高低。如一些大型企业确实使用了金融机构的很多产品，同样也是某金融机构收入的重要来源，由于这类企业具有较强的谈判能力，要求金融机构降低收费标准和提供专业定制的产品，致使金融机构所得回报较低。为此，金融机构不仅要关注顾客对收入的贡献，还要关注顾客对利润的贡献，即顾客的盈利性(CPA)。在对顾客进行细分后，金融企业需要根据不同顾客的不同需要对产品进行改造，以体现不同程度的价值，不能对完全相同的一种产品执行多种价格。对依赖度或贡献度较高的顾客群体，可以在原产品的基本功能上增加一些这个顾客群体普遍需要的其他附加功能，以提升原产品价值。

(3) 关系定价法。关系定价法是一种有助于同顾客形成持久合作关系的定价方法，这种方法主要是根据企业与顾客的关系来确定产品的价格。用价格帮助企业与顾客建立关系的方式主要有两种：一是长期合同方式，二是多购优惠方式。金融产品的特点之一就是有助于企业与顾客建立长期的关系，而关系的建立对于交易的双方都有好处。对金融企业而言，企业可以降低对顾客进行信用评估的成本以及顾客故意违约的风险；而对于顾客而言，由于金融企业会把顾客的每一次购买行为看作是双方关系中的一部分，因此企业也会考虑为顾客提供更具竞争力的价格。

① 长期合同。金融企业可以运用长期合同使双方进入长期关系之中，或通过长期合同加强企业与顾客现有的关系。一般来说，企业会在长期合同中给出一个比较优惠的价格促使顾客的购买。在长期合同签订后，企业就可以将其他一些相关产品推荐给顾客。由于顾客已经与企业签订了长期合同，所以顾客会较容易接受企业推荐的产品。如银行以一个较低的价格为房地产开发商提供长期贷款，同时要求房地产商将基本存款账户放入该行。银行还能获得该房产商开发楼盘的购买者客户源，即为买房人提供按揭贷款。

长期合同的签订有利于企业与顾客产生更多的产品交易。由于每个交易都会提供顾客需求方面的信息，所以金融企业也就能更好地为顾客设计量身定制的产品，同时也会使顾客获益。此外，长期合同还会为企业带来稳定可观的收入，并提升顾客的转换成本，从而给竞争者造成障碍。

② 多购优惠。多购优惠即用优惠的手段诱使顾客购买两个或两个以上的产品。因此，这种方式要求几种相关产品的一次购买比所有产品单独购买之和要便宜。多购优惠的提供一方面是因为同时提供两种产品的成本将小于两种产品分别提供的成本，如同时开立存款账户和结算账户的成本小于两个账户分别开立的成本。另一方面，提供多购优惠有利于顾客与企业建立更多的联系。同样地，联系越多，公司获取顾客信息的途径就越广，也就越能了解顾客的需要与偏好。

5. 综合定价法

综合定价法是指将各种定价法综合利用，以实现最优。以下的贷款定价策略就综合地使用了上述方法。

贷款的定价可以在成本加成的基础上，结合客户综合贡献和市场竞争因素进行调整。基本公式为：

贷款价格=基本贷款利率+调整值

=(资金成本+经营成本+风险成本+预期收益)+(顾客贡献调整值+市场调整值)

资金成本是指银行筹集资金和使用资金所付出的成本。经营成本是指银行为顾客办理贷款所支付的非利息成本。风险成本是指贷款违约所带来的损失。银行可以通过内部评级法等先进技术的运用，测算贷款的违约概率、违约损失率和风险敞口以量化预期损失(即风险成本)，从而确定合理的风险补偿。这种方法的运用使银行的信贷管理从一味回避风险转向主动经营风险并获得合理回报。预期收益是银行经营管理贷款希望取得的收益，该收益可根据既定的最低资本回报率和贷款的资本金支持率来确定。顾客贡献调整值是在顾客对银行的存款、贷款以及中间业务等贡献的基础上确定的，是对基本贷款利率的调整。在对成本、风险、收益和顾客都有所考虑后，还应该考虑市场和竞争者。因此，贷款价格还应加上市场调整值以确保贷款定价的市场竞争力。市场调整值是在对市场利率和同业报价进行分析后得出的，市场调整值可能为正也可能为负。

这样的贷款定价综合考虑了银行的筹资成本、经营成本、风险、利润目标以及与顾客的关系、市场情况等，精确量化了各因素对定价的影响，有利于银行信贷管理的精细化发展。特别是顾客因素和市场因素的引入，将促使银行建立以市场为导向、以顾客为中心的信贷管理体系。此方法还将促进信贷管理从定性分析和经验判断为主向注重技术运用和定量分析转变。

六、金融产品定价的具体策略

金融产品定价的具体策略有以下几种。

1. 高价策略

高价策略又被称作撇脂定价策略。顾名思义，撇脂策略即撇去市场表面的那层奶油。因此，这种策略将价格定得很高以获取较高利润。这种价格策略一般适用于下述情况。

① 顾客购买力很强且对价格不敏感，同时这样的顾客很多。

② 该产品的品牌在市场上有较大的影响力。

顾客不会也不愿意对市场中各产品的价格加以比较，有些情况下产品信息的搜索成本可能会远远超出顾客在所购产品中节省的成本。一些银行对部分个人业务收取高价即是考虑到这个因素。如在境外提取 1 万元现金，工商银行手续费要 62 元，建设银行、农业银行则要 112 元，而广发银行、民生银行只收取 15 元的手续费。对于同样的业务，收费的巨大差距就是因为顾客大多不会对产品价格进行比较。

竞争对手还未推出同样的产品，而本产品具有明显的竞争优势。对于一些新推出的产品，企业往往会制定一个很高的价格，待满足了愿出高价的顾客需求之后，企业再逐步降低价格，使产品进入有更大弹性的市场。

利用高价策略，企业可能以更快的速度收回开发新产品的投资，短期内获得高额利润，高额的利润必然会吸引新竞争者进入，因此，对于易于模仿的产品，这种价格策略只是暂时的。若企业希望获得长期的高额利润，一方面，企业需要建立产品的品牌，另一方面企业需要不断对产品进行提升。

2. 低价策略

低价策略又被称之为渗透策略。低价策略是以单个产品利润的牺牲来获得高额销售量和市场占有率的策略。因此，低价策略一方面可以促使“薄利多销”，另一方面可以对现有竞争产品带来冲击，并阻止潜在竞争产品进入市场。

适用低价策略的条件是：足够大的市场需求、消费者对价格敏感且不具有强烈的品牌偏好，以及大量生产能带来的规模效益。另外，低价策略下的产品销售较快，资金周转迅速高，资金占用少。虽然低价策略可能导致投资回收的时间过长，但其仍是很多产品打开销路的重要策略。

3. 营销投入与高低价组合策略

不同的金融产品具有不同的潜在市场规模和顾客群体特征，因此企业需要对不同的市场采取不同的营销策略。营销策略包括对价格的决策和对营销支出投入的决策。

根据价格与营销支出的配对，可以得出以下四种策略。

(1) 快速撇脂策略，即高价格、高营销支出策略。可以在以下两种情况下看到此种策略的运用：一是处于导入期的产品。当市场需求潜力大，顾客接受新产品的能力较强，而产品面临较大竞争威胁时，企业可以采用此营销策略。通过制定高价，企业可以尽快回收成本；而高营销支出将在促进销售的同时帮助企业建立品牌。二是高端定位的产品。只有高质量和高营销支出的产品才能产生高价。

(2) 缓慢撇脂策略，即高价格、低营销支出策略。这种策略适用于针对细分市场推出的产品。只有当产品已经有一定知名度，潜在竞争威胁不大而市场规模又较小时，企业才可以在营销方面尽可能降低支出。为了在小规模的市场中获利，企业不得不一方面提高价格，一方面降低营销费用。而企业对价格的自主性源自于对细分市场的把握，较低营销支出的投入是因为企业已在该细分市场获得品牌认可。

(3) 快速渗透策略，即低价格、高营销支出策略。这种策略的目标是迅速占领市场。这种策略的理念是通过销售量的扩大而取得规模效应。因此，只有当市场的规模很大并且顾客对价格十分敏感时，企业才能够采取这种策略。低价的同时加大营销支出的投入会给企业的生存和发展带来巨大的考验，而能够经受住这种考验的企业将最终获得持久的利润和市场主导地位。

(4) 缓慢渗透策略，即低价格、低营销支出策略。低价格适用的市场都是规模较大的市场。在大规模市场只进行少量的营销，一方面是因为产品有较高的知名度，另一方面是因为企业拥有某稀有资源而在此市场占有绝对的优势。或者，此产品与其他所有竞争产品的区别不大，没有必要提高营销支出，如银行存款。

4. 产品组合定价策略

企业的营销策略和利润目标引导各个金融产品的定价，换言之，各个金融产品的定价需要服从企业的整体营销策略。但是，我们注意到，当企业将整体利润最大化作为目标时，并非企业产品组合内的所有产品实现了最大化的利润就能使企业整体的利润最大。换言之，各个产品利润的简单相加不一定等于企业的利润。如当产品之间存在互补性需求关系时，某个产品价格定得低一些，甚至可以起到招揽顾客、带动其他产品销售、提高总体利润水平的效果。如英国一银行以较低的贷款利率为引子和杠杆向大公司推销收益率较高的现金管理、支票清算和衍生工具合约等服务。这种情况的出现是因为企业将获取整体利润最大化作为目标，合理规划产品定价体系，而不是把各个产品分割开来，单独追求某个产品收益的最大化。

尽管这种定价是困难的，因为产品组合内各产品的目标市场不同，各个产品所受的竞争程度不同，产品的成本之间可能有关，有的目标群体可能重叠等等，但我们仍需要站在企业产品组合的高度，用全局的观点来看待企业内所有产品的定价。

通常，产品组合定价有以下几种方法。

(1) 产品线定价法。产品线是指由金融机构提供的为满足顾客某一类需求的具有类似功能的一组产品，如在存款业务方面，金融企业提供活期存款、1 年期定期存款、3 年期定期存款。尽管这 3 种金融产品都是为顾客提供存款服务的，但这 3 种产品的价格是不同的。3 年期定期存款的利息收益高于 1 年期定期存款和活期存款。这样的定价能帮助顾客认识金融产品的不同，从而更好地针对自己的需要选购金融产品。

案例

美国证券经济业务价格的变迁

美国证券经纪佣金制度是美国证券经纪人赖以生存的基础。美国的证券经纪佣金制度在 1975 年 5 月 1 日以前为固定佣金制。1975 年以后，美国SEC废除了固定佣金制，导致了折扣证券经纪人的出现，这种经纪人只是按照客户的指令进行简单的证券买卖，不提供任何咨询和建议，因而佣金低，一般比全服务经纪商低 75%。20 世纪 90 年代初，随着网络技术的发展，出现了网上交易，这导致经纪业务的佣金进一步降低，全服务经纪商为每笔 29.95 美元，折扣经纪商为每笔 9.95 美元，专营网上交易的经纪商为每笔 4.95 美元。人们盼望已久的“自己动手交易”迅猛发展，当时已达到 2050 万人，占全部投资者的 30%。市场对经纪人的需求一落千丈。网上交易对经纪人的冲击，引发了一种与投资者“同甘共苦”的新的“佣金”制度，即在客户赚钱的情况下才按照净利润的一定比例收费，如果亏钱则要从年费中按照亏损的比例扣除一定的费用。

1999 年 6 月 1 日，美林证券正式推出“综合性选择”(integrated-choice)策略，向客户提供连续的从完全自己管理到全权委托管理的系列产品。这些账户根据服务的内容不同，采取不同的佣金费率模式。如自助交易一般不需要理财顾问的指导和建议，每笔交易按 29.95 美元收取，是典型的佣金模式；无限优势服务则为客户提供全权的资金管理服务，按客户资产的比例收取年费，收费起点为 1500 美元，是费用模式的典型代表。

根据SIA的调查，1996年费用型收入对每个注册经纪人(registered representatives，RRs)佣金收入的贡献不足 10%，到 2001 年年底，收费产品的收入已占到经纪业务的 25%以上。在 2001 年，每个注册经纪人的人均总佣金收入从 48.5 万美元降低到 40 万美元，而其中费用型收入占比却由 20.1%提高到 26.1%，反映了费用型佣金收入的强劲增长态势。2002 年在费用模式下管理的总资产规模已达到 1550 亿美元。

(2) 特色定价法。企业常常提供各种可选择的产品，如餐厅在提供饭菜的同时提供酒水。很多餐厅的饭菜价格比较实惠而酒水的价格非常高，这也就是采用了特色定价法。因此，将什么产品作为可选择的产品以及如何对该产品定价会对企业的利润产生重要的影响。

(3) 产品捆绑定价法。捆绑是指将产品组合在一起定价销售。如化妆品厂商对一整套化妆品按套销售，其价格将比顾客分别购买要低。这种定价方法将有利于新产品的接受和推广，如顾客在开通专业版网上银行时将同时开通该账户的炒黄金功能。此外，捆绑产品还将帮助产品共享销售队伍、降低广告费用、降低销售成本、拓宽销售渠道。

并不是所有产品都能进行捆绑，只有具备以下三个实施条件的产品才能进行捆绑定价和销售：首先，捆绑定价产品需要具备相当的市场竞争力，从而可与竞争产品进行价格差别竞争。如购买文字处理程序(word)时，同时还必须购买电子表格(excel)和演示文档(powerpoint)等程序。其次，捆绑定价产品之间需要一定的关联性，如产品在销售渠道等方面相近。典型的例子是2004年，惠普推出购买指定机型。该机型除了装备操作系统外，还会送音箱及照片打印机，进行三合一整合捆绑销售。最后，捆绑定价产品之间要有相似的市场定位。顾客在职业、收入、社会地位等方面存在很大差别，忽视这些差别通常很难获得成功。

5. 价格调整策略

相较于产品的特征、渠道而言，价格是一个更容易调节的因素。价格调整分为主动调整和被动应对两种。

(1) 主动调整。主动调整包括主动降价策略和主动提价策略。所谓主动降价策略是指企业将原有产品的价格调低。主动降价的原因主要有：

- 在强大的竞争压力下，企业市场占有率的降低迫使企业降低价格来维持原有市场份额。
- 企业的生产能力过剩而企业又不能通过改良产品和加大促销来扩大销售。
- 企业为了控制市场而发动降价。
- 受环境因素影响主动降价，如宏观经济不景气，需求不振，企业若不降低产品价格，有可能危及企业的生存。

由上可知，降价有时是企业的自主选择，有时却是企业被迫做出的决策。降价的方式主要有两种：一是直接降价，即直接降低产品报价。二是间接降价，即企业保持价格目录表上的价格不变，但通过送货上门、免费安装、调试、维修、赠送礼品等方式，在保持名义价格不变的前提下，降低产品的实际价格。

主动提价是指将原有产品的价格提高。主动提价的原因主要有：

- 产品成本上涨，企业只能通过涨价来转嫁成本上涨给企业带来的压力，这也是企业提价的最主要原因。
- 由于产品供不应求，企业必须通过提价来抑制部分需求，以缓解市场压力。
- 政策影响。如由于央行上调了人民币存贷款利率并于2008年1月1日起开始实施，浮动利率住房按揭贷款和消费按揭贷款将按照新的利率水平计算利息，在加息后，月供将相应增加。

主动提价的方式主要有两种：一是直接调高，即直接提高产品价格；二是间接调高，即企业采取一定方法使产品价格表面保持不变但实际隐形上升。如银行在提供贷款时，提升贷款客户的最低存款额度。如正常情况下1000万贷款的最低存款额是100万，贷款年利率为10%，贷款人实际支付的利息就为1000×10%=100万。由于最低存款额是企业为获得贷款而必须存入银行的资金，因此贷款人实际可支配使用的资金为1000-100=900万，那么贷款人实际所承担的利率就为：100/(1000-100)=11%。若银行将顾客的最低存款提升至 200万，那么顾客实际支付的利息仍为 100 万，但贷款人实际所承担的利率却变为了100/(1000-200)=12.5%。

(2) 被动应对。当竞争者提高价格时，企业需要思考：它为什么要提高价格？是基于成本压力，还是基于产品质量有了改善？由于提价常常导致顾客需求下降，因此竞争者的提价对企业来说是获取竞争者顾客的机会。如果竞争者是因为成本的压力而提价，企业则可能考虑与竞争者同步提价以保证企业利润的实现；如果提价是因为产品价值的提升，企业则需要研究竞争者究竟对产品做了什么改进。

七、金融产品定价的影响因素

产品的价格是由价值决定的。由于受到供求关系等多方面因素的影响，产品的价格会围绕价值上下波动。因此，价格本身就包含了一定的信息，如较低的价格就在一定程度上反映了市场供大于求的状况。

同样，金融产品的价格也包含了产品的供求等相关信息。除此之外，金融产品使用价值归结于价值的特性让金融产品的价格也有其自身的特点。大部分产品的使用价值会在使用中实现，如企业通过使用购买的各种机器设备实现产品的生产，因此这些机器设备购买以后的价格对该企业几乎没有影响。而金融产品的使用价值就在于其价值的实现，如存款利息、股票资本利得的获取。因此，该金融产品未来的价格就会对该产品使用价值的实现产生影响，而持有人的财富也会随之变化。这种变化会对金融产品的买进和卖出产生压力，最终又通过供求的变化影响价格。

影响金融产品定价的因素是多样的，主要有以下 5 个因素。

1. 成本

成本是人们为了达到生产经营活动的一定目的而耗费资源(人力、物力和财力)的货币表现。由于成本是商品价值的组成部分，所以成本应从销售收入中得到补偿。可以这样说，成本是制定产品价格的基础。就金融企业而言，成本主要包括以下几方面。

(1) 资金成本。资金成本是企业为筹集和使用资金而付出的代价。资金成本主要是指因占用他人资金而应支付的费用，如个人和公司通过银行存款向银行提供资金从而收取的存款利息。资金成本在成本中占很大的比例。

(2) 手续费及佣金支出。这是金融企业为获得其他金融企业服务所付出的成本。如保险公司利用银行的零售柜台销售保险产品，保险公司则会向银行缴纳保险代理手续费。

(3) 人工成本。人工成本包括工资及其他相关费用。工资是以货币形式支付给员工的劳动报酬。其他费用包括社会保险费、劳动保护费、福利费等。

(4) 管理成本。管理成本是金融企业为组织和管理生产经营活动而发生的各项费用。

(5) 固定资产投入成本。这些成本是银行为提供服务所花费的基本耗费，在短期内变化不大，但从长期来看却会发生变动。如土地、建筑物的购置等。

按照是否受业务量增减而变化，成本可以划分为固定成本和变动成本。固定成本是指不受业务量增减变动影响而保持不变的成本，如管理费用和固定资产投入成本。固定成本的特征在于它在一定时间范围和业务量范围内其总额维持不变。变动成本则是指那些随着业务量的变动而呈线性变动的成本。手续费支出就是典型的变动成本。

对金融企业而言，成本核算是十分重要的。因为只有完善成本核算体系，才能确定产品的最低价格，确定自身的竞争优势或劣势，有效地降低成本，从而增强核心竞争力。当然，成本越低，金融产品定价的幅度也就越宽，金融企业对金融产品定价的自主性就越强。

2. 市场需求

金融产品同样受供求规律的制约，即会因为市场需求的增大(减少)而价格上升(下降)。因为市场中不同顾客对价格的敏感程度是不同的，如价格敏感者会对银行利率的调整做出投资规划的调整。所以，金融企业还需要了解顾客的需求价格弹性，即了解价格变动所带来的顾客需求量的变动，以避免小幅度的提价而失去大量的顾客，或降价却对产品销售没有影响这两种情况的发生。

(1) 影响顾客价格敏感度的因素。影响价格敏感度的产品因素主要包括产品替代品的多少、产品的重要程度、产品的独特性、产品本身的用途、产品的转换成本和品牌以及其他一些情境因素。

① 替代品的多少。替代品越多，顾客的价格敏感度越高，反之越低。替代品是指同样能够满足顾客某种需要的产品，包括不同类产品、不同品牌的产品和同一品牌的不同价位的产品。如汽车、火车、轮船和飞机都能满足顾客旅行的需要，因此相互之间都是替代品。

② 产品的重要程度。产品对顾客越重要，顾客的价格敏感度越低。尤其是生活必需品，与人们的生活息息相关，顾客对这些产品的需求受到价格变动的影响不大。

③ 产品的独特性。顾客对越独特的产品价格敏感度越低；反之价格敏感度越高。新产品的独特性为产品带来溢价，因此厂商在推出新产品时，往往制定一个很高的价格，当类似产品出现时，再进一步降价。这种情况经常发生在IT、医药和金融行业。同时，产品的独特性会让产品与竞争产品的价格难以比较，此时，顾客的价格敏感度也会降低。

④ 产品本身的用途。顾客对用途越广的产品价格敏感度越高；反之价格敏感度越低。用途广是指该产品能满足顾客的多种需求，而有些需求是必需的，有些却是可有可无的，因此，价格的变动将引起需求量的变化。

⑤ 产品的转换成本。转换成本是指顾客从一个产品或服务的提供者转向另一个提供者时所产生的一次性成本。这种成本不仅仅是经济方面的，还包括时间、精力和情感方面的，它是构成企业竞争壁垒的重要因素。顾客对转换成本高的产品价格敏感度低，反之价格敏感度高；当转换成本低时，顾客可以更随心地选用新产品，故转换成本将对顾客的敏感度产生最直接的影响。

⑥ 品牌。品牌定位将直接影响顾客对产品价格的预期和感知。顾客往往认为，高档知名品牌应当收取高价，使用高档品牌是身份和地位的象征，同时高档品牌会有更高的产品和服务质量。此时，品牌成为顾客购买的首要因素，而顾客对品牌的依赖和忠诚也会降

低顾客的价格敏感度。

此外，以下这些情境因素也会影响顾客对价格的敏感度。

① 价格变动幅度。顾客对价格的感受更多取决于变化的相对值而非绝对值。如一辆自行车降 200 元与一辆汽车降 200 元对顾客感受的影响是不同的。另外，价格在上下限内变动不会被顾客注意，而超出这个范围顾客会很敏感。在价格上限内分次提高价格比一次性提高价格更容易被顾客接受，相反，如果一次性将价格降到下限以下，比连续几次小幅度的减价效果更好。

② 参考价格。参考价格能为顾客提供一个参照，以从心理上影响顾客的感知价格公平。参考价格通常作为顾客评价产品价格合理性的内部标准，也是企业常用的一种价格策略。上次购买价格、过去购买价格、顾客个人感知的公平价格、钟爱品牌的价格、相似产品的平均价格、预期价格都能影响参考价格的形成。另外，购物环境、购物地点、宣传力度、公司形象以及品牌价值也会对参考价格产生影响。对参考价格的运用是比较普遍的。如通过提高某种产品或服务的价格而提高整个产品线的参考价格，从而让顾客对该产品线中其余产品的价格感到实惠。

③ 数字的影响。不同的数字对顾客的心理影响是不同的。如以小数位定价与整数定价相比，虽小数位定价的实际价格与整数相差无几，但感觉上却有很大的差别，即很多顾客在心理上会认为 99 元要比 100 元便宜许多。同时，对于价格变动的不同形式顾客也会有不同的反应，如对两组下降数额相同的价格而言，从 99 降至 85 与从 103 降至 89 相比，从 103 降至 89 的价格变动会让顾客感觉到更多的实惠，因为顾客对价格的比较首先从第一个数字开始的，只有当第一个数字相同时才会依次比较后面的数字。

(2) 需求的价格弹性。需求的价格弹性是用来衡量一单位价格的变动所引起的需求量变动的幅度。假设 Q 为某个商品的需求，P 为该商品的价格，则计算需求的价格弹性 E_d 为：

$$E_d = \frac{\Delta Q / Q}{\Delta P / P} = \frac{\Delta Q}{\Delta P} \times \frac{P}{Q}$$

当 $1<E_d<\infty$ 时，说明需求量变动幅度大于价格变动幅度，即价格每变动 1%，需求量变动大于 1%。这时，产品被认为富有弹性。对富有弹性的产品，1%的降价将会引起大于 1%的销售量。

而当 $0<E_d<1$ 时，说明需求量变动幅度小于价格变动幅度，即价格每变动 1%，需求量变动的百分率将小于 1%。这时，产品被认为缺乏弹性。产品缺乏弹性的一般情况：没有替代品或替代品很少；顾客对价格不敏感；产品的价格很低，顾客认为没有关注的必要。

3. 竞争状况

顾客会在购买某金融产品前比较各金融产品的价格。所以企业也需要在制定价格时研究市场中竞争者的价格。首先，企业应将自身产品与竞争者产品进行比较。若产品相似，则可考虑制定与竞争者相近的价格；若自身的产品在收益、风险控制以及便捷性等方面有优势，则可考虑制定较高的价格。另外，企业的总体战略和该产品在市场上的定位也会对产品的价格产生重要的影响。

以上三个因素中，成本是金融产品定价的基础，决定了价格的最低界限，低于此界限则没有企业愿意提供该产品。市场需求决定着产品价格的上限，单个顾客通过购买还是不购买的抉择同所有顾客一起与产品提供者进行博弈。这种博弈表达了大多顾客对该产品价格的认识。而竞争状况，即产品提供者之间的博弈情况则使价格在上限和下限之间不断波动。

案　例

通过定向降准支持市场化法治化“债转股”和小微企业融资

为进一步推进市场化法治化“债转股”，加大对小微企业的支持力度，中国人民银行决定，从2018年7月5日起，下调国有大型商业银行、股份制商业银行、邮政储蓄银行、城市商业银行、非县域农村商业银行、外资银行人民币存款准备金率0.5个百分点。鼓励5家国有大型商业银行和12家股份制商业银行运用定向降准和从市场上募集的资金，按照市场化定价原则实施“债转股”项目。支持“债转股”实施主体真正行使股东权利，参与公司治理，并推动混合所有制改革。定向降准资金不支持“名股实债”和“僵尸企业”的项目。同时，邮政储蓄银行和城市商业银行、非县域农商行等中小银行应将降准资金主要用于小微企业贷款，着力缓解小微企业融资难融资贵问题。

人民银行将继续按照党中央、国务院的统一部署，实施好稳健中性的货币政策，把握好结构性去杠杆的力度和节奏，为高质量发展和供给侧结构性改革营造适宜的货币金融环境。

资料来源: http://www.pbc.gov.cn/goutongjiaoliu/113456/113469/3564334/index.html

4. 宏观经济

通货膨胀将迫使存款利率上涨以继续吸收存款；而贷款利率也会随物价的上涨而上调以实现投资收益。在市场环境不利的情况下，金融企业对可能出现流动性困境的担忧将迫使金融企业采用舍弃利润、确保生存的价格。

5. 政策法规

政策法规包括两方面：一方面，政策法规会给予企业一定的定价自主权；另一方面，政策法规会对企业产品的定价进行限制。随着我国利率市场化的推进，我国金融企业定价的自主权也随之增大。利率市场化是指金融机构在货币市场经营融资的利率水平由市场供求关系决定，包括利率决定、利率传导、利率结构和利率管理的市场化。实际上就是将利率的决策权交给金融机构，由金融机构自己根据资金状况和对金融市场动向的判断来自主调节利率水平，最终形成以中央银行基准利率为基础，以货币市场利率为中介，由市场供求决定金融结构存贷款利率的市场利率体系和利率形成机制。利率市场化的推进要求我国的金融企业提升自身定价的能力。

当然，金融产品的定价并非完全是自由的。如为引导金融机构加大对小微企业的支持力度，增加银行体系资金的稳定性，优化流动性结构，中国人民银行决定从 2018 年 4 月 25 日起，下调大型商业银行、股份制商业银行、城市商业银行、非县域农村商业银行、外资银行人民币存款准备金率 1 个百分点；同日，上述银行将各自按照“先借先还”的顺序，使用降准释放的资金偿还其所借央行的中期借贷便利(MLF)。

中国人民银行将继续实施稳健中性的货币政策，保持流动性合理稳定，引导货币信贷和社会融资规模平稳适度增长，为高质量发展和供给侧结构性改革营造适宜的货币金融环境。

八、国家金融政策对金融产品定价的作用

在经济活动中，各个国家为维护正常的生活秩序和经济运行秩序，为使企业有序地、公平地进行价格竞争，为优化资源配置，兼顾社会各阶层、各社会团体的经济利益和社会稳定、政治安定等要求，必然通过政策、法律法规来对社会商品价格进行宏观调控，对企业的价格行为进行规范。金融业由于对一国金融、经济，甚至政治产生较大的影响，一般会受到各国政府较为严格的价格管制。因此，作为金融产品，在定价时必须考虑国家政策与法规，金融产品的价格水平必须符合国家价格政策和有关法律的规定。这里主要探讨各金融政策和经济指标对金融产品价格的影响。经济指标分为以下三类。

(1) 先行性指标，如利率水平、货币供给、消费者预期、主要生产资料价格、企业投资规模等，这些指标的变化将先于产品价格的变化。

(2) 同步性指标，如个人收入、企业工资支出、GDP、社会商品销售额等，这些指标的变化与产品价格的变化基本趋于同步。

(3) 滞后性指标，如失业率、库存量、单位产出工资水平、服务行业的消费价格、银行未收回贷款规模、优惠利率水平、分期付款占个人收入的比重等，这些指标的变化一般滞后于产品价格的变化。

除了经济指标之外，主要的经济政策有货币政策、财政政策、信贷政策、债务政策、税收政策、利率与汇率政策、产业政策、收入分配政策等。

第四节 金融营销渠道策略

金融营销渠道是指金融服务或服务产品从生产领域流向消费领域所经过的整个通道，以及在产品整个传递过程中，为满足目标市场消费者的需求，利用各种信息技术和基于信息技术发展起来的网络终端向其顾客提供的各种服务。

金融营销渠道的基本功能是根据客户的不同需要，将金融产品进行有效的组织和传送，从而转换成有意义的产品组合。

一、金融营销渠道的种类

1. 按产品种类划分

按产品种类划分，金融营销渠道有超级金融百货公司、提供全面银行服务的分支银行、自动柜员机等几大类。各种不同类型的分销渠道所提供的服务产品范围和种类的差别很大，如金融百货公司所提供的产品服务十分广泛，具有全面性、综合性，而自动柜员机主要提供客户自动存取款的服务。

2. 按营业场所划分

金融服务和产品营销渠道中场所的多样性是一种全新的概念。传统上，金融服务营销渠道简单而又直接，就银行而言，其提供的如存款、取款、贷款和支票账户等服务是由银行自设网点直接提供给客户的。随着金融产品的创新和信息技术的发展，金融界逐步开辟了更为复杂的分销渠道：取款服务可通过自动柜员机，转账支付可通过电话银行，耐用消费品信贷业务可通过形形色色的中间商(如房地产公司、汽车销售商等)来完成。

3. 按对网点的控制程度划分

在各种条件可能的情况下，金融企业总是愿意把扩大自己的分销网点作为一种竞争策略。广设分支网络可谓是银行非价格竞争的主要手段。这种网络化建设可以包括自动柜员机的网络化、信用卡特约商店的网络化等。通过这些网络化，不仅可以出售自己的产品和服务，而且可以代销其他金融企业的金融服务和产品。这种情况的出现，使金融企业对其产品和服务分销渠道的控制程度有所减弱。

4. 按营业时间划分

金融服务在一定意义上是一种随时需要提供的服务。但传统的金融服务在时间上都有很大局限，如银行一周工作 5 天，一天工作 8 小时等，其主要原因是出于成本考虑。为避免由此给客户带来的不便，越来越多的银行在力图打破营业时间上的限制。自动柜员机、电话银行和网络银行虽然在一定程度上打破了这种限制，但服务范围仍然有限，因此，一些银行还增设了营业时间更长的营业网点或延长一些营业网点的服务时间。目前，这种策略在西方发达国家和我国一些银行都受到了普遍重视。

二、金融营销渠道的形式

金融营销渠道的形式主要有以下几种。

1. 分支机构

一般设置在最便利客户的地方，既能为客户提供方便的服务，又能最大限度地发展业务，是最重要的营销渠道。

2. 店内、厂内银行

店内、厂内银行是指商业银行在工业、商业企业内部设立的代理处。能够使客户通过代理处发放工资等，在银行工作时间之内和之外获得银行的服务。

3. 电话银行

电话银行即通过电话系统为客户提供银行服务。一般具有查询、转账、自动缴费、信用证和信用卡的授权、支票稽核、支票支付等服务功能。

4. 家庭银行和企业银行

家庭银行和企业银行即客户终端，是一种近几年才发展起来的新型商业银行分销渠道。它通过通信技术网络将设在单位或家庭的微机与银行网络相连接，使客户足不出户便能进行转账、付款、账户、证券股市等信息资料的查询。

5. 自动柜员机与销售终端

自动柜员机与销售终端是随着金融电子化的发展而形成的新型分销渠道。自动柜员机通过电子计算机的联网自动办理取款和查询等业务，销售终端使客户能在销售点通过电子转账交易直接扣除消费金额。

6. 信用卡

信用卡既是产品，又是营销渠道。信用卡通过向远在银行业务区域以外的客户提供信用，使银行服务更加迅速和方便。同时，信用卡由于具有支付和信用双重功能，故能促使现有客户增加对银行业务的利用。

7. 微信支付

微信支付是集成在微信客户端的支付功能，用户可以通过手机完成快速的支付流程。微信支付以绑定银行卡的快捷支付为基础，向用户提供安全、快捷、高效的支付服务，在国内各行各业都已经广泛使用。自 2017 年 11 月 23 日起，微信支付服务功能在中国铁路客户服务中心 12306 网站上线运行。2018 年 3 月，微信直接推出了“高速 e 行”，只要车主把车辆信息与微信账户绑定，再开通免密支付(如果不放心，还可以单独预存通行费)，下高速时将会自动识别车牌，自动从绑定的微信账户中扣款，并发送扣费短信，实现先通行后扣费。自 2018 年 4 月 1 日起，消费者在使用微信钱包扫描静态条码支付时，单日使用零钱包支付的上限不得超过 500 元，同时微信关联的所有银行卡还可以再独立获得 500 元的支付上限。

8. 支付宝

支付宝是阿里网络技术有限公司开发的国内领先的第三方支付平台，致力于提供“简单、安全、快速”的支付解决方案。支付宝公司从 2004 年建立开始，始终以“信任”作为产品和服务的核心，旗下有“支付宝”与“支付宝钱包”两个独立品牌，自 2014 年第二季度开始成为当前全球最大的移动支付厂商。支付宝与国内外 180 多家银行以及VISA、Master Card国际组织等机构建立战略合作关系，成为金融机构在电子支付领域最为信任的合作伙伴。自 2018 年 4 月 1 日起，支付宝静态条码支付的每天限额为 500 元。

三、金融营销渠道的影响因素

对金融营销渠道产生影响的因素有很多，主要包括如下几方面。

(1) 金融产品特征。金融产品因其种类不同而具备不同的特征，这对于营销渠道的选择是一个非常重要的影响因素。一般而言，金融产品分为便利品和特殊品，其中便利品使密集渠道和长线渠道相互联系，而特殊的金融产品在既定地区的选择性分销决定了其营销渠道的寿命较短。另外，金融产品的创新和多样化，使产品质量更为标准化而大大促进了其营销渠道的发展。

(2) 市场因素和顾客特征。市场范围大小、顾客的集中和分散、顾客人数、地理分布、购买频率和年均购买数量、不同营销方式的敏感性等因素，以及商业银行同业竞争者产品的营销渠道策略，都会影响销售渠道的选择。

(3) 商业银行规模、信息、科技因素。商业银行规模大小、资金能力、信用能力、销售能力、提供的服务以及要求等，都会影响其营销渠道的选择。信息技术的发展也可促使商业银行通过 ATM 和电话银行来提供金融服务，从而扩展营销渠道。

(4) 营销技术。商业银行的营销技术，直接影响其金融商品的销售。对某些商品来说广告十分重要，而有些商品则必须通过人员推销。为此，商业银行在对其营销技术进行选择时，首先要对自己的营销技术进行衡量界定，才能审时度势地进行营销渠道的决策。

(5) 现有营销渠道的可用性。商业银行在选择营销渠道时，必须考虑其现有营销渠道的可用性和可用度，因为营销渠道的再选择受现有营销渠道适用性的严格控制。

(6) 政策因素。政府对各类金融商品所采取的价格政策、税收政策等都会影响商业银行营销渠道的选择。如允许自由购销各种金融商品，渠道必定会多样化。反之，渠道就会单一化。同时，地方政府行为也会影响商业银行直销渠道的选择。

第四节　金融产品促销策略

金融市场营销是指金融企业为了生存与发展的需要，以金融市场为媒介，以客户需求为核心，根据客观环境条件和金融企业自身的能力，创造与交换金融产品(包括权利和价值)，从而刺激和满足客户需求的社会行为和经营性管理活动的过程。同样，金融市场营销也是一个综合性的、动态的经营性管理活动的过程。

作为一种商品，金融产品虽说不是普通的商品，但在竞争激烈的金融领域，我国的商业金融机构也应按照一些商品营销理论来指导具体的营销工作，做好市场调研和细分工作，采取一些符合金融产品特性的营销策略，提升金融产品的营销总额。

1. 组建专业的金融产品营销队伍

目前，我国一些商业金融机构的金融产品的营销，主要依赖于柜台工作人员和前台工作人员向一些储户的持续推荐，销售切入点主要是依靠比存款利率多一点的收益，这种营销手段呈现单一化。对于即将到来的更为激烈的金融竞争市场来说，我国商业金融机构必须组建专业的金融产品营销队伍，可以在银行内部培训和聘用一批专业的金融产品营销人员，通过他们向客户全面营销银行的所有金融产品和服务，全面负责客户的所有金融事务，从而形成介于银行内部作业、管理体系和银行客户之间的桥梁和纽带，并制定适合营销人员管理和激励特点的考核激励管理体系和规章制度，以最大程度地鼓励客户经理人员努力拓展银行的市场。

2. 实施金融产品多样化策略

现实环境之中，不同的客户群体的需求是不一样的，有的追求高收益，有的看中长期回报，有的是转移风险。随着网络技术的飞速发展，目前出现的青年顾客群体更加青睐于网络支付方式，热衷于购买网络金融产品。这种形势下，我国商业金融机构可以实施金融产品多样化策略，以满足不同目标群体的需求。除进行传统的柜台操作之外，商业银行应加大科技投入，努力提高支付方式的自动化和电子化水平，加大风险控制和操作便利研究，为网络支付创造更为安全的操作平台。证券、保险也是比较成熟的行业，我国金融机构也可以加强与证券、保险、医疗保健、邮电、物业管理等部门和机构的合作，积极创新与发展“无纸化”个人结算产品，为居民提供以存、贷、汇、理财为一体的系列化、多样化的金融个人支付组合。

3. 实施品牌营销策略

我国商业金融机构应弘扬金融文化和银行文化，每家商业金融机构都应有富有特色的金融产品，加强品牌产品建设，以金融品牌带动产品营销。商业银行只有拥有优秀的个人金融产品品牌，才能在市场激战中赢得有利地位。各商业银行应以自己的银行文化为支撑，不遗余力地塑造和提升各自的核心品牌，注重品牌发展的科学规划，重视以品牌为中心的整合营销传播运作，加强品牌忠诚管理实践探索。

总之，我国商业金融机构必须积极开拓中间业务。利率市场化政策的推行，为中间业务的开拓提供了政策支撑，我国一些商业金融机构应积极利用这一利好政策，采取有效的营销策略，推广自家的金融产品，为银行发展和经济繁荣贡献一份力量。

案　例

营口银行特色服务暖人心

春回大地，万象更新。新春佳节期间，各银行机构的金融服务也染上了一层浓浓的喜气，展现出了平日里并不常见的新亮点。在营口银行的各家支行网点，辅币兑换、贵金属展会、扶弱助贫等特色服务与公益活动在春节之前就已经如火如荼地开展，而且春节期间，不间断的营口银行服务也继续为滨城百姓送上特别的祝福与心意。

新春服务不打烊

红红的灯笼挂起来，喜庆的对联贴起来，传统的新春佳节一到，处处都是一片热闹祥和的景象。在营口银行市府路支行、高新园区支行、老边支行、大石桥建设支行、开发区支行、熊岳支行、盖州支行等营业网点，伴随着喜庆的厅堂装扮，假期值班人员的热情服务，更是年关时节的最美风景。

“我们支行成立以来就一直是全年无休网点，平日里营业时间也是延长的，每天早七点到晚十点半。在客户需要的时候，我们能够随时提供良好的服务，这是金融服务人员的一份坚持，也是一种最朴素的愿望。”在营口银行市府路支行，一位工作多年的员工告诉笔者，自从在这里工作，每年的春节都会参与到假期值班中来，已经成为一种习惯。

市府路支行地处繁华街市，春节长假期间，客户并不比往日里少，有时候甚至需要排队办理业务。这个在其他人看来是个休息放松、与家人共度新春的假期，在金融服务人员的眼中，更多的还是在忙碌与责任中度过。但是喜庆热闹的银行大堂中，客户虽多，却并不杂乱，对于银行人的努力与付出，客户给予的更多的是理解与感谢。尤其是支行周边的商户客户纷纷表示，多年来，营口银行市府路支行的服务大家有目共睹，也暖在心上，过年了，也希望给予这些美丽的金融人更多的理解与赞美，共度美好佳节。

市府路支行的延时服务是营口银行新春服务的一个缩影。每年到了新春佳节万家团聚的时刻，营口银行都坚持服务不打烊，质量不打折，为客户提供持续不间断的优质高效服务。据不完全统计，2018 年春节，营口银行全行超过 50 家营业网点提供无休服务或延时服务。

新春联欢妙处多

新春佳节共联欢。在营口万有社区，沈阳新湖社区、吉祥社区、艳粉街社区等地，一场场别开生面的文艺汇演和新春茶话会精彩上演，营口银行的工作人员与社区居民各显神通，热情的舞蹈、深情的朗诵、多彩的旗袍秀、经典的戏曲选段、专业的美声独唱、空灵的童声合奏，将浓浓的新春祝福传递，也将社区居民和银行员工之间的心联得更近了。

新春联欢不仅是庆祝传统佳节的重要形式，同时也搭建了一个欢乐的平台，进一步凝聚邻里亲情，进一步强化银行与社区居民之间的密切联系，让居民了解银行业务，让银行知晓客户需求，在更加畅通的沟通中进一步提升银行的金融服务。不少参加联欢会的居民表示，因为营口银行的加入，不只是联欢会变得更加精彩纷呈，连社区服务也愈加丰富多彩。

“今年的社区联欢会与以往有所不同，我们在节目编排中还特别纳入了反假币、防电信诈骗等内容，希望通过这些喜闻乐见的形式，让大家多掌握一些金融知识和防诈骗技巧，过一个安全的喜庆幸福年。”在营口万有社区，营口银行站前支行的负责人表示，年终岁尾是金融诈骗案件的高发时期，自元旦开始，该行就多措并举加大宣讲力度，提示广大市民不要被各类不实宣传、高额回报所诱惑，应选择正规金融机构办理业务，切实提高风险防范意识。

在载歌载舞的欢乐气氛中，营口银行将金融知识通过故事讲解、短片播放、情景剧表演等寓教于乐的方式传达给社区居民，让大家看得明、听得懂、记得牢，有效帮助其防范金融诈骗，而“你问我来答”“比划猜”等一场场精心编排的金融知识小问答更是将现场气氛带入高潮。

多年来，营口银行始终将金融知识普及作为一项常态化工作开展，一方面依托网点实现“请进来”，通过柜台讲解、厅堂课程、电子屏提醒、广告机宣传、电视视频播放等方式，实现金融知识的实时传导；另一方面积极带领团队“走出去”，开展金融知识进社区、进校园、进商圈、进企业等系列公益宣讲普及活动，将银行卡使用、征信知识掌握、假币识别、防网络电信诈骗等各类金融知识送到公众身边，送到千家万户。2017 年，营口银行还设立了地区首家“金融知识教育示范基地”，将金融知识普及工作推向了新阶段。

保护好自己的合法权益，才能真正过好一个欢乐年。将新春特别服务与金融知识宣讲有机结合，在欢乐的氛围里通过喜闻乐见的形式全面加强消费者权益保护，这是营口银行带给市民百姓的一份特殊的新春礼物。

新春公益暖人心

“我们只是在尽自己的一份努力，希望能够对有需要的人们以帮助，在精神上给予支持，让他们感受到来自营口银行、来自社会的关爱，给予他们战胜困难的信心与勇气。”营口银行昆仑支行的负责人这样告诉记者，接受采访时，他刚刚从芦屯镇走访慰问回来，对当地的孤寡老人们、贫困学生、低保户等进行了重点帮助。

如今，“走基层送温暖”已经成为营口银行企业文化构建和社会责任践行的常态化活动。每年春节及其他重要节日，营口银行各级机构都会组织到敬老院、孤儿院等地开展走访慰问活动，并给予社会特殊群体以支持，在送去米、面、油等慰问品的同时，更为他们送上祝福与鼓励。参与到其中的营口银行工作人员均表示，尽管自己力量有限，但是很希望能够依托营口银行这个平台，对有需要的人给予力所能及的帮助，也希望可以呼吁更多的人来关心、关注、帮扶困难群众，让他们在大家的支持中战胜困难，共同迎接美好生活。

爱心帮扶是营口银行长久以来的一份坚持，是企业责任的体现，也是企业人爱心的传承。而随着时代的变化与方式的创新，营口银行的公益活动开展，也不仅限于扶贫助弱，而是将这份爱心以更多方式延伸到更多领域。

春节前后，一年一度的“春运”轮番上演，营口银行不少支行网点特别组织志愿者，走进火车站、长途汽车站等，为旅客提供力所能及的帮助，减轻旅途劳顿，帮助外地游子顺利返乡；为司机师傅送上御寒手套，方便驾驶；同时也向来往旅客与行人提供春节期间的各类金融风险提示，让回家的人们远离诈骗陷阱。

近年来，营口银行特别成立了青年志愿者团队，为公益活动开展提供了队伍保障，也提供了智力支持，志愿者活动的开展方式越来越丰富，成效也越来越显著。以 2017 年为例，除各项大型公益项目之外，营口银行人的身影还经常出现在“无偿献血”“无偿赠救援服装”等公益现场，设立“共享图书”体验区、开展“辽河一公里”徒步捡垃圾等活动已经成为 2017 年度公益创新亮点。

新春服务，体现的是特色，彰显的是文化。无论是常态化服务，还是新春特别服务，营口银行所坚持的始终都是一份“为您着想”的服务理念，和一份“责任银行”的发展初心。新春佳节的特别服务即将告一段落，而持续优质高效便捷的银行服务，才是金融服务人每天都要面临的新课题。我们也期待营口银行在服务领域的更好表现。

资料来源：营口日报，2018-2-26

第五节　互联网金融概述

互联网金融是用互联网技术和信息通信技术实现资金融通、支付、投资和信息中介服务的新型金融业务模式。互联网金融不是互联网和金融业的简单结合，而是在实现安全、移动等网络技术的前提下，被用户熟悉接受后(尤其是对电子商务的接受)，自然而然为适应新的需求而产生的新模式及新业务，是传统金融行业与互联网技术相结合的新兴领域。2016 年 10 月 13 日，国务院办公厅发布《互联网金融风险专项整治工作实施方案的通知》。

一、互联网金融的发展模式

互联网金融的发展模式主要有以下几种。

1. 众筹

众筹大意为大众筹资或群众筹资，是指用团购预购的形式，向网友募集项目资金的模式。众筹的本意是利用互联网和 SNS 传播的特性，让创业企业、艺术家或个人对公众展示他们的创意及项目，争取大家的关注和支持，进而获得所需要的资金援助。众筹平台的运作模式大同小异——需要资金的个人或团队将项目策划交给众筹平台，经过相关审核后，便可以在平台的网站上建立属于自己的页面，用来向公众介绍项目情况。

2. P2P 网贷

P2P网贷(peer-to-peerlending)，即点对点信贷。P2P 网贷是指通过第三方互联网平台进行资金借、贷双方的匹配，需要借贷的人群可以通过网站平台寻找到有出借能力并且愿意基于一定条件出借的人群，帮助贷款人通过和其他贷款人一起分担一笔借款额度来分散风险，也帮助借款人在充分比较的信息中选择有吸引力的利率条件。

P2P 网贷有两种运营模式，第一种是纯线上模式，其特点是资金借贷活动都通过线上进行，不结合线下的审核。通常这些企业采取的审核借款人资质的措施有通过视频认证、查看银行流水账单、身份认证等。第二种是线上线下结合的模式，借款人在线上提交借款申请后，平台通过所在城市的代理商采取入户调查的方式审核借款人的资信、还款能力等情况。

3. 第三方支付

第三方支付(third-partypayment)狭义上是指具备一定实力和信誉保障的非银行机构，借助通信、计算机和信息安全技术，采用与各大银行签约的方式，在用户与银行支付结算系统间建立连接的电子支付模式。

根据央行 2010 年在《非金融机构支付服务管理办法》中给出的非金融机构支付服务的定义，从广义上讲第三方支付是指非金融机构作为收、付款人的支付中介所提供的网络支付、预付卡、银行卡收单以及中国人民银行确定的其他支付服务。第三方支付已不仅仅局限于最初的互联网支付，而是成为线上线下全面覆盖、应用场景更为丰富的综合支付工具。

4. 互联网货币

除去蓬勃发展的第三方支付、P2P 贷款模式、小贷模式、众筹融资、余额宝模式等形式，以比特币为代表的互联网货币也开始露出自己的獠牙。

以比特币等互联网货币为代表的互联网货币爆发，从某种意义上来说，比其他任何互联网金融形式都更具颠覆性。2013 年 8 月 19 日，德国政府正式承认比特币的合法“货币”地位，比特币可用于缴税和其他合法用途，德国也成为全球首个认可比特币的国家。这意味着比特币开始逐渐“洗白”，从极客的玩物，走入大众的视线。也许，它能够催生出真正的互联网金融帝国。

比特币炒得火热，也跌得惨烈。无论怎样，这场似乎曾经离我们很遥远的互联网淘金盛宴已经慢慢走进我们的视线，它让人们看到了互联网金融最终极的形态就是互联网货币。所有的互联网金融只是对现有的商业银行、证券公司提出挑战，将来发展到互联网货币的形态就是对央行的挑战。也许比特币会颠覆传统金融成长为首个全球货币，也许它会最终走向崩盘，不管怎样，可以肯定的是，比特币会给人类留下一笔永恒的遗产。

5. 大数据金融

大数据金融是指集合海量非结构化数据，通过对其进行实时分析，可以为互联网金融机构提供客户全方位信息，通过分析和挖掘客户的交易和消费信息掌握客户的消费习惯，并准确预测客户行为，使金融机构和金融服务平台在营销和风险控制方面有的放矢。

基于大数据的金融服务平台主要指拥有海量数据的电子商务企业开展的金融服务。大数据的关键是从大量数据中快速获取有用信息的能力，或者是从大数据资产中快速变现利用的能力。因此，大数据的信息处理往往以云计算为基础。

6. 信息化金融机构

所谓信息化金融机构，是指通过采用信息技术，对传统运营流程进行改造或重构，实现经营、管理全面电子化的银行、证券和保险等金融机构。金融信息化是金融业发展趋势之一，而信息化金融机构则是金融创新的产物。

从金融整个行业来看，银行的信息化建设一直处于业内领先水平，不仅具有国际领先的金融信息技术平台，建成了由自助银行、电话银行、手机银行和网上银行构成的电子银行立体服务体系，而且以信息化的大手笔——数据集中工程在业内独领风骚，其除了基于互联网的创新金融服务之外，还形成了“门户”“网银、金融产品超市、电商”的一拖三的金融电商创新服务模式。

7. 金融门户

互联网金融门户(ITFIN)是指利用互联网进行金融产品的销售以及为金融产品销售提

供第三方服务的平台。它的核心就是“搜索比价”的模式，采用金融产品垂直比价的方式，将各家金融机构的产品放在平台上，用户通过对比挑选合适的金融产品。

互联网金融门户多元化创新发展，形成了提供高端理财投资服务和理财产品的第三方理财机构，提供保险产品咨询、比价、购买服务的保险门户网站等。这种模式不存在太多政策风险，因为其平台既不负责金融产品的实际销售，也不承担任何不良的风险，同时资金也完全不通过中间平台。

互联网与金融深度融合是大势所趋，将对金融产品、业务、组织和服务等方面产生更加深刻的影响。互联网金融对促进小微企业发展和扩大就业发挥了现有金融机构难以替代的积极作用，为大众创业、万众创新打开了大门。促进互联网金融健康发展，有利于提升金融服务质量和效率，深化金融改革，促进金融创新发展，扩大金融业对内对外开放，构建多层次金融体系。作为新生事物，互联网金融既需要市场驱动，鼓励创新，也需要政策助力，促进发展。

二、互联网金融的主要特点

1. 成本低

互联网金融模式下，资金供求双方可以通过网络平台自行完成信息甄别、匹配、定价和交易，无传统中介、无交易成本、无垄断利润。一方面，金融机构可以避免开设营业网点的资金投入和运营成本；另一方面，消费者可以在开放透明的平台上快速找到适合自己的金融产品，削弱了信息不对称程度，更省时省力。

2. 效率高

互联网金融业务主要由计算机处理，操作流程完全标准化，客户不需要排队等候，业务处理速度更快，用户体验更好。如阿里小贷依托电商积累的信用数据库，经过数据挖掘和分析，引入风险分析和资信调查模型，商户从申请贷款到发放只需要几秒钟，日均可以完成贷款 1 万笔，成为真正的“信贷工厂”。

3. 覆盖广

互联网金融模式下，客户能够突破时间和地域的约束，在互联网上寻找需要的金融资源，金融服务更直接，客户基础更广泛。此外，互联网金融的客户以小微企业为主，覆盖了部分传统金融业的金融服务盲区，有利于提升资源配置效率，促进实体经济发展。

4. 发展快

依托于大数据和电子商务的发展，互联网金融得到了快速增长。以余额宝为例，余额宝是由第三方支付平台支付宝为个人用户打造的一项余额增值服务。余额宝规模已超过 2500 亿元，客户数超过 4900 万户，天弘基金靠此一举成为国内最大的基金管理公司。通过余额宝，用户不仅能够得到收益，还能随时消费支付和转出，像使用支付宝余额一样方便。自 2017 年 5 月 27 日零点起，个人持有余额宝的最高额度调整为 25 万元。自 2018 年

2 月 1 日起，余额宝开启限购模式，暂停自动转入功能。2018 年 3 月 29 日，天弘余额宝货币市场基金发布 2017 年年度报告，截至 2017 年 12 月 31 日，余额宝总规模 1.58 万亿元，相比 2016 年年底几乎翻倍。2018 年 5 月 3 日，余额宝宣布升级，新接入博时、中欧基金公司旗下的“博时现金收益货币 A”“中欧滚钱宝货币 A”两只货币基金产品。

5. 管理弱

一是风控弱。互联网金融虽然已经接入人民银行征信系统，但尚不存在完善的信用信息共享机制，不具备类似银行的风控、合规和清收机制，容易发生各类风险问题，已有众贷网、网赢天下等 P2P 网贷平台宣布破产或停止服务。二是监管弱。互联网金融的发展还处于起步阶段，目前还没有完善的监管和法律约束，缺乏准入门槛和行业规范，整个行业面临诸多政策和法律风险。

6. 风险大

一是信用风险大。现阶段中国信用体系尚不完善，互联网金融的相关法律还有待配套，互联网金融违约成本较低，容易诱发恶意骗贷、卷款跑路等风险问题。特别是 P2P 网贷平台由于准入门槛低和缺乏监管，成为不法分子从事非法集资和诈骗等犯罪活动的温床。2017 年以来，淘金贷、优易网、安泰卓越等 P2P 网贷平台先后曝出“跑路”事件。

二是网络安全风险大。中国互联网安全问题突出，网络金融犯罪问题不容忽视。一旦遭遇黑客攻击，互联网金融的正常运作便会受到影响，危及消费者的资金安全和个人信息安全。

三、互联网金融的典型案例

1. 融资

具体如四大商业银行推出的网上银行，腾讯推出的微信联合人保财险的手机端支付，淘宝联合天弘基金开发的余额宝，还有易付宝、百付宝、快钱等多家第三方支付平台。

2013 年全球私募股权与互联网金融相关的领域延续了过去几年的火热。仅 5 月份，Twitter 宣布收购大数据创业公司 Lucky Sort；IDG 宣布两宗与虚拟货币相关的投资；微软拟出资 10 亿美元收购 Nook Media 公司数字资产。

2014 年 7 月国内某 P2P 公司完成 C 轮融资，三年内累计融资金额超 6 亿元。C 轮融资主投资方是兰亭投资，为新加坡主权投资公司淡马锡子公司。此外，前两轮投资方光速安振中国基金、红杉资本、凯鹏华盈中国基金都追加了投资。

2. 微金融

微金融又称微信金融，是 2012 年左右新兴的一种金融模式，即借助微信等典型的社交媒体平台，为用户提供相对理财、投资、贷款等规模较小的金融行为环境，一般情况下，指的是为中小微企业、创业者、个体工商户、小额投资者等提供的金融服务。日前有第三方平台发布了微信金融平台排名，以其中名列前位的“闪电借款”为例，2015 年第三季度财报显示，其闪电借款平台 7、8、9 三个月撮合交易额分别有 1.95 亿、2.28 亿、2.67

亿，增长极其迅猛。

随着微金融信息服务体系的不断壮大，微金融信息服务的概念也在扩大，现在其最为准确的定义是：专门向小型和微型企业及中低收入阶层提供的，小额度的、时间短的、可持续循环的微金融产品和服务的活动。

微金融信息服务的特点有两点：一是以中小微型企业以及贫困或中低收入群体为特定目标客户；二是由于客户有特殊性，它会有适合这样一些特定目标阶层客户的金融产品和服务。

3. 移动支付

以规模庞大的线下POS收单市场来说，越来越多的第三方支付企业对线下收单市场拓展，未来线下支付将给整个综合支付市场格局带来重要影响。

4. 知识产权金融

知识产权是国家发展的战略性资源和国际竞争力的核心要素，金融是现代经济的核心。加强知识产权金融服务是贯彻落实党中央国务院关于加强知识产权运用和保护战略部署的积极举措，是知识产权工作服务经济社会创新发展、支撑创新型国家建设的重要手段。促进知识产权与金融资源的有效融合，有助于拓宽中小微企业融资渠道，改善市场主体创新发展环境，促进创新资源良性循环；有助于建立基于知识产权价值实现的多元资本投入机制，通过增值的专业化金融服务扩散技术创新成果，全面促进知识产权转移转化；有助于引导金融资本向高新技术产业转移，促进传统产业的转型升级和战略性新兴产业的培育发展，提升经济质量和效益。

四、互联网金融的主要风险

1. 信用风险

信用风险指交易对象没有能力继续履约而给其他交易方带来的风险。互联网金融的交易都通过网络进行，交易双方无须直接见面，虚拟性较高，所以投融资双方了解度不够，而大部分互联网金融机构又对投融资双方的资质审查不严格，准入门槛要求低。加上我国征信机制不够完善，网络数据的数量不够、质量不高，监管部门对于互联网金融机构的信息披露要求也还不明晰，互联网金融机构自然没有足够动力主动披露信息，甚至还会存在故意隐瞒和误导现象，因此互联网不仅没有很好地起到减少信息不对称的作用，反而使得交易双方的地域分布更为分散，信息不对称问题愈加严重。另外，互联网金融机构经常在高杠杆比率下经营，有些机构还会引入不具充足担保实力的第三方金融机构，甚至无抵押、无担保状态下的贷款现象也并不在少数。互联网金融机构为了盈利也存在向消费者销售与其风险承受能力不一致的产品的行为。从投资者角度说，大部分互联网金融投资者对金融行业的专业知识不足，也使得非理性投资行为增加，加剧了信用风险。

2. 流动性风险

为了吸引更多的投资者，互联网金融机构纷纷推出高收益、高流动性的产品，看似诱人的回报背后实际隐藏着时间错配问题，从而导致流动性风险。以互联网货币基金为例，互联网货币基金一般承诺 T+0 实时到账，然而基金公司与银行签订的协议却是有赎回期限的。一旦消费者发生大规模的赎回行为，互联网基金平台很难应对。此外，很多互联网金融机构由于刚起步，也缺乏监管，所以缺少对短期负债和未预期到的资金外流的应对经验和举措；行业的一些特征也是互联网金融行业流动性风险较高的原因，首先因为互联网技术的操作便捷性使得同步集中变现现象增多，其次由于很多互联网平台市场信誉度不佳，投资者对其信心不足，"挤兑"现象更容易出现。最后，投融资者数量庞大且其中大部分金融专业知识不足，风险承受能力较差，也容易给互联网金融机构带来流动性风险。

3. 法律合规风险

互联网金融起步不久，相关法律还在完善过程中，目前的法律并没有对互联网金融所有模式的准入门槛和经营准则进行明确规定。不够完善的法律没有将所有的风险进行有效遏制，也使得互联网金融机构的创新行为不得不时常在法律的边界游走。

4. 操作风险

从业人员或者交易双方的误操作可能会导致严重的后果。这些错误行为可能会导致错误的交易行为的产生，甚至导致整个交易系统的瘫痪，严重影响正常交易和资金安全。操作风险的产生原因主要有系统设计缺陷——应用于互联网金融行业的一些新设备、新技术很多都不完善，存在设计缺陷，容易导致工作人员和消费者误操作的行为；工作人员操作知识的缺乏，不遵守相关操作规定导致的操作失误也是操作风险里的一大祸因；互联网的实时性特点减少了失误挽回的时间。操作风险的典型例子是"光大证券乌龙指事件"。2013年8月16日上午11时许，光大证券策略投资部对其内部台湾团队开发的投资模型进行测试。由于忽视了测试环境为实盘交易系统，加之测试时，光大证券策略投资部拟购买3000万股50ETF，每份约1.64元，错下单为3000万手，此举引发ETF基金自动购买成分蓝筹股及其他程序化交易的资金迅速跟进，银行、石油等大蓝筹瞬时涨停，指数旋即大涨。

由于光大证券"策略投资部门自营业务在使用独立的套利系统时"的失误下单，三分钟内，多达59只权重股瞬间被封涨停，时间短、瞬间成交密集，最惊人的是在11点05分的短短数秒间，直接把上证指数拉涨31个点。媒体将此次事件称为"光大证券乌龙指事件"。

除了以上风险，互联网还为金融带来了一些新的风险。

金融与互联网技术结合后，一些带有互联网特色的技术风险也随之而来，如终端安全风险、平台安全风险、网络安全风险。终端安全风险主要指进行互联网金融交易的一些电脑、移动设备等由于存在漏洞而带来的风险；平台安全风险则是指互联网金融机构存在的安全威胁；网络安全风险指互联网金融交易凭借的数据传输网络带来的隐患。

首先，终端、平台、传输网络之间进行着关键信息的传输，一旦任何一个环节存在漏洞，就会使得病毒植入、恶意代码植入、APT攻击、DDOS攻击、网络钓鱼等行为有机可乘，其后果不堪设想；其次，终端、平台、网络如果不稳定、设施陈旧，有可能会导致信息传输效率低下，甚至导致系统大面积瘫痪；最后，终端、平台和网络的设计缺陷还可能会增加操作风险。由于互联网金融的终端、平台、网络的工作原理比较复杂，对多操作人员的技术要求较高，普通交易参与者对这些技术一般并不熟悉，这都可能导致工作人员发生误操作行为，或者致使交易双方产生不能反映其真实意愿的买卖行为。

技术风险带来的最大的问题是信息安全问题。技术的不成熟，会导致信息泄露、丢失、被截取、被篡改，影响信息的保密性、完整性、可用性。这些信息安全问题进而又会造成用户隐私泄露、威胁用户资金安全等问题。

除了以上风险，互联网金融的市场风险、利率风险、声誉风险也与传统金融一样存在。一旦以上微观风险积累到一定程度，必然会影响更为宏观的经济环境。如果“平台跑路”“自融”、信息泄露等问题长期没有得到有效遏制，必然会影响民众对整个金融市场的信心，降低人们的投资意愿，从而波及实体经济，导致生产下降、失业率激增，甚至引发经济危机。

案　例

诈骗短信盗取账户资金案

2015 年 5 月，黄先生收到一条来自 10086 的短信，短信内容显示“您的移动积分已达到 21020 分，可兑换 210.2 元现金！请登录掌上营业商城 http://jscz.ncz-10086.com，根据提示激活领取[中国移动].”黄先生点击链接，并根据提示输入了姓名、身份证号、银行卡号、预留手机号等信息(无需输入银行卡密码)。随即，黄先生银行卡账户里的钱被一转而空。黄先生立即报警，并向人民银行××中心支行投诉，认为商业银行对客户账户资金负有安全管理责任，自己账户资金被盗的损失应由该商业银行承担。

误入钓鱼网站信用卡遭盗刷案

2014 年 2 月，陈先生在 J 银行某网点办理了一张信用卡，同一天又在 N 银行某网点办理了一张信用卡(含主卡和副卡)。信用卡办理完毕之后，陈先生将 N 银行的信用卡副卡交由正在上大学的女儿使用，主卡自己持有，J 银行信用卡也曾让女儿使用过。随后，陈先生的女儿利用支付宝绑定了自己持有的 N 银行信用卡副卡，参加了某网站购销活动。之后的每个月，N 银行和 J 银行的信用卡都有透支记录，并且透支额度超出了 1.5 万元的上限。陈先生于 2014 年 7 月前往 J 银行网点进行查询，交易明细显示：2014 年 2 月 14 日起几乎每天都有 300 元流向账户名为“范××”“鲍××”“张××”“邓××”的支付宝账户消费记录以及多家网站支付记录，均通过支付宝付款。调阅 N 银行交易明细显示：2014 年 4 月至 7 月，每月都有支付宝交易记录，消费多达数万元。陈先生要求银行注销或冻结银行卡，但银行要求结清透支款后才能冻结。陈先生投诉由于发生超额透支时银行没有及时控制和告知，要求 J 银行和 N 银行承担相应责任。

资料来源：http://shijiazhuang.pbc.gov.cn/shijiazhuang/131507/131686/3270889/index.html

五、互联网金融的风险防范

针对信用风险问题，可以对行业准入门槛、行业经营准则进行明确规定。平台有责任对融资者的信用水平进行审核，并及时进行信息披露。同时要完善个人征信体系，同时加快官方和民间两种信用系统的发展，实现信息共享，拓宽信用数据收集渠道，并在此基础上建立黑名单制度。

流动性风险的防范，主要是要建立流动性管理指标体系，对贷款的流动性风险进行实时监测、评估，还可以利用大数据对流动性风险进行预测。另外应该建立一套应对大规模挤兑的应急预案，如留存一定比例的备付金等。

完善互联网金融相关的法律法规是解决法律合规风险的方法。利用法律法规，明确规定互联网金融行业的各个方面，明确法律底线。要保证互联网金融安全的发展环境，但不能遏制互联网金融创新的活力。法律的制定不能一蹴而就，需要不断对法律法规进行调整，与时俱进，以适应行业新动态。同时法律的制定也要注重国际合作，互联网使得跨国界的金融交易越来越频繁，可以解决国际互联网金融争端的法律亟待出台。

减小操作风险，一方面需要减少终端、平台、网络的设计缺陷，提高使用的简单性、明了性，同时还应建立业务操作规范和误操作自动识别系统，从而减少误操作的可能性。此外还要增加对互联网金融从业人员和交易对象的培训，提高他们对设备操作的熟悉度。

面对技术风险，要加强技术团队建设，开发新型可靠的安全技术，不断对漏洞进行修补，采用可信技术、防火墙、数据加密等技术保证数据安全，通过多重用户名和密码、校验码、短信验证等方式实现身份验证。针对这些安全措施，监管部门需要建立一套行之有效的技术标准，并保证这套技术标准可以与国际接轨。

采取合理的监管方式，遵循“依法监管、适度监管、分类监管、协同监管、创新监管”的监管原则。互联网金融的模式边界开始模糊，监管不仅需要分工，更需要合作，这样才能防止监管真空地带的产生。同时，监管也要适度，要在保证互联网金融健康环境的前提下鼓励有益的创新行为。

另外，提高互联网金融投资者的风险意识、引入互联网金融保险产品等措施都可以有效减少互联网金融带来的风险。

六、互联网金融业务的营销服务

1. 互联网金融营销 4C 策略

在移动互联网技术迅猛发展的时代，互联网金融应运而生。企业按照 4C(consumer，cost，convenience，communication)策略组合来开展互联网金融营销，势在必行。

(1) 消费者策略(consumer)。开展网络营销，首先要找到目标消费者。不同的网上银行消费者的定位是不同的，有综合性网络金融服务也有专业性网络金融服务。然后要进一步接近和了解目标消费者群，并学会和他们一样进行思考，进而找到有效的、互动的沟通和传播途径。网络金融营销传播的出发点和终结点均是消费者导向，这是整合营销传播的基本要求。要使顾客这一角色在营销过程中的地位得到提高，主张“消费者想要的是什么”，而不是寻求“我们想要的消费者”，这不仅要体现到网络金融营销传播的每一个环节，还应持续不断地贯穿于下一轮网络营销传播的始终，要与消费者和其他利益人进行互动式双向沟通，要以顾客需求为导向，为客户创造价值。例如，可以根据经常使用网上银行的客户的需要，有选择地区分个人和企业客户，区别对待，下载进入不同的客户端后应拥有不同风格的界面和不同的服务。

(2) 成本策略(cost)。在网络营销的实践过程中，成本策略不但包括以降低成本为手段吸引消费者，如使用电子货币结账的积分优惠、赠送礼品及国外游，用“扣”住消费者购买心理等的折扣策略，同时要以“光彩照人”“上流阶层”“名牌名流”等效应，来抵消昂贵的价格。要使消费者认为物超所值，付出的成本其实并不高，不注重价格，甚至忽略成本，以为所付出的钞票仅仅只是成本的一小部分。要实现这样的成本策略，要求即时了解常用网上银行的消费者为满足自己的需要与欲求所愿意付出的成本价值。

(3) 方便策略(convenience)。即忘掉固定的销售渠道，重视消费者购买和享受金融服务的方便性。消费者怎么方便怎么来，一切以消费者的方便与否为中心展开网络营销工作。方便性策略是网络金融服务营销竞争力的又一关键点，是网络金融服务营销传播在品牌忠诚力经济下“消费者就是企业上帝”的又一基本表现。比如所有的界面都简单方便操作，很多业务不必到原开户银行点办理，不必受营业时间限制，24 小时可以上网上银行查询、转账、清算、挂失、改密码等。在增加了消费者使用的方便性的同时，增强了消费者对这一服务品牌的忠诚度。

(4) 沟通策略(communication)。在网上，消费者往往一“点”而过，一“击”不回。如何建立长期的良好的沟通，在企业、服务、品牌和消费者之间建立一种牢固而稳定的关系，要求网上银行将消费者发展成为企业、服务和品牌的个性化的朋友，令消费者因情感归属，甚或是荣誉感而发生购买行为，而且不仅仅局限于提供完服务这一环节后便停止，还要注意它的本身的循环本质。如果沟通效果良好，信息的受众将会有一些反应行为，统计、测量这些反应，把它输入资料库，在网上进行评估以便进入下一个策划活动，最后可以根据上次计划活动的反应进行调整，从而达到最契合的一点。

2. 互联网金融营销组合策略

互联网金融服务营销策略不是单纯的基础策略的组合，在 4C 营销策略基础后，网上银行还要有特色、有个性，发展更高层次的营销策略组合。在业务体系上，必须积极创新，完善服务方式，丰富服务品种，提升服务质量，这就要运用以下四个策略的组合。

(1) 差异化策略。随着网民队伍的复杂性，专业化的趋势会往纵深方向发展，网上银行的专业化是发展的必然趋势，这就要求网上银行呈现专业化的特征，提供专门、特色的服务，营销人员应制造营销策略上的差异，以保持自己的优势。具体表现在以下几点。

① 商业模式差异：独创性的、实效性的商业模式。

② 人才差异：专业性的金融服务人才。

③ 思维差异：网站运作的崭新理念。

④ 管理差异：特色的网站管理模式。

⑤ 品牌差异：独特的名称和域名。

⑥ 服务差异：崭新的服务理念和服务内容。

⑦ 传播差异：改变传统的传播途径。

(2) 人性化策略。互联网金融服务营销策略既是一门科学，又是一门艺术。人性化策略已成为加大一个金融企业市场竞争优势的不可忽视的筹码，每个网上银行网站不仅应指定以消费者为中心的整合策略和高科技应用技术，而且应该以崭新的艺术思维去极力营造网络亲和力。讲究主题与颜色的搭配、文化背景与企业形象有效的表现等；重视人性的消费心理，仔细琢磨消费心理；揉进艺术和娱乐基因，尊重消费习惯的设计思想和内容，定会潜移默化地感染消费者，从而使弥漫在网络中的亲和力，成为提高网络竞争力的“黑马”。

(3) 即时策略。消费者可以随时并立刻进入网络银行，信息传递几秒钟便可完成。这意味着可以迅速修改有关企业、服务的信息，消费者可以立即得到问题的答复。任何金融服务在网络时代，必须向 anytime、anywhere、anyhow 的“3A”式服务靠拢，建立“呼叫与回应”有机结合的“call center”服务模式，向顾客提供“即时”的金融服务。

(4) 一对一策略。在网络经济时代，越来越多的金融企业将营销策略确定在一对一的基础上，期盼通过互动和个性化，与每位消费者建立直接且长期的关系。在营销时必须考虑每一个消费者本身的个性、主张和自我表现，重视其个性的生活态度，建立和运用资料库，对个人进行有效的互动。利用一对一策略，可以有效地进行留住现有消费者和发展潜在消费者的营销。

在经营理念上，银行业必须实现由“产品中心主义”向“客户中心主义”的转变；利用先进的技术手段和传播方式，加大与消费者互动。在战略导向上，银行业必须整合与其他金融机构的关系，争取成为网络经济的金融门户。具体方法如下。

(1) 整合策略。整合是网络营销传播关键所在。它指的是一切行事上的统一，包括目的、过程、目标与行动的统一，在不受任何部门管辖的前提下，与现有的和潜在的消费者、顾客、投资人和其他利益关系集团进行的一致性互动。一个金融企业越趋于整合，它的互动就越一致，形象就越鲜明，消费者对它的忠诚度就越高，从而导致企业的完整性也越全面。整合策略必须以消费者满意为导向，其对象主要有 6 个方向：消费者、其他利益集团、企业自我学习、品牌的定位、创意主题和企业的任务，还有对各种网络传播工具的整合。讲究如何把公关、广告等现有的传播工具，策略性地与网络融合在一起，使其发挥更大功效 。

随着网络技术的发展，金融业的门槛也相对降低，应探索如何利用现代网络技术拓展金融服务市场与业务，改造传统服务流程，与证券、保险、投资理财等结合，同时把各种金融服务融合到网络中去。

(2) 传播策略。传播策略包括以下具体步骤：确定传播目标；区分消费者需求；提供消费者利益点；确认消费者心目中的品牌定位；在个性品牌上进行传播；说服消费者的理由；有效地接触消费者；策略成功与否，建立评估标准；确认未来市场的需要，做出正确的修正。

传播策略协助企业消除不协调的障碍，使整个传播计划整合而不松散，使网络银行更有效地满足消费者的需求。一旦能确定消费者的需要和欲求 ，策略必将会创造出煽动性的持续而统一的传播手段、途径和方式，树立品牌个性，便于消费者识别和认知，以更好地建立和实现品牌价值。

③ 互动策略。网络营销非常注重企业和消费者之间积极互动对话，尽量满足消费者的需求，让消费者真切地感受到企业重视。互联网金融服务策略还应该提供快速处理消费者询问、抱怨和投诉的方法。为了使每个互联网消费者直接与服务的生产发生互动，企业应该努力满足和创造消费者的需求。

④ 数据库策略。数据库策略的建立和运用就是探讨如何数据库成为关系为主的网络金融营销计划的一部分，将那些数据转换为切实可行的网络营销策略与计划。一般来说，一个回合的网络营销传播需要三个步骤：激发消费者的反应；对消费者反应的测量和控制；建立数据库，整理消费者的行为模式。如此循环往复，从而更好地开展消费者导向的互联网金融营销。运用数据库技术，消费者可以轻松获得他们想要的信息内容和金融服务，通过网络开展关系营销，设计个性化的信息，不断培养消费者的忠诚。

当然，互联网时代的金融营销也是一把双刃剑，在技术进步带来便捷金融服务的同时，也隐藏着巨大的风险，需要国家、社会和企业等多个层面，加强防范，确保互联网金融营销及其服务的安全。只有不断提高金融服务的质量，不断降低金融交易的成本，通过持续创新，才能更好地服务消费者，从而实现企业更好的发展。

复习思考题

1. 简述金融服务的特性。
2. 如何评价金融产品的服务质量。
3. 影响金融产品定价的因素有哪些？
4. 简述金融产品定价的基本步骤。
5. 金融产品定价有哪些基本方法？
6. 金融营销渠道有哪些方式？
7. 什么是互联网金融？
8. 互联网金融在当代经济社会发展中的意义是什么？
9. 简述互联网金融面临的主要风险及其防范措施。

参 考 文 献

[1] 黄强. 终端管理系统技术方案[J]. 中国金融电脑，2012(06).

[2] 姚钟华. 国际零售管理[M]. 北京：中国财政经济出版社，1999.

[3] 白宏伟. 终端拦截九攻略[J]. 现代家电，2004(07)：56-58.

[4] 陈兵来. 终端管理可从“三律”切入[N]. 东方烟草报，2017-07-29(004).

[5] 赵丹青. 手机营销渠道的模式及零售终端管理[J]. 信息通信，2017(07)：231-232.

[6] 罗宏文. 娃哈哈的终端管理[J]. 企业文化，2016(05)：35-37.

[7] 朱莉静等. 高密高农：精耕区域市场，细分终端管理[J]. 营销界，2016(07)：24-25.

[8] 龙浙川. 终端管理系统在移动行业中的应用研究[J]. 数字技术与应用，2015(09)：89.

[9] 赵思岩，邹智. 移动终端管理(MDM)浅析[J]. 黑龙江科学，2014，5(09)：254.

[10] 郭平. 终端智能化管理体系的实现与优化[J]. 电信技术，2014(01)：37-40.

[11] 王佳琦. 试论企业销售渠道的创新与优化[J]. 现代商业，2016(17)：112-113.

[12] 石亚娟. 客户关系管理在中小企业中的应用[J]. 合作经济与科技，2012(17).

[13] 宋炳方. 商业银行客户营销[M]. 北京：经济管理出版社，2011.

[14] 林建忠. 客户关系管理[M]. 北京：清华大学出版社，2011.

[15] 顾文钧. 顾客消费心理学[M]. 上海：同济大学出版社，2011.

[16] 李伟. 组织行为学[M]. 武汉：武汉大学出版社，2012.

[17] 王淑翠. 客户服务案例[M]. 北京：中国经济出版社，2012.

[18] 杨楠. 营销策划[M]. 北京：北京大学出版社，2013.

[19] 任锡源. 提高老顾客满意度的口碑营销对策研究[M]. 北京：首都经济贸易大学出版社，2010.

[20] 沈晶. 基于客户满意度的客户关系管理研究[J]. 中国商论，2017(32)：183-184.

[21] 涂莹，林士勇. “互联网+营销服务”客户互动服务管理[J]. 企业管理，2016(S1)：204-205.

[22] 张瑞，潘鑫等. 情感介入式智能客户服务系统[J]. 情报理论与实践，2016，39(08)：70-74.

[23] 杨艳，邬金涛. 客户服务管理体系的建立与管理[J]. 今日药学，2014，24(12)：908-911.

[24] 姚琨，陈正奇等. 运营商如何提升客户服务价值[J]. 通信企业管理，2014(12)：82-84.

[25] 安玉红，李嫄等. 企业高管团队管理自主权对决策效果的动态影响研究[J]. 领导科学，2017(08)：44-47.

[26] 李慧. 基于团队管理的企业竞争力提升研究[J]. 领导科学，2014(26)：54-55.

[27] 谢晖等. 基于和谐管理理论的创新团队管理——界面系统关键要素辨识[J]. 华东经济管理，2014，28(07)：142-146.

[28] 段万春，许成等. 创新团队管理和谐度及其关键客体界面识别[J]. 科技进步与对策，2014，31(12)：1-6.

[29] 熊敏鹏. 人力资源管理[M]. 北京：机械工业出版社，2012.

[30] 朱国成. 绩效管理基础[M]. 北京：中国劳动社会保障出版社，2008.

[31] 蒋跃进，梁樑. 团队绩效管理研究述评[J]. 经济管理. 2004(13).

[32] 杨佰胜. 提升市场营销团队竞争力的策略探讨[J]. 管理工程师，2016，21(06)：35-37.

[33] 尚红芳. 加强营销团队建设[J]. 现代营销(下旬刊)，2016(07)：87.

[34] 李艳. 营销团队建设要义[N]. 中国邮政报，2015-09-05(008).

[35] 闫伟，吴雨洁. 营销团队的建设途径探析[J]. 现代营销(下旬刊)，2015(02)：52-54.

[36] 黄辉. 论企业营销团队的绩效激励[J]. 上海企业，2015(01)：73-75.

[37] (美)迈克尔・波特. 竞争优势[M]. 北京：华夏出版社，2005.

[38] (美)德鲁克. 管理的实践[M]. 北京：机械工业出版社，2006.

[39] 韩旭萍. 汽车营销中体验式营销模式的应用分析[J]. 时代金融，2015(03)：28-29.

[40] 欧阳丽转. 我国汽车营销策略初探[J]. 汽车维修，2015(01)：2-4.

[41] 郭琼琳. 新形势下汽车营销的创新思路[J]. 汽车工业研究，2014(11)：39-41.

[42] 何学容. 汽车营销的创新[J]. 中小企业管理与科技(上旬刊)，2014(01)：108-109.

[43] 香力丹，赵蕊，孟宁. 新能源汽车营销现状及改进策略——以比亚迪为例[J]. 农家参谋，2017(16)：220+279.

[44] 汪文忠. 互联网+我国汽车产业营销模式创新[J]. 汽车工程师，2017(05)：13-14.

[45] 白彩盛，杨海霞. 汽车营销模式的改革探究[J]. 中国市场，2017(07)：128-129.

[46] 谢萍萍. 中国汽车营销渠道的现状与思考[J]. 中国市场，2017(04)：86-87+119.

[47] 朱文慧. 房地产市场营销应注意的问题及解决对策[J]. 现代经济信息，2017(22)：330.

[48] 吴文静. 某房地产项目的市场营销策略研究[D]. 苏州大学，2017.

[49] 况宝玉. 以产品差异化战略为基础的房地产营销创新[J]. 现代营销(下旬刊)，2017(03)：75.

[50] 朱辉. 房地产营销活动项目化管理研究[J]. 建材与装饰，2017(08)：163-164.

[51] 刘寅，朱庄瑞. 新常态下我国房地产市场变化分析与调整思路[J]. 现代管理科学，2016(07)：73-75.

[52] 向为民，王霜. 房地产“去库存”与对应取向[J]. 改革，2016(06)：111-119.

[53] 谭郴荣. GC 集团房地产营销管理优化[D]. 南华大学，2015.

[54] 肖彬，王铎. 市场营销规范化管理文案[M]. 北京：经济科学出版社，2004.

[55] 楼江. 房地产市场营销理论与实务[M]. 上海：同济大学出版社，2003.

[56] 雷成红，张东伟. 房地产市场营销管理[J]. 科技视界，2014(03)：237-238.

[57] 姜毅，蔡银珠. 服务营销在市场营销中的重要性浅谈[J]. 东方企业文化，2014(02)：252-253.

[58] 杨博. 关于市场营销中的服务营销策略分析[J]. 科学之友，2013(07)：65-66.

[59] 甘蒙燕. 基于服务理念的现代市场营销论略[J]. 大众科技，2012，14(02)：197-199.

[60] 王桂琴，曾勇. ING 直销银行金融服务营销中的价值主张与价值共同创造研究[J]. 管理学报，2015，12(05)：765-771.

[61] 曹礼和，田志龙. 服务营销：打造市场营销新格局[J]. 经济管理，2001(17)：49-51.

[62] 王学成. 基于顾客满意度的零售业服务营销创新策略[J]. 商业经济研究，2015(01)：22-23.

[63] 郭全美. 服务营销——百果园成功之道[J]. 特区经济，2017(01)：125-127.

[64] 杨伟文. 现代市场营销学[M]. 长沙：湖南人民出版社，2001.

[65] 杨慧，吴志军. 市场营销学[M]. 北京：经济管理出版社，1997.

[66] 丁云. 浅析专业图书服务营销策略——以《简明病理学技术》为例[J]. 科技与出版，2017(01)：72-74.

[67] 张翔云. 我国企业对服务营销理念应用的不足及对策[J]. 管理观察，2013(30)：15-17.

[68] 项文裕. 企业服务营销文化建设初探[J]. 经济师，2013(08)：266+268.

[69] 邓镝. 营销策划案例分析[M]. 北京：机械工业出版社，2007.

[70] 胡敏. 网店营销秘籍[M]. 北京：清华大学出版社，2009.

[71] 姜旭平. 网络营销[M]. 北京：清华大学出版社，2003.

[72] 李友根. 网络营销学[M]. 北京：中国财政经济出版社，2001.

[73] 阳银娟. 网络营销能力对企业创新绩效的影响研究[J]. 科研管理，2017，38(05)：12-19.

[74] 张玉亮，朱金月. 政府网络营销：内涵、目标与推进策略[J]. 情报杂志，2016，35(08)：54-58+144.

[75] 王俊文. 我国企业网络营销发展的现状及对策[J]. 现代商业，2016(09)：23-24.

[76] 温优华. 4R 营销理论与学术期刊网络营销策略[J]. 中国科技期刊研究，2014，25(12)：1466-1469+1480.

[77] 玄文启. 大数据背景下的网络营销模式[J]. 中国科技信息，2015(17)：105-106+97.

[78] 孙伟. 网络营销策略的分析与研究[J]. 管理观察，2015(01)：190-192.

[79] 王知强，张广秋. 高职院校网络营销信息化人才培养研究[J]. 黑龙江高教研究，2016(09)：131-134.

[80] 张冬敏，谢立仁，孙毓. 基于营销过程的网络营销道德评价研究[J]. 西安工业大学学报，2014，34(11)：914-918.

[81] 刘斯亮. 浅谈金融营销[J]. 合作经济与科技，2014(21).

[82] 翁智雄，葛察忠，段显明，龙凤. 国内外绿色金融产品对比研究[J]. 中国人口·资源与环境，2015，25(06)：17-22.

[83] 张军. 我国商业银行金融营销的问题与策略[J]. 中国商论，2017(19)：45-47.

[84] 叶伟春. 金融营销[M]. 北京：首都经济贸易大学出版社，2012.

[85] 张雪兰. 金融营销学[M]. 北京：中国财政经济出版社，2009.

[86] 赵秀川. 略论我国金融市场营销策略[J]. 山西财经大学学报(高等教育版)，2010，13(S2)：21+23.

[87] 郭克莎. 市场营销世界名著解读[M]. 广州：广东经济出版社，2003.

[88] 王俊，赵国锋. 我国互联网金融发展及其监管问题探析[J]. 改革与战略，2017，33(03)：72-75.

[89] 吴俊霖. 互联网金融发展与中小企业融资约束[J]. 金融监管研究，2017(02)：51-64.

[90] 张兆曦，赵新娥. 互联网金融的内涵及模式剖析[J]. 财会月刊，2017(02)：84-91.

[91] 赵煊. 认知偏误对金融消费者保护的影响——以零售金融产品为例[J]. 经济研究，2011，46(S1)：127-133.